Dirk Zeranski

Die Rückforderung von Schenkungen wegen Verarmung

Dirk Zeranski

Die Rückforderung von Schenkungen wegen Verarmung

DE GRUYTER

Prof. Dr. Dirk Zeranski, Hochschule für Angewandte Wissenschaften Hamburg

ISBN 978-3-11-024816-6
e-ISBN (PDF) 978-3-11-024817-3
e-ISBN (EPUB) 978-3-11-038505-2

Bibliografische Information der Deutschen Nationalbibliothek
Die Deutsche Nationalbibliothek verzeichnet diese Publikation in der Deutschen Nationalbibliografie; detaillierte bibliografische Daten sind im Internet über http://dnb.dnb.de abrufbar.

Datenkonvertierung/Satz: Werksatz Schmidt & Schulz GmbH, Gräfenhainichen
Druck: CPI books GmbH, Leck
♾ Gedruckt auf säurefreiem Papier
Printed in Germany

www.degruyter.com

Vorwort

Die Rückforderung von Schenkungen wegen Verarmung spielt in der Rechtspraxis eine bedeutende Rolle. Dabei geht es nicht allein um Schenkungsrecht. Die Thematik führt in zentrale Bereiche des Bürgerlichen Rechts, wie das Bereicherungs-, das Familien- und das Erbrecht, beschränkt sich aber nicht darauf, sondern geht mit seinen Bezügen, vor allem zum Sozialhilferecht, aber auch zum Sozialverfahrensrecht und zum Zivilprozessrecht, noch deutlich darüber hinaus. Anders als meine Dissertation aus dem Jahre 1998, die allein die Veräußerlichkeit des Rechts aus § 528 BGB behandelt, will die vorliegende Bearbeitung die Thematik in ihrer ganzen Komplexität darstellen. Dabei war ich bemüht, möglichst keine Aussage ohne Begründung zu lassen, was spürbar zum Umfang des Buches beigetragen hat.

Ich schulde zahlreichen Personen Dank. Das gilt zunächst für den Forschungsausschuss der Fakultät Wirtschaft und Soziales der Hochschule für Angewandte Wissenschaften Hamburg für die umfangreiche Forschungsförderung. Insbesondere das mir im Sommersemester 2013 gewährte Forschungsfreisemester hat der Fertigstellung des Buches nicht unerheblich Vorschub geleistet. Jenes Forschungsfreisemester führte mich zurück an die Juristische Fakultät der Universität Dresden, wo ich drei Jahre als Assistent und Habilitand zubringen durfte und wo ich auch gut zehn Jahre danach unverändert freundlich und freundschaftlich aufgenommen wurde. Vor allem dem Dekan der Juristischen Fakultät, Herrn Prof. Dr. Horst-Peter Götting, danke ich sehr für seine mannigfache Unterstützung während meines Aufenthalts in Dresden. Danken möchte ich auch den Mitarbeiterinnen des Verlagshauses De Gruyter für die umsichtige Betreuung des Manuskripts und die dabei wiederholt gezeigte Geduld.

Besonders bedanken möchte ich mich schließlich bei meiner Frau Ulrike für ihre vielfältige Unterstützung und das große Verständnis, welches sie der Arbeit entgegen gebracht hat.

Die Abhandlung befindet sich nun auf dem Stand von Ende Juni 2014.

Für Anregungen, Kritik und sonstige Hinweise bin ich dankbar (dirk.zeranski@haw-hamburg.de).

Lüneburg, im Juli 2014 Dirk Zeranski

Inhaltsverzeichnis

In der Abhandlung werden die allgemein gebräuchlichen Abkürzungen verwendet. Im Übrigen wird verwiesen auf Kirchner, Hildebert, Abkürzungsverzeichnis der Rechtssprache, 7. Aufl. 2013. Die abgekürzt zitierte Literatur findet sich im Literaturverzeichnis.

Erster Teil
Einführung

I. Die Problematik

Nach § 528 Abs.1 S.1 BGB kann der Schenker von dem Beschenkten die Herausgabe des Geschenks nach den Vorschriften über die Herausgabe einer ungerechtfertigten Bereicherung fordern, soweit er nach der Vollziehung der Schenkung außerstande ist, seinen angemessenen Unterhalt zu bestreiten und die ihm seinen Verwandten, seinem Ehegatten, seinem Lebenspartner oder seinem früheren Ehegatten oder Lebenspartner gegenüber gesetzlich obliegende Unterhaltspflicht zu erfüllen. Dieser seit Geltung des Bürgerlichen Gesetzbuchs und damit seit mehr als einhundert Jahren existierende Anspruch hat jahrzehntelang ein völlig unbeachtetes Schattendasein gefristet. Erst im Laufe der achtziger Jahre des letzten Jahrhunderts ist der Rückforderungsanspruch des verarmten Schenkers in den Blickpunkt des Interesses gerückt und beschäftigt seitdem in unterschiedlichen Fallgestaltungen die Rechtsprechung[1] sowie die anwaltliche und notarielle Praxis. Dabei sind es im Wesentlichen zwei Entwicklungen, die für den Bedeutungswandel des § 528 BGB verantwortlich zeichnen: Zum einen eine immer höhere Lebenserwartung der Menschen und zum anderen die nach wie vor kontinuierlich steigenden Kosten für Pflege und ärztliche Versorgung. Gerade in Alten- und Pflegeheimen untergebrachte Personen können vielfach die damit verbundenen hohen Kosten aus eigenen Mitteln nicht mehr aufbringen – vor allem, wenn sie ihr Vermögen oder einen wesentlichen Teil dessen zuvor im Wege einer vorweggenommenen Erbfolge auf ihre Angehörigen oder sonstige Dritte übertragen haben.

So ist es denn auch die antizipierte Erbfolge, die typischerweise den Ausgangspunkt einer Schenkungsrückforderung gemäß § 528 BGB bildet.[2] Die ältere Generation überträgt noch zu Lebzeiten ihr Vermögen auf die Nachfolgegeneration. Diese Vorgehensweise erfreut sich in der Praxis großer Beliebtheit, zumal

1 Siehe dazu im Einzelnen die Nachweise im Rechtsprechungskompendium am Ende der Abhandlung.

2 Gleichwohl sind vorweggenommene Erbfolge und Schenkung keineswegs identisch. Die antizipierte Erbfolge erlaubt vielmehr eine Vielzahl unterschiedlicher Gestaltungen, bei denen sowohl Elemente einer unentgeltlichen als auch einer entgeltlichen Vermögensübertragung begegnen können. Nach BGH NJW 1995, 1349 lässt sich daher aus der Bezeichnung eines Rechtsgeschäfts als vorweggenommene Erbfolge nicht auf die Unentgeltlichkeit einer Vermögensübertragung schließen.

neben den persönlichen Motiven und Freuden einer lebzeitigen Zuwendung[3] auch steuerliche Vorteile in Aussicht stehen.[4] Zudem hat die geordnete lebzeitige Weitergabe des Vermögens an die Nachfolgegeneration gerade in ländlichen Bevölkerungskreisen eine gewachsene und gefestigte Tradition.[5] Auch bei der Nachfolge in Familienunternehmen spielt die vorweggenommene Erbfolge eine bedeutende Rolle.[6]

Im weiteren Verlauf stellt sich dann jedoch vielfach heraus, dass die beim Zuwendenden verbliebenen Mittel zur Deckung seines Lebensbedarfs nicht ausreichen; ein Fall, der insbesondere bei einer Unterbringung in einem Alten- oder Pflegeheim begegnet. Nicht zuletzt diese in der jüngeren Vergangenheit verstärkt auftretende Problematik hat den Gesetzgeber Mitte der neunziger Jahre des letzten Jahrhunderts mit Einführung der sozialen Pflegeversicherung zur Schaffung eines weiteren Sozialversicherungszweigs veranlasst. Damit ist man indes – entgegen anfänglichen Erwartungen[7] – nicht vollends Herr der Problematik geworden. Denn angesichts ihres Charakters als eine Grundversorgung allein für pflegebedingte Aufwendungen mit gesetzlich festgelegten Höchstgrenzen für die staatlichen Leistungen[8] vermag die gesetzliche Pflegeversicherung die Betroffenen häufig nicht ausreichend abzusichern. Gerade bei einer Unterbringung in einem Alten- oder Pflegeheim verbleibt daher, auch unter Berücksichtigung vorhandener Rentenansprüche der Betroffenen, oftmals eine Lücke bei der Deckung des Lebensbedarfs.

Diese Lücke muss nach Vorstellung des Gesetzes über eine Rückforderung der Schenkung gemäß § 528 BGB geschlossen werden. Jene erfolgt typischer-

---

3 Sprichwörtlich: Die warme Hand schenkt lieber als die kalte.

4 Die Steuerfreibeträge gemäß § 16 ErbStG können nach § 14 Abs.1 S.1 ErbStG jeweils in einem Zeitraum von zehn Jahren in Anspruch genommen werden. Eine frühzeitige schenkweise Zuwendung ermöglicht den Beteiligten damit mitunter eine Ersparnis von Erbschafts- bzw. Schenkungssteuern. Zur Bedeutung gerade dieses Aspekts als Motiv für eine vorweggenommene Erbfolge, vgl. die Erhebung von Bengel, MittBayNot 2003, 270, 276 f.

5 Vgl. etwa Kollhosser, AcP 194 (1994), 231; Rundel, MittBayNot 2003, 177, 186.

6 Siehe dazu im Einzelnen Kollhosser, AcP 194 (1994), 231, 233 f.

7 Siehe etwa Koch, JR 1993, 313, 317; MüKo (3. Aufl. 1995)-Kollhosser, § 528 Rn.3 (letzterer aber weniger optimistisch in ZEV 1995, 36 und ZEV 1995, 391/Fn.3). Skeptisch dagegen von Anfang an Brähler-Boyan/Mann, NJW 1995, 1866, 1871; Günther, ZfSH/SGB 1994, 514.

8 Nach §§ 36 Abs.3 Nr.3 c), 41 Abs.2 S.2 Nr.3 c), 43 Abs.2 S.2 Nr.3 c) SGB XI liegen die Leistungen für Pflegebedürftige der Pflegestufe III gegenwärtig bei monatlich (maximal) 1.550 Euro. In besonderen Ausnahmefällen, die auf höchstens 3 % der Pflegebedürftigen der Pflegestufe III bei der häuslichen Pflege und 5 % bei der stationären Pflege begrenzt sind, können die Pflegekassen Aufwendungen bis zu 1.918 Euro monatlich übernehmen (siehe dazu im Einzelnen §§ 36 Abs.4, 43 Abs.2 S.2 Nr.4 c), Abs.3 SGB XI).

weise aber nicht rein zivilrechtlich durch den Schenker selbst. Dieser scheut sich nämlich, die durch die antizipierte Erbfolge Bedachten, regelmäßig seine nächsten Angehörigen, in Anspruch zu nehmen und greift stattdessen vielfach lieber auf staatliche Leistungen zur Deckung seines Lebensbedarfs zurück.[9] Solche erfolgen angesichts des vorrangig betroffenen Personenkreises typischerweise durch den Sozialhilfeträger gemäß SGB XII.[10] Angesichts des in § 2 SGB XII normierten sozialhilferechtlichen Nachrangprinzips erbringt der Sozialhilfeträger seine Leistungen aber nur in Vorlage für den vorrangig aus § 528 BGB verpflichteten Beschenkten. Im weiteren Verlauf greift er auf den Rückforderungsanspruch des verarmten Schenkers zu und sucht mit dessen Realisierung Ausgleich bei dem Beschenkten. Damit stellt der Sozialhilfeträger den Nachrang der Sozialhilfe wieder her. Diese Fallgestaltung stellt nach wie vor den Hauptanwendungsfall einer Schenkungsrückforderung wegen Verarmung dar und hat § 528 BGB zu einer wichtigen Schnittstelle von Zivil- und Sozialrecht werden lassen. Bei den daraus resultierenden Rechtsstreitigkeiten zwischen den Sozialhilfeträgern und den Angehörigen des Schenkers handelt es sich nicht selten um harte und zum Teil erbittert geführte Auseinandersetzungen. Denn einerseits zeigen sich die Sozialhilfeträger angesichts des sozialhilferechtlichen Nachrangprinzips und des damit in Zusammenhang stehenden Gebots der wirtschaftlichen Verwendung staatlicher Mittel bei der Verfolgung des Schenkungsrückforderungsanspruchs gemeinhin wenig nachsichtig, andererseits fehlt es den beschenkten Angehörigen oftmals an der rechten Einsicht zur Erstattung der Sozialhilfe auf Kosten des lebzeitig vom Schenker mitunter schwer erarbeitenden und nun an sie weitergereichten Familienvermögens – auch und gerade dann, wenn wie häufig, immense Pflegekosten mit einer nur sehr beschränkten Lebensqualität des Schenkers einhergehen.

In letzter Zeit mehren sich zudem die Fälle, in denen Sozialhilfeträger dem Schenker die Hilfe unter Berufung auf seinen vorrangigen Anspruch aus § 528 BGB versagen. Diese Praxis steht nicht immer mit dem geltenden Recht in Einklang, ist eine Versagung der Hilfe durch den Sozialhilfeträger doch nur beim Vorhandensein sog. bereiter Mittel des Hilfesuchenden gerechtfertigt, sie entspricht gleichwohl der Rechtswirklichkeit. In diesen Fällen treten nicht selten private Pflegeeinrichtungen mit ihren Leistungen in Vorlage. Vereinzelt kommen auch nahe Angehörige oder sonstige aus fürsorgerischen Gründen handelnde Dritte dem Schenker zur Hilfe. Da auch deren Leistungen den Beschenkten nicht entlasten sollen, stellt sich für den in Rede stehenden Personenkreis gleichfalls

---

9 Vgl. Bengel, MittBayNot 2003, 270, 271.

10 Siehe dazu §§ 61 ff. SGB XII sowie § 41 SGB XII, §§ 5 Abs.2 S.2, 7 Abs.4 SGB II.

die Frage eines Rückgriffs beim Beschenkten. Diese Fallgestaltung stellt in der gegenwärtigen gerichtlichen Praxis den zweiten wichtigen Anwendungsfall einer Schenkungsrückforderung wegen Verarmung dar.

Der Schenkungsrückforderungsanspruch aus § 528 BGB ist aber auch für gesetzliche Unterhaltsgläubiger des Schenkers von großer Bedeutung. Jene hat der Gesetzgeber in den Schutzbereich der Norm miteinbezogen, gestattet er dem Schenker die Rückforderung der Schenkung nicht nur zur Befriedigung seines eigenen Unterhaltsbedarfs, sondern auch zur Erfüllung seiner gesetzlichen Unterhaltspflichten und damit eben auch zur Befriedigung des Unterhaltsbedarfs seiner gesetzlichen Unterhaltsgläubiger. In der gegebenen Situation ist es freilich allein der Anspruch aus § 528 BGB als letzter dem verarmten Schenker verbliebener Vermögenswert, der ihn in die Lage versetzt, seinen gesetzlichen Unterhaltspflichten zu genügen. Insofern ist es für die Unterhaltsgläubiger des Schenkers von essentiellem Interesse, ob es über eine Rückforderung der Schenkung, gegebenenfalls durch sie selbst und möglicherweise gegen den Willen des Schenkers, zu einer Befriedigung ihres Unterhaltsbedarfs kommt. Denn überall dort, wo privater Unterhalt nicht zu erlangen ist, mündet dies nicht selten in den Bezug von Sozialhilfe oder sonstigen staatlichen Grundsicherungsleistungen, was zu erheblichen qualitativen Unterschieden in der Lebensführung der Betroffenen führt. Dies gilt, entgegen einem häufig anzutreffenden Missverständnis, auch im Kontext des § 528 BGB. So scheinen nämlich die gängige Umschreibung der anspruchsbegründenden Situation, namentlich die Beeinträchtigung des sog. Notbedarfs des Schenkers, wie auch der Umstand, dass die Rückforderung einer Schenkung wegen Verarmung typischerweise durch den Sozialhilfeträger wegen seiner Sozialhilfeaufwendungen erfolgt, zu der Fehlannahme zu verleiten, dass sich der Anspruchsumfang des § 528 BGB auf Sozialhilfeniveau bewege. Dem ist nicht so. Denn sowohl beim eigenen angemessenen Unterhalt des Schenkers wie auch bei der Befriedigung der sonstigen in § 528 Abs.1 S.1 BGB genannten Unterhaltsinteressen bestimmt sich das Maß des zu gewährenden Unterhalts nach den Regeln und Prinzipien des bürgerlich-rechtlichen Unterhaltsrechts. Damit gewährt die Rückforderung einer Schenkung gemäß § 528 BGB mitunter deutlich mehr zur Bestreitung des Lebensbedarfs als es staatliche Grundsicherungsleistungen können und wollen.

II. Gegenstand der Arbeit und Gang der Darstellung

In der vorliegenden Abhandlung werden die zahlreichen und zum Teil komplizierten Rechtsfragen und Rechtsprobleme der Rückforderung von Schenkungen wegen Verarmung anhand verschiedener Fallgestaltungen dargestellt. Dabei wird in den einzelnen Kapiteln nach der Person des Anspruchstellers differenziert. Das soll die Übersichtlichkeit der Darstellung fördern und zudem den praktischen Nutzen für die rechtsanwendende Praxis erhöhen, die sich so, orientiert an Aktiv- und Passivlegitimation, die auftretenden Rechtsprobleme und Rechtsfragen der jeweiligen Fallgestaltung zielgerecht erschließen kann. Jedes Kapitel endet daher auch mit einer Zusammenfassung der für die einschlägige Fallkonstellation wesentlichen Ergebnisse. Darüber hinaus findet sich am Ende der Abhandlung für den an der Gesamtproblematik Interessierten eine Zusammenfassung sämtlicher Ergebnisse der Arbeit. In einem Anhang sind schließlich in Gestalt eines Kompendiums unter Nennung der Fundstelle und einer kurzen Wiedergabe des wesentlichen Inhalts die wichtigsten höchstrichterlichen Entscheidungen sowie einige besonders bedeutsame Judikate der Instanzgerichte zur Rückforderung einer Schenkung wegen Verarmung aufgeführt. Damit soll den Bedürfnissen der Praxis nach einer schnellen Orientierung über die maßgebliche Rechtsprechung Rechnung getragen werden.

Bei den einzelnen Fallgestaltungen, die im nachfolgenden zweiten Teil behandelt werden, war zwingend mit der Rückforderung der Schenkung durch den Schenker selbst zu beginnen *(Erstes Kapitel)*. Obschon diese Fallkonstellation in der Praxis aus genannten Gründen eher selten begegnet, hat sie gleichwohl wegweisende Bedeutung für alle weiteren Fallgestaltungen. Denn wie immer auch ein anderer Anspruchsteller als der Schenker an den Rückforderungsanspruch aus § 528 BGB gelangt sein mag, sei es durch eine öffentlichrechtliche Anspruchsüberleitung, einen gesetzlichen Forderungsübergang, eine privatrechtliche Zession oder durch Pfändung und Überweisung im Wege der Zwangsvollstreckung, immer rückt er so in die Rechtsstellung des Schenkers ein, wie dieser sie vormals innehatte. Sollte folglich der Schenkungsrückforderungsanspruch durch den Schenker selbst, aus welchen Gründen auch immer, nicht, nicht mehr oder nicht in vollem Umfang zu realisieren gewesen sein, gilt dies auch für einen späteren Aktivlegitimierten.

Nach Erörterung der Rückforderung der Schenkung durch den Schenker wird, entsprechend der praktischen Relevanz, die Schenkungsrückforderung durch die öffentliche Hand behandelt, die in der gerichtlichen Praxis nach wie vor die dominierende Fallgestaltung ist. Da die Verarmung den Schenker zumeist im Alter bei einer Unterbringung in einem Senioren- oder Pflegeheim trifft, geht es hier vor allem um die Geltendmachung des Schenkungsrückforderungsanspruchs durch den Sozialhilfeträger gemäß SGB XII. Bei diesem Regress mittels öffentlich-rechtlicher Anspruchsüberleitung, der mitunter zwei Fachgerichtsbarkeiten, nämlich die Zivilgerichte und (nunmehr) die Sozialgerichte, mit dem Streit zwischen Sozialhilfeträger und Beschenktem über die Rückforderung der Schenkung befasst, ergeben sich eine Vielzahl streitiger Fragen und Rechtsprobleme sowohl materiell-rechtlicher als auch prozessualer Art. Um den Regress des Sozialhilfeträgers geht es im *Zweiten Kapitel.*

Im *Dritten Kapitel* wird die zunehmend an Bedeutung gewinnende Problematik des Eintretens privater Dritter für den verarmten Schenker erörtert, die vielfach aus einer Versagung von Hilfeleistungen seitens der öffentlichen Hand resultiert. Die hier für den Unterhalt des Schenkers aufkommenden privaten Dritten handeln, ebenso wie der öffentlich-rechtliche Sozialhilfeträger, allein aus fürsorgerischen Gründen zugunsten des Schenkers. Auch sie erbringen ihre Leistungen folglich nur in Vorlage für den Beschenkten und wollen daher bei ihm Rückgriff nehmen. Ungeachtet der insofern identischen Interessenlage unterscheiden sich die damit einhergehenden Rechtsfragen in Ermangelung einer Ermächtigung zur Anspruchsüberleitung wie auch des Fehlens eines gesetzlichen Forderungsübergangs zugunsten des in Rede stehenden Personenkreises mitunter deutlich von denen des Regresses durch die öffentliche Hand.

Weiter gilt es dem Umstand Rechnung zu tragen, dass § 528 BGB dem Schenker die Rückforderung der Schenkung nicht nur um seiner selbst willen ermöglicht, sondern auch dessen gesetzliche Unterhaltsgläubiger in den Schutzbereich der Norm miteinbezieht. Die Rückforderung der Schenkung durch Unterhaltsgläubiger im Sinne des § 528 Abs.1 S.1 BGB ist Gegenstand des *Vierten Kapitels.*

Schließlich könnten auch sonstige Gläubiger des Schenkers, das heißt andere als gesetzliche Unterhaltsgläubiger sowie dem Schenker unterhaltssichernde Leistungen erbringende Dritte, versucht sein, ihre Ansprüche gegenüber dem Schenker durch einen Zugriff auf dessen Anspruch aus § 528 BGB zu realisieren. Um diese Fallgestaltung geht es im abschließenden *Fünften Kapitel.*

Bevor nun die einzelnen Fallkonstellationen näher behandelt werden, soll zunächst zum Einstieg in die Problematik ein kurzer Überblick über die Rechtsstellung eines verarmten Schenkers erfolgen.

III. Die Rechtsstellung des verarmten Schenkers

Das geltende Recht schützt den verarmten Schenker in unterschiedlicher Ausprägung, je nachdem, ob die Schenkung schon vollzogen ist oder nicht.

1. Der Schutz des Schenkers vor Vollzug der Schenkung

Vor dem Vollzug der Schenkung wird der Schenker durch die Einrede des Notbedarfs gemäß § 519 Abs.1 BGB geschützt.[11] Danach ist der Schenker berechtigt, die Erfüllung eines schenkweise erteilten Versprechens zu verweigern, soweit er bei Berücksichtigung seiner sonstigen Verpflichtungen außerstande ist, das Versprechen zu erfüllen, ohne dass sein angemessener Unterhalt oder die Erfüllung der ihm kraft Gesetzes obliegenden Unterhaltspflichten gefährdet wird.

§ 519 Abs.1 BGB verlangt – anders als § 528 Abs.1 S.1 BGB – keine Unterhaltsbeeinträchtigung, es genügt vielmehr schon eine bloße Unterhaltsgefährdung. Darunter versteht man die begründete Besorgnis, dass die Mittel des Schenkers in Zukunft zur Deckung seines eigenen Unterhalts sowie zur Erfüllung seiner gesetzlichen Unterhaltspflichten nicht ausreichen werden, wenn er seine bestehende Verpflichtung aus dem Schenkungsvertrag erfüllt.[12] Zur Feststellung einer solchen Unterhaltsgefährdung bedarf es einer Bilanzierung des Schenkervermögens.[13] Dazu ist sein Aktivvermögen zu ermitteln, von dem zunächst seine sonstigen Verpflichtungen abzuziehen sind.[14] Mit diesem Vorwegabzug normiert das Gesetz den Vorrang der übrigen Gläubiger des Schenkers gegenüber dem Beschenkten. Das so ermittelte Vermögen des Schenkers bildet die Grundlage einer sodann vorzunehmenden Prognose. Unter Berücksichtigung der gesicherten Erwerbsaussichten des Schenkers ist zu ermitteln, wie viel von diesem Vermögen für seinen angemessenen Unterhalt und ihn treffende gesetzliche Unterhaltspflichten benötigt wird.[15] Dabei bleiben mögliche eigene Unterhaltsansprüche des Schenkers als Erwerbsmöglichkeit unberücksichtigt.[16] Denn das Gesetz gewährt dem Schenker die Notbedarfseinrede gerade um sicherzustellen, dass er seinen Unterhalt aus eigenen Mitteln selbst bestreiten kann und damit nicht auf Unterhaltsleistungen anderer angewiesen ist. Der Beschenkte kann gegenüber der Notbedarfseinrede des Schenkers folglich nicht einwenden, dem Schenker stünden bei Erfül-

---

11 Zu den historischen Grundlagen des § 519 BGB, vgl. Seyfarth, S. 6 ff. sowie Wüllenkemper, JR 1988, 353. Zum Gang des Gesetzgebungsverfahrens, siehe Schubert in Jacobs/Schubert, § 519.

12 Siehe dazu etwa MüKo-Koch, § 519 Rn. 2; Palandt-Weidenkaff, § 519 Rn. 4.

13 Dazu und zum Folgenden etwa MüKo-Koch, § 519 Rn. 2; Erman-Herrmann, § 519 Rn. 2.

14 Dies geschieht jedoch nicht ausnahmslos in Höhe ihres Nennwerts, da § 519 Abs.1 BGB nicht den Abzug, sondern lediglich die Berücksichtigung der sonstigen Verpflichtungen des Schenkers verlangt. Bedingte und betagte Verbindlichkeiten mindern das Vermögen des Schenkers daher nur mit ihrem aktuellen Wert (siehe etwa MüKo-Koch, § 519 Rn. 2; Staudinger-Chiusi, § 519 Rn. 4; Erman-Herrmann, § 519 Rn. 2).

15 Siehe etwa MüKo-Koch, § 519 Rn. 2.

16 Siehe etwa MüKo-Koch, § 519 Rn. 2; Staudinger-Chiusi, § 519 Rn. 4; Palandt-Weidenkaff, § 519 Rn. 4.

lung des Schenkungsversprechens wegen einer dann vorhandenen Bedürftigkeit seinerseits Unterhaltsansprüche gegen Dritte zu. Soweit aufgrund der Prognose das Vermögen des Schenkers nicht ausreicht, um das Schenkungsversprechen zu erfüllen, sind die Voraussetzungen der Notbedarfseinrede gegeben.[17] Der Schenker kann damit je nach Lage des Falles zu einer vollständigen oder teilweisen Erfüllungsverweigerung berechtigt sein.[18]

Bestehen Ansprüche mehrerer Beschenkter gilt nach § 519 Abs.2 BGB das Prioritätsprinzip. Danach geht der früher entstandene Anspruch dem später entstandenen vor.[19] Der Schenker muss somit den früher zustande gekommenen Schenkungsvertrag im Rahmen seiner durch Prognose ermittelten Leistungsfähigkeit erfüllen, im Übrigen genießt er den Schutz der Notbedarfseinrede.[20]

Bei § 519 Abs.1 BGB handelt es sich um eine dilatorische Einrede.[21] Die Notbedarfseinrede besteht folglich nur für die Dauer der Unterhaltsgefährdung. Eine Verbesserung der finanziellen Verhältnisse des Schenkers führt zum Fortfall der Einrede.[22] Wann die Unterhaltsgefährdung eingetreten ist und worauf sie zurück-

---

17 MüKo-Koch, § 519 Rn. 2; Erman-Herrmann, § 519 Rn. 2.

18 Problematisch gestaltet sich die Rechtslage insofern bei einem unteilbaren Schenkungsgegenstand. Einigkeit besteht darin, dass dem Schenker angesichts des Schutzzwecks der Norm auch hier die Notbedarfseinrede zusteht. Streitig ist indes, ob dem Beschenkten die Möglichkeit eröffnet ist, durch entsprechende Unterhaltszahlungen die Geltendmachung der Einrede abzuwenden und damit den Schenkungsvollzug sicherzustellen. Dies bejahend Staudinger (2005)-Wimmer-Leonhardt, § 519 Rn. 14, anders aber nun Staudinger-Chiusi, § 519 Rn. 10, ferner verneinend MüKo-Koch, § 519 Rn. 3, jeweils mit Hinweis auf das Fehlen einer dem § 528 Abs.1 S.2 BGB entsprechenden Regelung und der unterschiedlichen Schutzwürdigkeit des Beschenkten vor und nach dem Vollzug der Schenkung.

19 Umstritten ist die Rechtslage bei gleichzeitig entstandenen Ansprüchen. Eine Ansicht verlangt hier eine anteilige Befriedigung der mehreren Beschenkten (so etwa MüKo-Koch, § 519 Rn. 5; Staudinger-Chiusi, § 519 Rn. 13; Palandt-Weidenkaff, § 519 Rn. 5), während nach anderer Ansicht der Schenker die Wahl hat, welchen Anspruch er (im Rahmen seines gemäß § 519 Abs. 1 BGB ermittelten Leistungsvermögens) erfüllt (so etwa Erman-Herrmann, § 519 Rn. 4).

20 Streitig ist, ob der dem § 519 Abs.2 BGB zuwider handelnde Schenker die Notbedarfseinrede verliert. Nach verbreiteter Ansicht (siehe etwa MüKo-Koch, § 519 Rn. 5; Staudinger-Chiusi, § 519 Rn. 12; Erman-Herrmann, § 519 Rn. 4) ist dies nur bei Arglist des Schenkers der Fall, während anderer Ansicht nach schlechthin der Verlust der Einrede eintritt (so noch Staudinger (2005)-Wimmer-Leonhardt, § 519 Rn. 22; Soergel-Mühl/Teichmann, § 519 Rn. 6).

21 Siehe statt aller MüKo-Koch, § 519 Rn. 3; Staudinger-Chiusi, § 519 Rn. 8; Palandt-Weidenkaff, § 519 Rn. 1.

22 Im Zivilprozess führt dies dazu, dass die Klage des Beschenkten bei Bestehen der Notbedarfseinrede als „zurzeit" unbegründet abgewiesen wird (siehe etwa MüKo-Koch, § 519 Rn. 3; Staudinger-Chiusi, § 519 Rn. 7; Palandt-Weidenkaff, § 519 Rn. 1). Entstehen die Voraussetzungen der Einrede erst nach dem stattgebenden Urteil, hat der Schenker die Möglichkeit der Vollstre-

zuführen ist, ist dagegen unerheblich.[23] Die Notbedarfseinrede steht dem Schenker folglich auch dann zu, wenn eine Unterhaltsgefährdung schon bei Abgabe seines Schenkungsversprechens vorlag und er durch eigenes Verschulden in diese Lage geraten ist. § 519 Abs.1 BGB schafft damit eine flexible Regelung zum Schutze des Schenkers vor dem Eintritt einer Bedürftigkeit, indem der Schenker berechtigt ist, soweit und solange eine Unterhaltsgefährdung vorliegt, die Erfüllung eines Schenkungsversprechens zu verweigern. Damit wird der Zweck der Vorschrift, eine durch altruistisches Verhalten bedingte Notlage zu vermeiden,[24] erreicht.

2. Der Schutz des Schenkers nach Vollzug der Schenkung

Ist die Schenkung schon vollzogen, nützt dem Schenker ein Recht zur Leistungsverweigerung nichts mehr. Hier schützt das Gesetz den Schenker durch den Rückforderungsanspruch gemäß § 528 Abs.1 S.1 BGB.[25] Danach kann der Schenker von dem Beschenkten die Herausgabe des Geschenks nach den Vorschriften über die Herausgabe einer ungerechtfertigten Bereicherung fordern, soweit er nach der Vollziehung der Schenkung außerstande ist, seinen angemessenen Unterhalt zu bestreiten und die ihm seinen Verwandten, seinem Ehegatten, seinem Lebenspartner oder seinem früheren Ehegatten oder Lebenspartner gegenüber gesetzlich obliegende Unterhaltspflicht zu erfüllen. Der Beschenkte kann gemäß § 528 Abs.1 S.2 BGB die Herausgabe durch Zahlung des für den Unterhalt erforderlichen Betrags abwenden.

Anders als im Falle des § 519 BGB vor dem Vollzug der Schenkung genügt nach deren Vollzug eine bloße Unterhaltsgefährdung zur Rückforderung des Geschenks nicht. § 528 Abs.1 S.1 BGB verlangt vielmehr eine schon eingetretene Unterhaltsbeeinträchtigung. Der Schenker muss außerstande sein, seinen eigenen angemessenen Unterhalt zu bestreiten bzw. seine ihm gegenüber den in § 528 Abs.1 S.1 BGB genannten Personen gesetzlich obliegenden Unterhaltspflichten zu erfüllen.

---

ckungsabwehrklage gemäß § 767 ZPO (siehe MüKo-Koch, § 519 Rn. 3; Staudinger-Chiusi, § 519 Rn. 7; Palandt-Weidenkaff, § 519 Rn. 3).

23 Siehe statt aller MüKo-Koch, § 519 Rn. 2; Staudinger-Chiusi, § 519 Rn. 5.

24 Siehe Protokolle II, 22.

25 Zu den historischen Grundlagen des § 528 BGB, insbesondere zu den ähnlichen Bestimmungen der §§ 1123 Abs.1 S.11, 1126 Abs.1 S.11 ALR, siehe Kuhlenbeck, JW 1902, 241, 243; Dernburg, § 208 I; Oertmann, § 528 Anm. 1; Wüllenkemper, JR 1988, 353. Eingehend zur historischen Entwicklung des § 528 BGB auch Seyfarth, S. 4 ff.

Auch zur Feststellung einer solchen Unterhaltsbeeinträchtigung bedarf es einer Vermögensbilanzierung, bei der die zur Befriedigung der in Rede stehenden Unterhaltsinteressen notwendigen Mittel mit dem Aktivvermögen des Schenkers zu vergleichen sind. Ergibt diese Gegenüberstellung, dass das Vermögen des Schenkers zur Bestreitung seines eigenen angemessenen Unterhalts und zur Erfüllung der ihm gesetzlich obliegenden Unterhaltspflichten nicht ausreicht, ist eine Unterhaltsbeeinträchtigung im Sinne des § 528 Abs.1 S.1 BGB gegeben.

Mit dem Erfordernis einer echten Unterhaltsbeeinträchtigung im Gegensatz zu einer bloßen Unterhaltsgefährdung im Sinne des § 519 Abs.1 BGB erfährt die Rechtsstellung des Beschenkten mit dem Vollzug der Schenkung eine deutliche Verbesserung, die sich im Weiteren auch bei den Ausschlussgründen für eine Schenkungsrückforderung zeigt. Denn während es für die Notbedarfseinrede auf ein Verschulden des Schenkers nicht ankommt, schließt § 529 Abs.1, 1. Fall BGB die Rückforderung der Schenkung aus, sofern der Schenker seine Bedürftigkeit vorsätzlich oder durch grobe Fahrlässigkeit herbeigeführt hat. Dasselbe gilt nach § 529 Abs.1, 2. Fall BGB, wenn zur Zeit des Eintritts der Bedürftigkeit seit der Leistung des geschenkten Gegenstandes zehn Jahre verstrichen sind. Ferner bleibt dem Schenker die Rückforderung der Schenkung gemäß § 529 Abs.2 BGB versagt, soweit der Beschenkte bei Berücksichtigung seiner sonstigen Verpflichtungen außerstande ist, das Geschenk herauszugeben, ohne dass sein standesgemäßer Unterhalt oder die Erfüllung der ihm kraft Gesetzes obliegenden Unterhaltspflichten gefährdet wird. Schließlich ist eine Rückforderung von Schenkungen wegen Verarmung nach § 534 BGB bei Pflicht- und Anstandsschenkungen ausgeschlossen.

Die Rechtsfolgen einer Schenkungsrückforderung wegen Verarmung bestimmen sich nach den Vorschriften über die Herausgabe einer ungerechtfertigten Bereicherung. Dabei gewährt § 528 Abs.1 S.1 BGB dem Schenker den Anspruch auf Herausgabe des Geschenks aber nur, soweit er außerstande ist, seinen eigenen angemessenen Unterhalt zu bestreiten und seine gesetzlichen Unterhaltspflichten zu erfüllen. Der Beschenkte schuldet folglich nicht schlechthin Rückgabe des ganzen Geschenks, seine Verpflichtung ist vielmehr von vornherein auf den zu deckenden Unterhaltsbedarf beschränkt.[26]

Sind mehrere Beschenkte vorhanden, muss sich der Schenker nach § 528 Abs.2 BGB zunächst an den später Beschenkten halten. Nur soweit dieser nicht verpflichtet ist, haftet dem Schenker der früher Beschenkte. Damit steht § 528

26 So die heute ganz herrschende Meinung. Siehe etwa BGHZ 94, 141, 143; 96, 380, 382; BGH NJW 1996, 987; BGHZ 137, 76, 83 sowie aus dem Schrifttum MüKo-Koch, § 528 Rn. 5; Staudinger-Chiusi, § 528 Rn. 39; Erman-Herrmann, § 528 Rn. 3; Palandt-Weidenkaff, § 528 Rn. 6.

Abs.2 BGB in Einklang mit § 519 Abs.2 BGB: Das ältere Recht geht dem jüngeren vor.

Wenngleich das Gesetz als Rechtsfolge die Naturalrückgabe vorsieht, bedarf es nicht zwingend der Rückgabe des Geschenks selbst zur Erreichung des Gesetzeszwecks. § 528 Abs.1 S.1 BGB verfolgt den Zweck, den beim Schenker eingetretenen Notbedarf zu beseitigen und diesem Zweck ist mit Erlangung der zur Unterhaltsbestreitung erforderlichen Mittel Genüge getan. Auf der anderen Seite ist in bestimmten Fällen ein berechtigtes Interesse des Beschenkten daran, das Geschenk in natura zu behalten, nicht zu leugnen. Das Gesetz berücksichtigt die genannten Umstände, indem es dem Beschenkten in § 528 Abs.1 S.2 BGB eine Ersetzungsbefugnis einräumt. Der Beschenkte kann die Herausgabe des Geschenks durch Zahlung des für den Unterhalt erforderlichen Betrags abwenden.

Zusammenfassend lässt sich die Rechtsstellung eines verarmten Schenkers nach einer ersten kurzen Betrachtung der Rechtslage damit wie folgt umschreiben:

Vor dem Vollzug der Schenkung ist der Schenker bei einer Gefährdung seines eigenen angemessenen Unterhalts sowie bei einer Gefährdung der Erfüllung seiner gesetzlichen Unterhaltspflichten berechtigt, die Erfüllung des Schenkungsversprechens zu verweigern, soweit und solange die Unterhaltsgefährdung besteht (§ 519 Abs.1 BGB).

Nach dem Vollzug der Schenkung kann der Schenker, außer bei Pflicht- und Anstandsschenkungen (§ 534), soweit er außerstande ist, seinen eigenen angemessenen Unterhalt zu bestreiten und die ihm gesetzlich obliegenden Unterhaltspflichten zu erfüllen, in einem Zeitraum von zehn Jahren zwischen Leistung des geschenkten Gegenstandes und Eintritt der Bedürftigkeit (§ 529 Abs.1, 2. Fall BGB) von einem leistungsfähigen Beschenkten (§ 529 Abs.2 BGB) die Herausgabe des Geschenks nach den Vorschriften der ungerechtfertigten Bereicherung fordern (§ 528 Abs.1 S.1 BGB), sofern er nicht seine Bedürftigkeit vorsätzlich oder durch grobe Fahrlässigkeit herbeigeführt hat (§ 529 Abs.1, 1. Fall BGB). Der Beschenkte kann die Herausgabe durch Zahlung des für den Unterhalt erforderlichen Betrags abwenden (§ 528 Abs.1 S.2, S.3 BGB).

Zweiter Teil
Die einzelnen Fallgestaltungen einer Rückforderung von Schenkungen wegen Verarmung

Erstes Kapitel
Die Rückforderung der Schenkung durch den Schenker

I. Die Problematik

1. Der Interessenwiderstreit zwischen Schenker und Beschenktem

§ 528 BGB verfolgt das Ziel, es dem verarmten Schenker durch eine Rückforderung des Geschenks zu ermöglichen, seinen angemessenen Unterhalt zu bestreiten und seine gesetzlichen Unterhaltspflichten zu erfüllen.[1] Zu diesem Zweck lässt das Gesetz die Interessen des Beschenkten am Fortbestand der Schenkung zurücktreten und verpflichtet ihn zur Herausgabe des Geschenks. Damit erlaubt das Gesetz, dass ein wirksames Schenkungsgeschäft rückabgewickelt wird. Bei keinem anderen Schuldverhältnis wird in dieser Weise verfahren und die Verarmung einer Vertragspartei zum Anlass genommen, in den Bestand kausal und dinglich wirksamer Rechtsgeschäfte einzugreifen. Getragen wird die verminderte Schutzwürdigkeit des Beschenkten am Fortbestand der Schenkung durch den Umstand, dass er das Geschenk ohne eine entsprechende Gegenleistung erlangt hat. § 528 BGB ist ein Anwendungsfall der sog. Schwäche des unentgeltlichen Erwerbs,[2] einer Rechtsfigur, die in weiten Teilen des Rechts begegnet und welche die Rechtsstellung eines Beschenkten schwächer ausgestaltet als die eines entgeltlichen Erwerbers. So erfährt der Beschenkte nicht nur im Schenkungsrecht selbst durch die §§ 519, 528, 530 BGB, sondern darüber hinaus auch im Bereicherungsrecht mit den §§ 816 Abs.1 S.2, 822 BGB, im Vindikationsrecht durch § 988 BGB, im Familienrecht durch § 1390 BGB und die §§ 1425 Abs.1, 1641, 1804, 1908i Abs.2 S.1 BGB, im Erbrecht mit den §§ 2287, 2329 BGB und den §§ 2113 Abs.2, 2205 S.3 BGB sowie im Zwangsvollstreckungs- und Insolvenzrecht mit den §§ 4, 11

---

1 Siehe dazu nur BGHZ 147, 288, 290 sowie aus dem Schrifttum MüKo-Koch, § 528 Rn. 17; Palandt-Weidenkaff, § 528 Rn. 1.

2 Siehe statt aller Medicus/Petersen, Rn. 382.

Abs.2 AnfG und den §§ 134, 143 Abs.2 InsO deutliche Einschränkungen in seiner Rechtsstellung.[3]

Diese prägnante Rechtsfigur der Schwäche des unentgeltlichen Erwerbs mit ihren zahlreichen Ausprägungen darf indes nicht den Blick für den zunächst entscheidenden Gesichtspunkt verstellen – der prinzipiellen Schutzwürdigkeit des Beschenkten an der Erhaltung des Geschenks.[4] Denn eine Schenkung erschöpft sich nicht in der unentgeltlichen Zuwendung eines Vermögensvorteils. Ihr liegen vielmehr regelmäßig besondere Leistungen und Verdienste des Beschenkten zugrunde, die der Schenker mit der unentgeltlichen Zuwendung honorieren will. So resultiert eine Schenkung typischerweise aus einer engen persönlichen Beziehung zwischen Schenker und Beschenktem, wie einer langjährigen Freundschaft oder der familiären Verbundenheit in den Fällen der vorweggenommenen Erbfolge. Nicht selten ist sie Ausdruck eines besonderen Dankes, den der Schenker dem Beschenkten schuldet, etwa für eine langjährige Pflege oder Betreuung. Wenn der Beschenkte die Zuwendung somit auch unentgeltlich erhält, umsonst erlangt er sie nicht.[5]

Diese Erkenntnis verbietet eine beliebige oder auch nur vorschnelle Preisgabe der Interessen des Beschenkten. Vielmehr verlangen die einer Schenkung typischerweise zugrunde liegenden Verdienste des Beschenkten eine angemessene Rücksichtnahme auf seine Belange. Das Gesetz verkennt dies nicht. Denn in sämtlichen Anwendungsfällen einer Schwäche des unentgeltlichen Erwerbs sind es neben der Schenkung selbst stets gewichtige Umstände, die es rechtfertigen, die Interessen des Beschenkten hinter die des jeweiligen Anspruchsberechtigten in den Hintergrund treten zu lassen.[6] So liegt auch der Rückforderung einer Schenkung wegen Verarmung gemäß § 528 BGB – wie die weitere Abhandlung zeigen wird – ein wohlabgewogener Interessenausgleich zwischen Schenker und Beschenktem zugrunde. Vor allem durch die Ausschlusstatbestände des § 529 BGB sowie durch die den Regeln des Bereicherungsrechts folgende Herausgabepflicht nimmt das Gesetz Rücksicht auf die schutzwürdigen Belange des Beschenkten.

3 Zu den einzelnen Anwendungsfällen der sog. Schwäche des unentgeltlichen Erwerbs anschaulich Medicus/Petersen, Rn. 383 ff.

4 Dazu bereits Zeranski, S. 58 f.; zustimmend Schippers, RNotZ 2006, 42, 48.

5 Sprichwörtlich: Es wird einem nichts geschenkt.

6 Siehe dazu im Einzelnen Zeranski, S. 59 ff.

2. Die veränderte sozialstaatliche Wirklichkeit

Gleichwohl ist bei dem in Rede stehenden Interessenwiderstreit zwischen verarmtem Schenker und Beschenktem nicht von der Hand zu weisen, dass gerade die Rechtsprechung bei Anwendung der einschlägigen Gesetzesbestimmungen eine zumeist schenkerfreundliche Auslegung praktiziert,[7] die von weiten Teilen des Schrifttums gutgeheißen wird.[8] Diese anspruchsgünstige Auslegung der §§ 528, 529 BGB wird mit einem Wandel der Normsituation und des Normumfeldes begründet,[9] der vor allem aufgrund der sozialstaatlichen Entwicklung eingetreten sei.[10]

Ursprünglich ging es bei § 528 BGB allein um das Verhältnis zwischen Schenker und Beschenktem. Dementsprechend traf eine Versagung des Rückforderungsanspruchs allein den Schenker, der fortan in seiner Verarmung zu darben hatte. Auch befand sich der Schenker in der anspruchsbegründenden Situation des § 528 BGB mitunter in einer inneren Konfliktlage, gereichte die Rückforderung der Schenkung doch typischerweise zum Nachteil einer ihm nahestehenden Person. Diese Situation hat sich mit dem Ausbau des Sozialstaats und der Schaffung eines existenzsichernden Sozialleistungssystems grundlegend geändert. So besteht heute bei einer Verarmung ein eigenständiger, von deren Ursachen grundsätzlich unabhängiger Anspruch des Einzelnen auf staatliche Unterstützungsleistungen.[11] Der Schenker hat demzufolge zum einen mit der öffentlichen Hand einen neuen Adressaten zur Beseitigung seiner Notlage erhalten, bei dessen Inanspruchnahme die oben genannten Hemmschwellen zumeist nicht existieren, zum anderen führt eine Versagung des Schenkungsrückforderungsanspruchs nunmehr dazu, dass die Last der Verarmung des Schenkers letztlich nicht mehr von ihm allein, sondern – jedenfalls in Höhe der existenzsichernden staatlichen Leistungen – von der Allgemeinheit zu tragen ist. Diese veränderte

---

7 Siehe dazu im Einzelnen das Rechtsprechungskompendium am Ende der Abhandlung.

8 Siehe dazu MüKo-Koch, § 528 Rn. 2; Staudinger (2005)-Wimmer-Leonhardt, § 528 Rn. 2, 49; juris/PK-Sefrin, § 528 Rn. 8; Knütel, JR 1989, 378, 379; Kollhosser, ZEV 1995, 391 ff.; Haarmann, FamRZ 1996, 522, 524; Franzen, FamRZ 1997, 528, 533; Krauß, ZEV 2001, 417, 418; siehe ferner Staudinger-Chiusi, § 528 Rn. 5 m. weit. Verweisungen; Erman-Herrmann, § 528 Rn. 1. Kritisch dagegen Koch, JR 1993, 313, 316; Keim, ZEV 1998, 375, 376; Schippers, RNotZ 2006, 42, 50 f.

9 Dazu, dass ein Wandel der Normsituation zu einer Änderung in der Auslegung einer gesetzlichen Bestimmung führen kann, Larenz/Canaris, Methodenlehre, S.170, 173.

10 Siehe dazu MüKo-Koch, § 528 Rn. 2; Staudinger-Chiusi, § 528 Rn. 5; juris/PK-Sefrin, § 528 Rn. 8; Knütel, JR 1989, 378 f.; Kollhosser, ZEV 1995, 391; Haarmann, FamRZ 1996, 522, 524; Franzen, FamRZ 1997, 528, 533; Eichenhofer, NDV 1999, 82, 84; Krauß, ZEV 2001, 417 f.

11 Siehe §§ 17 Abs.1 S.1, 27 Abs.1, 41 Abs.1 S.1 SGB XII, 19 Abs.1 S.1 u. S.2 SGB II sowie vormals §§ 4 Abs.1 S.1, 11 Abs.1 S.1 BSHG.

sozialstaatliche Wirklichkeit soll im Zweifelsfall eine anspruchsgünstige Auslegung der §§ 528, 529 BGB bedingen, um dem nunmehr zu befriedigenden Regressinteresse der öffentlichen Hand angemessen Rechnung tragen zu können.[12]

Wenngleich das Bestreben, den Sozialleistungsträgern einen möglichst umfassenden Regress gegen den Beschenkten zu ermöglichen und damit die öffentliche Hand letztlich von den Kosten der Freigiebigkeit des Schenkers zu entlasten, sachgerecht erscheint, verbleibt gleichwohl angesichts der Argumentation zur Begründung einer anspruchsgünstigen Auslegung der §§ 528, 529 BGB ein Gefühl des Unbehagens, da diese zumindest Ansätze einer petitio principii bietet. Denn die öffentliche Hand kann, da das regressvermittelnde Recht mit dem Anspruchsübergang keine Änderung erfährt,[13] stets nur in dem Maße Rückgriff nehmen, wie es dem Schenker selbst möglich gewesen wäre, seinen Anspruch durchzusetzen.[14] Mit anderen Worten: Der Sozialleistungsträger rückt so in die Rechtsstellung des Schenkers ein, wie dieser sie vor dem Anspruchsübergang innehatte. Damit verwirklicht sich das öffentliche Interesse an einem Regress beim Beschenkten aber letztlich nach den Vorschriften des Privatrechts, die ihrerseits aber nun im Hinblick auf das öffentliche Regressinteresse eine anspruchsgünstige Auslegung erfahren sollen.[15]

Ungeachtet dieser Bedenken[16] sollte freilich nicht übersehen werden, dass § 528 BGB auch schon vor dem Ausbau des Sozialstaats und der Schaffung eines eigenständigen Anspruchs auf existenzsichernde Leistungen gegen den Staat Interessen Dritter diente und zwar nicht allein denen der in den Schutzbereich der Norm miteinbezogenen Unterhaltsgläubiger, sondern auch denen potentieller Unterhaltsverpflichteter des Schenkers. Denn auch seinerzeit führte die

---

12 Siehe MüKo-Koch, § 528 Rn. 2; Staudinger-Chiusi, § 528 Rn. 53; Staudinger (2005)-Wimmer-Leonhardt, § 528 Rn. 2; juris/PK-Sefrin, § 528 Rn. 8; Erman-Herrmann, § 528 Rn. 1; Knütel, JR 1989, 378, 379; Haarmann, FamRZ 1996, 522, 524; Franzen, FamRZ 1997, 528, 533; Krauß, ZEV 2001, 417, 418.

13 Siehe statt aller H. Schellhorn in Schellhorn/Schellhorn/Hohm, § 93 Rn. 36; Münder in LPK/SGB XII, § 93 Rn. 49; Wahrendorf in Grube/Wahrendorf, § 93 Rn. 27, jew. m.w.N.

14 Siehe H. Schellhorn in Schellhorn/Schellhorn/Hohm, § 93 Rn. 36; Münder in LPK/SGB XII, § 93 Rn. 49. Siehe auch Keim, ZEV 1998, 375, 376.

15 Kritisch insofern auch Keim, ZEV 1998, 375, 376; Schipppers, RNotZ 2006, 42, 51.

16 Ferner verbessert ein „in dubio pro fisco" (dazu Schippers, RNotZ 2006, 42, 51) zwangsläufig zunächst die Rechtstellung des Schenkers und gereicht damit Schenkungsrückforderungsklagen auch dort zum Erfolg, wo es an einer staatlichen Beteiligung fehlt. Das dürfte freilich angesichts der damit einhergehenden Vermeidung einer Inanspruchnahme öffentlicher Mittel nicht unerwünscht sein. Für den Beschenkten bleibt gleichwohl, sowohl bei einem erfolgten wie auch bei einem unterbliebenen Eintreten der öffentlichen Hand, die Last der Anspruchserfüllung oberhalb des Grundsicherungsniveaus.

Versagung eines Schenkungsrückforderungsanspruchs nicht selten zu Unterhaltsansprüchen des verarmten Schenkers. Die Ausschlusstatbestände für den Schenkungsrückforderungsanspruch waren und sind ja nicht identisch mit den Verwirkungstatbeständen des bürgerlich-rechtlichen Unterhaltsrechts.[17] Damit aber diente § 528 BGB, der sicherstellen soll, dass der Schenker seinen angemessenen Unterhalt selbst bestreiten kann und damit gerade nicht auf Unterhaltsansprüche gegen Dritte angewiesen ist, seit jeher auch der Vermeidung der Inanspruchnahme potentieller Unterhaltspflichtiger. Dieses Drittinteresse, nicht für die Verarmung des Schenkers aufkommen zu müssen, begegnet heute – nach Ausbau des Sozialstaats und verstärktem Eintreten der öffentlichen Hand – aber vornehmlich in Gestalt eines staatlichen Regressinteresses.

Dies alles rechtfertigt freilich noch kein „in dubio pro fisco“[18] bei der Auslegung der Vorschriften über eine Schenkungsrückforderung wegen Verarmung, und es entbindet auch keineswegs von der Notwendigkeit einer umfassenden und sorgfältigen Abwägung der widerstreitenden Interessen der Beteiligten. Es belegt aber die Legitimation einer angemessenen Berücksichtigung auch der Interessen der öffentlichen Hand im Kontext der §§ 528, 529 BGB.[19]

II. Der Tatbestand einer Schenkungsrückforderung wegen Verarmung

Ein Anspruch gemäß § 528 Abs.1 S.1 BGB setzt zunächst voraus, dass eine rückforderungsfähige Schenkung im Sinne des § 516 BGB vorliegt. Des Weiteren muss die Schenkung vollzogen sein. Schließlich ist eine nach Vollziehung der Schenkung bestehende Unterhaltsbeeinträchtigung im Sinne des § 528 Abs.1 S.1 BGB erforderlich.

---

17 Wenngleich nicht zu übersehen ist, dass durch die von der Rspr. befürwortete Anwendbarkeit des Unterhaltsrechts (siehe dazu BGH NJW 2000, 3488 und BGH NJW 2003, 1384) und insbesondere auch der Grundsätze zu einer unterhaltsbezogenen Mutwilligkeit (dazu insbesondere BGH NJW 2001, 1207) auch im Kontext der §§ 528, 529 BGB insofern eine spürbare Annäherung zu verzeichnen ist.

18 Dazu kritisch Schippers, RNotZ 2006, 42, 51.

19 Siehe insofern auch BGHZ 137, 76, 82; 147, 288, 290 sowie zuletzt BGH NJW 2010, 2655, 2656 (Rn. 16), wo der Zweck des § 528 BGB auch in der Vermeidung der Inanspruchnahme der Allgemeinheit für den Notbedarf des Schenkers gesehen wird. Siehe dazu auch juris/PK-Sefrin, § 528 Rn. 4; Soergel-Mühl/Teichmann, § 528 Rn. 1.

1. Vorliegen einer rückforderungsfähigen Schenkung

Grundvoraussetzung für einen Anspruch gemäß § 528 Abs.1 S.1 BGB ist das Vorliegen einer rückforderungsfähigen Schenkung. Insofern ist zunächst eine Abgrenzung zu den unentgeltlichen Zuwendungen vorzunehmen, die nicht dem Anwendungsbereich des Schenkungsrechts unterfallen. Das gilt namentlich für die Ausstattung gemäß § 1624 Abs.1 BGB sowie – jedenfalls nach ständiger Rechtsprechung und weiten Teilen des Schrifttums – für die sog. unbenannten Zuwendungen unter Ehegatten und Lebenspartnern bzw. Lebenspartnerinnen. Überdies ist zu klären, ob überhaupt und wenn ja, inwieweit § 528 BGB bei (echten) Schenkungen zwischen diesen Personen Anwendung findet.

Weiter ist zu berücksichtigen, dass nicht alle Schenkungen im Sinne des § 516 BGB einer Schenkungsrückforderung nach § 528 BGB unterliegen. So findet die Bestimmung auf Pflicht- und Anstandsschenkungen sowie bei Schenkungen einer juristischen Person keine Anwendung. Schließlich existieren diverse Sonderformen der Schenkung, deren Besonderheiten möglicherweise Auswirkungen auf eine Schenkungsrückforderung gemäß § 528 BGB zeitigen. Das gilt im Einzelnen für remuneratorische Schenkungen, für Schenkungen unter Auflage, die insbesondere bei sog. Altenteilsverträgen begegnen sowie für gemischte Schenkungen.

a) Ausstattungen

Die Ausstattung[20] ist eine besondere familienrechtliche Zuwendung[21] der Eltern an ihre Kinder, die mit Rücksicht auf deren Verheiratung oder die Erlangung einer selbständigen Lebensstellung zur Begründung oder Erhaltung der Wirtschaft oder der Lebensstellung erfolgt (siehe § 1624 Abs.1 BGB). Auch wenn die Ausstattung aus dem Vermögen der Eltern stammt – bei kraft Gesetzes bestehender elterlicher Verwaltung des Kindesvermögens vermutet § 1625 BGB eine Zuwen-

---

20 Nicht zu verwechseln ist die Ausstattung mit der nach wie vor im allgemeinen Sprachgebrauch präsenten Aussteuer (siehe dazu Erman-Michalski/Döll, § 1624 Rn. 2). Jene betraf einen Anspruch allein der Töchter gegen ihre Eltern, der bereits 1957 mit dem Gleichberechtigungsgesetz entfallen ist. Auch der veraltete Begriff der Mitgift (dazu Erman-Michalski/Döll, § 1624 Rn. 3) ist hier fehl am Platz. Sie bezeichnet gleichfalls nur Zuwendungen an eine Frau anlässlich ihrer Verheiratung und zwar unabhängig von der Person des Zuwendenden. Ausstattungen im Sinne des § 1624 BGB erfolgen indes immer seitens der Eltern oder eines Elternteils (siehe etwa Gernhuber/Coester-Waltjen, § 56 Rn. 1).

21 Siehe Dethloff, § 12 Rn. 42.

dung aus dem Vermögen des Kindes[22] – unterfällt sie grundsätzlich nicht dem Schenkungsrecht.[23] Die unterhaltsrechtlich nicht gebotene und damit freiwillig erfolgende Ausstattung[24] mag zwar mit einer Vermögenseinbuße der Eltern[25] und einer Bereicherung des Kindes[26] alle Merkmale einer Schenkung aufweisen, das Gesetz unterstellt gleichwohl die sich im üblichen Maße bewegende Ausstattung angesichts ihres besonderen familienrechtlichen Regelungsgehalts[27]nicht dem Schenkungsrecht.[28] Demgemäß unterliegen angemessene Ausstattungen auch keiner Schenkungsrückforderung nach § 528 BGB.[29]

Allein Ausstattungen, die das den Umständen entsprechende Maß, insbesondere die Vermögensverhältnisse der Eltern, übersteigen, unterfallen dem Schenkungsrecht und damit auch dem Anwendungsbereich des § 528 BGB.[30] Insofern ist unter Berücksichtigung aller Umstände des Einzelfalles von maßgeblicher Bedeutung, ob und inwieweit die Zuwendung die bisherige selbständige Lebensgestaltung der Eltern erheblich beeinträchtigt oder ihre Altersvorsorge gefährdet.[31] Ist dies nicht der Fall, liegt die Ausstattung auch bei großzügigen Zuwendungen noch innerhalb eines angemessenen Rahmens und damit außerhalb des Schenkungsrechts.

Der mit der Zuwendung der Eltern verbundene Zweck der Begründung oder Erhaltung der Wirtschaft oder der Lebensstellung des Kindes ist für die Ausstattung konstitutiv. Eine elterliche Zuwendung an Kinder, die zu einem anderen

---

22 Auch hier ist gleichwohl die für eine Ausstattung notwendige Bereicherung des Kindes gegeben, weil das Kind keinen Anspruch gegen seine Eltern auf eine dem § 1624 Abs.1 BGB entsprechende Verwendung seines Vermögens hat (siehe Gernhuber/Coester-Waltjen, § 56 Rn. 4).

23 Zu den sonstigen rechtlichen Besonderheiten der Ausstattung, siehe MüKo-v. Sachsen Gessaphe, § 1624 Rn. 13 ff.; Gernhuber/Coester-Waltjen, § 56 Rn. 1; Jacob, AcP 207 (2007), 198, 205 ff.

24 Dazu etwa Staudinger-Coester, § 1624 Rn. 1; Schwab, Rn. 909; Jacob, AcP 207 (2007), 198, 200.

25 Siehe dazu insbesondere BGH DNotZ 1988, 436, 437.

26 Siehe dazu etwa Gernhuber/Coester-Waltjen, § 56 Rn. 4.

27 Nach MüKo-v. Sachsen Gessaphe, § 1624 Rn. 1 ist die Ausstattung Ausdruck gesetzlich anerkannter Familiensolidarität. Gernhuber/Coester-Waltjen, § 56 Rn. 7 sieht ihre Grundlage in einer mit der Familiengemeinschaft verbundenen sittlichen Idee. Erman-Michalski/Döll, § 1624 Rn. 8 sehen darin sogar eine sittliche Pflicht der Eltern. Nach Jacob, AcP 207 (2007), 198, 200 fußt sie in einer außerhalb des Unterhaltsrechts fortbestehenden familiären Elternverantwortung.

28 Eine Ausnahme gilt insofern gemäß § 1624 Abs.2 BGB allein für die Vorschriften des Gewährleistungsrechts.

29 Siehe etwa Staudinger-Coester, § 1624 Rn. 27; MüKo-v. Sachsen Gessaphe, § 1624 Rn. 11, ferner Rn. 18; Palandt-Götz, § 1624 Rn. 2; Erman-Michalski/Döll, § 1624 Rn. 12; NK/BGB-Dendorfer, § 528 Rn. 4; Dethloff, § 12 Rn. 42; Jacob, AcP 207 (2007), 198, 203; Karpen, MittRhNotK 1988, 131, 139.

30 Siehe statt aller Gernhuber/Coester-Waltjen, § 56 Rn. 7.

31 Siehe MüKo-v. Sachsen Gessaphe, § 1624 Rn. 6; Staudinger-Coester, § 1624 Rn. 13; siehe auch Jakob, AcP 207 (2007), 198, 222 f.; Sailer, NotBZ 2002, 81, 82.

Zweck erfolgt, ist keine Ausstattung.[32] Dabei ist es allerdings unschädlich, wenn Eltern mit der Zuwendung neben den primären Zwecken des § 1624 Abs.1 BGB weitere untergeordnete Absichten verfolgen[33], wie etwa das begünstigte Kind anderen bisher bevorzugten Abkömmlingen gleichzustellen[34] oder Familienvermögen im Wege einer vorweggenommenen Erbfolge zu übertragen.[35] Auch muss die Zuwendung zur Begründung oder Erhaltung der Wirtschaft bzw. der selbständigen Lebensstellung des Kindes nicht objektiv geboten sein,[36] es genügt, dass die Eltern mit ihr entsprechende Zwecke verfolgen. Angesichts der Tatsache, dass § 1624 Abs.1 BGB die Zuwendungen lediglich mit Rücksicht auf die Verheiratung oder die Erlangung einer selbständigen Lebensstellung fordert, müssen diese auch nicht bei der Eheschließung bzw. zur Existenzgründung erfolgen. Auch spätere Zuwendungen sind Ausstattungen, sofern sie ohne die Heirat bzw. die Begründung der selbständigen Lebensstellung des Kindes nicht erfolgt wären und die entsprechende Zwecksetzung aufweisen.[37]

Gegenstand einer Ausstattung kann jede Vermögensmehrung sein, die zu den in § 1624 Abs.1 BGB genannten Zwecken erfolgt.[38] Dementsprechend können erhebliche wirtschaftliche Werte im Wege einer Ausstattung von Eltern an ihre Kinder außerhalb des Schenkungsrechts übertragen werden.[39] Darin liegt gleichwohl keine unangemessene Benachteiligung Dritter, wie etwa der öffentlichen Hand, der bei einem erforderlich werdenden Eintreten im Falle einer Verarmung der Eltern ein Rückgriff auf § 528 BGB versagt bleibt. Denn § 1624 Abs.1 BGB nimmt wohlweislich nur solche Zuwendungen aus dem Anwendungsbereich des Schenkungsrechts heraus, die sich vor allem im Hinblick auf die Vermögensverhältnisse des Zuwendenden in einem angemessenen Rahmen halten. Mit einer sachgerechten Gesetzesinterpretation der Angemessenheit der Ausstattung, die insbesondere der gegenwärtigen und künftigen Versorgung des Ausstattenden ausreichende Beachtung schenkt, wird eine ungebührliche Benachteiligung

---

32 Siehe BGHZ 44, 91, 93; Jakob, AcP 207 (2007), 198, 217 f.

33 Siehe statt aller MüKo-v. Sachsen Gessaphe, § 1624 Rn. 5; Staudinger-Coester, § 1624 Rn. 12; Jakob, AcP 207 (2007), 198, 218 f.

34 Siehe BGHZ 44, 91, 92.

35 Siehe etwa Jakob, AcP 207 (2007), 198, 200.

36 Siehe BGHZ 44, 91, 93.

37 Siehe statt aller Gernhuber/Coester-Waltjen, § 56 Rn. 2 m.w.N.

38 MüKo-v. Sachsen Gessaphe, § 1624 Rn. 4; Staudinger-Coester, § 1624 Rn. 9; Gernhuber/ Coester-Waltjen, § 56 Rn. 6; Jakob, AcP 207 (2007), 198, 201.

39 In diesem Zusammenhang weist Jacob, AcP 207 (2007), 198, 199, 223 f. nicht zu Unrecht auf das noch nicht vollständig ausgeschöpfte Gestaltungspotential der Ausstattung bei der Übertragung von Vermögenswerten hin.

sowohl des Zuwendenden als auch der öffentlichen Hand vermieden. Die sog. Übermaßausstattungen sind dagegen, soweit sie die Voraussetzungen des § 516 BGB erfüllen,[40] Schenkungen, die bei einer Verarmung der Eltern einer Schenkungsrückforderung gemäß § 528 BGB unterliegen.

b) Unbenannte Zuwendungen unter Ehegatten sowie unter Lebenspartnern und Lebenspartnerinnen

Ehegatten wenden sich im Verlauf einer Ehe in vielfältiger Weise zum Teil beträchtliche Vermögenswerte zu. Dies geschieht regelmäßig objektiv unentgeltlich und ohne Bestehen einer Rechtspflicht. Dabei geht es häufig um die Übertragung des hälftigen Miteigentumsanteils am gemeinsamen Familienheim bzw. um die Zahlung des Kaufpreises für die im beiderseitigen Eigentum stehende Familienwohnstätte allein durch einen der Ehegatten. Aber auch die Übertragung von Wertpapieren, eines Bankguthabens oder sonstiger Vermögenswerte, nicht selten zum Zwecke der Alterssicherung des bedachten Ehegatten, gehört hierher.[41] Bei der Übertragung der Vermögenswerte treffen die Ehepartner typischerweise keine ausdrückliche Vereinbarung über den Rechtsgrund der Zuwendung. Daher werden die in Rede stehenden Vermögensübertragungen unbenannte Zuwendungen genannt.[42] Gängig ist aber auch die Bezeichnung als ehebezogene bzw. ehebedingte Zuwendung.[43] Seit Einführung des LPartG im Jahre 2001 beschränkt sich die Problematik nicht mehr allein auf das Verhältnis von Ehegatten, sondern gilt auch für gleichgeschlechtliche Lebenspartnerschaften.[44] Im Folgenden wird aus diesem Grund der Begriff der unbenannten Zuwendung verwendet, wobei zur Vereinfachung der Darstellung im Weiteren aber nur von unbenannten Zuwendungen unter Ehegatten die Rede ist.[45]

Unbenannte Zuwendungen unter Ehegatten wurden bis zum Ende der sechziger Jahre des letzten Jahrhunderts sowohl von der Rechtsprechung als auch von

---

40 Vgl. Karpen, MittRhNotK 1988, 131, 139.

41 Siehe zu den typischen Anwendungsfällen einer ehebezogenen Zuwendung etwa Jaeger, DNotZ 1991, 431 f.; Heinle, FamRZ 1992, 1256; Seif, FamRZ 2000, 1193 f.

42 Vgl. etwa Dethloff, § 5 Rn. 212; Jaeger, DNotZ 1991, 431, 432; Seif, FamRZ 2000, 1193. Erstmals verwendet wurde dieser Begriff von Lieb, S. 124.

43 Siehe etwa Staudinger-Chiusi, § 516 Rn. 86; Jaeger, DNotZ 1991, 431, 432 m.w.N.

44 Siehe dazu etwa MüKo-Koch, § 516 Rn. 81; Staudinger(2005)-Wimmer-Leonhardt, § 516 Rn. 77 m.w.N.

45 Siehe weiter zur Geltung der nachfolgend dargestellten Grundsätze auch für sog. nichteheliche Lebensgemeinschaften (besser: eheähnliche bzw. lebenspartnerschaftsähnliche Lebensgemeinschaften) etwa MüKo-Koch, § 516 Rn. 81 f.; Staudinger-Chiusi, § 516 Rn. 123 ff., jew. m.w.N.

der notariellen Praxis bedenkenlos als Schenkungen behandelt.[46] Zu Beginn der 1970er Jahre setzte jedoch ein Meinungswandel ein, wonach derartige Zuwendungen zunehmend dem Anwendungsbereich des Schenkungsrechts entzogen wurden. Hintergrund dafür war vor allem ein Wandel der gesellschaftlichen Anschauungen.[47] So wurde die bis dahin gängige Vorstellung der schenkweisen Zuwendung von Vermögenswerten insbesondere des berufstätigen an den haushaltsführenden Ehegatten angesichts der Gleichberechtigung der Partner in der Ehe sowie der prinzipiellen Gleichwertigkeit von Haushaltsführung und Erwerbstätigkeit zur Bestreitung des Familienunterhalts als nicht mehr zeitgemäß betrachtet. Zudem wurde die Anwendung einzelner Vorschriften des Schenkungsrechts auf die besagten Zuwendungen als nicht sachgerecht empfunden. Das betraf zwar vor allem § 530 BGB. Hier war man bestrebt, beim Scheitern einer Ehe dem zuvor beseitigten Verschuldensprinzip bei der Ehescheidung nicht über einen Widerruf ehelicher Zuwendungen wegen groben Undanks wieder Geltung zu verschaffen.[48] Aber auch die – hier im Fokus stehende – Vorschrift des § 528 BGB wurde für die unbenannten Zuwendungen unter Ehegatten für unpassend gehalten.[49]

Nach ständiger Rechtsprechung des BGH handelt es sich bei den unbenannten Zuwendungen unter Ehegatten nicht um eine Schenkung, sondern um ein ehebezogenes Rechtsgeschäft eigener Art, das der ehelichen Lebensgemeinschaft dient.[50] Dabei legt der BGH sehr großzügige Maßstäbe an und zählt dazu alle Zuwendungen unter Ehegatten, denen die Vorstellung oder Erwartung zugrunde liegt, dass die eheliche Lebensgemeinschaft Bestand haben wird oder die sonst um der Ehe willen und als Beitrag zur Verwirklichung oder Ausgestaltung, Erhaltung oder Sicherung der ehelichen Lebensgemeinschaft erbracht werden und die darin ihre Geschäftsgrundlage haben.[51] Auch Zuwendungen, die ein Ehegatte dem anderen im Interesse einer haftungsmäßig günstigen Organisation des Fami-

---

46 Vgl. etwa Kollhosser, NJW 1994, 2313, 2314. Vgl. ferner BGH NJW-RR 1990, 386, 387 m.w.N. sowie BGHZ 116, 167, 174.

47 Vgl. dazu die anschauliche Darstellung von Kollhosser, NJW 1994, 2313, 2315 sowie von MüKo-Koch, § 516 Rn. 61 und Staudinger(2005)-Wimmer-Leonhardt, § 516 Rn. 84.

48 Siehe MüKo-Koch, § 516 Rn. 61; Holzhauer, JuS 1983, 830, 834.

49 So etwa Lieb, S. 124 und ihm folgend BGH NJW 1972, 580. Siehe ferner Schotten, NJW 1990, 2841, 2846. Vgl. dazu ferner Staudinger-Chiusi, § 516 Rn. 86; Kollhosser, NJW 1994, 2313, 2315 sowie zuletzt Poelzig, JZ 2012, 425, 426.

50 Siehe BGHZ 84, 361, 364; 116, 167, 170 m.w.N. Siehe ferner BGHZ 82, 227, 231; BGH FamRZ 1982, 778; BGHZ 87, 145, 146; BGH NJW-RR 1990, 386; BGHZ 119, 392, 395.

51 Siehe BGH NJW-RR 1990, 386; BGHZ 116, 167, 169, 170. Siehe auch die Aufzählung der einzelnen Fallgruppen einer ehebezogenen Zuwendung durch Frank, MittBayNot 1990, 181 f.

lienvermögens, etwa durch dessen Verlagerung auf den betrieblich nicht haftenden Ehegatten, macht, werden davon erfasst.[52]

Auf solche unbenannten Zuwendungen findet nach ständiger Rechtsprechung das Schenkungsrecht keine Anwendung. Eine Korrektur dieser Zuwendungen könne im Falle des Scheiterns der Ehe – nur dieser Fall ist verständlicherweise Gegenstand der näheren rechtswissenschaftlichen Diskussion – vielmehr allein nach den einschlägigen familienrechtlichen Bestimmungen, hilfsweise nach den Grundsätzen über den Wegfall der Geschäftsgrundlage[53] und damit nach geltendem Recht gemäß § 313 BGB erfolgen. Gleichwohl war und ist es unstreitig, dass auch Schenkungen unter Ehegatten weiterhin möglich sind,[54] auf die dann auch das Schenkungsrecht Anwendung findet,[55] wobei allerdings gerade bei § 528 BGB deutliche Einschränkungen gemacht werden.[56]

aa) Die Abgrenzung der unbenannten Zuwendung von der Schenkung

Das Nebeneinander von ehebezogenen Zuwendungen einerseits und Schenkungen unter Ehegatten andererseits wirft die Frage nach deren Abgrenzung auf. Die Rechtsprechung betrachtete unbenannte Zuwendungen unter Ehegatten anfangs als entgeltliche Rechtsgeschäfte[57] und nahm damit zugleich die Abgrenzung zur unentgeltlich erfolgenden Schenkung vor. Inzwischen besteht indes sowohl in der Judikatur als auch im Schrifttum Einigkeit darüber, dass es sich bei den ehebezogenen Zuwendungen regelmäßig um objektiv unentgeltliche Rechtsgeschäfte handelt,[58] so dass die Abgrenzung auf der Ebene des subjektiven Tatbestandes erfolgt.[59] Danach verlange eine Schenkung die Einigung der Parteien über die Unentgeltlichkeit der Zuwendung, die als solche aber nicht an die Erwartung des Fortbestands der Ehe geknüpft sei. Bei den ehebezogenen Zuwendungen fehle es

52 BGH NJW-RR 1990, 386 f. m.w.N.

53 Vgl. BGH NJW 1972, 580; BGHZ 65, 320, 323 ff.; 68, 299, 303 f.; 82, 227, 232 f.; BGH FamRZ 1982, 778; BGHZ 84, 361, 368 f.: BGH NJW-RR 1990, 386 f.; BGHZ 115, 132, 137 ff.

54 Siehe BGHZ 82, 227, 229; 87, 145, 146; BGH NJW-RR 1990, 386; MüKo-Koch, § 516 Rn. 62; Morhard, NJW 1987, 1734; Sandweg, NJW 1989, 1965, 1968; Schotten, NJW 1990, 2841, 2843; Jaeger, DNotZ 1991, 431, 434; Kollhosser, NJW 1994, 2313, 2315.

55 Vgl. etwa BGHZ 87, 145, 147; MüKo-Koch, § 516 Rn. 71; Jaeger, DNotZ 1991, 431, 434.

56 Siehe dazu sogleich unter bb).

57 Siehe BGH NJW 1972, 580; BGHZ 87, 145, 146. Ebenso Morhard, NJW 1987, 1734.

58 Siehe BGHZ 116, 167, 170; MüKo-Koch, § 516 Rn. 62; Staudinger(2005)-Wimmer-Leonhardt, § 516 Rn. 85; Sandweg, NJW 1989, 1965, 1966; Schotten, NJW 1990, 2841, 2847; Jaeger, DNotZ 1991, 431, 437 ff.; Kollhosser, NJW 1994, 2313, 2314 f.; Seif, FamRz 2000, 1193, 1194 f.

59 Siehe Sandweg, NJW 1989, 1965, 1966; Jaeger, DNotZ 1991, 431, 439 f.; Kollhosser, NJW 1994, 2313, 2315 sowie MüKo-Koch, § 516 Rn. 62; Staudinger-Chiusi, § 516 Rn. 87, jew. m.w.N.

dagegen an einer Einigung über die Unentgeltlichkeit der Zuwendung, die Vorstellung der Parteien, dass die Zuwendung der ehelichen Lebensgemeinschaft diene und dass die Ehe Bestand haben werde, sei hier aber Geschäftsgrundlage der Zuwendung.[60]

Richtig ist zunächst, dass es sowohl entgeltliche als auch unentgeltliche ehebezogene Zuwendungen gibt.[61] So macht es einen beachtlichen Unterschied, ob die Zuwendung des hälftigen Miteigentumsanteils an der gemeinsamen Familienwohnstätte von dem einen Ehegatten an den anderen zu Beginn der Ehe aus Mitteln allein des zuwendenden Ehegatten erfolgt ist oder ob sie nach langjähriger Ehe aus den währenddessen vom allein verdienenden Ehegatten erworbenen Mitteln stammt. Auch ist eine Differenzierung danach geboten, ob das aus gemeinschaftlich erwirtschafteten Mitteln der Ehepartner erworbenen Familienheim zu (hälftigem) Miteigentum oder – etwa aus haftungsrechtlichen Gründen – zu Alleineigentum eines der Ehegatten erworben wurde. Denn in den Fällen, in denen sich die Zuwendung aus Sicht des bedachten Ehepartners lediglich als eine angemessene Beteiligung an den Früchten des ehelichen Zusammenwirkens[62] darstellt, erweist sich die Annahme einer Schenkung bzw. einer sonstigen unentgeltlichen Zuwendung mit den daran anknüpfenden Rechtsfolgen in der Tat als unpassend. In diesem Sinne ist auch der BGH zu verstehen, wenn er solche Zuwendungen als entgeltlich betrachtet und damit dem Anwendungsbereich des Schenkungsrechts entzieht.[63]

Die regelmäßig[64] objektiv unentgeltlichen ehebezogenen Zuwendungen weisen demgegenüber aber eine große Nähe zum Schenkungsrecht auf, so dass eigentlich dessen Anwendung nahe liegt und auch geboten erscheint. Diese Ansicht wird inzwischen auch vom BGH für den Bereich des Drittschutzes und damit vor allem zum Schutz von Vertragserben, Pflichtteilsberechtigten und Gläubigern des Schenkers geteilt. So hat der BGH zwischenzeitlich entschieden, dass (objektiv unentgeltliche) unbenannte Zuwendungen unter Ehegatten im Erbrecht wie Schenkungen zu behandeln seien.[65] Ferner hat er bestätigt, dass die Gläubigerschutzvorschriften gegen einen Entzug von Haftungsmasse nicht nur Schenkungen, sondern auch

60 Vgl. zur Abgrenzung von unbenannter Zuwendung und Schenkung, BGH FamRZ 1982, 778; BGH NJW-RR 1990, 386; BGHZ 116, 167, 169 f. sowie MüKo-Koch, § 516 Rn. 62; Staudinger-Chiusi, § 516 Rn. 87 ff.; Kollhosser, NJW 1994, 2313, 2315.

61 So zutreffend Schotten, NJW 1990 2841, 2851; Holzhauer, JuS 1983, 830, 832. Siehe auch BGHZ 116, 167, 170, 172, 173, wo dies gleichermaßen bestätigt wird.

62 Siehe die entsprechende Formulierung in BGH NJW 1972, 580.

63 So BGH NJW 1972, 580. Siehe ferner BGHZ 82, 227, 231; 116, 167, 173.

64 Vgl. BGHZ 116, 167, 170.

65 Siehe BGHZ 116, 167, 169 ff.

objektiv unentgeltliche Zuwendungen unter Ehegatten erfassen.[66] Allein für das Innenverhältnis der Ehepartner hält der BGH bis dato an der Unterscheidung zwischen unbenannten Zuwendungen einerseits und Schenkungen andererseits fest[67] mit der Folge, dass für die objektiv unentgeltlichen ehebezogen Zuwendungen das Schenkungsrecht und damit auch § 528 BGB nicht gilt.[68]

bb) Geltung des § 528 BGB bei Schenkungen unter Ehegatten sowie unter Lebenspartnern und Lebenspartnerinnen

Fraglich bleibt indes, ob § 528 BGB auf (echte) Schenkungen unter Ehegatten sowie unter Lebenspartnern und Lebenspartnerinnen Anwendung findet. Hier ist zunächst danach zu unterscheiden, ob die Lebensgemeinschaft zwischen den Beteiligten besteht oder aufgelöst ist. Im letztgenannten Fall ist weiter nach dem vormals bestehenden Güterstand zu differenzieren.

(1) Geltung des § 528 BGB bei Bestehen der Lebensgemeinschaft

Die Frage, ob § 528 BGB auch auf Schenkungen unter Ehegatten Anwendung findet, dürfte während des Bestehens der ehelichen Lebensgemeinschaft kaum je praxisrelevant werden und findet in der rechtswissenschaftlichen Diskussion daher auch allenfalls beiläufig Erwähnung. Denn die über § 528 BGB zu beseitigende Verarmung des bedürftigen Ehegatten entfällt hier typischerweise aufgrund entsprechender Unterhaltsleistungen des anderen Ehegatten. Diese faktische Alimentation des einen Ehegatten durch den anderen scheint die wenigen zu dieser Problematik vorhandenen Stimmen im Schrifttum dazu zu verleiten, von der vorrangigen Geltung der ehelichen Unterhaltspflichten gegenüber einer Schenkungsrückforderung gemäß § 528 BGB auszugehen.[69] Doch wird damit das bestehende Verhältnis der beiden Rechtsinstitute zueinander verkannt. So ist es

---

66 Vgl. BGHZ 71, 61, 66 ff.; 113, 393, 396; BGH NJW-RR 1993, 1379, 1381 (jew. zu den Gläubigerschutzbestimmungen der KO).

67 Auch diese Unterscheidung stößt jedoch in der Literatur zunehmend auf Ablehnung. Siehe dazu etwa MüKo-Koch, § 516 Rn. 73 m.w.N. Dagegen nachdrücklich für die fortbestehende Notwendigkeit der Rechtsfigur der unbenannten Zuwendung, Poelzig, JZ 2012, 425, 428 ff.

68 Vgl. BGH NJW 1972, 580; BGH FamRZ 1982, 778; BGHZ 84, 364 f.: BGH NJW-RR 1990, 386 sowie zuletzt KG NJW-RR 2009, 1301 f. Siehe ferner MüKo-Koch, § 516 Rn. 70; Staudinger-Chiusi, § 516 Rn. 86; NK/BGB-Dendorfer, § 528 Rn. 3; Poelzig, JZ 2012, 425, 432.

69 So Schotten, NJW 1990, 2841, 2845; Kollhosser, NJW 1994, 2313, 2317; Seif, FamRZ 2000, 1193, 1195, die ehebezogene Zuwendungen wie Schenkungen behandelt (a.a.O., S. 1200); MüKo-Koch, § 516 Rn. 74.

nämlich gerade § 528 BGB, der den Vorrang vor gesetzlichen Unterhaltsansprüchen des Schenkers beansprucht.[70] Die Vorschrift soll den bedürftigen Schenker in die Lage versetzen, seinen Unterhalt selbst bestreiten zu können und damit gerade nicht auf Unterhaltsleistungen Dritter angewiesen zu sein.[71] Dass vorliegend Rückforderungs- und potentieller Unterhaltsschuldner identisch sind, ändert an dieser Wertentscheidung des Gesetzes und dem daraus resultierenden Rangverhältnis der Vorschriften zueinander nichts.

Die deutliche Unterscheidung von Schenkungsrückgewähr und Unterhaltsleistung ist für das Innenverhältnis der Ehegatten mitunter auch von erheblicher rechtlicher Relevanz. Im gesetzlichen Güterstand der Zugewinngemeinschaft – dem mit Abstand häufigsten Güterstand in der Bundesrepublik Deutschland – werden Schenkungen unter Ehegatten bei einer Scheidung im Rahmen des Zugewinnausgleichs gemäß § 1380 BGB berücksichtigt.[72] Dabei wird zunächst nach § 1380 Abs.2 S.1 BGB der Wert der Zuwendung dem Zugewinn des Ehegatten hinzugerechnet, der die Zuwendung gemacht hat, wobei gleichzeitig das Endvermögen des bedachten Ehegatten um diesen Wert verringert wird.[73] Sodann wird eine gegebenenfalls bestehende Ausgleichsforderung des bedachten Ehegatten gemäß § 1380 Abs.1 S.1 BGB um die vom anderen Ehegatten erhaltene Zuwendung gekürzt.[74]

Eine solche Anrechnung erfolgt allerdings nur bei unentgeltlichen Zuwendungen, die dem Bedachten endgültig zugeflossen sind.[75] Eine Rückgewähr der Schenkung von dem Beschenkten an den Schenker lässt damit in ihrem Umfang eine Anrechnung der vormals erfolgten Schenkung gemäß § 1380 BGB entfallen.[76] Das gilt bei gesetzlich geschuldeten Unterhaltsleistungen nicht. Solche lassen die vormals erfolgte Schenkung des nunmehr bedürftigen Ehegatten an

70 Siehe BGH NJW 1991, 1824; Staudinger-Chiusi, § 528 Rn. 8, Brähler-Boyan/Mann, NJW 1995, 1866, 1868.

71 Siehe BGHZ 96, 380, 382; BGH NJW 1991, 1824; BGHZ 127, 354, 357; 147, 288, 290; MüKo-Koch, § 528 Rn. 4; Staudinger-Chiusi, § 528 Rn. 8; juris/PK-Sefrin, § 528 Rn. 19.

72 Dies geschieht regelmäßig über § 1380 Abs.1 S.2 BGB und nur selten gemäß § 1380 Abs.1 S.1 BGB aufgrund einer entsprechenden Bestimmung des zuwendenden Ehegatten. Vgl. Reinicke/Tiedtke, WM 1982, 946.

73 Vgl. BGHZ 82, 227, 234, 235. § 1374 Abs.2 BGB findet demgegenüber nach heute ganz h.M. auf unentgeltliche Zuwendungen unter Ehegatten keine Anwendung mehr (siehe BGHZ 101, 65 (1. Leitsatz), 70; 115, 132, 137).

74 Dazu umfassend und anschaulich Reinicke/Tiedtke, WM 1982, 946, 948 ff.

75 Siehe Staudinger-Thiele, § 1380 Rn. 10; Erman-Budzikiewicz, § 1380 Rn. 2; Palandt-Brudermüller, § 1380 Rn. 4.

76 Vgl. Staudinger-Thiele, § 1380 Rn. 10; Erman-Budzikiewicz, § 1380 Rn. 2; Palandt-Brudermüller, § 1380 Rn. 4.

den ihm nun Unterhalt gewährenden Ehegatten unberührt. Damit würde jene Schenkung im Falle einer Scheidung ungeachtet der Unterhaltsleistungen des bedachten Ehegatten in vollem Umfang gemäß § 1380 BGB berücksichtigt werden, was letztlich zu einer Schlechterstellung des bedachten ausgleichsberechtigten Ehegatten führen würde. Zwar mag es im Zeitpunkt der Alimentationsleistungen des bedachten Ehegatten nicht unbedingt nach einem (künftigen) Zugewinnausgleichsanspruch gegen seinen verarmten Ehegatten aussehen, wie überhaupt eine Scheidung der Eheleute unwahrscheinlich erscheinen mag, auszuschließen ist beides für die Zukunft indes nicht.

Zudem führt eine Schenkungsrückgewähr gemäß § 528 Abs.1 S.1 BGB im Falle einer aus Anlass der vormals erfolgten Schenkung bestehenden Schenkungssteuerpflicht gemäß § 7 Abs.1 Nr.1 ErbStG[77] zu einer Steuererstattung gemäß § 29 Abs.1 Nr.1 bzw. Nr.2 ErbStG. Das gilt bei einer Alimentation des verarmten Schenkers durch gesetzlich geschuldete Unterhaltsleistungen seines bedachten Ehegatten nicht. Auch insofern gilt es, die Alimentationsleistungen des beschenkten Ehegatten an seinen inzwischen bedürftigen Ehepartner exakt als das zu identifizieren, was sie juristisch sind, nämlich als die Rückgewähr der vormaligen Schenkung gemäß § 528 Abs.1 S.1 BGB.

Somit findet § 528 BGB auf Schenkungen unter Ehegatten beim Fortbestand der Lebensgemeinschaft Anwendung. Das gilt im Übrigen für alle Güterstände, sofern auch wirklich eine Schenkung im Rechtsinne zwischen den Eheleuten vorliegt. Das ist zwar ist beim selten begegnenden Güterstand der Gütergemeinschaft weitestgehend nicht der Fall, insbesondere liegt keine Schenkung vor, wenn infolge der Begründung der Gütergemeinschaft der eine Ehegatte einen Vermögenszuwachs auf Kosten des anderen erfährt.[78] Hier liegt der Rechtsgrund der Vermögensverschiebung nicht in einer Schenkung unter den Ehegatten, sondern in dem (spezielleren) Gütergemeinschaftsvertrag.[79] Aber auch bei der Gütergemeinschaft bleiben Schenkungen zwischen den Ehegatten aus dem Vorbehaltsgut den einen in das Vorbehaltsgut des anderen möglich.[80]

Die genannten Gründe sprechen überdies dafür, auch die objektiv unentgeltlichen unbenannten Zuwendungen unter Ehegatten in den Anwendungsbereich des § 528 BGB mit einzubeziehen.[81] Auch sie unterliegen einer Anrechnung nach

---

77 Siehe insofern aber auch §§ 13 Abs.1 Nr.4a, 16 Abs.1 Nr.1 ErbStG.

78 Vgl. dazu etwa MüKo-Koch, § 516 Rn. 57 f. m.w.N.

79 Siehe MüKo-Koch, § 516 Rn. 57.

80 Vgl. etwa Erman-Heinemann, § 1418 Rn. 2 m.w.N.

81 Damit würden sich freilich die Akzente bei der Prüfung von Zuwendungen unter Ehegatten deutlich verschieben. Die gegenwärtig von der Rechtsprechung auf subjektiver Ebene vorgenommene Abgrenzung dahingehend, ob eine Einigung der Parteien über die Unentgeltlichkeit der

§ 1380 BGB[82] und auch für sie gilt gegebenenfalls die Schenkungssteuerpflicht gemäß § 7 Abs.1 Nr.1 ErbStG,[83] so dass deren Rückgewähr sowohl eine Berücksichtigung bei einem späteren Zugewinnausgleich nach § 1380 BGB ausschließen als auch eine Steuererstattung nach § 29 Abs.1 Nr.1 bzw. Nr.2 ErbStG auslösen würde.[84] Dass der zuwendende Ehegatte, anders als dies vielfach bei einer (echten) Schenkung unter Eheleuten der Fall sein wird, bei den unbenannten Zuwendungen typischerweise während des Bestands der Ehe weiterhin an ihnen partizipiert,[85] ist demgegenüber unerheblich.

Unklar bleibt demgegenüber, wie der BGH die vorliegende Problematik bei einer objektiv unentgeltlichen ehebezogenen Zuwendung lösen würde. Tatsächlich dürfte ihm eine sachgerechte Lösung schwer fallen. Die in Rede stehenden Alimentationsleistungen des bedachten Ehegatten an seinen bedürftigen Ehepartner als Ausgleichszahlungen im Rahmen des § 313 BGB zu betrachten, kommt angesichts des Fortbestandes der Ehe schwerlich in Betracht und die Einordnung als Erfüllung gesetzlicher Unterhaltspflichten gemäß §§ 1360 f. BGB ist gegebenenfalls mit den oben beschriebenen Nachteilen für den bedachten Ehegatten verbunden.

(2) Geltung des § 528 BGB nach Auflösung der Lebensgemeinschaft

Bei der Frage nach der Anwendbarkeit des § 528 BGB auf seinerzeitige Schenkungen unter Ehegatten nach Auflösung der ehelichen Lebensgemeinschaft ist der Vorrang spezieller güterrechtlicher Bestimmungen zu beachten.

So ist beim gesetzlichen Güterstand der Zugewinngemeinschaft der mit der Scheidung der Ehe vorzunehmende Zugewinnausgleich nach den §§ 1372 ff. BGB

Zuwendung vorliegt (dann Schenkung) oder ob es daran fehlt, der Fortbestand der Ehe aber Geschäftsgrundlage der Zuwendung ist (dann unbenannte Zuwendung) wäre damit (auch für das Innenverhältnis der Ehegatten) hinfällig. Entscheidend wäre sodann nur noch, ob die ehebezogene Zuwendung entgeltlichen oder unentgeltlichen Charakter hat. In diesem Sinne auch Kollhosser, NJW 1994, 2313, 2318 (wenngleich gerade im Hinblick auf § 528 BGB während des Bestehens der Ehe abweichend, vgl. a.a.O., S. 2317).

82 Siehe etwa Staudinger-Thiele, § 1380 Rn. 9; MüKo-Koch, § 1380 Rn. 8; Erman-Budzikiewicz, § 1380 Rn. 2; Palandt-Brudermüller, § 1380 Rn. 3; Kollhosser, NJW 1994, 2313, 2316.

83 Siehe BFH NJW 1994, 2044.

84 Darüber hinaus würde deren Einbeziehung in den Anwendungsbereich des § 528 BGB über dessen Absatz 2 auch eine problemlose Lösung der Fälle ermöglichen, bei denen neben der objektiv unentgeltlichen ehebezogenen Zuwendung eine zuvor erfolgte Schenkung des inzwischen verarmten Ehegatten an einen Dritten vorliegt.

85 Vgl. dazu schon Lieb, S.123: „Was Dein ist, auch Mein ist". Siehe dazu auch BGH NJW-RR 1990, 386, 387; Sandweg, NJW 1989, 1965, 1968 f.

zu berücksichtigen (vgl. § 1363 Abs.2 S.2 BGB). Bei diesem Vermögensausgleich werden die Schenkungen, die die Ehegatten einander während der Ehe gemacht haben, durch eine entsprechende Verringerung bzw. Erhöhung des jeweiligen Endvermögens der Eheleute[86] und gegebenenfalls über eine Anrechnung gemäß § 1380 BGB[87] berücksichtigt. Dabei steht § 1380 BGB in dem Bestreben, einen möglichst umfassenden Vermögensausgleich zwischen den Eheleuten zu gewährleisten, einem etwaigen Zugewinnausgleichsanspruch des zuwendenden Ehegatten gegen den bedachten Ehegatten nicht entgegen.[88] Dieser umfassende güterrechtliche Vermögensausgleich zwischen den Eheleuten schließt die Anwendbarkeit allgemeiner schuldrechtlicher Vorschriften aus.[89] Damit findet auch § 528 BGB keine Anwendung mehr.

Diese Grundsätze gelten gleichermaßen auch für objektiv unentgeltliche ehebezogenen Zuwendungen, die im Rahmen des Zugewinnausgleichs wie Schenkungen unter Ehegatten behandelt werden.[90] Allerdings erlaubt der BGH hier[91] in besonderen Ausnahmefällen eine Korrektur nach den Grundsätzen des Wegfalls der Geschäftsgrundlage.[92] Dazu reiche es aber nicht aus, dass die unbenannte Zuwendung beim Zugewinnausgleich letztlich keinen Niederschlag gefunden habe, vielmehr müssten weitere besondere Umstände hinzutreten, die ein solches Ergebnis für den Zuwendenden schlechterdings unzumutbar machten.[93] Interessanterweise zieht der BGH in einem obiter dictum als solche besonderen Umstände die anspruchsbegründende Situation des § 528 BGB in

---

86 § 1374 Abs.2 BGB findet nach heute ganz h.M. auf Schenkungen unter Ehegatten keine Anwendung mehr, sondern gilt allein für Schenkungen von Dritten (siehe BGHZ 101, 65, 70; 115, 132, 137).

87 Siehe etwa Staudinger-Thiele, § 1380 Rn. 8; MüKo-Koch, § 1380 Rn. 8; Erman-Budzikiewicz, § 1380 Rn. 2.

88 Siehe BGHZ 82, 227, 233 f. m. zahlr. Nachw. auf die vormals abweichende Ansicht. Siehe ferner BGH FamRZ 1982, 778, 779.

89 Vgl. BGHZ 65, 320, 324; 82, 227, 232; 115, 132, 135 ff.; 119, 392, 396 f., jeweils für ehebezogene Zuwendungen, die im Rahmen des Zugewinnausgleichs aber genauso wie Schenkungen behandelt werden (siehe dazu vor allem BGHZ 101, 65, 70; 115, 132, 137). Siehe dazu ferner Kollhosser, NJW 1994, 2313, 2316; Seif, FamRZ 2000, 1193, 1196.

90 Siehe Kollhosser, NJW 1994, 2313, 2316; Seif, FamRZ 2000, 1193, 1196. Siehe ferner BGHZ 101, 65, 70; 115, 132, 137.

91 Zu Schenkungen unter Ehegatten hat der BGH, soweit ersichtlich, bislang noch nicht entschieden, was angesichts des von ihm definierten, weitreichenden Anwendungsbereichs der ehebezogenen Zuwendungen nicht weiter überrascht.

92 Vgl. BGH FamRZ 1982, 778, 779; BGHZ 115, 132, 138 ff.; 119, 392, 397. Dagegen aber Reinicke/Tiedtke, WM 1982, 946, 952 f.

93 Vgl. BGHZ 115, 132, 139 f.

Betracht.[94] Richtigerweise bleibt aber im Hinblick auf die bei der Zugewinngemeinschaft bestehende Risikoverteilung sowie im Interesse von Rechtssicherheit und Rechtsklarheit kein Raum für einen Ausgleich von Schenkungen und unbenannten Zuwendungen unter Ehegatten außerhalb des Güterrechts.[95]

Im Güterstand der Gütergemeinschaft kommt es über die Begründung des Gesamtguts zu einer umfassenden Regelung der vermögensrechtlichen Beziehungen der Ehegatten, so dass die speziellen güterrechtlichen Regelungen der Gütergemeinschaft einen Rückgriff auf die allgemeinen Bestimmungen des Schuldrechts ausschließen. Die Auseinandersetzung der Gütergemeinschaft richtet sich folglich allein nach den Sonderregelungen der §§ 1471 ff. BGB.[96] § 528 BGB kommt nur dort in Betracht, wo keine güterrechtlichen Sonderbestimmungen eingreifen, wie bei einer vormaligen aus dem Vorbehaltsgut des einen Ehegatten in das Vorbehaltsgut des anderen Ehegatten erfolgten Schenkung.

Beim Güterstand der Gütertrennung schließlich verbleibt es sowohl während des Bestehens der Ehe als auch bei deren Beendigung bei der Trennung des beiderseitigen Vermögens der Eheleute. Es findet mithin nach Scheidung der Ehe kein güterrechtlicher Vermögensausgleich zwischen ihnen statt, so dass vorrangig zu berücksichtigende familienrechtliche Bestimmungen hier nicht existieren. Damit ist die Anwendbarkeit des § 528 BGB für Schenkungen unter Ehegatten auch nach Auflösung des Güterstands der Gütertrennung zu bejahen.[97] Das ist auch sachlich gerechtfertigt, da es keinen Grund gibt, eine Schenkung unter Ehegatten, die ehevertraglich eine strikte Trennung ihrer Vermögenssphären vereinbart haben, bei einer Verarmung des Schenkers anders zu behandeln als eine Schenkung unter Familienfremden.

Bei den objektiv unentgeltlichen ehebezogenen Zuwendungen besteht nach der Rechtsprechung des BGH allein die Möglichkeit eines Ausgleichs gemäß § 313 BGB.[98] Die Ausführungen des BGH[99] zum Vorliegen besonderer, zur Anwendung

---

94 Siehe BGHZ 115, 132, 140.

95 So zutreffend Reinicke/Tiedtke, WM 1982, 946, 952 f.

96 Siehe etwa MüKo-Koch, § 516 Rn. 58; Staudinger(2005)-Wimmer-Leonhardt, § 516 Rn. 82; Kollhosser, NJW 1994, 2313, 2314. Etwaige vermögensrechtliche Nachteile der ausschließlich güterrechtlichen Auseinandersetzung haben die Ehegatten, ebenso wie Dritte, als Folge der gesetzlich anerkannten Freiheit der Wahl einer Gütergemeinschaft hinzunehmen (vgl. etwa MüKo-Koch a.a.O.; Staudinger(2005)-Wimmer-Leonhardt a.a.O.).

97 Siehe MüKo-Koch, § 516 Rn. 72. Vgl. ferner Staudinger(2005)-Wimmer-Leonhardt, § 516 Rn. 89.

98 Vgl. dazu BGHZ 84, 361, 368 f. sowie ferner MüKo-Koch, § 516 Rn. 72; Staudinger-Chiusi § 516 Rn. 101 m.w.N.

99 Siehe einmal mehr BGHZ 115, 132, 140.

der Grundsätze des Wegfalls der Geschäftsgrundlage führender Umstände beim gesetzlichen Güterstand der Zugewinngemeinschaft lassen aber vermuten, dass die Verarmung des vormals unentgeltlich zuwendenden Ehegatten einen solchen Ausgleich zu rechtfertigen vermag.[100]

Zusammenfassend bleibt sich somit feststellen, dass § 528 BGB angesichts des Vorrangs güterrechtlicher Bestimmungen für (echte) Schenkungen unter Ehegatten bzw. unter Lebenspartnern und Lebenspartnerinnen uneingeschränkt nur während des Bestehens der Lebensgemeinschaft gilt und zwar bei einer Gütergemeinschaft auch nur für Schenkungen aus dem Vorbehaltsgut des einen in das Vorbehaltsgut des anderen. Bei einer Gütertrennung findet § 528 BGB auch nach deren Beendigung Anwendung. Das gilt nach Beendigung einer Gütergemeinschaft nur für die oben bezeichneten Schenkungen von Vorbehaltsgut. Die Vorschriften über den Zugewinnausgleich im Rahmen des gesetzlichen Güterstandes lassen dagegen keinen Raum für eine Anwendbarkeit des § 528 BGB.

Auf unbenannte Zuwendungen unter Ehegatten sowie unter Lebenspartnern und Lebenspartnerinnen findet § 528 BGB nach ständiger Rechtsprechung des BGH keine Anwendung. Es sprechen indes beachtliche Gründe dafür, § 528 BGB im gleichen Umfang wie auf Schenkungen auch auf objektiv unentgeltliche unbenannte Zuwendungen zwischen den Beteiligten anzuwenden.

c) Pflicht- und Anstandsschenkungen

Pflicht- und Anstandsschenkungen unterliegen gemäß § 534 BGB keiner Schenkungsrückforderung wegen Verarmung. Obwohl es sich dabei um echte Schenkungen im Sinne der §§ 516 ff. BGB handelt[101], gewährt das Gesetz dem aus sittlicher Pflicht oder Anstand Beschenktem einen erhöhten Bestandsschutz, da ihn aufgrund der moralischen Bindung des Schenkers allenfalls eine geringe Dankesschuld trifft.[102]

§ 534 BGB findet sich nicht im unmittelbaren Kontext des § 528 BGB, sondern am Ende des vierten Titels über das Schenkungsrecht, was sich damit erklärt, dass § 534 BGB nicht allein einer Schenkungsrückforderung wegen Verarmung

---

100 Sollte die Verarmung des vormals unentgeltlich zuwendenden Ehegatten tatsächlich für eine Korrektur der Zuwendung gemäß § 313 BGB ausreichen, wäre der Unterschied zu einer entsprechenden Anwendung des § 528 BGB auf ehebezogene Zuwendungen im Güterstand der Gütertrennung allenfalls marginal.

101 Siehe statt aller MüKo-Koch, § 534 Rn. 1; Staudinger-Chiusi, § 534 Rn. 3; Palandt-Weidenkaff, § 534 Rn. 1.

102 Siehe MüKo-Koch, § 534 Rn. 1; Staudinger-Chiusi, § 534 Rn. 2; Erman-Herrmann, § 534 Rn. 1, jew. m.w.N.

nach § 528 BGB, sondern auch einem Schenkungswiderruf wegen groben Undanks gemäß § 530 BGB entgegensteht.[103] Systematisch handelt es sich um einen Ausschlussgrund für den Anspruch aus § 528 Abs.1 S.1 BGB, der eine Rückforderung der Schenkung auch bei Vorliegen sämtlicher Tatbestandsvoraussetzungen hindert. Da es aber wenig Sinn macht, sich mit den mitunter komplizierten tatbestandlichen Fragen des § 528 Abs.1 S.1 BGB näher auseinanderzusetzen, wenn bereits die Schenkung als solche nicht rückforderungsfähig ist, soll schon an dieser Stelle auf Pflicht- und Anstandsschenkungen eingegangen werden.

aa) Pflichtschenkungen

Eine Pflichtschenkung liegt vor, wenn der Schenkung eine besondere, über die allgemeine sittliche Verpflichtung zur Nächstenliebe hinausgehende Pflicht zugrunde liegt. Die Schenkung muss nicht nur sittlich gerechtfertigt, sie muss vielmehr sittlich geboten sein[104] und zwar dergestalt, dass ihr Ausbleiben als eine sittliche Verfehlung des Schenkers erscheint.[105] Als klassisches Beispiel wird zumeist die Unterstützung bedürftiger naher Angehöriger genannt, denen gegenüber keine Unterhaltspflicht besteht.[106] Im Wesentlichen geht es hierbei um die Alimentation bedürftiger Geschwister. Auch unentgeltliche Zuwendungen im sonstigen familiären Bereich, etwa unter Ehegatten, Lebenspartnern oder Partnern einer nichtehelichen Lebensgemeinschaft können Pflichtschenkungen sein,[107] sofern sie nach der Rechtsprechung des BGH nicht ohnehin schon als unbenannte Zuwendungen aus dem Anwendungsbereich des Schenkungsrechts herausfallen.[108] Dabei sind Pflichtschenkungen aber nicht auf familiäre Beziehungen beschränkt.

Entscheidend für das Vorliegen einer Pflichtschenkung sind die Umstände des Einzelfalles, bei denen eine umfassende Würdigung der beteiligten Interes-

---

103 Zur Sonderstellung der Pflicht- und Anstandsschenkungen in anderen rechtlichen Zusammenhängen, siehe etwa Staudinger-Chiusi, § 534 Rn. 4; juris/PK-Sefrin, § 534 Rn. 5.

104 Siehe BGH NJW 1986, 1926; NJW 1984, 2939, 2940.

105 Siehe BGH NJW 1984, 2939, 2940; MüKo-Koch, § 534 Rn. 2; Staudinger-Chiusi, § 534 Rn. 6; Erman-Herrmann, § 534 Rn. 2, jew. m.w.N.

106 Siehe etwa MüKo-Koch, § 534 Rn. 3; Staudinger-Chiusi, § 534 Rn. 7; juris/PK-Sefrin, § 534 Rn. 7; Erman-Herrmann, § 534 Rn. 2; Palandt-Weidenkaff, § 534 Rn. 2; Bamberger/Roth-Gehrlein, § 534 Rn. 1. Vgl. dazu auch BGH NJW 1984, 2939, 2940.

107 Vgl. dazu etwa BGH NJW 1983, 674; NJW 1984, 2939, 2940.

108 Siehe dazu im Einzelnen oben Zweiter Teil, 1. Kap., II. 1. b) (S. 20 ff.).

sen vorzunehmen ist.[109] Dabei sind insbesondere die Vermögensverhältnisse und die Lebensstellung der Beteiligten sowie ihre persönliche Beziehung zueinander zu berücksichtigen.[110] So wird man es einer selbst in angespannten wirtschaftlichen Verhältnissen lebenden Person schwerlich als sittliche Verfehlung anlasten können, wenn sie bedürftige Angehörige nicht alimentiert. Andererseits kann deren finanzielle Unterstützung bei ausreichenden finanziellen Möglichkeiten und einem intakten familiären Verhältnis durchaus einer sittlichen Pflicht entsprechen. Bei der Würdigung der Umstände des Einzelfalles sind aber nicht nur die Interessen der an der Schenkung unmittelbar Beteiligten zu berücksichtigen, auch etwaige Drittinteressen, wie die pflichtteilsberechtigter Kinder,[111] sind in die Gesamtwürdigung mit einzubeziehen.[112]

Zurückhaltend verfährt die Rechtsprechung bei der Annahme einer sittlichen Pflicht zur Belohnung von Pflegeleistungen unter Verwandten.[113] Hintergrund dafür ist, dass die Pflege naher Angehöriger ihrerseits ihre Grundlage in der familiären Solidarität findet.[114] Zuwendungen an Pflegende werden daher nur dann als Pflichtschenkung betrachtet, wenn deren Ausbleiben aufgrund besonderer Umstände, wie bei einer Pflege von Angehörigen unter schweren persönlichen Opfern und einer dadurch eingetretenen Notlage des Pflegenden, als sittlich anstößig erschiene.[115]

bb) Anstandsschenkungen

Eine Anstandsschenkung liegt vor, wenn das Ausbleiben der Schenkung nach den im sozialen Kreis des Schenkers herrschenden Anschauungen zu einem Verlust von Achtung und Ansehen des Schenkers führen würde.[116] Die moralische Ver-

---

109 Siehe BGH NJW 1986, 1926; NJW 1984, 2939, 2940; MüKo-Koch, § 534 Rn. 3; Staudinger-Chiusi, § 534 Rn. 6; juris/PK-Sefrin, § 534 Rn. 6.

110 BGH NJW 1986, 1926; Staudinger-Chiusi, § 534 Rn. 6; juris/PK-Sefrin, § 534 Rn. 6, jew. m.w.N.; Erman-Herrmann, § 534 Rn. 2; Palandt-Weidenkaff, § 534 Rn. 2; Bamberger/Roth-Gehrlein, § 534 Rn. 1.

111 Siehe dazu vor allem BGH NJW 1984, 2939, 2940.

112 Siehe BGH NJW 1984, 2939, 2940. Siehe ferner MüKo-Koch, § 534 Rn. 3; Staudinger-Chiusi, § 534 Rn. 11; juris/PK-Sefrin, § 534 Rn. 7.

113 Siehe BGH NJW 1986, 1926 f.; 2000, 3488. Siehe dazu ferner Staudinger-Chiusi, § 534 Rn. 8 f.; Gühlstorf, ZfF 2006, 121, 128.

114 Vgl. dazu auch Staudinger-Chiusi, § 534 Rn. 9; Gühlstorf, ZfF 2006, 121, 128.

115 Vgl. BGH NJW 1986, 1926, 1927; 2000, 3488 sowie MüKo-Koch, § 534 Rn. 3; Staudinger-Chiusi, § 534 Rn. 8 m.w.N.

116 Siehe BGH NJW 1981, 111; MüKo-Koch, § 534 Rn. 4; Staudinger-Chiusi, § 534 Rn. 15; Erman-Herrmann, § 534 Rn. 3, jew. m.w.N.

pflichtung des Schenkers zur Vornahme der Schenkung ist hier schwächer ausgeprägt als bei einer Pflichtschenkung. Während ihr Ausbleiben als eine sittliche Verfehlung des Schenkers erscheint, droht bei Unterlassen einer Anstandsschenkung allein ein Ansehensverlust.

Auch die Existenz einer Anstandsschenkung bestimmt sich unter Berücksichtigung aller Umstände des Einzelfalles.[117] Dabei sind unter Zugrundelegung der örtlichen und sozialen Verkehrssitten insbesondere der Wert des Geschenks und die finanziellen Verhältnisse des Schenkers zu berücksichtigen.[118] Zu den Anstandsschenkungen werden üblicherweise die gebräuchlichen Gelegenheitsgeschenke des täglichen Lebens, wie Geburtstags-, Weihnachts- und Hochzeitsgeschenke, gezählt.[119] Bei der Annahme kostspieliger Anstandsschenkungen verfahren Rechtsprechung und Schrifttum, auch im familiären Bereich, hingegen weitestgehend zurückhaltend.[120] Dem ist zuzustimmen, da solcherlei Zuwendungen zwar zu einem Gewinn von Achtung und Ansehen beizutragen vermögen, ihr Ausbleiben dagegen aber keinen Ansehensverlust zur Folge hat, was allein im Kontext des § 534 BGB von Bedeutung ist.[121]

d) Schenkungen einer juristischen Person

§ 528 BGB findet keine Anwendung, wenn die Schenkung durch eine juristische Person erfolgt ist.[122] Die Vorschrift setzt eine Unterhaltsbeeinträchtigung voraus, die bei einer juristischen Person nicht eintreten kann.[123] Jene hat weder einen Lebensbedarf im Sinne des § 1610 BGB noch verfügt sie über Angehörige im Sinne des § 528 Abs.1 S.1 BGB, denen gegenüber sie unterhaltspflichtig sein könnte.

Diese Einschränkung im personalen Anwendungsbereich der Norm gilt allerdings nur, wenn die juristische Person selbst die Schenkerin ist. Ist die Schen-

---

117 Siehe BGH NJW 1981, 111; MüKo-Koch, § 534 Rn. 4; Staudinger-Chiusi, § 534 Rn. 15; juris/PK-Sefrin, § 534 Rn. 8.

118 Vgl. MüKo-Koch, § 534 Rn. 4; Staudinger-Chiusi, § 534 Rn. 18; juris/PK-Sefrin, § 534 Rn. 8.

119 Siehe statt aller BGH NJW 1981, 111; MüKo-Koch, § 534 Rn. 4; Staudinger-Chiusi, § 534 Rn. 17; Palandt-Weidenkaff, § 534 Rn. 3.

120 Siehe BGH NJW 1981, 111; 1984, 2939, 2940; 1993, 450; MüKo-Koch, § 534 Rn. 5; Staudinger-Chiusi, § 534 Rn. 18; juris/PK-Sefrin, § 534 Rn. 8; Palandt-Weidenkaff, § 534 Rn. 3; Gühlstorf, ZfF 2006, 121, 128.

121 In diesem Sinne auch Staudinger-Chiusi, § 534 Rn. 18.

122 Grundlegend RG SeuffA 85 Nr.124 (S. 237). Siehe ferner MüKo-Koch, § 528 Rn. 4; Staudinger (2005)-Wimmer-Leonhardt, § 528 Rn. 22; juris/PK-Sefrin, § 528 Rn. 19; Palandt-Weidenkaff, § 528 Rn. 1; Erman-Herrmann; § 528 Rn. 2; Bamberger/Roth-Gehrlein, § 528 Rn. 1.

123 Siehe RG SeuffA 85 Nr.124 (S. 237).

kung durch eine natürliche Person erfolgt und der in ihrer Person entstandene Schenkungsrückforderungsanspruch sodann – in der Praxis zumeist durch eine Überleitung des Sozialhilfeträgers – in die Hände einer juristischen Person – im genannten Beispiel einer solchen des öffentlichen Rechts – gelangt, steht dies der Anwendbarkeit des § 528 BGB nicht entgegen.[124] Anderenfalls wäre kein Regress der öffentlichen Hand bei einem Eintreten zugunsten des verarmten Schenkers durch einen Zugriff auf den Anspruch aus § 528 Abs.1 S.1 BGB möglich.

e) Remuneratorische Schenkungen

Die remuneratorische Schenkung zeichnet sich dadurch aus, dass der Schenker dem Beschenkten für eine von diesem erbrachte Leistung eine rechtlich nicht geschuldete Belohnung gewährt.[125] Dementsprechend firmiert die remuneratorische Schenkung in der rechtswissenschaftlichen Diskussion auch unter dem Begriff der belohnenden Schenkung.[126] Unstreitig ist, dass sie eine echte Schenkung im Rechtssinne ist und demzufolge § 528 BGB Anwendung findet.[127]

Problematisch ist die belohnende Schenkung im Hinblick auf eine Schenkungsrückforderung wegen Verarmung unter zwei Aspekten. Da die heute herrschende Meinung die nachträgliche Verknüpfung einer zuvor erbrachten unentgeltlichen Leistung mit einer späteren Zuwendung des Leistungsempfängers zulässt mit der Folge, dass ein vormals unentgeltliches Rechtsgeschäft in einen entgeltlichen Vertrag umgewandelt wird,[128] ist zum einen die schenkweise Belohnung abzugrenzen von einer nachträglichen Entlohnung. Liegt letztere und damit im Ergebnis ein entgeltlicher Vertrag vor, findet § 528 BGB keine Anwendung. Zum anderen gilt es, die Grenze zu ziehen zwischen einer belohnenden Schenkung einerseits sowie einer Pflicht- und Anstandsschenkung andererseits, die nach § 534 BGB keiner Schenkungsrückforderung wegen Verarmung unterliegen.

---

124 Siehe OLG Düsseldorf FamRZ 1984, 887, 888.

125 So grundlegend BGH LM § 516 BGB Nr.15.

126 Siehe etwa BGH NJW 1981, 111; 1986, 1926; 2000, 3488 sowie ferner MüKo-Koch, § 516 Rn. 31; Staudinger-Chiusi, § 516 Rn. 52; Palandt-Weidenkaff, § 516 Rn. 9.

127 Siehe statt aller MüKo-Koch, § 516 Rn. 31; Staudinger-Chiusi, § 516 Rn. 52, unklar insofern aber Rn. 53 am Ende.

128 Siehe dazu zustimmend MüKo-Koch, § 516 Rn. 30; PWW-Hoppenz, § 516 Rn. 20; Staudinger-Chiusi, § 516 Rn. 51, ablehnend indes noch Staudinger(2005)-Wimmer-Leonhardt, § 516 Rn. 44, jew. m.w.N.

aa) Die Abgrenzung der belohnenden Schenkung von einer nachträglichen Entlohnung

Maßgeblich für die Abgrenzung zwischen einer belohnenden Schenkung und einer nachträglichen Entlohnung[129] ist der Parteiwille oder präziser gesagt, der – mittels Auslegung vom objektiven Empfängerhorizont zu ermittelnde – Wille des Zuwendenden.[130] Dabei sind die eigentlich problematischen Fälle nicht diejenigen, bei denen die ursprüngliche Leistung von vornherein in der erkennbaren Absicht erfolgt, dafür später, sei es auch nur unter bestimmten Umständen, eine Entlohnung zu fordern. Hier liegt allein ein entgeltlicher Vertrag mit einer vorweggenommenen Erfüllungshandlung der einen Vertragspartei vor, der mit der nachfolgenden Entlohnung durch die andere Vertragspartei zustande kommt.[131]

Problematisch sind die Fälle, bei denen es sich nach dem übereinstimmenden Willen der Parteien bei der vollzogenen Erstleistung um ein unentgeltliches Rechtsgeschäft handelt, auf das nun eine Zuwendung des vormals unentgeltlich Bedachten erfolgt.[132] Da diesen keine Rechtspflicht trifft, die seinerzeit empfangene Leistung des anderen in irgendeiner Form zu vergüten, steht es ihm prinzipiell frei, seine Zuwendung sowohl als Belohnung als auch als nachträgliche Entlohnung anzubieten.[133] Dabei wird sein Wille auf eine nachträgliche Entlohnung zielen, sofern er den unveränderten Fortbestand der Unentgeltlichkeit der seinerzeit von ihm empfangenen Leistung im Zeitpunkt seiner Zuwendung für inakzeptabel oder unangemessen hält. Er wird daher bestrebt sein, durch eine Umwandlung des damaligen unentgeltlichen Rechtsgeschäfts in ein entgeltliches der von ihm erlangten Zuwendung die nach seinem Empfinden nunmehr adäquate rechtliche Grundlage zu geben.

Dabei wird es sich regelmäßig um Sachverhalte handeln, bei denen es bei der Erstzuwendung um Leistungen geht, die gewöhnlich nicht unentgeltlich

---

129 Siehe zu dieser Problematik schon Larenz, § 47 I (S. 199) sowie aus dem neueren Schrifttum MüKo-Koch, § 516 Rn. 31; Staudinger-Chiusi, § 516 Rn. 51 f., jew. m.w.N. Siehe dazu ferner BGH WM 1970, 755; BGH NJW 1982, 436; 1992, 564; BGH NJW-RR 2005, 1718, 1719.

130 Siehe MüKo-Koch, § 516 Rn. 31; Staudinger-Chiusi, § 516 Rn. 52 sowie ferner schon Larenz, § 47 I (S. 199).

131 Siehe MüKo-Koch, § 516 Rn. 30; Staudinger-Chiusi, § 516 Rn. 53; Bamberger/Roth-Gehrlein, § 516 Rn. 7.

132 Siehe dazu ausführlich MüKo-Koch, § 516 Rn. 30 ff. m.w.N.

133 In beiden Fällen geht es ja nicht um einseitige Rechtsgeschäfte, denn sowohl die in einer nachträglichen Entlohnung liegende Umwandlung des seinerzeitigen unentgeltlichen Rechtsgeschäfts in ein entgeltliches als auch die belohnende Zuwendung in Gestalt einer (ggfs. weiteren) Schenkung erfolgen ja durch Vertrag, also zwei sich deckende Willenserklärungen in Gestalt von Angebot und Annahme (siehe §§ 311 Abs.1, 516 BGB).

erlangt werden und bei deren unentgeltlicher Zuwendung eine besondere Situation bestand, die nicht selten dadurch gekennzeichnet sein wird, dass der Empfänger seinerzeit nicht in der Lage war, die Leistung zu vergüten. Bedient man sich Jahre lang der Dienste desselben Handwerkers und stehen nun in einer finanziellen Notlage dringende Reparaturen am Familienheim an, und erbringt der Handwerker diese Arbeiten seinem treuen Kunden angesichts dessen ausnahmsweise unentgeltlich, so liegt es nahe, in einer späteren, nach Verbesserung der wirtschaftlichen Verhältnisse des Kunden, an den Handwerker erfolgenden Zuwendung eine nachträgliche Entlohnung und keine schenkweise Belohnung zu sehen. Andererseits entziehen sich damit solche Zuwendungen der Einordnung als einer nachträglichen Entlohnung, die auf unentgeltliche Zuwendungen erfolgen, die typischerweise Gegenstand einer Schenkung oder eines sonstigen unentgeltlichen Rechtsgeschäfts sind.[134] Das gilt namentlich für unentgeltliche Zuwendungen im familiären Bereich oder Freundeskreis, die selbst bei größerem Umfang vom Empfänger gemeinhin nicht in dem Sinne als unangemessen angesehen werden, als dass er sich zu einer nachträglichen Vergütung verpflichtet fühlt.[135] Auch nach seinem subjektiven Empfinden schuldet er hier nur Dank, aber kein Entgelt. Wendet er dementsprechend seinem seinerzeitigen Gönner etwas zu, will er damit die von ihm, wenn auch als großzügig, so doch aber eben in ihrer Unentgeltlichkeit nicht als unangemessen empfundene Zuwendung als solche nicht antasten, sondern nimmt diese lediglich zum Anlass, sich nunmehr seinerseits freigiebig zu zeigen und den Erstzuwendenden für seine damalige Zuwendung mit einer Schenkung zu belohnen. Demgemäß wird in den in Rede stehenden Fällen zumeist eine remuneratorische Schenkung vorliegen und nur ganz ausnahmsweise die Umwandlung des ursprünglichen unentgeltlichen Rechtsgeschäfts in ein entgeltliches.

Eine anhand der genannten Kriterien orientierte Auslegung begegnet zugleich auch der Versuchung der Parteien, durch eine nachträgliche (gekünstelte) Vertragsumgestaltung Rechtsgeschäfte dem Schenkungsrecht zu entziehen und dadurch schützenswerte Interessen Dritter zu beeinträchtigen.[136] Das gilt vor allem für die über §§ 2325, 2329 BGB geschützten Interessen etwaiger Pflichtteilsberechtigter, aber auch hinsichtlich eines sich gegebenenfalls über

---

134 Siehe dazu auch schon Larenz, § 47 I (S. 199) mit der Unterscheidung in die Bereiche „humanitas" und „aequitas".

135 Auch das Gesetz betrachtet familiäre Unterstützungsleistungen regelmäßig als Schenkung (siehe §§ 685 Abs.2, 1620 BGB).

136 Siehe zu dieser Problematik MüKo-Koch, § 516 Rn. 32; Staudinger-Chiusi, § 516 Rn. 51; PWW-Hoppenz, § 516 Rn. 21.

eine Schenkungsrückforderung gemäß § 528 BGB verwirklichenden Regressinteresses der öffentlichen Hand bei einer Verarmung des bzw. der Schenker.[137]

bb) Die Abgrenzung der belohnenden Schenkung von einer Pflichtschenkung und einer Anstandsschenkung

Bei der remuneratorischen Schenkung gewährt der Schenker dem Beschenkten für eine von diesem erbrachte Leistung eine rechtlich nicht geschuldete Belohnung.[138] Damit umschreibt die remuneratorische Schenkung eine Motivationslage, wie sie zahlreichen Schenkungen zugrunde liegt. Denn Schenkungen erfolgen, wie schon an anderer Stelle ausgeführt wurde, nicht beziehungslos. Ihr liegen typischerweise Leistungen und Verdienste des Beschenkten zugrunde, die der Schenker mit der unentgeltlichen Zuwendung zu honorieren gedenkt. So mag sich der Schenker aufgrund der Pflege und Betreuung durch den Beschenkten zu der Schenkung veranlasst sehen. Die Leistungen des Beschenkten sind es folglich, die den Beweggrund für die in der unentgeltlichen Zuwendung liegende Belohnung bilden.

Sofern die Leistungen des Beschenkten indes nicht nur Beweggrund für die Schenkung sind, sondern vielmehr ein solches Ausmaß und Gewicht erreichen, dass das Ausbleiben einer schenkweisen Honorierung dieser Leistungen dem Schenker als eine sittliche Verfehlung zur Last gelegt oder ihm zu einem Verlust von Achtung und Ansehen gereichen würde, sind die Grenzen zu einer Pflicht- bzw. Anstandsschenkung im Sinne des § 534 BGB überschritten.[139] Bei dieser Grenzziehung sind – wie schon zu den Pflicht- und Anstandsschenkungen näher ausgeführt wurde – alle Umstände des Einzelfalles zu berücksichtigen, insbesondere kommt der Höhe der Zuwendung, den finanziellen Verhältnissen und der persönlichen Beziehung der Beteiligten untereinander sowie zu schützenden Drittinteressen maßgebliche Bedeutung zu.[140] Dabei wird – wie gleichfalls schon

---

137 Im Extremfall wird hier ja aus zwei Schenkungen *ein* entgeltliches Rechtsgeschäft mit der Folge einer potentiellen Beeinträchtigung von Pflichtteilsberechtigten zweier Schenker bzw. der Gefahr für die öffentliche Hand bei einer Verarmung der Parteien nunmehr für zwei Personen ohne eine Regressmöglichkeit gemäß § 528 BGB eintreten zu müssen.

138 Siehe BGH LM § 516 BGB Nr. 15. Vgl. ferner Staudinger-Chiusi, § 516 Rn. 53; Bamberger/Roth-Gehrlein, § 516 Rn. 8.

139 Zu den Pflicht- und Anstandsschenkungen siehe im Einzelnen Zweiter Teil, 1. Kap., II. 1. c) (S. 30 ff.).

140 Siehe BGH NJW 1984, 2939, 2940; 1986, 1926.

ausgeführt – bei einer vorangegangenen Pflege von Angehörigen regelmäßig nur eine belohnende Schenkung vorliegen.[141]

f) Schenkungen unter Auflage

Personen, die ihr Vermögen oder wesentliche Teile davon schon zu Lebzeiten auf ihre künftigen Erben oder sonstige Dritte übertragen, ist häufig daran gelegen, im Zuge dieser Vermögensübertragung ihr weiteres Auskommen und gegebenenfalls das ihrer nächsten Angehörigen einschließlich einer angemessenen Versorgung im Alter sicherzustellen.[142] Fraglich ist, ob und inwieweit die insofern begegnenden Versorgungsleistungen der Annahme einer Schenkung entgegenstehen.

aa) Vermögensübertragungen unter Übernahme dinglicher Lasten durch den Erwerber

In der Praxis begegnet häufig der Fall, dass im Rahmen einer vorweggenommenen Erbfolge Grundstücke mit dinglichen Belastungen übertragen werden, die den genannten Versorgungszwecken dienen. Dabei handelt es sich häufig um einen Nießbrauch gemäß § 1030 BGB[143] oder um ein dingliches Wohnrecht[144] in Gestalt einer beschränkten persönlichen Dienstbarkeit gemäß § 1093 BGB. Nicht selten lasten auf den Grundstücken auch noch Grundpfandrechte, wie eine Hypothek oder eine Grundschuld.[145]

Es besteht heute Einigkeit darüber, dass die Übernahme solcher dinglicher Lasten keine Gegenleistung des Erwerbers darstellt und folglich den Schenkungscharakter der Zuwendung nicht tangiert, sondern lediglich den Wert des Geschenks mindert.[146] Das gilt selbst dann, wenn der Beschenkte sich im Überlassungsvertrag ausdrücklich zur Übernahme der dinglichen Grundstücksbelastungen verpflichtet.[147] Genau betrachtet schuldet der Beschenkte hier dem Schenker in der Tat nichts. Er übernimmt vielmehr nur das belastete Grundstück,

141 Vgl. dazu BGH NJW 1986, 1926 f.; 2000, 3488.

142 Vgl. dazu auch die Untersuchung von Bengel, MittBayNot 2003, 270, 276 f.

143 So etwa in den Fällen BGHZ 125, 283 ff. und BGH NJW 1995, 2287 f.

144 So etwa in den Fällen BGHZ 107, 156 ff. und BGHZ 137, 76 ff.

145 Siehe etwa in den Fällen BGHZ 107, 156, 157 und BGH NJW 1991, 2558 f.

146 Siehe BGHZ 107, 156, 159 sowie BGHZ 94, 141, 143; ferner BGH NJW 1993, 1577 (Rn. 1); BGHZ 137, 76, 79; BGH NJW 2012, 605, 606 (Rn. 22) sowie aus dem Schrifttum etwa MüKo-Koch, § 516 Rn. 25; Staudinger-Chiusi, § 516 Rn. 42.

147 Nach BGHZ 107, 156, 159 f. hat eine solche Übernahmeklausel lediglich klarstellende Bedeutung.

so wie es der Schenker selbst hat und seinerseits dem Beschenkten schuldet.[148] § 528 BGB findet folglich auf solche Vermögensübertragungen Anwendung, eine Schenkungsrückforderung kommt aber nur im Umfang der in ihrem Wert um die dinglichen Belastungen geminderten Schenkung in Betracht.

bb) Vermögensübertragungen mit der Verpflichtung des Erwerbers zur Erbringung von Versorgungsleistungen

Möglich ist aber auch, dass ein Grundstück lastenfrei übertragen wird und der Erwerber im Zuge der Vermögensübertragung die Verpflichtung übernimmt, zugunsten des Veräußerers oder ihm nahe stehender Dritter dingliche Rechte zu bestellen.[149] Auch lassen sich Veräußerer im Zuge einer vorweggenommenen Erbfolge nicht selten weitere Versorgungsleistungen des Erwerbers versprechen.[150] Angesichts der Tatsache, dass der Erwerber hier nicht lediglich passiv ein belastetes Grundstück übernimmt, sondern – je nach Ausgestaltung des Überlassungsvertrages – aktiv zur Bestellung dinglicher Rechte, zur Überlassung von Wohnraum, zur Gewährung von Verpflegung,[151] zur Zahlung einer Leibrente[152], zur Pflege und Betreuung von Angehörigen[153] oder zu sonstigen Versorgungsleistungen verpflichtet wird, stellt sich die Frage, ob es sich angesichts dieser Leistungspflichten des Erwerbers nicht vielmehr um einen entgeltlichen Austauschvertrag oder zumindest um eine gemischte Schenkung handelt.

Die ganz überwiegende Ansicht geht gleichwohl auch in diesen Fällen regelmäßig von einer Schenkung aus und zwar in Gestalt einer Auflagenschenkung.[154] Bei der Schenkung unter Auflage gemäß § 525 BGB handelt es sich um eine Schenkung mit der vertraglichen Nebenabrede, dass auch der Beschenkte zu einer Leistung verpflichtet ist, nachdem er den Schenkungsgegenstand erhalten hat.[155] Dabei ist charakteristisch, dass die vom Beschenkten geschuldete Leistung

---

148 Siehe BGHZ 107, 156, 159.

149 Siehe etwa BGHZ 94, 141; 96, 380; BGH NJW 1991, 1824; 1991, 2558; 1995, 1349; BGHZ 146, 228; BGH NJW-RR 2003, 53; BGHZ 190, 281.

150 Siehe dazu nur BGHZ 107, 156, 157.

151 Siehe etwa BGHZ 107, 156, 157.

152 Siehe etwa BGHZ 107, 156, 157; 123, 264.

153 Siehe etwa BGH NJW 1995, 2287.

154 Siehe BGHZ 3, 206, 211; 107, 156, 160.

155 Siehe etwa MüKo-Koch, § 525 Rn. 1; Palandt-Weidenkaff, § 525 Rn. 1. Im Gegensatz zur bloßen Wunschschenkung (dazu etwa MüKo-Koch, § 525 Rn. 8), bei der die Verwendung des Geschenks lediglich einem unverbindlichen Wunsch des Schenkers entspricht, besteht bei der Auflagenschenkung eine echte Leistungspflicht des Beschenkten, deren Ausbleiben die Rechtsfolgen des

auf der Grundlage und aus dem Wert der vom vorleistungspflichtigen Schenker erbrachten Zuwendung erfolgen soll.[156] Anders als bei einem entgeltlichen Austauschvertrag fehlt es somit an der synallagmatischen Verknüpfung von Leistung und Gegenleistung. Der Beschenkte erbringt bei der Auflagenschenkung vielmehr gar keine eigene Gegenleistung, sondern er erfüllt allein die ihn nachrangig treffende Verpflichtung auf der Grundlage des ihm vorrangig schenkweise zugewendeten Vermögenswertes. Dadurch unterscheidet sich die Auflagenschenkung auch von der gemischten Schenkung, bei der der Beschenkte zumindest hinsichtlich eines Teils der Zuwendung eine Gegenleistung erbringt.[157]

Im Gegensatz zur sog. Zweckschenkung[158] ist bei der Auflagenschenkung die Leistung des Beschenkten Gegenstand der vertraglichen Einigung mit der Folge einer einklagbaren Leistungspflicht des Beschenkten. Bei der Zweckschenkung hingegen besteht lediglich eine dem Vertrag zugrundeliegende, oftmals stillschweigend getroffene Zweckabrede der Beteiligten, bei der kein einklagbarer Anspruch des Schenkers besteht, sondern bei der das Ausbleiben der von ihm erstrebten Leistung des Beschenkten allein zu einer Rückabwicklung der Schenkung führt.[159] Die Abgrenzung zwischen diesen beiden Formen der Schenkung kann sich im Einzelfall schwierig gestalten. Entscheidend ist die Interessenlage. Je größer das Interesse des Schenkers an der Leistung des Beschenkten ist, desto eher wird eine Auflagenschenkung zu bejahen sein.[160] Da vorliegend die vom Beschenkten zu erbringenden Leistungen die weitere Versorgung des Schenkers und seiner Familie sichern sollen, es mithin um gewichtige Interessen des Schenkers geht, liegt regelmäßig eine Auflagenschenkung vor.

Häufig lässt sich die vom Beschenkten geschuldete Leistung unmittelbar aus dem Schenkungsgegenstand selbst entnehmen. Das gilt bei einer Grundstücks-

---

§ 527 BGB zur Folge hat. Bei der Wunschschenkung bleibt eine „Nichterfüllung“ dagegen ohne Rechtsfolgen.

156 Siehe BGH NJW 1982, 818, 819 sowie ferner MüKo-Koch, § 525 Rn. 2; Staudinger-Chiusi, § 525 Rn. 4; Erman-Herrmann, § 525 Rn. 3; Palandt-Weidenkaff, § 525 Rn. 1. Siehe ferner §§ 526, 527 Abs.1 BGB, die auf diesem Grundgedanken basieren.

157 Siehe zur Abgrenzung von Auflagenschenkung und gemischter Schenkung im Einzelnen MüKo-Koch, § 525 Rn. 7; Staudinger-Chiusi, § 525 Rn. 42; Erman-Herrmann, § 525 Rn. 6, jew. m.w.N.

158 Dazu etwa Müko-Koch, § 525 Rn. 8; Staudinger-Chiusi, § 525 Rn. 44 f.; Erman-Herrmann, § 525 Rn. 6.

159 Der Rückforderungsanspruch des Schenkers ergibt sich nach Rspr. (siehe BGH NJW 1984, 233; BGH NJW-RR 1991, 1154; BGH FamRZ 1994, 503 f.) und überwiegendem Schrifttum aus § 812 Abs.1 S.2, 2. Fall BGB, während nach anderer Ansicht § 313 BGB einschlägig ist (siehe zum Meinungsstand etwa MüKo-Koch, § 525 Rn. 8; Staudinger-Chiusi, § 516 Rn. 45, jew. m.w.N.).

160 Siehe MüKo-Koch, § 525 Rn. 8; Staudinger-Chiusi, § 525 Rn. 46.

übertragung etwa für die Verpflichtung zur Bestellung eines beschränkt dinglichen Grundstücksrechts[161] und gegebenenfalls auch für eine in natura geschuldete Gewährung von Kost und Logis.[162] Auch die Zahlung einer Leibrente lässt sich bei entsprechenden Erträgen, etwa aus Vermietung oder Verpachtung, aus dem Grundstück selbst bestreiten (siehe insofern auch § 99 Abs.3 BGB). Es ist jedoch nicht zwingend erforderlich, dass die Mittel für die dem Beschenkten obliegende Leistung aus dem Schenkungsgegenstand selbst entnommen werden können, vielmehr reicht es aus, wenn die Auflage auf der Grundlage und aus dem Wert des zugewendeten Vermögens vollzogen werden kann.[163] Dementsprechend hat die Rechtsprechung auch die mit einer unentgeltlichen Zuwendung einhergehende Verpflichtung des Beschenkten zur Abfindung von Angehörigen,[164] zur Erbringung von Leistungen zur Altersvorsorge,[165] zur Erbringung von Pflegeleistungen[166] sowie zur Versorgung des Schenkers[167] als eine Schenkung unter Auflage angesehen.

Eine echte Gegenleistung des Beschenkten, die insoweit den Schenkungscharakter der Zuwendung ausschließt, wird dagegen erst dann anzunehmen sein, wenn die zur Erfüllung der Leistungspflicht erforderlichen Mittel nicht allein aus dem Gegenstand der Zuwendung selbst entstammen, sondern wo es auch der Aufbringung eigener Mittel des Zuwendungsempfängers bedarf, die nach dem übereinstimmenden Willen der Parteien zumindest zum Teil einen Gegenwert für die erhaltene Zuwendung darstellen. Dabei reicht es für die Annahme eines entgeltlichen Geschäfts bereits aus, wenn Versorgungszwecken dienende Leistungen eine bloße (stillschweigende) Zweckabrede der Beteiligten zugrunde liegt, die es dem Zuwendenden ermöglicht, bei Ausbleiben einer künftig erwarteten Vermögensübertragung seitens des Zuwendungsempfängers die erbrachten Leistungen zu kondizieren und die Vermögensübertragung durch den Zuwendungsempfänger sodann erfolgt, um das Entstehen eines solches Bereicherungsanspruchs zu ver-

161 Siehe dazu BGH NJW 1982, 818 f.

162 Siehe dazu BGHZ 107, 156, 160.

163 Siehe BGH NJW 1982, 818, 819. Siehe ferner MüKo-Koch, § 525 Rn. 2; Staudinger-Chiusi, § 525 Rn. 4; Erman-Herrmann, § 525 Rn. 3; Palandt-Weidenkaff, § 525 Rn. 1.

164 Siehe BFHE 145, 211, 214 sowie ferner OGHBRZ NJW 1949, 260. Vgl. dazu auch BGHZ 137, 76, 79.

165 Siehe OLG Köln FamRZ 1984, 64 f.

166 Siehe OLG Bamberg NJW 1949, 788 f.; vgl. auch BGH JR 1990, 192, 193.

167 Siehe BGHZ 107, 156, 160. Siehe weiter hinsichtlich der Verpflichtung des Beschenkten zur Bestellung beschränkt dinglicher Rechte, BGH NJW 1982, 818 f.

meiden. Hier liegt im Umfang der bereicherungsrechtlich geschützten Leistung des Erstzuwendenden ein entgeltliches Rechtsgeschäft vor.[168]

Die Schenkung unter Auflage gemäß § 525 BGB ist eine echte Schenkung im Rechtssinne, auf die § 528 BGB Anwendung findet, wobei die zur Vollziehung der Auflage erforderlichen bzw. aufgewendeten Mittel den Wert der Schenkung schmälern.[169] Eine Schenkungsrückforderung gemäß § 528 BGB kann damit allenfalls im Umfang der entsprechend geminderten Schenkung erfolgen.[170]

g) Gemischte Schenkungen

aa) Vorliegen einer gemischten Schenkung

Eine gemischte Schenkung ist dadurch gekennzeichnet, dass die Zuwendung eines Vermögenswertes teils entgeltlich und teils unentgeltlich erfolgt.[171] Klassisch ist die Kombination aus Kauf- und Schenkungsvertrag. Allerdings reicht ein bloßes Ungleichgewicht von Leistung und Gegenleistung für eine gemischte Schenkung nicht aus. § 516 BGB verlangt für eine Schenkung vielmehr auch, dass sich beide Vertragsparteien über die Unentgeltlichkeit der Zuwendung einig sind. Dementsprechend bedarf es nicht nur einer fehlenden Äquivalenz von Leistung und Gegenleistung, die mangelnde Gleichwertigkeit der auszutauschen Leistungen muss den Parteien zudem auch bewusst sein, und es muss ihrem übereinstimmenden Willen entsprechen, dass der Mehrwert unentgeltlich zugewendet wird.[172] Der Umfang des Mehrwerts ist dabei irrelevant, insbesondere ist nicht erforderlich, dass der unentgeltliche Teil der Zuwendung einen bestimmten Mindestanteil an dem Rechtsgeschäft erreicht bzw. dass er gar überwiegt.[173] Das Verhältnis von entgeltlichem und unentgeltlichem Teil des Rechtsgeschäfts hat nach der Rechtsprechung zwar für die Modalitäten einer Vertragsrückabwicklung

---

168 Siehe dazu BGH NJW 2012, 605, 606 (Rn. 23) sowie schon BGH NJW 1992, 2566 (Rn. 2).

169 Siehe Müko-Koch, § 528 Rn. 7; Staudinger(2005)-Wimmer-Leonhardt, § 528 Rn. 19; juris/PK-Sefrin, § 528 Rn. 27.

170 Das entspricht im Ergebnis der zuvor erörterten Fallgestaltung des Erwerbs eines mit einem beschränkt dinglichen Recht belasteten Grundstücks (siehe dazu oben Zweiter Teil, 1. Kap., II. 1. f) aa) (S. 38 f.)). In der Tat hätte der Schenker das gewünschte Ergebnis ja auch dergestalt erreichen können, dass er zunächst in analoger Anwendung des § 1196 Abs.1 BGB das Recht an der noch ihm gehörenden Immobilie selbst begründet und sodann das belastete Grundstück an den Beschenkten übereignet.

171 Siehe statt aller Staudinger-Chiusi, § 516 Rn. 63; Medicus/Petersen, Rn. 380.

172 Siehe BGHZ 82, 274, 281; BGH NJW 1992, 2566, 2567; BGH NJW-RR 1996, 754, 755 sowie zuletzt BGH NJW 2012, 605. Siehe ferner MüKo-Koch, § 516 Rn. 34; Staudinger-Chiusi, § 516 Rn. 63; Palandt-Weidenkaff, § 516 Rn. 13.

173 Siehe dazu zuletzt BGH NJW 2012, 606, 607.

maßgebliche Bedeutung,[174] für das Vorliegen einer gemischten Schenkung als solche ist es dagegen bedeutungslos.[175]

Für die Angemessenheit von Leistung und Gegenleistung kommt es nicht auf deren objektiven Wert an. Nach dem Prinzip der subjektiven Äquivalenz[176] obliegt es vielmehr den Vertragsparteien, über die Gleichwertigkeit der auszutauschenden Leistungen zu befinden.[177] Demgemäß kann selbst bei einer deutlichen Divergenz des Wertes der beiderseitigen Leistungen ein ausschließlich entgeltliches Rechtsgeschäft vorliegen. Gerade Rechtsgeschäfte innerhalb der Familie oder des Freundeskreises werden häufig selbst bei einem für einen der Vertragspartner sehr günstigen Austauschverhältnis von den Beteiligten als ausschließlich entgeltlich betrachtet.[178]

Dabei darf freilich nicht außer Acht gelassen werden, dass die Vertragsparteien, um dem bei einer Verarmung des Veräußerers drohenden Zugriff der öffentlichen Hand auf einen etwaigen Schenkungsrückforderungsanspruch zu begegnen oder um den Erwerber gegenüber Pflichtteilsberechtigten oder Vertragserben des Veräußerers zu begünstigen,[179] nicht selten darum bemüht sind, die Zuwendung von Vermögen außerhalb des Schenkungsrechts zu vollziehen.[180] Die Rechtsprechung versucht dieser Gefahr mittels einer Beweiserleichterung zu begegnen. So soll bei einem auffallend groben Missverhältnis von Leistung und Gegenleistung eine tatsächliche Vermutung dafür sprechen, dass die Parteien dieses Missverhältnis erkannt haben und sich über die teilweise Unentgeltlichkeit der Zuwendung einig waren.[181] Ein solches Missverhältnis wird regelmäßig bejaht, wenn der Wert der Gegenleistung weniger als die Hälfte des effektiven Wertes[182] der Zuwendung beträgt.[183] Diese Beweiserleichterung greift

174 Siehe BGH NJW 1953, 501; BGHZ 30, 120, 123; BGH NJW 1972, 247; BGHZ 107, 156, 158 f.; 140, 275 sowie zuletzt BGH NJW 2012, 606, 607.

175 BGH NJW 2012, 606, 607.

176 Dazu anschaulich MüKo-Koch, § 516 Rn. 21 m.w.N..

177 Vgl. BGH NJW 1981, 2458; BGHZ 82, 274, 281 f.; BGH NJW 2012, 606, 607 sowie aus dem Schrifttum etwa MüKo-Koch, § 516 Rn. 21, 34; Staudinger-Chiusi, § 516 Rn. 56, 63, jew. m.w.N.

178 Siehe dazu etwa RGZ 163, 257, 259; BGH FamRZ 1970, 376; BGHZ 59, 136, 138 sowie ferner Müko-Koch, § 516 Rn. 21; Staudinger-Chiusi, § 516 Rn. 56.

179 Dazu BGH NJW 1987, 890, 892; BGHZ 136, 178, 183; BGH NJW 1995, 1349, 1350.

180 Zu dieser Problematik anschaulich MüKo-Koch, § 516 Rn. 22.

181 Siehe BGHZ 59, 132, 135 f.; 82, 274, 278; 116, 178, 183; BGH NJW 1995, 1349, 1350; 2002, 2469, 2470; 2010, 998; 2012, 605, 606. Siehe ferner MüKo-Koch, § 516, Rn. 22; Staudinger-Chiusi, § 516 Rn. 56; Palandt-Weidenkaff, § 516 Rn. 13.

182 Gemeint ist damit eine Berücksichtigung wertmindernder Faktoren, wie dingliche Lasten oder Auflagen (siehe dazu oben Zweiter Teil, 1. Kap., II. 1. f) (S. 38 ff.)).

183 Siehe BGH NJW 1999, 1626, 1627; BGHZ 140, 275. Siehe ferner MüKo-Koch, § 516, Rn. 22 m.w.N.

aber nur dort ein, wo schützenswerte Interessen Dritter berührt werden.[184] Das wird vom BGH in den Fällen bejaht, in denen die Rückforderung der Schenkung durch den Sozialhilfeträger erfolgt.[185] Für das Verhältnis zwischen Schenker und Beschenktem soll es dagegen bei der allgemeinen Beweislastverteilung verbleiben, wonach der Schenker das Vorliegen einer Schenkung ohne die besagte Beweiserleichterung zu beweisen hat.[186] Im Kontext des § 528 BGB sind mit der Verarmung des Schenkers aber stets – zumindest latent – die Interessen der Allgemeinheit berührt. Denn mit der Durchsetzung des Schenkungsrückforderungsanspruchs wird eine Inanspruchnahme der Allgemeinheit vermieden und damit der Nachrang der staatlichen Grundsicherungsleistungen gewahrt. Vor diesem Hintergrund erscheint es gerechtfertigt, auch dem Schenker jedenfalls in einem Rechtsstreit über die Rückforderung einer Schenkung gemäß § 528 BGB die in Rede stehende Beweiserleichterung zuzugestehen.[187]

bb) Anwendbarkeit des § 528 BGB auf gemischte Schenkungen

Bei einer gemischten Schenkung bestimmt sich die Anwendbarkeit der einschlägigen Vorschriften nach der heute herrschenden Zweckwürdigungstheorie danach, inwieweit ihre Anwendung die in Rede stehende Problematik nach dem Zweck des Gesetzes und dem Willen der Parteien am sachgerechtesten zu lösen vermag.[188] Anders als die vor allem vom Reichsgericht vertretene Trennungstheorie[189] verzichtet die Zweckwürdigungstheorie damit auf eine schematische Aufteilung des Rechtsgeschäfts in einen entgeltlichen und einen unentgeltlichen Teil und die daran anknüpfende isolierte Anwendung der für den jeweiligen Vertragstyp geltenden Vorschriften auf die einzelnen Teile des Rechtsgeschäfts. Sie nimmt stattdessen eine am Gesetzeszweck und den Parteiinteressen ausgerichtete Gesamtbetrachtung vor. Das kann durchaus dazu führen, dass sich weder in der Wahl der einschlägigen Gesetzesbestimmungen noch im Ergebnis Unterschiede zur Trennungstheorie ergeben. Es kann aber auch sein, dass zur Lösung der einschlägigen Problematik auf das gesamte Rechtsgeschäft nur die dem

---

184 Siehe BGH NJW 1995, 1349, 1350.

185 Siehe BGH NJW 1995, 1349, 1350.

186 So juris/PK-Sefrin, § 528 Rn. 27; anderer Ansicht aber MüKo-Koch, § 516 Rn. 22, wonach die in Rede stehende Beweiserleichterung auch im Verhältnis der Vertragsparteien untereinander gilt.

187 Im Ergebnis ebenso MüKo-Koch, § 528 Rn. 22.

188 Zur Zweckwürdigungstheorie und den weiteren bei einer gemischten Schenkung vertretenen Theorien, MüKo-Koch, § 516 Rn. 36 ff.; Staudinger-Chiusi, § 516 Rn. 73 ff., jew. m.w.N.. Siehe dazu ferner anschaulich Medicus/Petersen, Rn. 380.

189 Siehe RGZ 54, 107, 110; 68, 326, 328 f. und vor allem RGZ 148, 236, 240 f.

entgeltlichen oder dem unentgeltlichen Teil zuzuordnenden Rechtsvorschriften Anwendung finden. Gerade in dieser Flexibilität bei der Lösung der vielfältigen und zum Teil sehr komplexen Rechtsprobleme einer gemischten Schenkung werden die besonderen Vorzüge der Zweckwürdigungstheorie gesehen.[190]

Bei einer Schenkungsrückforderung wegen Verarmung besteht heute Einigkeit darüber, dass § 528 BGB bei einer gemischten Schenkung (nur) auf den unentgeltlichen Teil des Rechtsgeschäfts Anwendung findet.[191] Uneinigkeit besteht indes hinsichtlich der sich im Einzelnen daraus ergebenden Rechtsfolgen. Das gilt freilich nicht, wenn der zum Teil unentgeltlich geleistete Gegenstand real teilbar ist. In diesem Fall handelt es sich lediglich um einen Typenkombinations- und keinen Typenverschmelzungsvertrag, für den die gemischte Schenkung paradigmatisch ist. Anders als bei einem Typenverschmelzungsvertrag, bei dem nur bei einer einzigen Leistung einer Vertragspartei Elemente verschiedener Vertragstypen untrennbar miteinander verbunden sind, werden bei einem Typenkombinationsvertrag mehrere Leistungen eines Vertragspartners, die verschiedenen Vertragstypen entsprechen, miteinander kombiniert.[192] Zahlt beispielsweise der Käufer eines Grundstücks dem Verkäufer einen Kaufpreis, der nach ihren Vorstellungen über dem Wert des Grundstücks liegt und sind sich beide darüber einig, dass dieser Teil unentgeltlich zugewendet wird, so liegt eine Kombination aus (Grundstücks-)Kaufvertrag und Schenkung des Überschussbetrages vor. § 528 BGB findet hier auf den Schenkungsvertrag Anwendung mit der Folge, dass der verarmte Grundstückskäufer im Umfang seines Notbedarfs den Überschussbetrag zurückfordern kann.[193]

Problematisch sind dagegen die Fälle, in denen der zum Teil unentgeltlich geleistete Gegenstand real unteilbar ist. Überlässt der Verkäufer eines Grundstücks dieses dem Käufer unter Wert und sind sich beide darüber einig, dass der Mehrwert (des Grundstücks) unentgeltlich zugewendet wird, so liegt ein wirklicher Typenverschmelzungsvertrag in Gestalt einer echten gemischten Schenkung vor. Hier ist es nur die eine Leistung des Verkäufers, nämlich die Eigentums- und

---

190 In diesem Sinne MüKo-Koch, § 516 Rn. 39. Siehe ferner Staudinger-Chiusi, § 516 Rn. 76.

191 Siehe MüKo-Koch, § 528 Rn. 7; Staudinger (2005)-Wimmer-Leonhardt, § 528 Rn. 39 (Staudinger-Chiusi behandelt nur die Fälle der §§ 519, 530, siehe § 516 Rn. 82, 83); juris/PK-Sefrin, § 528 Rn. 26 f., 29; Palandt-Weidenkaff, § 516 Rn. 16; PWW-Hoppenz, § 528 Rn. 12; Bamberger/Roth-Gehrlein, § 516 Rn. 15; Soergel-Mühl/Teichmann, § 528 Rn. 4. Siehe auch schon RGRK-Mezger, § 528 Rn. 5.

192 Dazu anschaulich Fikentscher/Heinemann, Rn. 798 (IV) sowie Larenz/Canaris SchuldR, § 63 III 1 a) (S. 54).

193 Vgl. Staudinger (2005)-Wimmer-Leonhardt, § 528 Rn. 39; juris/PK-Sefrin, § 528 Rn. 27; PWW-Hoppenz, § 528 Rn. 12.

Besitzverschaffung an dem Grundstück, die die Elemente der verschiedenen Vertragstypen untrennbar miteinander verbindet. Bei den Rechtsfolgen des auf den Mehrwert gerichteten § 528 BGB[194] differenziert die überwiegende Ansicht nach dem Wertverhältnis des entgeltlichen und des unentgeltlichen Teils der Zuwendung. Überwiege der entgeltliche Teil, so verlangten es die Interessen des Empfängers, dass er den Gegenstand behalte dürfe. Demgemäß habe er dem Zuwendenden nur den (geschenkten) Mehrwert zu erstatten. Überwiege dagegen der unentgeltliche Teil der Zuwendung, geböten es die Interessen des Schenkers, dass er den Zuwendungsgegenstand herausverlangen könne, freilich nur Zug um Zug gegen Rückerstattung der Gegenleistung.[195] Dabei überwiegt nach der Rechtsprechung der unentgeltliche Charakter des Vertrages, wenn die Zuwendung des Schenkers mindestens den doppelten Wert der Gegenleistung aufweist.[196]

Diese Ansicht beachtet indes nicht ausreichend die einschlägigen gesetzlichen Bestimmungen und verfehlt dadurch nicht nur die nach dem Gesetzeswortlaut vorgegebene Lösung, sondern gelangt auch zu Resultaten, die der Interessenlage der Parteien im Falle einer Schenkungsrückforderung wegen Verarmung nicht ausreichend gerecht werden. Bei einer gemischten Schenkung beschränkt sich die Verpflichtung des Beschenkten aus § 528 Abs.1 S.1 BGB von vornherein auf den unentgeltlichen Teil des Vertrages. Selbst wenn der Notbedarf des Schenkers größer ist als der unentgeltliche Teil der Zuwendung,[197] beschränkt sich die Herausgabepflicht des Beschenkten allein auf eben diesen unentgeltlichen Teil. Diesen vermag der Beschenkte, unabhängig von dessen Umfang, aber angesichts

---

194 Ganz ähnliche Probleme ergeben sich bei der schenkweisen Zuwendung eines real unteilbaren Gegenstandes, die nur zum Teil einer sittlichen Pflicht bzw. einer auf den Anstand zu nehmenden Rücksicht entspricht und daher nicht in vollem Umfang gemäß § 534 BGB rückforderungsfest ist. Siehe dazu etwa Staudinger-Chiusi, § 534 Rn. 23 sowie MüKo-Koch, § 534 Rn. 6, letzterer allerdings nicht in Fortführung der zur gemischten Schenkung bei § 528 BGB vertretenen Ansicht (siehe insofern MüKo-Koch, § 516 Rn. 41).

195 Vgl. BGHZ 30, 120, 122 f.; BGH WM 1987, 1533, 1534; BGHZ 107, 156, 159 sowie zuletzt BGH NJW 2012, 605, 606 m.w.N.; Staudinger (2005)-Wimmer-Leonhardt, § 528 Rn. 39; Palandt-Weidenkaff, § 528 Rn. 16; Bamberger/Roth-Gehrlein, § 516 Rn. 15; ähnlich, aber (in der Sache zutreffend) noch differenzierter juris/PK-Sefrin, § 528 Rn. 29.

196 Siehe dazu zuletzt BGH NJW 2012, 605, 606 m.w.N. Richtigerweise muss die unentgeltliche Zuwendung den doppelten Wert der Gegenleistung übersteigen, damit der unentgeltliche Teil überwiegt. Die damit drohende „Pattsituation" bereitet nach der hier für vorzugswürdig erachteten Ansicht (siehe dazu die weiteren Ausführungen im Text) allerdings keine Probleme.

197 Sollte der zu deckende Notbedarf geringer sein als der unentgeltliche Teil der Zuwendung, kommt – entsprechend BGHZ 94, 141, 143 – ohnehin nur ein Wertersatzanspruch in Betracht (so zutreffend juris/PK-Sefrin, § 528 Rn. 29; siehe ferner Staudinger (2005)-Wimmer-Leonhardt, § 528 Rn. 39.

der realen Unteilbarkeit des Zuwendungsgegenstandes nicht – oder genauer gesagt nie – in natura herauszugeben. Er ist mithin nicht in der Lage, der in § 528 Abs.1 S.1 BGB normierten Rechtsfolge zur Naturalherausgabe nachzukommen, womit er gemäß § 818 Abs.2 BGB in Höhe dieses unentgeltlichen Teils der Zuwendung Wertersatz zu leisten hat. Damit schuldet der Beschenkte bei einer gemischten Schenkung im Falle einer Verarmung des Schenkers unabhängig vom Wertverhältnis des entgeltlichen und des unentgeltlichen Teils der Zuwendung gemäß § 818 Abs.2 BGB immer (nur) den Ersatz des Mehrwerts im Rahmen des zu deckenden Unterhaltsbedarfs.[198]

Diese Lösung wird auch den Interessen der Parteien am besten gerecht. Wenngleich § 528 Abs.1 S.1 BGB als Rechtsfolge die Naturalrückgabe des Geschenks vorsieht, liegt der eigentliche Gesetzeszweck nicht in der Rückerlangung der geschenkten Sache selbst, sondern in der Befriedigung der in der Vorschrift genannten Unterhaltsinteressen.[199] Dementsprechend ist die Rückforderung des Geschenks im Regelfall nur Mittel zum Zweck. Sofern nicht dessen Rückerlangung selbst, wie etwa bei geschenktem Geld, zur Befriedigung des Unterhaltsbedarfs taugt, ist der Schenker zur Bestreitung seines Unterhalts zunächst auf eine Verwertung des Geschenks angewiesen. Dem Zweck des § 528 BGB ist insofern erst, aber eben auch immer schon dann Genüge getan, wenn der Schenker die zur Deckung seines Notbedarfs erforderlichen Mittel erhält. Das wird letztlich auch durch die Ersetzungsbefugnis des Beschenkten gemäß § 528 Abs.1 S.2 BGB bestätigt.[200] Die Ansicht, die dem Schenker angesichts eines überwiegend schenkungsrechtlichen Charakters des Rechtsgeschäfts und daraus resultierender vermeintlicher Belange des Schenkers einen Anspruch auf Rückgewähr des Geschenks selbst zugesteht, überbetont dagegen den Gesetzeszweck und bedient sich zudem Interessen, die im Kontext des § 528 BGB so nicht existieren.

Darüber hinaus wird es einem verarmten Schenker regelmäßig auch gar nicht möglich sein, die bei einem Anspruch auf Rückgewähr des Zuwendungsgegenstandes per se bestehenden Zug um Zug Verpflichtung[201] zur Erstattung der Gegenleistung zu erfüllen.[202] Insofern bietet ihm ein auf Ersatz des Mehrwerts gerichteter Zahlungsanspruch auch einen effizienteren Rechtschutz bei der Deckung seines Notbedarfs als ein mit einer Zug um Zug Verpflichtung einher-

198 So zutreffend Larenz/Canaris SchuldR, § 63 III 1 c) (S. 55). Ebenso Ernst in FS Picker, S. 139, 171.

199 So zutreffend MüKo-Koch, § 516 Rn. 41; siehe dazu auch schon Dellios, S. 134.

200 Vgl. insofern auch Dellios, S. 134.

201 Siehe dazu etwa Staudinger (2005)-Wimmer-Leonhardt, § 528 Rn. 39 m.w.N.

202 Dieser Aspekt findet in der rechtswissenschaftlichen Diskussion, soweit ersichtlich, bislang keine Berücksichtigung.

gehender Herausgabeanspruch. Dass indes gerade auch die Effizienz des Rechtschutzes bei auf Unterhaltssicherung gerichteten Ansprüchen besondere Beachtung verdient, wird auch von der höchstrichterlichen Rechtsprechung bejaht und als wichtiger Aspekt der Gesetzesinterpretation betrachtet.[203] Der Beschenkte sieht sich derlei Schwierigkeiten bei der Erfüllung des gegen ihn gerichteten Zahlungsanspruchs nicht ausgesetzt. Befände er sich in der gleichen finanziellen Lage wie der Schenker, wäre er bereits über § 529 Abs.2 BGB vor einer Schenkungsrückforderung geschützt.

Nach alledem verdient somit die Ansicht den Vorzug, die dem Schenker bei einer gemischten Schenkung – unabhängig vom Verhältnis des entgeltlichen und des unentgeltlichen Vertragsteils – stets nur einen Anspruch auf Ersatz des Mehrwerts der Zuwendung (im Umfang des zu deckenden Unterhaltsbedarfs) zugesteht.[204]

Allerdings wird man es dem (Teil-)Beschenkten schwerlich verwehren können, sich von der Verpflichtung zum Ersatz des Mehrwerts der Zuwendung durch Rückgabe des gesamten (unteilbaren) Zuwendungsgegenstandes zu befreien.[205] So hat denn auch der BGH – allerdings im Kontext einer reinen Schenkung – entschieden, dass sich ein Beschenkter auch bei einer Verpflichtung allein zum Teilwertersatz gemäß § 818 Abs.2 BGB durch eine Rückgewähr des (gesamten) Geschenks seiner Verpflichtung entledigen könne.[206] Anders als in dem vom BGH entschiedenen Fall kann dies bei einer gemischten Schenkung allerdings nicht ohne einen Ausgleich der vom (Teil-)Beschenkten erbrachten Gegenleistung erfolgen. Denn das von ihm mit der Rückgabe des Geschenks überobligatorisch Geleistete betrifft hier nicht allein einen gleichfalls unentgeltlich erlangten Vermögenswert, sondern umfasst seine entgeltliche Gegenleistung, was ihn ungleich schutzwürdiger macht und eine andere rechtliche Behandlung erfordert.

Die damit zu bejahende Erstattungspflicht des Schenkers ist aber aus den oben genannten Gründen – entgegen der ganz herrschenden Meinung – nicht

---

203 Vgl. dazu die Ausführungen von BGH NJW 1991, 1824, 1825 zur gesamtschuldnerischen Haftung mehrerer gleichzeitig Beschenkter gegenüber dem verarmten Schenker.

204 So im Ergebnis auch MüKo-Koch, § 516 Rn. 41 (siehe ferner MüKo-Koch, § 528 Rn. 7); PWW-Hoppenz, § 528 Rn. 12; Larenz/Canaris SchuldR, § 63 III 1 c) (S. 55); Ernst in FS Picker, S. 139, 171 und wohl auch Soergel-Mühl/Teichmann, § 528 Rn. 4. – Dabei ist freilich, sofern nicht die verschärfte bereicherungsrechtliche Haftung eingreift, auch § 818 Abs.3 BGB zu beachten.

205 Siehe dazu Dellios, S. 134 f.; MüKo-Koch, § 516 Rn. 41; Ernst in FS Picker, S. 139, 171 f. sowie Larenz/ Canaris SchuldR, § 63 III 1 c) (S. 55) unter Berufung auf § 818 Abs.3 BGB.

206 Siehe BGH NJW 2010, 2655, 2656.

Zug um Zug gegen Rückgewähr des Zuwendungsobjekts zu erfüllen.[207] Vielmehr hat der (Teil-)Beschenkte hier zunächst den Zuwendungsgegenstand herauszugeben und kann von dem Schenker erst nach dessen Verwertung die Erstattung seiner Gegenleistung verlangen.[208] Will er die damit verbundenen Risiken, insbesondere die Gefahr einer nur unzureichenden Verwertung durch den Schenker, nicht tragen, muss er sich auf die Erfüllung der von ihm allein geschuldeten Erstattung des Mehrwerts der Zuwendung beschränken. In diesem Kontext kann er dann gegebenenfalls selbst das Zuwendungsobjekt verwerten.

2. Vollziehung der Schenkung

§ 528 Abs.1 S.1 BGB greift erst nach der Vollziehung der (rückforderungsfähigen) Schenkung ein. Vor dem Vollzug der Schenkung hat der Beschenkte noch nichts erlangt, was Gegenstand einer Schenkungsrückforderung sein könnte. Allerdings wird man zum Schutze des verarmten Schenkers einen Teilvollzug der Schenkung genügen lassen müssen.[209] Das kann – je nach Lage des Falles – zu einer kumulativen Anwendung sowohl der Notbedarfseinrede gemäß § 519 Abs.1 BGB als auch des Schenkungsrückforderungsanspruchs gemäß § 528 Abs.1 S.1 BGB führen.[210] Hat der Schenker wirksam die Zuwendung von 50.000 Euro versprochen und bislang 20.000 Euro an den Beschenkten geleistet, und verarmt er nun, kann er hinsichtlich des noch nicht erfüllten Teils des Schenkungsvertrages die Notbedarfseinrede erheben und hinsichtlich der bereits geleisteten 20.000 Euro den Schenkungsrückforderungsanspruch geltend machen, sofern eine entsprechend weitreichende Unterhaltsbeeinträchtigung vorliegt.

---

207 So aber die insofern bislang einhellige Ansicht. Siehe MüKo-Koch, § 516 Rn. 41; Larenz/Canaris SchuldR, § 63 III 1 c) (S. 55).

208 Da der (Teil-)Beschenkte mit der Herausgabe des real unteilbaren Zuwendungsobjekts hinsichtlich des entgeltlichen Teils der Zuwendung überobligatorisch handelt, er nach der hier vertretenen Ansicht aber zunächst in Vorleistung treten muss und erst nach Verwertung des Zuwendungsobjekts Erstattung verlangen kann, ist der Schenker nach § 812 Abs.1 S.2, 1. Fall BGB zur Erstattung verpflichtet. § 818 Abs.3 BGB spielt dabei mit einem zutreffend interpretierten § 819 Abs.1 BGB keine Rolle: Der Schenker weiß von Anfang an, dass ihm der entgeltliche Teil der zurückerhaltenen Zuwendung letzten Endes nicht gebührt.

209 Anders wohl juris/PK-Sefrin, § 528 Rn. 14 (vollständige Erfüllung des Schenkungsversprechens).

210 Siehe auch BGHZ 169, 320, 324 (Rn. 19) = ZEV 2007, 134, 135 m. Anm. Wimmer-Leonhardt, wo der BGH den umfassenden und lückenlosen Schutz des Schenkers durch die §§ 519, 528 BGB betont. In Ergänzung zu den Ausführungen des BGH a.a.O. müsste es hier heißen: „*Soweit* der Schenkungsvertrag noch nicht erfüllt ist, steht ihm (scil. dem Schenker) hierzu die Notbedarfseinrede zu Gebote; *soweit* bereits erfüllt ist, so tritt die Rückforderung an die Stelle der Einrede.“

Auch verlangt ein Vollzug der Schenkung im Sinne des § 528 Abs.1 S.1 BGB keinen vollständigen Abschluss des Erwerbstatbestandes.[211] Die Rechtsprechung betont hier zu Recht den lückenlosen Schutz des Schenkers durch die §§ 519, 528 BGB.[212] Dementsprechend markiert der Übergang von der Notbedarfseinrede zum Schenkungsrückforderungsanspruch den Zeitpunkt der Vollziehung der Schenkung. Jene wird in dem Augenblick vollzogen, in dem es dem Schenker angesichts der bereits von ihm vorgenommenen Erfüllungshandlungen nicht mehr möglich ist, seine Unterhaltsinteressen über die Erhebung der Notbedarfseinrede zu wahren.[213]

Das betrifft zunächst die Fälle, in denen der Beschenkte ein Anwartschaftsrecht an dem Schenkungsgegenstand erlangt hat. Ein solches ist dadurch gekennzeichnet, dass der Veräußerer alles seinerseits Erforderliche getan hat und der Erwerb des Vollrechts allein vom Willen des Erwerbers abhängt.[214] Hat der Onkel seinem Neffen schon zu Beginn des Studiums für den Fall des erfolgreichen Studienabschlusses einen in seinem Eigentum stehenden Oldtimer versprochen und ihm das Fahrzeug großzügiger Weise schon im ersten Semester überlassen, so erlangt der Neffe mit der bedingten Eigentumsübertragung gemäß §§ 929 S.1, 158 Abs.1 BGB ein Anwartschaftsrecht an dem Fahrzeug. Denn auch der unentgeltlich unter einer aufschiebenden Bedingung Erwerbende genießt den Schutz der §§ 161 Abs.1, 936 Abs.3, 986 Abs.2 BGB und damit der Vorschriften, die seiner Rechtsstellung jene Beständigkeit verleihen, die die Annahme eines Anwartschaftsrechts rechtfertigt.[215] Verarmt nun vor Abschluss des Studiums der Onkel, richtet sich sein Anspruch aus § 528 Abs.1 S.1 BGB, einen entsprechenden Unterhaltsbedarf vorausgesetzt, zwar nicht auf die Rückübereignung des Fahrzeugs, da der Neffe mangels Bedingungseintritts noch kein Eigentum daran erlangt hat, wohl aber auf die Besitzherausgabe unter gleichzeitigem Verzicht auf das Anwartschaftsrecht. Damit wird es dem verarmten Onkel möglich, durch eine Veräußerung des

---

211 Siehe dazu auch BGHZ 169, 320, 325 (Rn. 19) = ZEV 2007, 134, 135 m. Anm. Wimmer-Leonhardt für den Fall einer Grundstücksschenkung.

212 Siehe BGHZ 169, 320, 325 (Rn. 19) = ZEV 2007, 134, 135 m. Anm. Wimmer-Leonhardt.

213 So auch Wimmer-Leonhardt, ZEV 2007, 136, 137.

214 Siehe zum Begriff des Anwartschaftsrechts, insbesondere auch zu seiner Abgrenzung von der bloßen Anwartschaft, Medicus/Petersen, Rn. 456. Da für ein Anwartschaftsrecht charakteristisch ist, dass der Veräußerer alles seinerseits Erforderliche getan hat und den Erwerb des Vollrechts durch den Erwerber nicht mehr einseitig verhindern kann, vermag den verarmten Schenker hier vor allem auch das Leistungsverweigerungsrecht des § 519 Abs.1 BGB nicht mehr zu schützen (zu diesem Aspekt auch Wimmer-Leonhardt, ZEV 2007, 136, 137).

215 Siehe dazu im Einzelnen Zeranski, AcP 203 (2003), 693, 695 ff.

Fahrzeugs seinen Unterhalt zu bestreiten, womit der ratio legis des § 528 BGB Genüge getan ist.

Wenngleich mit dem Erwerb eines Anwartschaftsrechts des Beschenkten stets ein Schenkungsvollzug vorliegt, so wird die Schenkung aber schon in dem Moment vollzogen, in dem der endgültige[216] Verlust der Notbedarfseinrede eintritt und damit ein Schutz des Schenkers bei einer Verarmung gemäß § 519 Abs.1 BGB entfällt. Dieser Zeitpunkt ist nicht zwingend identisch mit der Entstehung eines Anwartschaftsrechts. So steht dem Beschenkten bei einer nicht vormerkungsgesicherten Grundstücksschenkung nach der Auflassung selbst bei eigener Antragstellung auf Eigentumsumschreibung beim Grundbuchamt nach zutreffender Ansicht angesichts des nur unvollkommenen Schutzes durch § 17 GBO kein Anwartschaftsrecht an dem Grundstück zu.[217] Gleichwohl bedarf es zu seinem Eigentumserwerb keiner weiteren Erfüllungshandlungen des Schenkers mehr, womit § 519 Abs.1 BGB gegenstandslos ist. Damit verwirklicht sich der Schutz des Schenkers bei einer Verarmung fortan allein über § 528 BGB. Insofern muss der Beschenkte freilich zunächst erst noch etwas erlangen, nämlich das Eigentum an dem Grundstück, damit er im Rahmen einer Schenkungsrückforderung etwas herauszugeben vermag, und zwar sodann entweder das Grundstück selbst, sofern dessen Wert nicht höher ist als der zu deckende Notbedarf des Schenkers oder Teilwertersatz gemäß § 818 Abs.2 BGB, wenn dies der Fall ist.[218]

Die Vollziehung der Schenkung im Sinne des § 528 Abs.1 S.1 BGB verlangt somit weder den Abschluss des dinglichen Erwerbstatbestandes noch den Erwerb eines Anwartschaftsrechts durch den Beschenkten. Entscheidend ist vielmehr, dass der Schenker sämtliche Handlungen zur Erfüllung des Schenkungsvertrages vorgenommen hat, so dass ihm § 519 Abs.1 BGB bei einer Verarmung keinen Schutz mehr bietet.[219]

---

216 Ist die dingliche Einigung nicht bindend, kann der Schenker sie widerrufen und sodann (wieder) § 519 Abs.1 BGB geltend machen, was angesichts der im Gegensatz zu § 528 BGB erleichterten Voraussetzungen für ihn günstiger ist.

217 Siehe dazu BGHZ 45, 186, 190 ff. sowie Medicus/Petersen, Rn. 467 ff., insbes. Rn. 469 m.w.N.

218 Zu Letzterem grundlegend BGHZ 94, 141, 143. Erwägenswert erscheint zudem vor Eigentumsumschreibung unter Heranziehung des § 242 BGB („dolo facit, qui petit qoud statim redditurus est") die Annahme einer Verpflichtung des Beschenkten zur Rücknahme seines Antrags auf Eigentumsumschreibung, da im Hinblick auf § 17 GBO nur so dem Schenker eine Verwertung des Grundstücks zu Unterhaltszwecken möglich sein wird. Das verfängt freilich nur dort, wo nach Eigentumsumschreibung eine Rückübereignung gemäß § 528 Abs.1 S.1 BGB geschuldet wäre, weil die bestehende Unterhaltsbeeinträchtigung den Wert des Grundstücks erreicht, nicht hingegen bei einem bloßen Teilwertersatzanspruch des Schenkers gemäß § 818 Abs.2 BGB.

219 Vgl., dazu nun auch Staudinger-Chiusi, § 528 Rn. 14.

3. Unterhaltsbeeinträchtigung des Schenkers

a) Unterhaltsbeeinträchtigung im Sinne des § 528 Abs.1 S.1 BGB

Eine Schenkungsrückforderung wegen Verarmung verlangt schließlich eine nach der Vollziehung der rückforderungsfähigen Schenkung bestehende Unterhaltsbeeinträchtigung im Sinne des § 528 Abs.1 S.1 BGB. Dazu muss der Schenker außerstande sein, die in der Vorschrift genannten Unterhaltsinteressen zu befriedigen. Anders als bei der Notbedarfseinrede gemäß § 519 Abs.1 BGB genügt es also nicht, dass ein Unvermögen des Schenkers zur Bestreitung seines eigenen Unterhalts bzw. zur Erfüllung seiner gesetzlichen Unterhaltspflichten im Sinne einer bloßen Unterhaltsgefährdung drohend bevorsteht, das Unvermögen muss vielmehr in Gestalt einer echten Unterhaltsbeeinträchtigung schon eingetreten sein.[220]

Insofern ist freilich unstreitig, dass es ausreicht, wenn die Unterhaltsbeeinträchtigung in einer der beiden in § 528 Abs.1 S.1 BGB genannten Richtungen vorliegt. Es genügt also, dass der Schenker außerstande ist, entweder seinen eigenen angemessenen Unterhalt zu bestreiten oder seine gesetzlichen Unterhaltspflichten zu erfüllen.[221] Dass allein dies zutreffend sein kann, ergibt sich schon daraus, dass es nach dem Sinn und Zweck des § 528 BGB auch einem alleinstehenden Schenker ohne unterhaltsberechtigte Verwandte im Falle einer Verarmung möglich sein muss, über eine Schenkungsrückforderung seinen Unterhalt zu bestreiten.[222]

Verfehlt ist in diesem Zusammenhang aber die wiederholt am Wortlaut der Vorschrift geäußerte Kritik.[223] So wird die Verwendung des Wortes „und“ in § 528 Abs.1 S.1 BGB gemeinhin als ein gesetzgeberisches Redaktionsversehen gedeutet[224] und darauf verwiesen, dass es bei der Unterhaltsbeeinträchtigung stattdessen „oder“ heißen müsse. Die Verwendung des Wortes „oder“ bringt aber ein Alternativverhältnis zum Ausdruck, das dem gesetzlichen Zweck des

220 Siehe statt aller MüKo-Koch, § 528 Rn. 4; Staudinger (2005)-Wimmer-Leonhardt, § 528 Rn. 7; Erman-Herrmann, § 528 Rn. 2; Jauernig-Mansel, Anm. zu §§ 528, 529 Rn. 1; HK/BGB-Saenger, §§ 528, 529 Rn. 2. Siehe auch § 529 Abs.1 BGB, der an den Eintritt der Bedürftigkeit des Schenkers anknüpft. Insoweit unzutreffend Staudinger-Chiusi, § 528 Rn. 6, wo offenbar Unterhaltsgefährdung gemäß § 519 Abs.1 BGB und Unterhaltsbeeinträchtigung gemäß § 528 Abs.1 S.1 BGB verwechselt werden.

221 Siehe dazu etwa Müko-Koch, § 528 Rn. 3; Staudinger-Chiusi, § 528 Rn. 13; juris/PK-Sefrin, § 528 Rn. 15; NK/BGB-Dendorfer, § 528 Rn. 5.

222 In diesem Sinne auch juris/PK-Sefrin, § 528 Rn. 15; siehe ferner Staudinger (2005)-Wimmer-Leonhardt, § 528 Rn. 8.

223 Siehe etwa Müko-Koch, § 528 Rn. 3; Staudinger(2005)-Wimmer-Leonhardt, § 528 Rn. 8; juris/PK-Sefrin, § 528 Rn. 15; zu undifferenziert insofern auch noch Zeranski, S. 22.

224 So insbesondere Staudinger(2005)-Wimmer-Leonhardt, § 528 Rn. 8; juris/PK-Sefrin, § 528 Rn. 15.

§ 528 BGB nicht vollends gerecht wird. Der Schenker kann eben nicht nur die Rückforderung der Schenkung verlangen, wenn in einem der beiden Fälle eine Unterhaltsbeeinträchtigung vorliegt, sondern auch, wenn eine solche in beiden Fällen gleichzeitig gegeben ist.[225] Wollte man die erforderliche Unterhaltsbeeinträchtigung außerhalb des Gesetzestextes umschreiben, wäre die Verwendung des Wortpaares „sowohl/als auch" dazu am besten geeignet. Innerhalb des Gesetzeswortlauts und anknüpfend an das dortige „soweit", erweist sich aber in der Tat die gesetzliche Wortwahl als zutreffend. Der Schenker kann danach eben insoweit die Herausgabe des Geschenks verlangen, wie seine verbliebenen Mittel nicht ausreichen, um seinen eigenen Unterhalt im Sinne des einen durch § 528 BGB geschützten Unterhaltsinteresses *und* den seiner gesetzlichen Unterhaltsberechtigten im Sinne des anderen *ebenfalls* durch § 528 BGB geschützten Unterhaltsinteresses zu bestreiten.

b) Ermittlung der Unterhaltsbeeinträchtigung

Zur Feststellung einer Unterhaltsbeeinträchtigung im Sinne des § 528 Abs.1 S.1 BGB bedarf es einer Vermögensbilanzierung, bei der die zur Befriedigung der geschützten Unterhaltsinteressen notwendigen Mittel mit dem gegenwärtigen Aktivvermögen des Schenkers zu vergleichen sind.[226] Dazu sind zunächst die für den eigenen angemessenen Unterhalt des Schenkers erforderlichen Mittel zu ermitteln,[227] wobei es insofern auf seine Lebensstellung nach der Schenkung ankommt.[228] Der Schenker kann nämlich nicht erwarten, schlechterdings so gestellt zu werden, als habe er die Schenkung nicht gemacht.[229] Sein angemessener Unterhalt gemäß § 1610 BGB entspricht damit nicht unbedingt seinem bishe-

225 Zu kurz gedacht wäre es anzunehmen, ein Schenker, der selbst bedürftig ist, könne mangels eigener Leistungsfähigkeit Dritten gar nicht unterhaltspflichtig sein. Denn § 528 Abs.1 S.1 BGB will nicht allein den Unterhaltsbedarf des Schenkers, sondern auch den seiner gesetzlichen Unterhaltsgläubiger über eine Rückforderung der Schenkung gewährleisten. Anders formuliert: Soweit der bedürftige Schenker mit der Rückerlangung der unentgeltliche Zuwendung sowohl seinen eigenen Unterhalt als auch den seiner bedürftigen Angehörigen sicherstellen kann, ist der (weiterhin bereicherte) Beschenkte auch insoweit zur Herausgabe des Geschenks verpflichtet.

226 Siehe etwa Staudinger-Chiusi, § 528 Rn. 12 sowie ausführlicher Staudinger (2005)-Wimmer-Leonhardt, § 528 Rn. 9; Erman-Herrmann, § 528 Rn. 2; NK/BGB-Dendorfer, § 528 Rn. 6.

227 Sinnvollerweise beginnt man mit der Passivseite, da der Umfang der erforderlichen Mittel den Prüfungsumfang auf der Aktivseite bestimmt und ggfs. auch begrenzt.

228 Siehe BGH NJW 2003, 1384 = ZEV 2003, 114. Dazu zust. Kollhosser, ZEV 2003, 206 f; Medicus, EWiR 2003, 253 f.

229 BGH NJW 2003, 1384, 1387; MüKo-Koch, § 528 Rn. 3; Staudinger (2005)-Wimmer-Leonhardt, § 528 Rn. 11.

rigen individuellen Lebensstil, sondern richtet sich danach, was objektiv seiner Lebensstellung nach der Schenkung angemessen ist.[230] Insoweit gelten die von der Rechtsprechung zu den einschlägigen unterhaltsrechtlichen Bestimmungen entwickelten Grundsätze und Maßstäbe, die aufgrund der Bezugnahme des § 528 Abs.1 S.1 BGB auf das Unterhaltsrecht Anwendung finden.[231]

Des Weiteren sind die Mittel zu berücksichtigen, derer der Schenker bedarf, um seine gesetzlichen Unterhaltspflichten gegenüber den in § 528 Abs.1 S.1 BGB genannten Unterhaltsberechtigten zu erfüllen.[232] Im Einzelnen geht es hier um mögliche Unterhaltsansprüche seiner Verwandten gemäß §§ 1601 ff. BGB, seines jetzigen oder früheren Ehegatten gemäß §§ 1360 f., 1361, 1569 ff. BGB und seines jetzigen oder früheren Lebenspartners[233] gemäß §§ 5, 12, 16 LPartG. Auch insofern finden die von der Rechtsprechung zu den jeweils einschlägigen unterhaltsrechtlichen Bestimmungen entwickelten Prinzipien und Maßstäbe Anwendung.

Unberücksichtigt bleiben dagegen alle sonstigen Verpflichtungen des Schenkers. Mit dem Vollzug der Schenkung verlieren somit die weiteren Gläubiger des Schenkers ihren Befriedigungsvorrang gegenüber dem Beschenkten.[234] Vor dem Vollzug der Schenkung waren deren Ansprüche bei der Prüfung der für die Notbedarfseinrede erforderlichen Unterhaltsgefährdung noch zu berücksichtigen. Der Schenker konnte mithin die Erfüllung des Schenkungsversprechens gemäß § 519 Abs.1 BGB mit der Begründung verweigern, dass er anderenfalls nicht in der Lage sei, seine sonstigen Verpflichtungen zu erfüllen, ohne dass sein angemessener Unterhalt oder die Erfüllung seiner gesetzlichen Unterhaltspflichten gefährdet werde. Nach dem Vollzug der Schenkung kann der Schenker dagegen vom Beschenkten die Herausgabe des Geschenks allein zur Befriedigung der in § 528 Abs.1 S.1 BGB genannten Unterhaltsinteressen verlangen. Eine Schenkungsrückforderung zur Befriedigung seiner sonstigen Gläubiger ist hingegen ausgeschlossen. Damit erfährt die Rechtsstellung des Beschenkten mit dem Vollzug

---

230 Siehe BGH NJW 2003, 1384, 1387; MüKo-Koch, § 528 Rn. 3; Staudinger (2005)-Wimmer-Leonhardt, § 528 Rn. 11; juris/PK-Sefrin, § 528 Rn. 15.

231 BGH NJW 2003, 1384, 1386 f.; siehe dazu ferner Staudinger (2005)-Wimmer- Leonhardt, § 528 Rn. 11; juris/PK-Sefrin, § 528 Rn. 15, jew. m.w.N.

232 Siehe etwa Staudinger (2005)-Wimmer-Leonhardt, § 528 Rn. 9; juris/PK-Sefrin, § 528 Rn. 17; Erman-Herrmann, § 528 Rn. 2; NK/BGB-Dendorfer, § 528 Rn. 6. Auch dies bestätigt, dass § 528 Abs.1 S.1 BGB beide Fälle einer Unterhaltsbeeinträchtigung ggfs. auch kumulativ erfasst.

233 Der (eingetragene) Lebenspartner bzw. die (eingetragene) Lebenspartnerin wurde im Zuge der Einführung des LPartG durch Art. 2 Nr. 2 des Gesetzes vom 16.02.2001 (BGBl I 266) in den Schutzbereich des § 528 Abs.1 S.1 BGB mit einbezogen.

234 Siehe etwa Müko-Koch, § 528 Rn. 3; Staudinger (2005)-Wimmer-Leonhardt, § 528 Rn. 10; juris/PK-Sefrin, § 528 Rn. 17; Erman-Herrmann, § 528 Rn. 2.

der Schenkung eine deutliche Verbesserung, was sich auch schon darin zeigt, dass der Schutz des Schenkers nach dem Schenkungsvollzug nicht mehr schon bei einer bloßen Unterhaltsgefährdung, sondern erst bei einer wirklichen Unterhaltsbeeinträchtigung einsetzt.[235] Das Gesetz berücksichtigt damit, dass der Beschenkte den Zuwendungsgegenstand nunmehr erhalten hat und fortan im seinem Vertrauen auf die Rechtsbeständigkeit des Erwerbs und nicht mehr nur im Hinblick auf die Erfüllung des Schenkungsversprechens schutzwürdig ist.[236]

Zu den sonstigen nicht zu berücksichtigenden Verpflichtungen zählen auch vertraglich übernommene und letztwillig auferlegte Unterhaltspflichten des Schenkers.[237] § 528 Abs.1 S.1 BGB berücksichtigt bewusst nur dessen gesetzliche Unterhaltspflichten. Damit gibt allein das Gesetz vor, inwieweit die prinzipiell schutzwürdigen Interessen des Beschenkten am Fortbestand der Schenkung[238] zurückzutreten haben und schützt den Beschenkten so vor möglichen Manipulationen durch die rechtsgeschäftliche Begründung von Unterhaltsverpflichtungen des Schenkers.

Auf der Aktivseite sind grundsätzlich alle finanziellen Mittel des Schenkers zu berücksichtigen.[239] Hier zeigt sich der Charakter des § 528 BGB als Notrecht des Schenkers. Der Schenker hat demzufolge sämtlich Einkünfte und alle ihm zumutbaren Einnahmemöglichkeiten zu nutzen, um seinen eigenen Unterhalt zu decken und seine gesetzlichen Unterhaltspflichten zu erfüllen. [240] Einzig unberücksichtigt bleiben auch hier, ebenso wie bei § 519 Abs.1 BGB, (potentielle) gesetzliche Unterhaltsansprüche des Schenkers.[241] Das folgt daraus, dass § 528 Abs.1 S.1 BGB gerade bezweckt, es dem Schenker zu ermöglichen, seinen Unterhalt selbst zu bestreiten und damit nicht auf Unterhaltsansprüche gegen Dritte angewiesen zu sein. Damit ist bei einer Bedürftigkeit des Schenkers die Frage

---

235 Siehe dazu oben Zweiter Teil, 1. Kap., II. 3. a) (S. 52 f.).

236 So zutreffend Medicus/Lorenz, Rn. 399.

237 Siehe etwa Staudinger (2005)-Wimmer-Leonhardt, § 528 Rn. 12; juris/PK-Sefrin, § 528 Rn. 16. Vgl. ferner Staudinger-Chiusi, § 528 Rn. 13.

238 Siehe dazu schon oben Zweiter Teil, 1. Kap., I. 1. (S. 13).

239 Vgl. Müko-Koch, § 528 Rn. 4; Staudinger (2005)-Wimmer-Leonhardt, § 528 Rn. 9; juris/PK-Sefrin, § 528 Rn. 17; Erman-Herrmann, § 528 Rn. 2; NK/BGB-Dendorfer, § 528 Rn. 6.

240 Solche können sich ggfs. auch aus einer ergänzenden Auslegung des Schenkungsvertrages ergeben, etwa durch Umwandlung eines vorbehaltenen Wohnrechts in ein Recht zur Vermietung der Räume mit entsprechenden Einnahmemöglichkeiten für den Schenker (siehe dazu OLG Koblenz WuM 2004, 103; vgl. ferner den Sachverhalt in BGHZ 137, 76). Zur Verwertung eines Wohnzwecken des Schenkers dienenden Nießbrauchs, vgl. BGH NJW 2003, 1385.

241 Siehe BGH NJW 1991, 1824; BGHZ 147, 288, 290; MüKo-Koch, § 528 Rn.4; Staudinger-Chiusi, § 528 Rn. 8; juris/PK-Sefrin, § 528 Rn. 19; Erman-Herrmann, § 528 Rn. 2; Palandt-Weidenkaff, § 528 Rn. 5; Bamberger/Roth-Gehrlein, § 528 Rn. 2.

nach der Deckung seines Unterhaltsbedarfs über eine Rückforderung der Schenkung gemäß § 528 BGB oder mittels etwaiger Unterhaltsansprüche zu Lasten des Beschenkten beantwortet.

Der Schenker ist grundsätzlich auch gehalten, sofern seine Einkünfte nicht ausreichen, den Stamm seines Vermögens zu verwerten.[242] Lediglich eine völlig unwirtschaftliche Verwertung wird ihm nicht zugemutet.[243] Auch die Möglichkeit zur Aufnahme einer zumutbaren Erwerbstätigkeit ist zu berücksichtigen.[244] Ist es dem Schenker danach möglich und zumutbar, sich die Mittel zur Unterhaltsdeckung durch Einsatz seiner Arbeitskraft zu verschaffen, fehlt es an einer Unterhaltsbeeinträchtigung im Sinne des § 528 Abs.1 S.1 BGB.[245] Damit ist zugleich auch eine Grenzziehung zu § 529 Abs.1, 1. Fall BGB in den Fällen eines sog. Aussteigerschenkers[246] erfolgt. Wo es wegen eines Verstoßes des Schenkers gegen seine gegenwärtigen Erwerbsobliegenheiten bereits am Tatbestand des § 528 Abs.1 S.1 BGB fehlt, kommt es auf § 529 Abs.1, 1. Fall BGB nicht mehr an. Ist § 528 Abs.1 S.1 BGB dagegen tatbestandlich erfüllt – sei es, weil den verarmten Schenker, etwa aufgrund seines Alters, keine Erwerbsobliegenheit (mehr) trifft oder weil das seinen Erwerbsobliegenheiten genügende Verhalten nicht unterhaltsdeckend wirkt – hat er aber die seinerzeit nach dem Vollzug der Schenkung[247] eingetretene Bedürftigkeit durch einen vorsätzlichen Verstoß gegen ihn vormals treffende Erwerbsobliegenheiten herbeigeführt, ist der Anspruch aus § 528 Abs.1 S.1 BGB gemäß § 529 Abs.1, 1. Fall BGB ausgeschlossen.

Soweit das Aktivvermögen des Schenkers nicht ausreicht, um seinen eigenen angemessenen Unterhalt zu bestreiten und die ihm obliegenden gesetzlichen Unterhaltspflichten gegenüber seinen Angehörigen zu erfüllen, liegt eine Unterhaltsbeeinträchtigung im Sinne des § 528 Abs.1 S.1 BGB vor.

---

242 Dazu schon RG SeuffA 61 Nr. 102. Siehe ferner OLG München FuR 2000, 350, 351 sowie aus dem Schrifttum MüKo-Koch, § 528 Rn. 4; Staudinger (2005)-Wimmer-Leonhardt, § 528 Rn. 9; juris/PK-Sefrin, § 528 Rn. 17; Erman-Herrmann, § 528 Rn. 2; NK/BGB-Dendorfer, § 528 Rn. 6; Bamberger/Roth-Gehrlein, § 528 Rn. 2. Dabei sind in dem rein privatrechtlichen Verhältnis von Schenker und Beschenktem öffentlich-rechtliche Vorschriften zum Schonvermögen (wie etwa die §§ 90 Abs.2, Abs.3 SGB XII; 12 Abs.3 SGB II) ohne Bedeutung.

243 Siehe dazu RG HRR 1930 Nr. 1798.

244 Siehe BGH NJW 1996, 987 sowie Staudinger (2005)-Wimmer-Leonhardt, § 528 Rn. 9; RGRK-Mezger, § 528 Rn. 2. Freilich spielt diese Option angesichts des typischerweise von einer Verarmung gemäß § 528 BGB betroffenen Personenkreises zumeist keine Rolle.

245 Siehe RGRK-Mezger, § 528, Rn. 2.

246 Dazu etwa Medicus/Lorenz, Rn. 399.

247 Siehe dazu im Einzelnen unten Zweiter Teil, 1. Kap., IV. 1. b) (S. 71 ff.).

c) Zeitpunkt des Eintritts der Unterhaltsbeeinträchtigung

Wann die Unterhaltsbeeinträchtigung eingetreten ist, ist grundsätzlich irrelevant. Dementsprechend muss der Eintritt des Notbedarfs auch nicht im Zusammenhang mit der Schenkung stehen, insbesondere muss er nicht durch sie verursacht worden sein.[248] Entscheidend ist allein, dass die Unterhaltsbeeinträchtigung nach dem Vollzug der Schenkung (noch) vorliegt.[249]

Zumeist geht es freilich um Sachverhalte, bei denen die Bedürftigkeit des Schenkers erst nach dem Vollzug der Schenkung eintritt. Hätte sie schon davor bestanden oder würde sie mit ihrem Vollzug eintreten, könnte der Schenker nach § 519 Abs.1 BGB die Erfüllung des Schenkungsvertrages verweigern. Gleichwohl ist ihm auch in diesen Fällen nach einhelliger Ansicht der Weg zu einer Rückforderung der Schenkung gemäß § 528 BGB nicht verschlossen.[250] Ganz offenbar wird es nicht als problematisch angesehen, dass der Schenker ungeachtet seiner (eintretenden) Verarmung und der ihn insofern schützenden Notbedarfseinrede seine Verpflichtung aus dem Schenkungsvertrag erfüllt, um später eben diese Verarmung zum Anlass zu nehmen, die Schenkung zurückzufordern. Der Vorwurf eines venire contra factum proprium[251] findet sich in Rechtsprechung und Schrifttum jedenfalls nicht. Hintergrund dafür dürfte einmal mehr der gesetzlich intendierte Schutz der in § 528 BGB genannten Unterhaltsinteressen (und der dahinter stehenden Allgemeinheit) sein, der allein bei Eingreifen einer dem Schutze des Beschenkten dienenden Vorschrift entfällt. Hier zeigt aber gerade § 529 Abs.1, 1. Fall BGB, dass nicht allein der – zu welchem Zeitpunkt auch immer erfolgende – Eintritt der Bedürftigkeit, sondern allein deren schuldhafte

---

248 Siehe etwa MüKo-Koch, § 528 Rn. 4; Staudinger-Chiusi, § 528 Rn. 14; juris/PK-Sefrin, § 528 Rn. 14; Palandt-Weidenkaff, § 528 Rn. 5; PWW-Hoppenz, § 528 Rn. 3.

249 Siehe BGHZ 169, 320 325 (Rn. 19) = ZEV 2007, 134, 135 (Rn. 19) m. Anm. Wimmer-Leonhardt. Allerdings gilt § 528 BGB nicht für Unterhaltsbeeinträchtigungen, die schon vor Abschluss des Schenkungsvertrages wieder entfallen sind, da ein Anspruch aus § 528 BGB nicht vor Abschluss des Schenkungsvertrages bestehen kann (siehe BGH a. a. O, jew. Rn. 18). Bedeutsam ist dies vor allem für unterhaltssichernde Leistungen Dritter, die vor Abschluss des Schenkungsvertrages erbracht werden.

250 Siehe BGH NJW 1996, 987; BGHZ 169, 320 (Leitsatz a) a. E.) = ZEV 2007, 134 (Leitsatz 1. a. E.) m. Anm. Wimmer-Leonhardt sowie BGHZ 190, 281, 285 (Rn. 20). Siehe ferner MüKo-Koch, § 528 Rn. 4; Staudinger (2005)-Wimmer-Leonhardt, § 528 Rn. 6; Palandt-Weidenkaff, § 528 Rn. 5; NK/BGB-Dendorfer, § 528 Rn. 5.

251 Immerhin erfüllt der Schenker hier einen Schenkungsvertrag, den er (jedenfalls gegenwärtig) wegen § 519 Abs.1 BGB nicht zu erfüllen braucht. Das ähnelt durchaus § 814, 1. Fall BGB als besondere Ausprägung eines widersprüchlichen Verhaltens (siehe dazu anschaulich Larenz/Canaris SchuldR, § 68 III 1 a) (S. 160 f.) m. zahlr. weit. Nachw.).

Herbeiführung durch den Schenker der Verwirklichung seiner Rückforderungsinteressen entgegenstehen kann.[252]

Liegt mithin eine Unterhaltsbeeinträchtigung im Sinne des § 528 Abs.1 S.1 BGB nach Vollzug der (rückforderungsfähigen) Schenkung vor, ist der Tatbestand einer Schenkungsrückforderung wegen Verarmung erfüllt.

III. Die Rechtsfolgen einer Schenkungsrückforderung wegen Verarmung

1. Die Verpflichtung des Beschenkten zur Herausgabe des Geschenks

§ 528 Abs.1 S.1 BGB verpflichtet den Beschenkten bei Vorliegen der tatbestandlichen Voraussetzungen zur Herausgabe des Geschenks und damit zur Naturalrückgabe nach den Vorschriften über die Herausgabe einer ungerechtfertigten Bereicherung. Hierbei handelt es sich nach einhelliger Ansicht um eine Rechtsfolgenverweisung.[253] Damit löst allein die Erfüllung des Tatbestandes des § 528 Abs.1 S.1 BGB die bereicherungsrechtlichen Rechtsfolgen gemäß §§ 818 ff. BGB aus.

Allerdings ist die Herausgabepflicht des Beschenkten von vornherein auf den zu deckenden Notbedarf beschränkt,[254] das heißt, der Beschenkte schuldet nur insoweit Herausgabe des Geschenks, wie dies zur Beseitigung der bestehenden Unterhaltsbeeinträchtigung erforderlich ist. Der Schenker kann also nicht schlechthin Rückgabe des ganzen Geschenks verlangen. Übersteigt der Wert des Geschenks den zu deckenden Notbedarf, schuldet der Beschenkte nur eine entsprechende Teilherausgabe.[255] Eine solche bereitet bei realer Teilbarkeit des Zuwendungsgegenstandes, wie etwa bei geschenktem Geld, keine Schwierigkeiten.[256] Hier ist der Beschenkte in Höhe der bestehenden Unterhaltsbeeinträchtigung zur Rückzahlung verpflichtet. Bei einem regelmäßig wiederkehrenden Unterhaltsbedarf, wie monatlichen Kosten für ein Alten- oder Pflegeheim, schul-

---

252 Damit ist allerdings noch nicht beantwortet, ob ein Verschulden des Schenkers auch bei Eintritt der Bedürftigkeit vor bzw. mit Vollzug der Schenkung erheblich ist. Siehe dazu im Einzelnen, Zweiter Teil, 1. Kap., IV. 1 b) (S. 71 ff.).

253 Siehe BGH NJW 2001, 1207, 1208. Siehe ferner MüKo-Koch, § 528 Rn. 5; Staudinger-Chiusi, § 528 Rn. 36; Palandt-Weidenkaff, § 528 Rn. 6, jew. m.w.N.

254 Siehe den insoweit eindeutigen Gesetzeswortlaut: „*Soweit* der Schenker ... außerstande ist, seinen ... Unterhalt zu bestreiten und die ihm ... obliegende Unterhaltspflicht zu erfüllen ...".

255 Siehe BGHZ 94, 141, 143; 137, 76, 79 f., 83; BGH NJW 1996, 987. Siehe ferner MüKo-Koch, § 528 Rn. 5; Staudinger-Chiusi, § 528 Rn. 39; juris/PK-Sefrin, § 528 Rn. 23; Erman-Herrmann, § 528 Rn. 3; Palandt-Weidenkaff, § 528 Rn. 6.

256 Zur Rechtslage bei realer Unteilbarkeit des Geschenks, siehe sogleich unter 3. (S. 61 f.).

det der Beschenkte dementsprechend monatliche Teilleistungen in Höhe des ungedeckten Bedarfs, bis die unentgeltliche Zuwendung erschöpft ist.[257] Die Herausgabe des Geschenks selbst kann der Schenker folglich nur verlangen, wenn der ungedeckte Bedarf dessen Wert erreicht oder übersteigt. Mit dieser von vornherein bestehenden Beschränkung der Herausgabepflicht des Beschenkten trägt das Gesetz seinen schutzwürdigen Interessen an der Erhaltung des Geschenks Rechnung.[258] Er soll das Geschenk nur insoweit herausgeben müssen, wie dies zur Beseitigung der in § 528 Abs.1 S.1 BGB genannten Unterhaltsbeeinträchtigung erforderlich ist.

2. Die Verpflichtung des Beschenkten zur Herausgabe von Nutzungen und Surrogaten gemäß § 818 Abs.1 BGB

Die Herausgabeverpflichtung des Beschenkten erstreckt sich gemäß § 818 Abs.1 BGB auf die vom ihm gezogenen Nutzungen.[259] Dabei handelt es sich nach § 100 BGB um die Früchte einer Sache oder eines Rechts gemäß § 99 BGB und die Vorteile, welche der Gebrauch der Sache oder des Rechts gewährt. Die in § 818 Abs.1 BGB konstituierte Herausgabepflicht besteht allerdings nur für die Nutzungen, die der Beschenkte nach der Entstehung des Schenkungsrückforderungsanspruchs und damit nach Eintritt der Bedürftigkeit des Schenkers zieht.[260] § 818 Abs.1 BGB ist ein bereicherungsrechtlicher Sekundäranspruch,[261] der an einen primären Herausgabeanspruch anknüpft und die dadurch begründete Herausgabeverpflichtung auf die gezogenen Nutzungen erstreckt. Dementsprechend kommt er nur zusammen mit dem primären Herausgabeanspruch zur Anwendung.[262] Hinsichtlich der Nutzungen, die der Beschenkte vor dem Eintritt der

257 Ständige Rechtsprechung: Siehe BGH NJW 1996, 987, 988; BGHZ 137, 76, 83; 146, 228, 231; BGH NJW-RR 2003, 53, 54. Siehe ferner MüKo-Koch, § 528 Rn. 5; Staudinger-Chiusi, § 528 Rn. 41; juris/PK-Sefrin, § 528 Rn. 24; Erman-Herrmann, § 528 Rn. 3; Palandt-Weidenkaff, § 528 Rn. 6.

258 Vgl. etwa MüKo-Koch, § 528 Rn. 6; Staudinger-Chiusi, § 528 Rn. 40.

259 Eine Haftung für ordnungswidrig nicht gezogene Nutzungen sieht das Gesetz für den gutgläubigen unverklagten Bereicherungsschuldner aber nicht vor. Und auch für gezogene Nutzungen gilt (außerhalb einer verschärften bereicherungsrechtlichen Haftung) § 818 Abs.3 BGB.

260 So zutreffend Schwarz, JZ 1997, 545, 547. Insofern zu undifferenziert dagegen Staudinger-Chiusi, § 528 Rn. 38 (ebenso schon Staudinger (2005)-Wimmer-Leonhardt, § 528 Rn. 18); Schneider/Winkler, ZfF 1986, 175, 176.

261 Siehe Larenz/Canaris SchuldR, § 72 (S. 264).

262 Bereicherungsrechtlich rückt diese Problematik regelmäßig nicht ins Bewusstsein, da bei der zumeist begegnenden condictio indebiti die Herausgabeverpflichtung von Anfang an besteht und die condictio ob causam finitam verhältnismäßig selten ist (siehe etwa Larenz/Canaris SchuldR, § 68 I 2 a (S. 147).

Bedürftigkeit des Schenkers gezogen hat, ist er folglich weder herausgabe- noch wertersatzpflichtig.[263]

Die Herausgabepflicht umfasst gemäß § 818 Abs.1 BGB ferner dasjenige, was der Beschenkte auf Grund eines geschenkten Rechts oder als Ersatz für die Zerstörung, Beschädigung oder Entziehung des geschenkten Gegenstandes erworben hat. Hat der Beschenkte einen Sparbrief geschenkt bekommen, schuldet er folglich den bei Fälligkeit ausgezahlten Betrag. Ist die ihm schenkweise zugewendete Sache zerstört oder beschädigt worden, hat er die vom Schädiger oder dessen Haftpflichtversicherung erbrachte Ersatzleistung herauszugeben. Zu den Surrogaten gemäß § 818 Abs.1 BGB zählt aber nicht dasjenige, was der Beschenkte als Gegenleistung bei einer Veräußerung des Geschenks erlangt.[264] Das commodum ex negotiatione muss er folglich nicht herausgeben, hier ist er vielmehr angesichts der mit der Veräußerung eintretenden Unmöglichkeit zur Herausgabe des Geschenks (allenfalls[265]) nach § 818 Abs.2 BGB zum Wertersatz verpflichtet.[266]

Konsequenterweise schuldet der Beschenkte auch nicht die Herausgabe von Nutzungen aus einem solchen rechtsgeschäftlichen Surrogat.[267] Allerdings sind solche Nutzungen bei der Frage der Entreicherung des Beschenkten gemäß § 818 Abs.3 BGB im Rahmen einer Gesamtsaldierung aller mit dem Bereicherungsvorgang verbundenen Vor- und Nachteile zu berücksichtigen.[268] Das betrifft insbesondere die Ersparnis von Aufwendungen durch Gebrauchsvorteile zugunsten des Beschenkten bei Geltendmachung eines Wertverlustes des erlangten Gegenstandes.[269]

3. Die Verpflichtung des Beschenkten zum Wertersatz gemäß § 818 Abs.2 BGB

Ist die Herausgabe wegen der Beschaffenheit des Erlangten nicht möglich oder ist der Beschenkte aus einem anderen Grunde zur Herausgabe außerstande, schuldet er gemäß § 818 Abs.2 BGB Wertersatz. Das gilt zunächst für die von § 818 Abs.1 BGB erfassten Gebrauchsvorteile, die als solche nicht herausgabefähig sind.[270] Hat der Beschenkte die ihm zugewendete Eigentumswohnung auch nach dem

---

263 Vgl. dazu auch Schwarz, JZ 1997, 545, 547.

264 Siehe BGHZ 24, 106, 110 f.; 75, 203, 206; 112, 288, 294 f. sowie ferner Larenz/Canaris SchuldR, § 72 II 3 d) (S. 273); Fikentscher/Heinemann, Rn. 1511.

265 Gemeint ist damit vorbehaltlich des § 818 Abs.3 BGB.

266 Siehe dazu sogleich unter 3.

267 Vgl. BGHZ 158, 63, 68.

268 Vgl. BGHZ 118, 383, 386 ff.; 158, 63, 68.

269 Vgl. dazu etwa BGHZ 158, 63, 68 f.

270 Siehe etwa Staudinger-Lorenz, § 818 Rn. 13; Larenz/Canaris SchuldR, § 72 III 1 b) (S. 274).

Eintritt der Bedürftigkeit des Schenkers weiter bewohnt, hat er bei einer entsprechend weitreichenden Unterhaltsbeeinträchtigung des Schenkers folglich nicht nur die Wohnung herauszugeben, sondern auch für die während dieser Zeit erfolgte Nutzung – vorbehaltlich des § 818 Abs.3 BGB – Wertersatz zu leisten.

Ferner besteht ein Anspruch des Schenkers auf Wertersatz, sofern es dem Beschenkten aus anderen Gründen nicht möglich ist, das ursprünglich erlangte Geschenk herauszugeben, etwa weil er es verloren, zerstört, verbraucht oder veräußert hat. Dabei spielt es für den Wertersatzanspruch keine Rolle, ob die Veräußerung entgeltlich oder unentgeltlich erfolgt ist, da der Veräußerungserlös kein Surrogat im Sinne des § 818 Abs.1 BGB ist.[271]

Der zu leistende Wertersatz bestimmt sich nach ständiger Rechtsprechung und überwiegendem Schrifttum nach dem objektiven Verkehrswert des Erlangten.[272] Dabei ist allein maßgeblich, was der Beschenkte als Bereicherungsschuldner für das erlangte Gut hätte aufwenden müssen. Unerheblich sind dagegen sowohl der (möglicherweise günstigere) Preis, den der Schenker für das Gut hätte entrichten müssen als auch der Preis, den er dafür bei einer Veräußerung hätte erzielen können. Denn im Rahmen der bereicherungsrechtlichen Haftung des Beschenkten geht es allein um die Abschöpfung seiner (noch vorhandenen) Bereicherung und nicht um den Ausgleich einer Entreicherung bzw. eines Schadens des Schenkers.[273]

Ist der zu deckende Notbedarf geringer als der (Verkehrs-)Wert des Geschenks und ist dieses real unteilbar,[274] wie bei der Schenkung eines Grundstücks oder einer Eigentumswohnung, schuldet der Beschenkte, der nach § 528 Abs.1 S.1 BGB nur im Umfang des zu deckenden Notbedarfs herausgabepflichtig ist, von vornherein gemäß § 818 Abs.2 BGB nur Teilwertersatz in Höhe des zu deckenden Unterhaltsbedarfs.[275] Bei einem regelmäßig wiederkehrenden Bedarf

271 Siehe BGHZ 24, 106, 110 f.; 75, 203, 206; 112, 288, 294 f. sowie ferner etwa Larenz/Canaris SchuldR, § 72 II 3 d) (S. 273); Fikentscher/Heinemann, Rn. 1511.

272 So schon RGZ 147, 396, 398. Siehe weiter BGHZ 5, 197, 200 f.; 10, 171, 180; 17, 236, 240; 36, 321, 323; 37, 258, 264; 55, 128, 135; 132, 198, 207; BGH NJW 2003, 1384, 1387 sowie aus dem Schrifttum etwa MüKo-Schwab, § 818 Rn. 76 und Staudinger-Lorenz, § 818 Rn. 26, jew. m.w.N.

273 Vgl. dazu im Einzelnen Larenz/Canaris SchuldR, § 72 III 2 c) (S. 275).

274 Ideelle Teilbarkeit (bei realer Unteilbarkeit) ändert dagegen nichts daran, dass der Anspruch von vornherein auf Teilwertersatz gerichtet ist. Anders formuliert: Ein Teilherausgabeanspruch besteht allein bei realer Teilbarkeit (siehe dazu zuletzt BGH NJW 2010, 2655, 2656 (Rn. 14) m.w.N.).

275 Ständige Rechtsprechung: Siehe BGHZ 94, 141, 143 f.; 96, 380, 382; 125, 283, 284 f.; BGH NJW 1996, 987 f.; BGHZ 146, 228, 231. Siehe ferner MüKo-Koch, § 528 Rn. 5; Staudinger-Chiusi, § 528 Rn. 39; juris/PK-Sefrin, § 528 Rn. 23; Erman-Herrmann, § 528 Rn. 3; Palandt-Weidenkaff, § 528 Rn. 6; PWW-Hoppenz, § 528 Rn. 11; Bamberger/Roth-Gehrlein, § 528 Rn. 3. Siehe ferner zum

richtet sich der Anspruch des Schenkers dementsprechend auf wiederkehrende Teilwertersatzleistungen in einer dem zu deckenden Unterhaltsbedarf entsprechenden Höhe, bis der Gesamtwert des Geschenks erreicht ist.[276] Auch bei einer (echten) gemischten Schenkung schuldet der Beschenkte – wie bereits dargelegt wurde[277] – gemäß § 818 Abs.2 BGB stets nur Wertersatz bzw. Teilwertersatz, je nachdem, ob der ungedeckte Bedarf den Wert des unentgeltlichen Teils der Zuwendung erreicht oder nicht.

Ist der Beschenkte lediglich zum Teilwertersatz verpflichtet, so steht es ihm gleichwohl frei, sich durch die Herausgabe des ganzen Geschenks von seiner Zahlungspflicht aus § 818 Abs.2 BGB zu befreien.[278] Die Beschränkung seiner Verpflichtung auf eine dem zu deckenden Unterhaltsbedarf entsprechende Höhe dient allein dem Schutz des Beschenkten und bezweckt, ihm das Geschenk zumindest wertmäßig insoweit zu belassen, wie es zur Deckung des Unterhaltsbedarfs nicht benötigt wird. Es ist indes kein Grund ersichtlich, weshalb der Beschenkte auf diesen Schutz nicht freiwillig sollte verzichten können. Dem steht auch nicht entgegen, dass mit der Herausgabe des Geschenks, anders als mit einer als Teilwertersatz erfolgenden Geldzahlung, der zu deckende Unterhalt nicht unmittelbar bestritten werden kann und es insofern zunächst noch einer Verwertung des Geschenks durch den Schenker bedarf, die möglicherweise mit Schwierigkeiten verbunden ist. Denn mit der Herausgabe des Geschenks steht der Schenker so, als hätte er keine Schenkung gemacht und mehr kann er billigerweise nicht verlangen.[279]

Dem Beschenkten steht im Falle einer Rückgabe des Geschenks zur Befreiung von seiner Teilwertersatzpflicht gemäß § 818 Abs.2 BGB aber kein Ausgleichsanspruch gegen den Schenker in Höhe des zur Deckung des Unterhaltsbedarfs nicht

---

Wertersatzanspruch eines verarmten Miterben bei der Schenkung eines Nachlassgegenstandes durch die Erbengemeinschaft, OLG Köln ZEV 2007, 489 ff. m. i. Erg. zust. Anm. Werner.

276 Ständige Rechtsprechung: Siehe BGH NJW 1996, 987, 988; BGHZ 137, 76, 83; 146, 228, 231; BGH NJW-RR 2003, 53, 54; BGHZ 155, 57, 59; BGH NJW 2005, 670, 671; 2010, 2655, 2656 (Rn. 13). Siehe ferner MüKo-Koch, § 528 Rn. 5; Staudinger (2005)-Wimmer-Leonhardt, § 528 Rn. 17; juris/PK-Sefrin, § 528 Rn. 24; Erman-Herrmann, § 528 Rn. 3.

277 Siehe dazu eingehend Zweiter Teil, 1. Kap., II. 1. g) bb) (S. 44 ff.).

278 So nun ausdrücklich BGH NJW 2010, 2655, 2656 (offen gelassen in BGHZ 125, 283, 285). Siehe ferner MüKo-Koch, § 528 Rn. 6; Staudinger-Chiusi, § 528 Rn. 40; juris/PK-Sefrin, § 528 Rn. 25; Erman-Herrmann, § 528 Rn. 3; Palandt-Weidenkaff, § 528 Rn. 6; PWW-Hoppenz, § 528 Rn. 11; Bamberger/Roth-Gehrlein, § 528 Rn. 3. Zur Möglichkeit einer entsprechenden vertraglichen Regelung bereits Hörlbacher, ZEV 1995, 202, 204 f.

279 Siehe BGH NJW 2010, 2655, 2656 (Rn. 16). Siehe ferner Staudinger-Chiusi, § 528 Rn. 40; juris/PK-Sefrin, § 528 Rn. 25.

erforderlichen Mehrwerts des zurückgewährten Geschenks zu.[280] Das ihm zustehende Privileg erschöpft sich vielmehr darin, dass er berechtigt ist, dem Schenker eine andere Leistung zu erbringen als die von ihm geschuldete und damit die Befreiung von seiner Schuld zu erlangen.[281] Scheut der Beschenkte den Verlust des Mehrwerts, mag er auf sein Privileg verzichten und sich auf die Leistung des von ihm allein geschuldeten Teilwertersatzes in Höhe des ungedeckten Unterhaltsbedarfs beschränken. Anders verhält es sich freilich – wie bereits dargelegt wurde[282] – bei einer gemischten Schenkung hinsichtlich des entgeltlichen Teils der Zuwendung. Hier steht dem Beschenkten bei Rückgabe des ganzen Geschenks ein Erstattungsanspruch in Höhe der von ihm erbrachten Gegenleistung zu, deren Existenz schlicht eine andere rechtliche Bewertung verlangt als der unentgeltlich erlangte Mehrwert bei einer reinen Schenkung.

4. Der Wegfall der Bereicherung gemäß § 818 Abs.3 BGB

Nach § 818 Abs.3 BGB ist die Verpflichtung zur Herausgabe oder zum Ersatz des Wertes ausgeschlossen, soweit der Empfänger nicht mehr bereichert ist. Etwas umfassender formuliert und auf die Rückforderung einer Schenkung gemäß § 528 BGB bezogen bedeutet dies, dass sowohl die Verpflichtung des Beschenkten zur Herausgabe bzw. Teilherausgabe des Geschenks einschließlich gezogener Nutzungen und erlangter Surrogate gemäß § 818 Abs.1 BGB als auch seine Verpflichtung zum Wert- bzw. Teilwertersatz gemäß § 818 Abs.2 BGB bei einer Entreicherung nach § 818 Abs.3 BGB entfällt. Sämtliche den Beschenkten treffende, oben beschriebene Rechtsfolgen einer Schenkungsrückforderung wegen Verarmung stehen damit unter dem Vorbehalt des § 818 Abs.3 BGB. Hier zeigt sich deutlich die besondere Rücksichtnahme des Gesetzes auf die schutzwürdigen Belange des Beschenkten. Der gutgläubige unverklagte Beschenkte ist nur solange und soweit verpflichtet, wie sich das Geschenk selbst oder ein Surrogat dessen in seinem

---

280 Diese Überlegung wurde seinerzeit aufgeworfen (und unbeantwortet gelassen) von Skibbe, ZEV 1994, 255, 256. Vgl. dazu auch Hörlbacher, ZEV 1995, 202, 205 f. Wie hier Medicus/Lorenz, Rn. 399.

281 Der BGH verwendet hier den Begriff der Abfindungsbefugnis (siehe BGHZ 125, 283, 286), ein anderes Mal spricht er von einer Ersetzungsbefugnis im umgekehrten Sinne (siehe BGH NJW 2010, 2655, 2656 (Rn. 15).

282 Siehe Zweiter Teil, 1. Kap., II. 1. g) bb) (S. 48 f.).

Vermögen befindet.[283] Diese besondere Milde der Bereicherungshaftung[284] als prägendes Merkmal des Bereicherungsrechts stellt den nicht einer verschärften bereicherungsrechtlichen Haftung unterfallenden Beschenkten auch bei einer von ihm verschuldeten Unmöglichkeit zur Herausgabe des Geschenks von der Haftung frei und entbindet ihn damit von jeglichen Sorgfaltspflichten im Umgang mit dem erlangten Geschenk und dessen Nutzungen und Surrogaten.[285]

Dementsprechend führt – gewissermaßen als klassischer Anwendungsfall des § 818 Abs.3 BGB – der ersatzlose Verlust des Geschenks, wie immer er auch erfolgt sein mag, zu einer Entreicherung des gutgläubigen unverklagten Beschenkten.[286] Allerdings muss dieser Verlust dergestalt erfolgt sein, dass daraus für den Beschenkten kein irgendwie gearteter, bei ihm verbliebener Vermögensvorteil resultiert. Dazu darf der Beschenkte weder einen Gegenwert aus der Veräußerung oder dem Verlust des Geschenks erlangt noch darf er das Geschenk zur Schuldentilgung verwendet noch darf er durch dessen Verwendung Ausgaben erspart haben, die er notwendigerweise auch sonst gehabt hätte.[287] Angesichts dieser Anforderungen begegnen Fälle eines Wegfalls der Bereicherung nicht unbedingt in der Häufigkeit, wie man es auf den ersten Blick vielleicht erwartet hätte. Dies gilt umso mehr, als dass im Wege einer vorweggenommen Erbfolge mit einem größeren Vermögen Bedachte nicht selten recht sorgsam mit der unentgeltlichen Zuwendung verfahren, oftmals in dem Bestreben, ein über Generationen hinweg weitergereichtes und nun an sie gelangtes Familienvermögen ihrerseits möglichst ungeschmälert auf die nächste Generation übertragen zu können. Der die unentgeltliche Zuwendung ohne jedweden verbleibenden Gegenwert verprassende Beschenkte ist demgegenüber die Ausnahme.

In der Praxis sind es dementsprechend häufig Aufwendungen, die der Beschenkte in Bezug auf den Schenkungsgegenstand gemacht hat, wie Reparatur- oder Renovierungskosten, die zu einem Wegfall der Bereicherung führen.[288] Eine Entreicherung tritt nämlich nicht allein bei einem ersatzlosen Verlust des erlangten Gegenstandes ein, vielmehr sind im Rahmen des § 818 Abs.3 BGB auch sämtliche Vermögensdispositionen des Bereicherungsschuldners zu berücksich-

---

283 Insofern darf eine Entreicherung gemäß § 818 Abs.3 BGB nicht mit einer eigenen Verarmung des Beschenkten verwechselt werden, für die allein § 529 Abs.2 BGB gilt.

284 So ausdrücklich Larenz/Canaris SchuldR, §§ 71 II 1 a) (S. 257), 73 I (S. 295).

285 Vgl. Larenz/Canaris SchuldR, § 71 II 1 a) (S. 257 f.); Staudinger-Lorenz, § 818 Rn. 51; Lange, JZ 1964, 640.

286 Vgl. dazu statt aller Larenz/Canaris SchuldR, § 73 I 2 b) (S. 297 f.).

287 Siehe BGHZ 118, 383, 386; BGH NJW 2003, 1384, 1385.

288 Siehe dazu und zum Folgenden etwa Larenz/Canaris SchuldR, § 73 I 2 d) (S. 298 f.); Reuter/Martinek, § 17 III 2. b) (S. 594), jew. m.w.N.

tigen, die er im Vertrauen auf die Rechtsbeständigkeit seines Erwerbs getätigt hat.[289] Dabei zeigen sich die Wohltaten des Bereicherungsrechts zugunsten eines gutgläubigen unverklagten Beschenkten einmal mehr dergestalt, dass es – anders als im Vindikationsrecht[290] – nicht darauf ankommt, ob die Verwendungen notwendig, nützlich oder wertsteigernd sind. Aufwendungen des Beschenkten auf das Erlangte sowie auf dessen Nutzungen und Surrogate[291] vermindern vielmehr unabhängig von derartigen Differenzierungen seine Bereicherung. Damit sind sämtliche Aufwendungen des Beschenkten, die er bei Kenntnis vom fehlenden Fortbestand der Schenkung nicht gemacht hätte, im Rahmen eines Wegfalls der Bereicherung gemäß § 818 Abs.3 BGB zu berücksichtigen.

Das betrifft neben den Aufwendungen auf das Geschenk selbst bzw. auf dessen Nutzungen und Surrogate vor allem vom Beschenkten übernommene Vertragskosten,[292] wie Notar- und Grundbuchgebühren bei einer Grundstücksschenkung. Der Aufwand für freiwillige Pflege- und Betreuungsleistungen des Beschenkten gegenüber dem Schenker kann dem Schenkungsrückforderungsanspruch nach Ansicht der Rechtsprechung dagegen nicht gemäß § 818 Abs.3 BGB entgegengehalten werden.[293] Hier geht man offenbar davon aus, dass solche Leistungen aus familiärer Solidarität oder persönlicher Verbundenheit ohnehin erbracht worden wären. Urlaubsreisen, die der Beschenkte aus einem Geldgeschenk bestritten hat und die er ohne die Schenkung nicht unternommen hätte, führen indes zu einem Wegfall der Bereicherung.[294] Hätte der Beschenkte die Reise auch ohne die Schenkung gemacht, liegt dagegen keine Entreicherung vor. Hier besteht die Bereicherung trotz des Verlustes des ursprünglich erlangten Geschenks in einer Ersparnis von Aufwendungen fort.[295]

Ein weiterer wichtiger Anwendungsfall des § 818 Abs.3 BGB liegt in der unentgeltlichen Weitergabe des Geschenks von dem Beschenkten an einen Dritten.[296] So tritt eine Entreicherung nicht selten dadurch ein, dass die von den Eltern im

---

289 Vgl. dazu etwa Larenz/Canaris SchuldR, § 73 I 2 a) (S. 297).

290 Vgl. dort insbesondere §§ 994, 996 BGB.

291 Siehe insofern Reuter/Martinek, § 17 III 2. b) (S. 594).

292 Siehe dazu Larenz/Canaris SchuldR, § 73 I 2 c) (S. 298); Reuter/Martinek, § 17 III 2. b) (S. 594), jew. m.w.N.

293 Siehe BGHZ 137, 76, 88. Vgl. dazu ferner Staudinger-Chiusi, § 528 Rn. 42. Anderer Ansicht aber Erman-Herrmann, § 528 Rn. 3; Seiler, LM 1998, 855 f.

294 Siehe Fikentscher/Heinemann, Rn. 1520. Vgl. ferner BGHZ 127, 354, 359.

295 Siehe Fikentscher/Heinemann, Rn. 1520. Vgl. ferner zur sog. Ersparnisbereicherung, Medicus/Lorenz, Rn.1172.

296 Zur Entreicherung einer karitativen Einrichtung hinsichtlich der vor ihr empfangenen Spenden, siehe BGH NJW 2003, 1384, 1385 = ZEV 2003, 114, 115. Dazu Kollhosser, ZEV 2003, 206 f.

Wege einer vorweggenommenen Erbfolge bedachten Kinder das Geschenk ihrerseits schenkweise an die eigenen Kinder weiterreichen. In diesen Fällen haftet allerdings der Zweitbeschenkte, hier also das Enkelkind, dem Erstschenker und damit den Großeltern nach heute herrschender Meinung gemäß § 822 BGB.[297]

5. Die verschärfte bereicherungsrechtliche Haftung des Beschenkten gemäß §§ 818 Abs.4, 819 Abs.1 BGB

Eine Berufung auf den Wegfall der Bereicherung gemäß § 818 Abs.3 BGB ist in den Fällen einer verschärften bereicherungsrechtlichen Haftung gemäß §§ 818 Abs.4, 819 Abs.1 BGB ausgeschlossen.[298] Demgemäß kann sich der Beschenkte nicht mehr auf eine Entreicherung berufen, sobald der Schenkungsrückforderungsanspruch aus § 528 Abs.1 S.1 BGB bzw. der (Teil-)Wertersatzanspruch nach § 818 Abs.2 BGB rechtshängig geworden ist.[299] Das Gleiche gilt nach § 819 Abs.1 BGB bei respektive ab positiver Kenntnis des Beschenkten vom Mangel des rechtlichen Grundes.[300] Da im Falle des § 528 Abs.1 S.1 BGB der Schenkung bei einer Verarmung des Schenkers die schuldrechtliche Wirkung genommen wird mit der Folge, dass der Beschenkte das Geschenk wie eine rechtsgrundlos empfangene Leistung herauszugeben hat,[301] tritt die verschärfte bereicherungsrechtliche Haftung nach § 819 Abs.1 BGB mit der positiven Kenntnis des Beschenkten vom Eintritt des Notbedarfs beim Schenker ein.

Da der Beschenkte im Falle des § 819 Abs.1 BGB weiß bzw. im Falle des § 818 Abs.4 BGB zumindest damit rechnen muss, dass er das Geschenk wieder herauszugeben hat, erweist sich dessen Entbindung von jeglichen Sorgfaltspflichten im Umgang mit dem Schenkungsgegenstand, wie sie durch § 818 Abs.3 BGB vermittelt wird, offensichtlich als verfehlt. Dementsprechend kann sich der Beschenkte bei einem Unvermögen zur Herausgabe des Geschenks nicht mehr haftungsbefreiend auf einen Wegfall der Bereicherung berufen, er haftet dem Schenker vielmehr gemäß §§ 819 Abs.1, 818 Abs.4 nach den allgemeinen Vorschriften.[302]

---

297 Siehe dazu im Einzelnen Zweiter Teil, 1. Kap., X. 2. (S. 131 ff.).

298 Das Gleiche gilt in den Fällen der §§ 819 Abs.2, 820 Abs.1 BGB, die im Kontext des § 528 BGB aber nicht von Relevanz sind.

299 Vgl. BGH NJW 2001, 1207, 1208; BGHZ 155, 57, 61 f.

300 Siehe dazu BGH NJW 2001, 1207, 1208; BGHZ 155, 57, 61 f.

301 Siehe BGH NJW 1991, 1824, 1825; BGHZ 137, 76, 86, 88. Vgl. ferner Staudinger-Chiusi, § 528 Rn. 36.

302 Zu den Hintergründen der verschärften bereicherungsrechtlichen Haftung gemäß §§ 818 Abs.4, 819 Abs.1 BGB, siehe im Einzelnen Larenz/Canaris SchuldR, § 71 II 2 a) (S. 259).

Die Verweisung des § 818 Abs.4 BGB auf die allgemeinen Vorschriften führt über § 292 BGB zu den § 987 ff. BGB.[303] Dementsprechend ist der Beschenkte dem Schenker bei einer Unmöglichkeit zur Herausgabe des Geschenks gemäß §§ 292 Abs.1, 989 BGB zum Schadensersatz verpflichtet.[304]

Neben dieser verschuldensabhängigen Haftung[305] auf Schadensersatz schuldet er dem Schenker verschuldensunabhängig gemäß § 818 Abs.2 BGB Wertersatz.[306] Die Verpflichtung zum Wertersatz knüpft zunächst allein an die Unmöglichkeit zur Herausgabe des Erlangten an und gilt sowohl für den gutgläubigen unverklagten als auch für den verschärft haftenden Bereicherungsschuldner. Es ist kein Grund ersichtlich, warum § 818 Abs.2 BGB für letzteren nicht gelten sollte. Da diesem jedoch, anders als dem gutgläubigen unverklagten Bereicherungsschuldner, eine Berufung auf § 818 Abs.3 BGB verwehrt ist, verbleibt es für ihn gewissermaßen zwangsläufig bei der in Rede stehenden Wertersatzhaftung.[307]

Zu den allgemeinen Vorschriften, auf die § 818 Abs.4 BGB verweist, zählt ferner § 285 Abs.1 BGB.[308] Im Falle einer Veräußerung des Geschenks schuldet der Beschenkte dem Schenker somit auch den Veräußerungserlös. Das ist ungeachtet der Tatsache, dass § 285 Abs.1 BGB nach ganz überwiegender Ansicht auf § 985 BGB keine Anwendung findet,[309] unbedenklich, da im Vindikationsrecht dem Eigentümer über § 816 Abs.1 S.1 BGB der Weg zur Erlangung des commodum ex negotiatione eröffnet ist. Es ist zudem auch sachgerecht, da es schwerlich zu rechtfertigen wäre, einem Bereicherungsschuldner, der mit Eintritt der verschärften bereicherungsrechtlichen Haftung jegliche Privilegien verliert,[310] einen über dem objektiven Wert des Geschenks hinausgehenden Veräußerungserlös zu belassen.[311]

Ganz erheblichen Bedenken begegnet hingegen die Auffassung der Rechtsprechung, wonach die Verweisung des § 818 Abs.4 BGB nicht nur für den bös-

303 Vgl. statt aller Larenz/Canaris SchuldR, § 73 II 3 (S. 314).

304 Siehe dazu etwa Larenz/Canaris SchuldR, §§ 71 II 2 a) (S. 259), 73 II 3 a) (S. 314 f.); Staudinger-Lorenz, § 818 Rn. 50.

305 Siehe den insofern eindeutigen Wortlaut des § 989 BGB.

306 Dazu und zum Folgenden anschaulich Larenz/Canaris SchuldR, § 73 II 5 a) (S. 319 f.). Insofern aber kritisch Staudinger-Lorenz, § 818 Rn. 52.

307 Vgl. insofern auch BGHZ 155, 57, 62.

308 Vgl. dazu BGHZ 75, 203, 205 ff.; Larenz/Canaris SchuldR, § 73 II 3 b) (S. 315), freilich noch zu § 281 BGB a.F.; Staudinger-Lorenz, § 818 Rn. 50.

309 Vgl. RGZ 115, 31, 33 f.; 157, 40, 44; Merle, AcP 183 (1983), 81, 84 f. (noch zu § 281 BGB a.F.); Palandt-Bassenge, § 985 Rn. 13; Baur/Stürner, Rn. 44; Medicus/Petersen, Rn. 599.

310 Siehe dazu etwa Larenz/Canaris SchuldR, § 71 II 2 a) (S. 259).

311 Siehe dazu im Einzelnen Larenz/Canaris SchuldR, § 73 II 3 b) (S. 315) sowie § 71 II 2 a) (S. 259). Vgl. ferner BGHZ 75, 203, 208 f.

gläubigen, sondern auch für den verklagten Bereicherungsschuldner die Zufallshaftung gemäß § 287 S.2 BGB im Falle des Schuldnerverzugs miteinschließt.[312] Damit wird der verklagte Bereicherungsschuldner deutlich schlechter gestellt als ein verschärft haftenden Vindikationsschuldner bzw. Erbschaftsbesitzer.[313] Dies erweist sich für den Beschenkten als besonders misslich, weil eine insofern als Korrektiv empfundene, verzugshindernde Einrede, wie sie typischerweise bei der Rückabwicklung gegenseitiger Verträge existiert,[314] bei dem vorliegenden Rückabwicklungsschuldverhältnis nicht in Betracht kommt. Die in Rede stehende Zufallshaftung belastet den lediglich verklagten Beschenkten über Gebühr. Sie ist daher mittels einer restriktiven, an den §§ 990 Abs.2, 2024 S.3 BGB orientierten Interpretation der Verweisung des § 292 Abs.1 BGB auf die Vorschriften des Schuldnerverzugs abzulehnen.[315]

Zusammenfassend betrachtet erfährt die Rechtstellung des Beschenkten mit dem Eintritt der verschärften bereicherungsrechtlichen Haftung somit eine signifikante Verschlechterung. Die Milde des Bereicherungsrechts mit dem zentralen Privileg des § 818 Abs.3 BGB wird abgelöst von einer verschuldensabhängigen Schadensersatzhaftung gemäß §§ 292 Abs.1, 989 BGB, die für den bösgläubigen – und nach abzulehnender Ansicht der Rechtsprechung auch für den verklagten – Beschenkten im Verzugsfalle zu einer Zufallshaftung gemäß § 287 S.2 BGB wird. Flankiert wird die Schadensersatzhaftung von einer verschuldensunabhängigen Verpflichtung des Beschenkten auf Wertersatz gemäß § 818 Abs.2 sowie auf Herausgabe eines etwaigen Veräußerungserlöses gemäß § 285 Abs.1 BGB.

IV. Der Ausschluss des Schenkungsrückforderungsanspruchs

Die Rückforderung einer Schenkung wegen Verarmung ist gemäß § 529 BGB in drei Fällen ausgeschlossen.[316] Damit berücksichtigt das Gesetz die schutzwürdigen Interessen des Beschenkten an der Erhaltung des Geschenks. Dabei kommt es auf den Inhalt des Schenkungsrückforderungsanspruchs nicht an. § 529 BGB

---

312 Vgl. BGHZ 75, 203, 207; 83, 293, 299. Siehe zu diesem im Einzelnen streitigen Problem MüKo-Schwab, § 818 Rn. 293 f.; Staudinger-Lorenz, § 818 Rn. 51; Larenz/Canaris SchuldR, § 73 II 4 b) (S.317 f.), Lange, JZ 1964, 640 ff., jew. m.w.N.

313 Dort droht gemäß §§ 989, 990 Abs.2 BGB bzw. §§ 2023, 2024 S.3 BGB allein bei Bösgläubigkeit des Vindikationsschuldners bzw. Erbschaftsbesitzers eine Verzugshaftung.

314 Vgl. dazu Larenz/Canaris SchuldR, § 73 II 4 b) (S. 317).

315 Im Ergebnis ebenso Larenz/Canaris SchuldR, § 73 II 4 b) (S. 318); MüKo-Schwab, § 818 Rn. 294 und wohl auch Staudinger-Lorenz, § 818 Rn. 51.

316 Zur Rechtsnatur der Ausschlussgründe, siehe unten Zweiter Teil, 1. Kap., XI. 2. (S. 135 ff.).

steht sowohl einem Anspruch auf Herausgabe des Geschenks als auch einem (Teil-)Wertersatzanspruch nach § 818 Abs.2 BGB entgegen. Sofern der Beschenkte von seiner Ersetzungsbefugnis nach § 528 Abs.1 S.2 BGB Gebrauch gemacht hat, schließt § 529 BGB auch die Zahlungsverpflichtung gemäß §§ 528 Abs.1 S.3, 760 BGB aus.[317]

1. Schuldhafte Herbeiführung der Bedürftigkeit durch den Schenker gemäß § 529 Abs.1, 1. Fall BGB

Nach § 529 Abs.1, 1. Fall BGB ist der Anspruch auf Herausgabe des Geschenks ausgeschlossen, wenn der Schenker seine Bedürftigkeit vorsätzlich oder durch grobe Fahrlässigkeit herbeigeführt hat. Anders als bei der Geltendmachung der Notbedarfseinrede des § 519 Abs.1 BGB vor dem Vollzug der Schenkung bleibt damit ein Verschulden des Schenkers nach deren Vollzug nicht unberücksichtigt. Der Grund dafür ist, dass das Gesetz den Beschenkten angesichts des zwischenzeitlich erfolgten Erwerbs des Geschenks und seines nunmehr vorhandenen Vertrauens auf dessen Rechtsbeständigkeit in stärkerem Maße für schutzwürdig hält als vor dem Vollzug der Schenkung.[318] Es wird als unbillig empfunden, dem Beschenkten das Geschenk als Folge einer vom Schenker selbst schuldhaft herbeigeführten Bedürftigkeit wieder zu entziehen.

a) Verschulden des Schenkers

Ein Anspruchsausschluss gemäß § 529 Abs.1, 1. Fall BGB tritt nicht bei jeder schuldhaften Herbeiführung der Bedürftigkeit durch den Schenker ein, das Gesetz fordert vielmehr einen gesteigerten Grad des Verschuldens. Der Schenker muss den Eintritt seiner Bedürftigkeit vorsätzlich oder zumindest grob fahrlässig herbeigeführt haben. Damit kann ein Schenker, der sein Vermögen in der Absicht verschwendet, den Beschenkten für seinen Lebensunterhalt aufkommen zu lassen, nicht auf eine Rückforderung der Schenkung hoffen. Ebenso wenig ist ein Schenker, dessen Bedürftigkeit darauf zurückzuführen ist, dass er sich bewusst

317 Siehe etwa MüKo-Koch, § 529 Rn. 1; Staudinger (2005)-Wimmer-Leonhardt, § 529 Rn. 3 (siehe auch Staudinger-Chiusi, § 529 Rn. 1); juris/PK-Sefrin, § 529 Rn. 4.

318 Vgl. MüKo-Koch, § 529 Rn. 1; Staudinger-Chiusi, § 529 Rn. 1

und gewollt jeglicher ihm zumutbarer Erwerbstätigkeit verweigert hat,[319] zu einer Rückforderung der Schenkung berechtigt.[320]

Schwieriger als die Beurteilung eines vorsätzlichen Handelns des Schenkers gestaltet sich die Feststellung einer grob fahrlässigen Herbeiführung des Eintritts der Bedürftigkeit. Unter grober Fahrlässigkeit versteht die Rechtsprechung ein Handeln, bei dem die erforderliche Sorgfalt nach den gesamten Umständen in ungewöhnlich großem Maße verletzt worden ist und bei dem dasjenige unbeachtet geblieben ist, was im gegebenen Fall jedem hätte einleuchten müssen.[321] Dabei handelt es sich stets um eine Frage des Einzelfalles, bei dem sämtliche, auch subjektive in der Individualität des Handelnden begründete Umstände zu berücksichtigen sind.[322] Die in Rechtsprechung und Schrifttum genannten Beispielsfälle, wie leichtsinnige bzw. unseriöse Spekulation, Glücksspiel oder Luxusausgaben,[323] bieten damit nur einen ersten Anhaltspunkt für das Vorliegen eines grob fahrlässigen Verhaltens. Die tatrichterliche Würdigung der individuellen Umstände kann gleichwohl zu dem Ergebnis führen, dass die Schwelle zur groben Fahrlässigkeit im konkreten Fall noch nicht überschritten ist.

Das hat die Rechtsprechung etwa für sehr hohe und deutlich über dem Lebensstandard liegende Ausgaben eines Schenkers entschieden, die in der Annahme seines baldigen Ablebens erfolgt sind.[324] Auch großzügige Spenden, die sich im Rahmen der Sozialadäquanz halten, rechtfertigen nicht die Annahme einer groben Fahrlässigkeit. Dabei kommt vor allem den finanziellen Verhältnissen des Schenkers zum Zeitpunkt der Zuwendung Bedeutung zu,[325] aber auch eine besondere Motivationslage kann von Belang sein. So hat die Rechtsprechung bei einem in hohem Maße auf ärztliche Hilfe angewiesenen Schenker auch

---

319 Zur Abgrenzung der Auswirkungen eines Verstoßes des Schenkers gegen Erwerbsobliegenheiten auf den Tatbestand des § 528 Abs.1 S.1 BGB einerseits und im Rahmen des § 529 Abs.1, 1. Fall BGB andererseits, siehe bereits oben Zweiter Teil, 1. Kap., II. 3. b) (S. 56).

320 Ferner treffen den vorsätzlich seine Bedürftigkeit herbeiführenden Schenker im Falle der Inanspruchnahme staatlicher Grundsicherungsleistungen die Sanktionen gemäß §§ 26 Abs.1 S.1 Nr.1 SGB XII, 31 Abs.2 Nr.1, 31a SGB II. Siehe ferner 31 Abs.1 S.1 Nr.2 SGB II.

321 Siehe BHGZ 10, 14, 16; 89, 153, 161; BGH NJW 2003, 1384, 1385 f.

322 BGHZ 10, 14, 17.

323 Vgl. etwa BGH NJW 2003, 1384, 1386; MüKo-Koch, § 529 Rn. 2; Staudinger-Chiusi, § 529 Rn. 3; juris/PK-Sefrin, § 529 Rn. 5; Erman-Herrmann, § 529 Rn. 2; Palandt-Weidenkaff, § 529 Rn. 2; PWW-Hoppenz, § 529 Rn. 4; NK/BGB-Dendorfer, § 529 Rn. 3. Vgl. ferner zum Alkoholismus als Ausschlussgrund gemäß § 529 Abs.1, 1. Fall BGB, Eichenhofer, LMK 2003, 161, 162.

324 Siehe BGH NJW 2003, 1384, 1386.

325 BGH NJW 2003, 1384, 1386.

dessen Bedürfnis, durch seine Spenden die medizinische Forschung zu fördern, im Rahmen der Sozialadäquanz berücksichtigt.[326]

Entsprechend den von der Rechtsprechung im Unterhaltsrecht entwickelten und inzwischen auch in den Kontext des § 529 Abs.2 BGB übernommenen Kriterien zur sog. unterhaltsbezogenen Mutwilligkeit,[327] die neben dem vorsätzlichen und dem absichtlichen, auch das leichtfertige, also grob fahrlässige Verhalten umfasst[328] und damit dem hier in Rede stehenden Verschuldensmaßstab entspricht, ist eine grobe Fahrlässigkeit im Sinne des § 529 Abs.1, 1. Fall BGB anzunehmen bei einem Verhalten des Schenkers, bei dem er die Möglichkeit des Eintritts seiner Bedürftigkeit als Folge seines Handelns erkennt und im Bewusstsein dieser Möglichkeit, wenn auch im Vertrauen auf den Nichteintritt der Bedürftigkeit, gleichwohl handelt und sich dabei unter grober Missachtung dessen, was jedem hätte einleuchten müssen, oder in Verantwortungs- und Rücksichtslosigkeit gegenüber dem Beschenkten über die erkannten nachteiligen Folgen seines Handelns hinwegsetzt.[329] Diese Kriterien gelten im Unterhaltsrecht nicht nur zu Lasten von Unterhaltsverpflichteten,[330] sondern auch zu Lasten von Unterhaltsberechtigten, die selbstverschuldet die eigene Bedürftigkeit herbeiführt haben.[331] Sie erweisen sich damit auch hier, wo es – wenn auch über die Rückforderung einer Schenkung – gleichfalls um die Befriedigung von Unterhaltsinteressen einer schuldhaft bedürftig gewordenen Person geht, als sachgerecht.[332]

b) Zeitpunkt der schuldhaften Herbeiführung der Bedürftigkeit

Weder dem Wortlaut noch den Gesetzesmaterialien lässt sich der Zeitpunkt entnehmen, zu dem der Schenker seine Bedürftigkeit schuldhaft herbeigeführt haben muss. Nach weit verbreiteter Ansicht steht eine vorsätzliche oder grob

---

326 Siehe BGH NJW 2003, 1384, 1386.

327 Überhaupt hat die Rechtsprechung inzwischen die Anwendbarkeit der einschlägigen familienrechtlichen Bestimmungen und die von der Rechtsprechung hierzu entwickelten Grundsätze sowohl für den Unterhalt des Beschenkten gemäß § 529 Abs.2 BGB (siehe BGH NJW 2000, 3488) als auch für den des Schenkers gemäß § 528 Abs.1 S.1 BGB (siehe BGH NJW 2003, 1384, 1387) bejaht.

328 Siehe BGH NJW 1981, 2805, 2807; 2000, 2351, 2352 sowie im Kontext des § 529 Abs.2 BGB, BGH NJW 2001, 1207, 1208; BGHZ 155, 57, 62.

329 Vgl. BGH NJW 1981, 2805, 2807; 2001, 1207, 1209.

330 Siehe dazu etwa BGH NJW 1993, 1974; 2000, 2351, 2352.

331 Siehe dazu etwa BGH NJW 1981, 2805, 2807.

332 Vgl. auch MüKo-Koch, § 529 Rn. 2, der für § 529 Abs.1, 1. Fall BGB gleichfalls auf eine mutwillige Herbeiführung der Notlage abstellt.

fahrlässige Herbeiführung der Bedürftigkeit durch den Schenker einer Schenkungsrückforderung gemäß § 529 Abs.1, 1. Fall BGB nur dann entgegen, wenn sie nach dem Vollzug der Schenkung erfolgt ist.[333] War die Bedürftigkeit dagegen schon vor dem Vollzug der Schenkung eingetreten oder wurde sie mit dem Schenkungsvollzug herbeigeführt, fehle es an einem schutzwürdigen Vertrauen des Beschenkten auf den Bestand der Schenkung.[334]

Dass allein die Bedürftigkeit des Schenkers als solche beim Vollzug der Schenkung einer Schenkungsrückforderung nicht entgegensteht,[335] wurde schon an anderer Stelle ausgeführt.[336] Fraglich bleibt, ob dies im Hinblick auf § 529 Abs.1, 1. Fall BGB auch im Falle ihrer schuldhaften Herbeiführung durch den Schenker gilt. Sofern der vorzeitige Eintritt der Bedürftigkeit durch anderweitige Schenkungen erfolgt ist, wird man dies im Hinblick auf § 528 Abs.2 BGB bejahen müssen.[337] Danach haftet unter mehreren Beschenkten der früher Beschenkte nur insoweit, als der später Beschenkte nicht verpflichtet ist. Aus dieser gesetzlichen Bestimmung wird mithin deutlich, dass frühere Schenkungen die Haftung des später Beschenkten nicht in Frage zu stellen vermögen, sondern allein Auswirkungen auf die Reihenfolge der Inanspruchnahme mehrerer Beschenkter haben.

Aber auch bei einem sonstigen zu einer beim Vollzug der Schenkung bereits vorhandenen Bedürftigkeit führenden schuldhaften Verhalten des Schenkers ist die Anwendbarkeit des § 529 Abs.1, 1. Fall BGB angesichts einer fehlenden Schutzwürdigkeit des Beschenkten am Fortbestand der Schenkung zu verneinen.[338] Denn ungeachtet seiner Kenntnis von den finanziellen Verhältnissen des Schenkers kann ein Beschenkter billigerweise nicht die Erfüllung eines Schenkungs-

333 Siehe dazu einmal mehr BGH NJW 2003, 1384, 1386; MüKo-Koch, § 529 Rn. 2; Staudinger-Chiusi, § 529 Rn. 4; juris/PK-Sefrin, § 529 Rn. 5; Palandt-Weidenkaff, § 529 Rn. 2; PWW-Hoppenz, § 529 Rn. 4; Bamberger/Roth-Gehrlein, § 529 Rn. 2; NK/BGB-Dendorfer, § 529 Rn. 4; Jauernig-Mansel, Anm. §§ 528, 529 Rn. 5; anderer Ansicht aber Erman-Herrmann, § 529 Rn. 2.

334 Vgl. MüKo-Koch, § 529 Rn. 2; Staudinger-Chiusi, § 529 Rn. 4. BGH NJW 2003, 1384, 1386 spricht von einem fehlenden schutzwürdigen Interesse.

335 Vgl. dazu BGH NJW 1996, 987; BGHZ 169, 320 (Leitsatz a) a. E.) = ZEV 2007, 134 (Leitsatz 1. a. E.) m. Anm. Wimmer-Leonhardt sowie ferner BGHZ 190, 281, 285 (Rn. 20). Siehe ferner MüKo-Koch, § 528 Rn. 4; Staudinger(2005)-Wimmer-Leonhardt, § 528 Rn. 6; Palandt-Weidenkaff, § 528 Rn. 5; NK/BGB-Dendorfer, § 528 Rn. 5; Bamberger/Roth-Gehrlein, § 528 Rn. 2.

336 Siehe oben Zweiter Teil, 1. Kap., II. 3. c) (S. 57 f.).

337 Siehe dazu und zum Folgenden BGH NJW 2003, 1384, 1386. Zustimmend Bamberger/Roth-Gehrlein, § 529 Rn. 2; Jauernig-Mansel, Anm. §§ 528, 529 Rn. 5.

338 Im Ergebnis ebenso BGH NJW 2003, 1384, 1386, MüKo-Koch, § 529 Rn. 2; Staudinger-Chiusi, § 529 Rn. 4; juris/PK-Sefrin, § 529 Rn. 5; Palandt-Weidenkaff, § 529 Rn. 2; PWW-Hoppenz, § 529 Rn. 4; Jauernig-Mansel, Anm. §§ 528, 529 Rn. 5; anderer Ansicht aber Erman-Herrmann, § 529 Rn. 2.

versprechens von einem bereits bedürftigen oder mit dem Vollzug der Schenkung bedürftig werdenden Schenker erwarten. Allein diese objektive Sachlage steht der Anerkennung eines schutzwürdigen Interesses des Beschenkten an einem dauerhaften Fortbestand der Schenkung entgegen.[339] Bei einer Unkenntnis von der Notlage des Schenkers beim Schenkungsvollzug – und das wird der Regelfall sein, da der Schenker die Schenkung unter Verzicht auf die ihm in der konkreten Situation zustehende Notbedarfseinrede nur deshalb vollziehen wird, damit seine Bedürftigkeit gerade nicht publik wird – erschöpft sich der Schutz des Beschenkten somit in § 818 Abs.3 BGB, und bei Kenntnis des Beschenkten von den finanziellen Verhältnissen des Schenkers entfällt auch dieser Schutz.

Angesichts dieser Sach- und Interessenlage erscheint es darüber hinaus gerechtfertigt, § 529 Abs.1, 1. Fall BGB selbst bei einer schuldhaften Herbeiführung der Bedürftigkeit nach dem Vollzug der Schenkung nicht anzuwenden, sofern der Eintritt der Bedürftigkeit des Schenkers für den Beschenkten zu diesem Zeitpunkt vorhersehbar war. Denn auch ein Beschenkter, für den sich beim Schenkungsvollzug erkennbar der bevorstehende Eintritt der Bedürftigkeit des Schenkers abzeichnet, erweist sich hinsichtlich eines dauerhaften Bestandes seines Erwerbs als nicht schutzwürdig. § 529 Abs.1, 1. Fall BGB greift nach alledem nur dann ein, wenn der Schenker seine Bedürftigkeit nach dem Vollzug der Schenkung vorsätzlich oder grob fahrlässig herbeigeführt hat und dies für den Beschenkten bei dem Vollzug der Schenkung nicht vorhersehbar war.[340]

2. Ablauf der Zehnjahresfrist gemäß § 529 Abs.1, 2. Fall BGB

Nach § 529 Abs.1, 2. Fall BGB ist der Schenkungsrückforderungsanspruch ausgeschlossen, wenn zur Zeit des Eintritts der Bedürftigkeit des Schenkers seit der Leistung des geschenkten Gegenstandes zehn Jahre verstrichen sind. Das Gesetz berücksichtigt damit das Vertrauen des Beschenkten in die Rechtsbeständigkeit

---

339 Anders aber wohl juris/PK-Sefrin, § 529 Rn. 6, der bei einer Herbeiführung der Bedürftigkeit durch die Schenkung auch dem Kenntnisstand des Beschenkten Bedeutung beimisst.

340 So auch BGH NJW 2003, 1384, 1386; BGHZ 190, 281, 285 (Rn. 20). Siehe ferner MüKo-Koch, § 529 Rn.2; Staudinger (2005)-Wimmer-Leonhardt, § 529 Rn. 6, die allerdings bei dem für die Vorhersehbarkeit maßgeblichen Zeitpunkt von der Schenkung und nicht von deren Vollzug sprechen. Entscheidend ist aber (allein) letztgenannter Zeitpunkt, da auch bei einem erst zu diesem Zeitpunkt „bösgläubigen“ Beschenkten die Schutzwürdigkeit zu verneinen ist (zutreffend insofern Bamberger/Roth-Gehrlein, § 529 Rn. 2; NK/BGB-Dendorfer, § 529 Rn. 4, die auf den Schenkungsvollzug abstellen). Vgl. auch PWW-Hoppenz, § 529 Rn. 4, der hier begrifflich auf die Zuwendung rekurriert. Siehe schließlich nun Staudinger-Chiusi, § 529 Rn. 4, die insofern keinen Zeitpunkt nennt.

seines Erwerbs und vollzieht nach zehn Jahren eine zeitliche Zäsur. Angesichts der verstrichenen Zeit erscheint es nicht mehr angemessen, wenn der Beschenkte das Geschenk nun noch herausgeben müsste.

Während § 529 Abs.1, 1. Fall BGB dem Beschenkten aufgrund seines eng gefassten Tatbestandes und der insofern jeweils erforderlichen Einzelfallbetrachtung nur eine beschränkte und allenfalls ungewisse Verteidigungsmöglichkeit bietet,[341] erscheint der an einer klaren Frist ausgerichtete § 529 Abs.1, 2. Fall BGB als ein probates Verteidigungsmittel gegenüber einer Schenkungsrückforderung wegen Verarmung. Gleichwohl bestehen auch hier einige streitige Fragen, die vor allem den Beginn der Zehnjahresfrist betreffen.

a) Der Beginn der Zehnjahresfrist bei Grundstücksschenkungen

§ 529 Abs.1, 2. Fall BGB stellt für den Fristbeginn auf die Leistung des geschenkten Gegenstandes und damit auf den Vollzug des schuldrechtlichen Schenkungsvertrages ab. Ob damit die Vornahme der Leistungshandlungen oder der Eintritt des Leistungserfolges gemeint ist, lässt sich dem Gesetzeswortlaut aber nicht mit hinreichender Bestimmtheit entnehmen.[342] Diese Frage gewinnt indes Bedeutung bei gestreckten Erwerbstatbeständen, wie vor allem dem Eigentumserwerb an Grundstücken, bei denen zwischen der Vornahme der Leistungshandlungen und dem Eintritt des Leistungserfolges ein mehr oder weniger langer Zeitraum liegt. Sie ist unter Beachtung des Regelungszusammenhanges und des gesetzgeberischen Zwecks des § 529 Abs.1, 2. Fall BGB zu beantworten.[343]

Für den Beginn der Zehnjahresfrist bei Schenkungen im Rahmen einer Pflichtteilsergänzung nach der insofern nahezu[344] gleichlautenden Parallelvorschrift des § 2325 Abs.3 S.2 BGB (vormals § 2325 Abs.3, 1. Halbs. BGB) ist nach

---

341 In dieser Einschätzung ebenso Gühlstorf, ZfF 2006, 121, 128. – Auch steht wohl nicht ganz zu Unrecht zu vermuten, dass die Rechtsprechung im Rahmen der tatrichterlichen Würdigung des Einzelfalles jedenfalls nicht vorschnell zur Bejahung der Voraussetzungen des § 529 Abs.1, 1. Fall BGB neigen wird, wäre doch mit der damit einhergehenden Versagung des Schenkungsrückforderungsanspruchs vielfach ein Eintreten der öffentlichen Hand verbunden und zwar bei einer lediglich groben Fahrlässigkeit des Schenkers ohne die Sanktionsmöglichkeiten gemäß §§ 26 Abs.1 S.1 Nr.1 SGB XII, 31 Abs.2 Nr.1, 31a SGB II. Die §§ 103 SGB XII, 34 SGB II erweisen sich demgegenüber in der Praxis zumeist als „stumpfes Schwert".

342 Vgl. BGHZ 190, 281, 284 f. (Rn. 17); 98, 226, 230.

343 Vgl. BGHZ 190, 281, 284 f. (Rn. 17).

344 Zu Recht weist Schippers, RNotZ 2006, 42, 44 darauf hin, dass es bei § 529 Abs.1, 2. Fall BGB Leistung des *ge*schenkten und bei § 2325 Abs.3 S.2 BGB Leistung des *ver*schenkten Gegenstandes heißt, was auch für die weitere Auslegung der Vorschriften von Relevanz ist (dazu Schippers a.a.O.).

inzwischen gefestigter Rechtsprechung des BGH die den Eigentumserwerb abschließende Eintragung im Grundbuch und damit der Eintritt des Leistungserfolges maßgeblich.[345] Für § 529 Abs.1, 2. Fall BGB hat der BGH indes kürzlich diese für das Schenkungsrecht von der höchstrichterlichen Rechtsprechung bis dahin noch nicht geklärte Frage[346] abweichend entschieden und statt auf den Eintritt des Leistungserfolges auf den Abschluss der Vornahme der Leistungshandlungen abgestellt.[347] Es genüge bei der Schenkung eines Grundstücks zur Leistung des geschenkten Gegenstandes, dass der Beschenkte nach dem formgerechten Abschluss des Schenkungsvertrages und der Auflassung einen Antrag auf Eintragung der Rechtsänderung beim Grundbuchamt eingereicht habe.[348] Damit entscheidet der BGH – in Abweichung seiner bisherigen sozialhilfefreundlichen Rechtsprechung – in einer für die Praxis in ihrer Bedeutung nicht zu unterschätzenden Frage zu Lasten der öffentlichen Hand, die auch hier als Klägerin auftrat.

Der BGH begründet seine Ansicht im Wesentlichen mit dem Sinn und Zweck des § 529 Abs.1, 2. Fall BGB. Dieser unterscheide sich ebenso wie die der Vorschrift zugrunde liegende Interessenlage vom Pflichtteilsrecht gemäß § 2325 BGB, was zu einer unterschiedlichen Auslegung des Begriffs der Leistung in den Bestimmungen führe.[349] Bei der Pflichtteilsergänzung gemäß § 2325 BGB gehe es maßgeblich um den Schutz der Interessen der Pflichtteilsberechtigten. Schenkungen, bei denen der Schenker den Genuss des verschenkten Gegenstandes auch nach der Schenkung tatsächlich nicht entbehren müsse, sollten nicht zu einer Einschränkung des Pflichtteils führen. Deshalb dürfe die Zehnjahresfrist des § 2325 Abs.3 S.2 BGB frühestens mit der wirtschaftlichen Ausgliederung des Schenkungsgegenstandes aus dem Vermögen des Schenkers beginnen. Da es dazu stets eines Eigentumsverlustes des Erblassers bedürfe, setze der Fristbeginn gemäß § 2325 Abs.3 S.2 BGB den Abschluss des Erwerbstatbestandes und damit bei Grundstücksschenkungen die Eigentumsumschreibung im Grundbuch voraus.[350] Der

345 Siehe BGHZ 102, 289; 125, 395, 398 sowie auch schon BGHZ 98, 226, 233 (anders indes noch BGH NJW 1970, 1638). Siehe dazu auch Schindler, ZEV 205, 290 ff. Einen kurzen und anschaulichen Abriss der einschlägigen Rechtsprechung bietet Schippers, RNotZ 2006, 42, 43 f.

346 BGHZ 169, 320, 325 (Rn. 19) befasste sich allein mit dem Vollzug der Schenkung im Sinne des § 528 Abs.1 S.1 BGB.

347 Siehe BGHZ 190, 281 (Leitsatz a). Ebenso Staudinger (2005)-Wimmer-Leonhardt, § 529 Rn. 8; Palandt-Weidenkaff, § 529 Rn. 2; PWW-Hoppenz, § 529 Rn. 5; Bamberger/Roth-Gehrlein, § 529 Rn. 3; HK/BGB-Saenger, §§ 528, 529 Rn. 5; Schippers, RNotZ 2006, 42, 44 ff., 54; Gühlstorf, ZfF 2006, 121, 128.

348 Siehe BGHZ 190, 281, 283 ff. (Rn. 10 ff.). Vgl. auch schon OLG Köln, FamRZ 1986, 988, 989.

349 Siehe im Einzelnen BGHZ 190, 281, 285 (Rn. 18).

350 Siehe BGHZ 102, 289, 292.

Anspruch auf Herausgabe eines Geschenks wegen Verarmung des Schenkers diene hingegen nicht den Interessen von Pflichtteilsberechtigten, sondern solle den Schenker in die Lage versetzen, seinen Unterhalt selbst zu bestreiten und seine gesetzlichen Unterhaltspflichten gegenüber Verwandten und Ehegatten zu erfüllen.[351] In diesem Kontext habe § 529 Abs.1, 2. Fall BGB den Zweck, einen Ausgleich zwischen dem Bedürfnis des Schenkers und dem Vertrauen des Beschenkten auf die Rechtsbeständigkeit des schenkweisen Erwerbs zu schaffen, das in umso höheren Maße schutzwürdig sei, je länger die Schenkung zurückliege.[352]

Der BGH betrachtet die Rechtsstellung, die der Beschenkte mit formgerechtem Abschluss des Schenkungsvertrages, Auflassung und Stellung eines eigenen Antrags auf Eintragung der Rechtsänderung beim Grundbuchamt erlangt, als ausreichende Grundlage für ein solches Vertrauen.[353] Zwar habe der Beschenkte damit noch nicht die Rechtsstellung erlangt, die ihm dem Schenkungsversprechen zufolge zukommen solle, er könne jedoch davon ausgehen, dass er diese Rechtsstellung erlangen werde und dass sein Rechtserwerb ohne seine Mitwirkung weder vom Schenker noch von Dritten verhindert werden könne, sondern nur noch vom Vollzug der Eintragungshandlung durch das Grundbuchamt abhänge. In diesem Zusammenhang verweist der BGH auf die §§ 17 GBO, 878 BGB, 91 Abs.2 InsO. Angesichts des damit allein noch von der Grundbucheintragung abhängigen Eigentumserwerbs des Beschenkten wäre es verfehlt, den Fristbeginn von den Zufälligkeiten der Dauer des Grundbuchverfahrens abhängig zu machen.[354]

Das Gesetz stellt in verschiedenen gesetzlichen Vorschriften zum Schutze des Erwerbers von Grundstücksrechten statt auf die Vollendung des Rechtserwerbs auf den Zeitpunkt der Stellung des Eintragungsantrags beim Grundbuchamt ab. Das gilt zunächst, worauf auch der BGH hinweist, für § 878 BGB, ferner für § 892 Abs.2 BGB, die beide gemäß § 91 Abs.2 InsO auch bei einer Insolvenz des Veräußerers Anwendung finden. § 878 BGB bezweckt, den Erwerber vor dem Eintritt von Verfügungsbeschränkungen des Veräußerers während der Dauer des von ihm nicht beeinflussbaren Grundbuchverfahrens zu schützen. § 892 Abs.2 BGB bietet ihm beim gutgläubigen Erwerb von Grundstücksrechten Schutz gegen den Eintritt der Bösgläubigkeit während eben dieses Grundbuchverfahrens. Bei einem sich länger hinziehenden Grundbuchverfahren bestünde nämlich die Gefahr, dass der Erwerb des Grundeigentums am Eintritt einer Verfügungsbeschränkung

351 Siehe BGHZ 190, 281, 285 (Rn. 18).
352 BGHZ 190, 281, 286 (Rn. 23) m.w.N.
353 Siehe dazu und zum Folgenden BGHZ 190, 281, 286 f. (Rn. 24 ff.).
354 Vgl. BGHZ 190, 281, 286 (Rn. 26).

des Veräußerers respektive an der Erlangung der Kenntnis des Erwerbers von den wahren Eigentumsverhältnissen scheitert, die bei einem zügigeren Grundbuchverfahren und einem vorzeitigen Abschluss des Erwerbstatbestandes irrelevant gewesen wären. Damit dies nicht geschieht, ist gemäß §§ 878, 892 Abs.2 BGB der Zeitpunkt der Antragstellung beim Grundbuchamt maßgeblich, sofern die Parteien alles ihrerseits Erforderliche für den Rechtserwerb getan haben und allein noch die Eigentumsumschreibung im Grundbuch aussteht.[355]

Beide Vorschriften – und das gilt letztlich auch für § 17 GBO[356] – bezwecken indes allein die Sicherung des Eigentumserwerbs. Es soll gewährleistet werden, dass der Erwerb des Grundeigentums nicht an Umständen scheitert, die erst während des vom Erwerber in seiner Dauer nicht beeinflussbaren Grundbuchverfahrens eintreten. Hier steht indes nicht der Eigentumserwerb des Beschenkten an dem Geschenk in Frage, sondern es geht um den Schutz seines Vertrauens in die Rechtsbeständigkeit dieses Erwerbs.[357] Daher geht die aus dem Regelungszusammenhang und dem Zweck des § 529 Abs.1, 2. Fall BGB zu beantwortende Frage allein dahin, ab wann ein entsprechender Vertrauensschutz gerechtfertigt ist und dementsprechend die Zehnjahresfrist zu laufen beginnt.

Die besseren Gründe sprechen insofern aber für den Abschluss des Erwerbtatbestandes und damit für den Eintritt des Leistungserfolgs.[358] Der Schutz des Vertrauens in die Rechtsbeständigkeit des Erwerbs setzt zunächst den Erwerb selbst voraus. Ein Vertrauen in den Verbleib einer Sache kann es vor deren Erlangung nicht geben. Wenn der BGH daher ausführt, der Beschenkte habe nach wirksamer Auflassung und Beantragung der Eintragung der Rechtsänderung im Grundbuch eine Stellung erlangt, in der er berechtigterweise davon ausgehen könne, dass ihm der geschenkte Gegenstand auf Dauer *verbleibe*,[359] wird damit das Vertrauen in den Rechtserwerb mit dem Vertrauen in die Rechtsbeständigkeit des Erwerbs vermengt. Daher vermag auch die vom BGH in ihrer Gesamtausrichtung

355 Letzteres hat zwar keinen ausdrücklichen Niederschlag im Gesetz gefunden, ergibt sich aber aus dem Sinn und Zweck der in Rede stehenden Vorschriften, die Parteien allein von den Zufälligkeiten der Dauer des Grundbuchverfahrens zu entlasten und lässt sich mittelbar § 892 Abs.2 am Ende BGB entnehmen.

356 Unter Mitberücksichtigung des § 17 GBO geht es um die Sicherung des (weiteren) lastenfreien Eigentumserwerb, was aber inhaltlich an der weiteren Argumentation im Text nichts ändert.

357 So auch ausdrücklich BGHZ 190, 281, 286 (Rn. 23).

358 Im Ergebnis ebenso MüKo-Koch, § 529 Rn. 3; Erman-Herrmann, § 529 Rn. 2 sowie nun auch (allerdings ohne Berücksichtigung der aktuellen BGH-Rspr.) Staudinger-Chiusi, § 529 Rn. 6. Unklar insofern juris/PK-Sefrin, § 529 Rn. 7.

359 Siehe BGHZ 190, 281, 287 (Rn. 26).

auf die Existenz eines Anwartschaftsrechts[360] des Beschenkten gründende Argumentation das Ergebnis nicht zu tragen. Der Zweck eines Anwartschaftsrechts erschöpft sich nämlich gleichfalls in der Sicherung des Eigentumserwerbs,[361] über dessen Rechtsbeständigkeit ist damit nichts ausgesagt. Dass die Existenz eines Anwartschaftsrechts der falsche Ansatzpunkt für den Fristbeginn gemäß § 529 Abs.1, 2. Fall BGB ist, zeigt auch der Umstand, dass – und dies gilt wohl auch nach Ansicht des BGH[362] – allein der Erwerb einer Auflassungsvormerkung des Beschenkten den Lauf der Frist nicht in Gang zu setzen vermag, obschon eine solche seinen zukünftigen Eigentumserwerb nachhaltiger sichern würde als es die Rechtsposition des Beschenkten im zugrundeliegenden Fall tut.[363] Die auf ein Anwartschaftsrecht abstellende Ansicht ließe im Übrigen sogar einen Fristablauf vor Erwerb des Vollrechts zu, so etwa bei einem aufschiebend bedingten Eigentumserwerb, bei dem der Eintritt der Suspensivbedingung in entsprechend ferner Zukunft liegt. Dass der hier mit dem Vollzug der Schenkung[364] eröffnete Anwendungsbereich des § 528 BGB[365] nicht zwangsläufig den Fristbeginn nach § 529 Abs.1, 2. Fall BGB nach sich zieht,[366] wird indessen auch vom BGH konzediert.[367]

Nach alledem ist somit für den Beginn der Zehnjahresfrist des § 529 Abs.1, 2. Fall BGB der Erwerb des geschenkten Gegenstandes und damit bei Grundstücksschenkungen die den Erwerbstatbestand (regelmäßig)[368] abschließende Eigentumsumschreibung im Grundbuch maßgeblich, was im Übrigen auch dem allgemeinen Rechtsempfinden entspricht. So betrachtet der Erwerber eines Grundstücks dieses gemeinhin erst mit seiner Eintragung im Grundbuch als ihm gehörig und vertraut folglich auch erst ab diesem Zeitpunkt darauf, dass er es behalten darf. Dass der Beginn der Zehnjahresfrist damit mitunter von den Zufäl-

---

360 Entgegen der Ansicht des BGH (siehe BGHZ 49, 197, 200 f.; 83, 395, 399) erlangt der nicht durch eine Vormerkung gesicherte Grundstückserwerber angesichts der Unzulänglichkeiten des § 17 GBO (siehe dazu BGHZ 45, 186, 191 f.) mit Auflassung und Stellung des Eintragungsantrags noch kein Anwartschaftsrecht (dazu im Einzelnen Medicus/Petersen, Rn. 469).

361 Vgl. dazu schon Larenz, § 43 II c) (S. 119), wonach das Anwartschaftsrecht lediglich die unentziehbare Aussicht auf den Erwerb des Eigentums gewährt.

362 Vgl. insofern die Ausführungen zur Notwendigkeit eines eigenen Antrags des Beschenkten auf Eigentumsumschreibung in BGHZ 190, 281, 288 (Rn. 29 ff.).

363 Siehe dazu etwa Medicus/Petersen, Rn. 469 sowie ferner BGHZ 45, 186, 190. Siehe insofern auch § 106 Abs.1 InsO.

364 Siehe dazu im Einzelnen oben Zweiter Teil, 1. Kap., II. 2. (S. 50 f.).

365 Siehe BGHZ 169, 320, 325 (Rn. 19).

366 So aber Schippers, RNotZ 2006, 42, 46.

367 Siehe BGHZ 190, 281, 285 (Rn. 20).

368 Fehlt zum Zeitpunkt der Grundbucheintragung eine (wirksame) Auflassung, kommt es freilich auf deren Zeitpunkt als den Eigentumserwerb abschließenden Akt an.

ligkeiten der Dauer des Grundbuchverfahrens beeinflusst wird, ist im Kontext des § 529 Abs.1, 2. Fall BGB letztlich nicht von Belang. Denn das Gesetz schützt den Erwerber von Grundeigentum mit den Vorschriften der §§ 878, 892 Abs.2 BGB, 91 Abs.2 InsO, 17 GBO allein im Hinblick auf den Eigentumserwerb als solchen, dessen Zeitpunkt liegt dagegen außerhalb des Schutzbereichs der Vorschriften. Mit anderen Worten: Der Erwerber darf aufgrund der genannten Bestimmungen darauf vertrauen, das Eigentum zu erwerben, er darf indes nicht darauf vertrauen, dass dies zügig geschieht.[369]

b) Die Bedeutung vorbehaltener Nutzungsrechte für den Fristbeginn

In vielen Fällen einer Vermögensübertragung behält sich der Zuwendende zum Zwecke seiner Versorgung Nutzungsrechte an dem zugewendeten Gegenstand vor. Geradezu klassisch ist die Eigentumsübertragung an einem Grundstück unter dem Vorbehalt eines lebenslangen Nießbrauchs oder eines lebenslangen dinglichen oder schuldrechtlichen Wohnrechts.[370] Fraglich ist, ob ein solcher Vorbehalt von Nutzungsrechten den Fristbeginn gemäß § 529 Abs.1, 2. Fall BGB hindert.[371] Wäre dies der Fall, würde die Zehnjahresfrist ungeachtet des Eigentumserwerbs durch den Beschenkten nicht zu laufen beginnen.

Für Schenkungen gemäß § 2325 BGB wird dies von der Rechtsprechung bejaht. Danach liege die für den Fristbeginn nach § 2325 Abs.3 S.2 BGB (vormals § 2325 Abs.3, 1. Halbs. BGB) erforderliche Leistung nur vor, wenn der Erblasser nicht nur seine Rechtsstellung als Eigentümer endgültig aufgebe, sondern auch darauf verzichte, den verschenkten Gegenstand – sei es aufgrund vorbehaltener dinglicher Rechte, sei es durch Vereinbarung schuldrechtlicher Ansprüche – im Wesentlichen weiterhin zu nutzen.[372] Für den Bereich des Pflichtteilsrechts

369 Nur beiläufig sei erwähnt, dass es wohl kaum eine andere Vorschrift im BGB gibt, die von so vielen Zufälligkeiten beeinflusst wird wie § 528 BGB. Das betrifft schon den Zeitpunkt, zu dem sich Eltern zu einer Vermögensübertragung an ihre Kinder entschließen, erstreckt sich weiter darauf, ob und wann eine Pflegebedürftigkeit eintritt sowie ferner auf deren Ausmaß, welches ja maßgeblichen Einfluss auf die Höhe des zu deckenden Unterhaltsbedarfs hat und betrifft (nun in stärkerem Maße) möglicherweise auch den Tag der Antragstellung durch den bevollmächtigten Notar. Die in Rede stehende Rechtsprechung des BGH zum Fristbeginn gemäß § 529 Abs.1, 2. Fall BGB vergrößert jedenfalls die notariellen Haftungsrisiken aus einer verzögerten Antragstellung.

370 Vgl. etwa Schippers, RNotZ 2006, 42, 53. Vgl. ferner Bengel, MittBayNot 2003, 270, 276.

371 Dazu eingehend Schippers, RNotZ 2006, 42 ff.; siehe ferner Gühlstorf/Ette, ZfF 2008, 13 ff.

372 Siehe dazu und zum Folgenden BGHZ 123, 395, 398 f.

verdient diese Auffassung Zustimmung.[373] Ausweislich der Gesetzesmaterialien sollen zum Schutz der Pflichtteilsberechtigten nur solche Schenkungen bei der Pflichtteilsberechnung unberücksichtigt bleiben, deren Folgen der Erblasser selbst längere Zeit hindurch noch zu tragen hat und die damit zugleich eine Sicherheit dafür bieten, dass er sich bei der Vornahme der Schenkung von guten Gründen und nicht von der Absicht hat leiten lassen, die Pflichtteilsberechtigten zu benachteiligen.[374] Daher beginnt gemäß § 2325 Abs.3 S.3 BGB der Lauf der Zehnjahresfrist bei Schenkungen unter Ehegatten auch nicht vor Auflösung der Ehe.[375] Obschon rechtlich ein Eigentumswechsel von dem einen auf den anderen Ehegatten eintritt, bleibt der verschenkte Gegenstand de facto gemeinschaftliches Vermögen beider Ehegatten, so dass der schenkende Ehegatte während der Ehe den Genuss des verschenkten Gegenstandes tatsächlich nicht entbehren muss.[376] Damit bietet gerade § 2325 Abs.3 S.3 BGB ein gewichtiges Argument für die Rechtsprechung des BGH zur wirtschaftlichen Ausgliederung des Geschenks aus dem Vermögen des Erblassers.[377] Diese Grundsätze, die die höchstrichterliche Rechtsprechung auf der Grundlage des seinerzeit geltenden Alles oder Nichts-Prinzips des § 2325 Abs.3, 1. Halbs. a.F. BGB aufgestellt haben, behalten auch für die nunmehr geltende pro-rata-Regelung des § 2325 Abs.3 S.1 BGB ihre Berechtigung. Denn genauso wie weiterhin die Frage des Fristbeginns zu klären ist, gilt es auch hier einer, nunmehr gleitenden, Aushöhlung des Pflichtteils zu begegnen.

Die Interessenlage bei der Rückforderung einer Schenkung wegen Verarmung ist indes eine andere.[378] Hier geht es nicht um den Schutz von Pflichtteilsberechtigten vor einer Schmälerung ihres Pflichtteils durch bösliche Schenkungen des Erblassers, sondern um die Sicherstellung der eigenen Unterhaltsinteressen des Schenkers bzw. der seiner gesetzlichen Unterhaltsgläubiger. Während die schenkweise Veräußerung von Gegenständen unter dem Vorbehalt eines lebenslangen Nutzungsrechts zu einer Aushöhlung des Pflichtteils taugt, gegen die es

---

373 Zustimmend auch die überwiegende Ansicht im Schrifttum, vgl. etwa Soergel-Dieckmann, § 2325 Rn. 53; Erman-Schlüter, § 2325 Rn. 4; Palandt-Weidlich, § 2325 Rn. 26; Michalski, Rn. 572; Leipold, Rn. 844a; Draschka, NJW 1993, 437 f., jew. m.w.N.; kritisch dagegen MüKo-Lange, § 2325 Rn. 59; Staudinger-Olshausen, § 2325 Rn. 58; Lange/Kuchinke, § 37 X 4 a) (S. 941 f.).

374 Vgl. Protokolle V 587, 588, wiedergegeben in BGHZ 98, 226, 231 f.

375 Entsprechendes gilt gemäß § 10 Abs.6 S.2 LPartG für Schenkungen unter Lebenspartnern bzw. Lebenspartnerinnen.

376 Vgl. Protokolle V 587, 588, wiedergegeben in BGHZ 98, 226, 232.

377 Gleichbedeutend mit wirtschaftlicher Ausgliederung (vgl. etwa BGHZ 98, 226, 233) ist häufig auch von Genussverzicht des Erblassers die Rede (vgl. etwa BGHZ 98, 226, 232; 125, 395 (Leitsätze b) und c), 398; 190, 281, 290 (Rn. 37).

378 Siehe dazu überzeugend BGHZ 190, 281, 289 f. (Rn. 36 f.) m.w.N.

daher Vorkehrungen zu treffen gilt, erweist sich eine solchermaßen gestaltete Vermögensübertragung im Lichte des § 528 BGB als geradezu wünschenswert.[379] Das vorbehaltene Nutzungsrecht führt nämlich dazu, dass der Schenker zumindest partiell seinen Unterhalt selbst zu bestreiten vermag,[380] was seine eigene Bedürftigkeit zugunsten seiner Unterhaltsverpflichteten bzw. der Allgemeinheit vermindert und seine Leistungsfähigkeit gegenüber seinen gesetzlichen Unterhaltsgläubigern erhöht.[381] Damit droht keinem der an einer Schenkungsrückforderung gemäß § 528 BGB (potentiell) Beteiligten eine Beeinträchtigung seiner schutzwürdigen Interessen, so dass die Übertragung der aus dem Pflichtteilsrecht stammenden Rechtsprechung zur wirtschaftlichen Ausgliederung des Geschenks aus dem Vermögen des Schenkers auf eine Schenkungsrückforderung wegen Verarmung weder geboten noch zu rechtfertigen ist.[382] Der Vorbehalt eines lebenslangen Nutzungsrechts an einem verschenkten Grundstück zugunsten des Schenkers hindert somit den Beginn der Zehnjahresfrist des § 529 Abs.1, 2. Fall BGB nicht.[383]

c) Kein Eintritt der Bedürftigkeit des Schenkers innerhalb der Zehnjahresfrist

Nach der hier vertretenen Ansicht beginnt die Frist des § 529 Abs.1, 2. Fall BGB ausnahmslos (erst) mit dem Erwerb des geschenkten Gegenstands, bei Grundstücksschenkungen folglich mit Auflassung und Eintragung des Beschenkten im Grundbuch. Tritt von diesem Zeitpunkt an gerechnet innerhalb der nächsten zehn Jahre keine Bedürftigkeit des Schenkers ein, ist die Schenkung rückforderungsfest.

Kommt es hingegen innerhalb dieser Frist zu einer Unterhaltsbeeinträchtigung im Sinne des § 528 Abs.1 S.1 BGB, hat der Beschenkte das Geschenk herauszugeben bzw. (Teil-)Wertersatz zu leisten. Auf die Geltendmachung des Rück-

---

379 Ebenso MüKo-Koch, § 529 Rn. 3; Schippers, RNotZ 2006, 42, 52.

380 Siehe BGH NJW 2003, 1384, 1385 für den vorbehaltenen Nießbrauch an einer Eigentumswohnung.

381 Siehe BGHZ 190, 281, 290 (Rn. 37).

382 So nun auch BGHZ 190, 281, 290.

383 BGHZ 190, 281 (Leitsatz b), 290 (Rn. 37). Ebenso MüKo-Koch, § 529 Rn. 3; Staudinger-Chiusi, § 529 Rn. 6 wie auch schon Staudinger (2005)-Wimmer-Leonhardt, § 529 Rn. 8; juris/PK-Sefrin, § 529 Rn. 7; Erman-Herrmann, § 529 Rn. 2; Palandt-Weidenkaff, § 529 Rn. 2; PWW-Hoppenz, § 529 Rn. 5; Bamberger/Roth-Gehrlein, § 529 Rn. 3; HK/BGB-Saenger, §§ 528, 529 Rn. 5; anderer Ansicht noch Soergel-Mühl/Teichmann, § 529 Rn. 3.

forderungsanspruchs kommt es dabei nicht an.[384] Diese kann auch noch nach Ablauf der Frist erfolgen, sofern nur die Bedürftigkeit innerhalb der Zehnjahresfrist eingetreten ist. Bei Eintritt eines laufenden Bedarfs innerhalb der Zehnjahresfrist, wie wiederkehrenden Kosten für ein Alten- oder Pflegeheim, kann der Schenkungsrückforderungsanspruch auch wegen des über den Fristablauf hinaus ununterbrochen fortbestehenden Bedarfs geltend gemacht werden.[385] Entsteht dagegen nach Ablauf der Zehnjahresfrist ein neuer Bedarf, steht § 529 Abs.1, 2. Fall BGB insofern einer Rückforderung der Schenkung entgegen.[386]

Maßgeblich für die Fristberechnung ist nach dem klaren und unmissverständlichen Wortlaut des § 529 Abs.1, 2. Fall BGB der Zeitpunkt des tatsächlichen Eintritts der Bedürftigkeit des Schenkers. Es genügt nicht, wenn vor Ablauf der Zehnjahresfrist die Umstände eingetreten sind, aus denen sich im weiteren Verlauf, möglicherweise auch sehr zeitnah, eine Erschöpfung des Vermögens des Schenkers ergeben wird.[387] Die Erschöpfung seines Vermögens muss vielmehr selbst innerhalb der Frist eingetreten sein. Verfügt der in einem Pflegeheim untergebrachte Schenker mithin gerade noch über die finanziellen Mittel zur Deckung der Pflegekosten für den letzten Monat der Zehnjahresfrist und tritt sodann erst die Erschöpfung seines Vermögens ein, scheidet folglich eine Schenkungsrückforderung gemäß § 529 Abs.1, 2. Fall BGB aus. Ist andererseits das Vermögen schon im letzten Monat und damit innerhalb der Frist aufgebraucht, steht § 529 Abs.1, 2. Fall BGB einer Schenkungsrückforderung nicht entgegen und der Beschenkte ist zur Befriedigung des auch über den Ablauf der Zehnjahresfrist hinausreichenden wiederkehrenden Unterhaltsbedarfs des Schenkers verpflichtet.[388]

Für Beschenkte ist eine solche, von den Zufälligkeiten mitunter nur eines einzigen Tages abhängige Haftung mit ihren oftmals weitreichenden Folgen häufig nur schwer nachvollziehbar.[389] Sie versuchen daher zuweilen, ihrer Ein-

---

384 Vgl. etwa Staudinger (2005)-Wimmer-Leonhardt, § 529 Rn. 7; Soergel-Mühl/Teichmann, § 529 Rn. 3; RGRK-Mezger, § 529 Rn. 2. Siehe dazu auch Mester, ZfF 2003, 49, 50.

385 Siehe MüKo-Koch, § 529 Rn. 3.

386 Vgl. MüKo-Koch, § 529 Rn. 3; Staudinger (2005)-Wimmer-Leonhardt, § 529 Rn. 7.

387 Siehe BGHZ 143, 51, 54 f. = LM § 529 BGB Nr.1 m. zust. Anm. Kollhosser = ZEV 2000, 111 m. zust. Anm. Putzo. Zustimmend auch Heinrichs, EWiR 2000, 163 f. Siehe ferner MüKo-Koch, § 529 Rn. 3; Staudinger-Chiusi, § 529 Rn. 5 sowie Staudinger (2005)-Wimmer-Leonhardt, § 529 Rn. 7; juris/PK-Sefrin, § 529 Rn. 7; Palandt-Weidenkaff, § 529 Rn. 2. Insoweit unzutreffend Bamberger/Roth-Gehrlein, § 529 Rn. 3.

388 Vgl. zu Letzterem MüKo-Koch, § 529 Rn. 3.

389 Vgl. Bengel, MittBayNot 2003, 270, 271, der daher auch bei § 529 Abs.1, 2. Fall BGB für eine Abkehr vom „Alles oder Nichts-Prinzip“ plädiert und eine dem inzwischen modifizierten § 2325 Abs.3 S.1 BGB entsprechende pro-rata-Regelung empfiehlt.

standspflicht zu Lasten des Sozialhilfeträgers dadurch zu entgehen, dass sie dem Schenker die für die verbleibende Zeit der Zehnjahresfrist erforderlichen finanziellen Mittel zur Verfügung stellen. Sofern sich dieser Sachverhalt, insbesondere die Herkunft der beim Schenker zum Zeitpunkt des Fristablaufs noch vorhandenen Mittel, hinlänglich aufklären lässt, wird man es indes so zu beurteilen haben, dass die Bedürftigkeit des Schenkers innerhalb der Frist eingetreten ist und dass die Überlassung der Mittel bereits die Erfüllung des – insofern eben nicht an § 529 Abs.1, 2. Fall BGB scheiternden – Schenkungsrückforderungsanspruchs durch den Beschenkten darstellt.

d) Modifizierung der Zehnjahresfrist durch Parteivereinbarung

Fraglich bleibt, ob und inwieweit die Frist des § 529 Abs.1, 2. Fall BGB zur Disposition der Parteien steht und damit durch eine Vereinbarung zwischen den Beteiligten modifiziert werden kann. Es wird die Ansicht vertreten, dass eine Verkürzung der Zehnjahresfrist durch Vereinbarung zwischen Schenker und Beschenktem möglich sei, sofern der Anspruch aus § 528 BGB noch nicht auf den Sozialhilfeträger übergegangen sei.[390] Diese Ansicht ist jedoch abzulehnen, da eine Verkürzung der Ausschlussfrist des § 529 Abs.1, 2. Fall BGB in ihren Wirkungen quasi einem Vorausverzicht auf den Schenkungsrückforderungsanspruch gleichkommen kann, der, wie im Weiteren noch zu zeigen sein wird,[391] gleichfalls unzulässig ist.[392] Gegen eine Verlängerung der Zehnjahresfrist durch Parteivereinbarung ist hingegen nichts einzuwenden.

3. Gefährdung des eigenen Notbedarfs des Beschenkten gemäß § 529 Abs.2 BGB

Nach § 529 Abs.2 BGB ist der Schenkungsrückforderungsanspruch ausgeschlossen, soweit der Beschenkte bei Berücksichtigung seiner sonstigen Verpflichtungen außerstande ist, das Geschenk herauszugeben, ohne dass sein standesgemäßer Unterhalt oder die Erfüllung der ihm kraft Gesetzes obliegenden Unterhaltspflichten gefährdet wird. Unter standesgemäßem Unterhalt ist der

390 So Staudinger (2005)-Wimmer-Leonhardt, § 529 Rn. 2; juris/PK-Sefrin, § 529 Rn. 11 und nun auch Staudinger-Chiusi, § 529 Rn. 12.

391 Siehe dazu im Einzelnen unten Zweiter Teil, 1. Kap., VII. 2. (S. 117 ff.).

392 Einen solchen Vorausverzicht hält indes auch Staudinger (2005)-Wimmer-Leonhardt, § 528 Rn. 38 für unzulässig; ebenso wohl auch Staudinger-Chiusi, § 528 Rn. 34.

angemessene Unterhalt zu verstehen.[393] Das Familienrechtsänderungsgesetz aus dem Jahre 1961, aufgrund dessen der nicht mehr zeitgemäße Begriff des standesgemäßen Unterhalts im Bürgerlichen Gesetzbuch durch den des angemessenen Unterhalts ersetzt wurde,[394] hat § 529 Abs.2 BGB seinerzeit schlicht übersehen.[395] Damit entsprechen die Voraussetzungen des § 529 Abs.2 BGB denen der Notbedarfseinrede gemäß § 519 Abs.1 BGB.[396]

Da es sich somit auch hier um eine dilatorische Einrede handelt, entfällt der Schenkungsrückforderungsanspruch nicht bei Vorliegen der Voraussetzungen des § 529 Abs.2 BGB, es ist vielmehr nur seine Durchsetzbarkeit gehemmt, solange und soweit es dem Beschenkten an der erforderlichen Leistungsfähigkeit ermangelt.[397] Bei einer Verbesserung seiner finanziellen Verhältnisse entfällt folglich die Einrede und der Beschenkte ist bei einer weiterhin bestehenden Unterhaltsbeeinträchtigung des Schenkers zur Erfüllung des Anspruchs aus § 528 Abs.1 S.1 BGB verpflichtet. Dass zuvor ein auf § 529 Abs.2 BGB basierendes Urteil zu seinen Gunsten ergangen ist, steht dem nicht entgegen, da bei Vorliegen der Voraussetzungen des § 529 Abs.2 BGB die Klage des Schenkers nur als zurzeit unbegründet abgewiesen wird und der Schenker dadurch an einer weiteren Klage nicht gehindert ist.[398]

a) Unterhaltsgefährdung des Beschenkten

§ 529 Abs.2 BGB setzt, ebenso wie § 519 Abs.1 BGB, keine Unterhaltsbeeinträchtigung, sondern lediglich eine Unterhaltsgefährdung voraus.[399] Dazu muss die begründete Besorgnis bestehen, dass der Beschenkte unter Berücksichtigung seiner sonstigen Verpflichtungen nicht über ausreichende Mittel zur Bestreitung seines eigenen angemessenen Unterhalts und zur Erfüllung seiner gesetzlichen

---

393 Siehe etwa BGH NJW 2000, 3488, 3489; NJW 2005, 3638; MüKo-Koch, § 529 Rn. 4; Staudinger-Chiusi, § 529 Rn. 7; Erman-Herrmann, § 529 Rn. 2; Palandt-Weidenkaff, § 529 Rn. 3.

394 Insoweit handelte es sich freilich um keine sachliche, sondern allein um eine sprachliche Änderung, die den Gesetzeswortlaut an die geänderten, nicht mehr länger auf eine Standeszugehörigkeit abhebenden Verhältnisse anpassen sollte (siehe BGH NJW 2003, 1384, 1387).

395 Siehe zu diesem gesetzgeberischen Redaktionsversehen BGH NJW 2000. 3488, 3489; Michalski/Radke, Anm. zu BGH LM § 529 BGB Nr.2; MüKo-Koch, § 529 Rn. 4; Staudinger-Chiusi, § 529 Rn. 7; Erman-Herrmann, § 529 Rn. 2.

396 Allgemeine Meinung: Siehe etwa MüKo-Koch, § 529 Rn. 4; Staudinger-Chiusi, § 529 Rn. 7; juris/PK-Sefrin, § 529 Rn. 8; Erman-Herrmann, § 529 Rn. 2.

397 Siehe dazu BGH NJW 2005, 3638 m.w.N.

398 Siehe BGH NJW 2005, 3638 f.; vgl. ferner Gühlstorf, ZfF 2006, 121, 129.

399 Siehe BGH NJW 2001, 1207, 1209 sowie ferner MüKo-Koch, § 529 Rn. 4; Staudinger-Chiusi, § 529 Rn. 9.

Unterhaltspflichten verfügt, wenn er seine Verpflichtung aus § 528 Abs.1 BGB gegenüber dem Schenker erfüllt.[400]

Zur Feststellung einer solchen Unterhaltsgefährdung bedarf es einer Bilanzierung des Vermögens des Beschenkten.[401] Dazu ist sein Aktivvermögen zu ermitteln, von dem zunächst seine sonstigen Verpflichtungen abzuziehen sind.[402] Ebenso wie vor dem Vollzug des Schenkung im Kontext des § 519 Abs.1 BGB die sonstigen Gläubiger des Schenkers den Vorrang gegenüber dem Beschenkten genießen, existiert damit nach dem Vollzug der Schenkung im Kontext des § 529 Abs.2 BGB ein entsprechender Befriedigungsvorrang der sonstigen Gläubiger des Beschenkten gegenüber dem Schenker.

Das so ermittelte Vermögen des Beschenkten bildet die Grundlage einer sodann vorzunehmenden Prognose. Unter Berücksichtigung seiner gesicherten Erwerbsaussichten ist zu ermitteln, wie viel der Beschenkte von diesem Vermögen für seinen eigenen angemessenen Unterhalt und ihn treffende gesetzliche Unterhaltspflichten zukünftig benötigt.[403] Dabei bleiben auch hier eigene (potentielle) Unterhaltsansprüche des Beschenkten als Erwerbsmöglichkeit unberücksichtigt.[404] Denn dem Beschenkten soll es durch eine Leistungsverweigerung gemäß § 529 Abs.2 BGB gerade ermöglicht werden, seinen Unterhalt selbst zu bestreiten. Genauso wie seinerzeit der Beschenkte gegenüber der Notbedarfseinrede des Schenkers aus § 519 Abs.1 BGB nicht hatte einwenden können, dass dem Schenker bei Erfüllung des Schenkungsversprechens wegen einer dann vorhandenen Bedürftigkeit Unterhaltsansprüche gegen Dritte zustehen, ist es nunmehr dem Schenker verwehrt, eine Erfüllung seines Schenkungsrückforderungsanspruchs mit einem Hinweis auf sodann bestehende Unterhaltsansprüche des Beschenkten gegen Dritte zu verlangen.

---

400 Vgl. BGH NJW 2001, 1207, 1209; MüKo-Koch, § 529 Rn. 4; Staudinger (2005)-Wimmer-Leonhardt, § 529 Rn. 10; juris/PK-Sefrin, § 529 Rn. 8.

401 Vgl. dazu und zum Folgenden etwa Erman-Herrmann, § 529 Rn. 2 i.V.m. § 519 Rn. 2 sowie zum inhaltsgleichen § 519 BGB, MüKo-Koch, § 519 Rn. 2.

402 Ebenso wie bei § 519 Abs.1 BGB geschieht dies jedoch nicht ausnahmslos in Höhe ihres Nennwerts, da auch § 529 Abs.2 keinen Abzug, sondern lediglich die Berücksichtigung der sonstigen Verpflichtungen fordert. Jene sind daher nur in Höhe ihres gegenwärtigen wirtschaftlichen Wertes in Ansatz zu bringen, was vor allem bei bedingten und betagten Verbindlichkeit von Bedeutung ist (siehe insofern zum inhaltsgleichen § 519 BGB, MüKo-Koch, § 519 Rn. 2; Staudinger-Chiusi, § 519 Rn. 4; Erman-Herrmann, § 519 Rn. 2).

403 Siehe insofern zum inhaltsgleichen § 519 BGB, MüKo-Koch, § 519 Rn. 2.

404 Vgl. insofern zum inhaltsgleichen § 519 BGB, MüKo-Koch, § 519 Rn. 2; Staudinger-Chiusi, § 519 Rn. 4; Palandt-Weidenkaff, § 519 Rn. 4.

Bei der im Rahmen des § 529 Abs.2 BGB anzustellenden Prognose über die zukünftige Leistungsfähigkeit des Beschenkten sind zwei Fragen zu klären. Die erste betrifft die Bemessung des eigenen angemessenen Unterhalts des Beschenkten und die zweite den Zeitraum, auf den sich die anzustellende Prognose erstreckt.

b) Bestimmung des angemessenen Unterhalts des Beschenkten

Zur Bemessung des angemessenen Unterhalts des Beschenkten im Sinne des § 529 Abs.2 BGB sind nach Ansicht des BGH und des ihm ganz überwiegend folgenden Schrifttums die jeweils einschlägigen familienrechtlichen Bestimmungen des Unterhaltsrechts und die von der Rechtsprechung dazu entwickelten Grundsätze heranzuziehen.[405] Sofern die Schenkung zwischen Personen erfolgt ist, die einander dem Grunde nach kraft Gesetzes unterhaltspflichtig sind, richtet sich der angemessene Unterhalt des Beschenkten mithin nach den Vorschriften und Grundsätzen, die für eben dieses Unterhaltsrechtsverhältnis gelten,[406] also entweder nach den Vorschriften und Regeln des Verwandten-, des Ehegatten- oder des Lebenspartnerschaftsunterhalts.[407] Besteht zwischen Schenker und Beschenkten keine unterhaltsrechtliche Beziehung, weil die Schenkung an einen Familienfremden oder an einen außerhalb des gesetzlichen Unterhaltsrechts stehenden Angehörigen erfolgt ist, sind nach Ansicht der Rechtsprechung, der das Schrifttum gleichfalls weitestgehend folgt, die §§ 1603 Abs.1, 1610 Abs.1 BGB heranzuziehen und dabei die Maßstäbe und Grundsätze zugrunde zu legen, die die Rechtsprechung zum Elternunterhalt entwickelt hat.[408] Der Beschenkte befinde sich nämlich regelmäßig in einer ähnlichen Lebenssituation wie ein erwachsenes Kind, das allenfalls wegen einer unerwarteten Hilfebedürftigkeit der Eltern mit

---

405 Siehe BGH NJW 2000, 3488, 3489 = LM § 529 BGB Nr.2 m. zust. Anm. Michalski/Radke; BGH NJW 2001, 1207, 1209; 2003, 1384, 1388; MüKo-Koch, § 529 Rn. 4; Staudinger-Chiusi, § 529 Rn. 8; juris/PK-Sefrin, § 529 Rn. 9; Erman-Herrmann, § 529 Rn. 2; Palandt-Weidenkaff, § 529 Rn. 3; Bamberger/Roth-Gehrlein, § 529 Rn. 4; NK/BGB-Dendorfer, § 529 Rn. 9; Jauernig-Mansel, Anm. §§ 528, 529 Rn. 5; HK/BGB-Saenger, §§ 528, 529 Rn. 5. Vgl. ferner Wedemann, NJW 2011, 571.

406 Vgl. Palandt-Weidenkaff, § 529 Rn. 3; Wedemann, NJW 2011, 571.

407 Bei Ehe und Lebenspartnerschaft gelten zudem noch die Differenzierungen, die sich bei Bestehen der Lebensgemeinschaft, Getrenntleben und nachehelichem bzw. nachpartnerschaftlichem Unterhalt ergeben.

408 Siehe BGH NJW 2000, 3488, 3489 = LM § 529 BGB Nr.2 m. zust. Anm. Michalski/Radke; BGH NJW 2001, 1207, 1209; juris/PK-Sefrin, § 529 Rn. 9; Erman-Herrmann, § 529 Rn. 2. Vgl. ferner MüKo-Koch, § 529 Rn. 4; Staudinger-Chiusi, § 529 Rn. 8; Palandt-Weidenkaff, § 529 Rn. 3; Bamberger/Roth-Gehrlein, § 529 Rn. 4; Jauernig-Mansel, Anm. §§ 528, 529 Rn. 5. Kritisch dazu Wedemann, NJW 2011, 571, 574 f.

einer Belastung durch die hierdurch entstehenden zusätzlichen Kosten rechnen müsse.[409] Dem Beschenkten sei damit als eigener angemessener Unterhalt im Rahmen des § 529 Abs.2 BGB so viel zu belassen, wie er bei einer bestehenden Unterhaltspflicht gegenüber seinen Eltern beanspruchen könne.[410]

Damit erfährt der Beschenkte eine sehr schonende Behandlung. Das gilt umso mehr als der BGH in der jüngeren Vergangenheit durch mehrere Grundsatzentscheidungen die Unterhaltspflichten von Kindern gegenüber ihren Eltern erheblich eingeschränkt hat.[411] Kernaussage dieser Rechtsprechung ist, dass ein unterhaltspflichtiges Kind eine spürbare und dauerhafte Senkung seines berufs- und einkommenstypischen Unterhaltsniveaus jedenfalls insoweit nicht hinzunehmen brauche, als es nicht einen nach den Verhältnissen unangemessenen Aufwand betreibe oder ein Leben im Luxus führe.[412] Eckpfeiler dieser Rechtsprechung sind ein verhältnismäßig hoher Mindestselbstbehalt der Kinder mit einer nur hälftigen Berücksichtigung des diesen Selbstbehalt übersteigenden Einkommens,[413] eine großzügige einkommensmindernde Berücksichtigung von Leistungen zur Altersvorsorge[414] mit einem daran anknüpfenden Schutz des gebildeten Altersvorsorgevermögens[415] sowie die prinzipielle Unzumutbarkeit der Verwertung eines angemessenen Familienheims.[416] Auch mit einer Bejahung von Erwerbsobliegenheiten verfährt die Rechtsprechung im Bereich des Elternunterhalts sehr zurückhaltend.[417]

Neben dem schon genannten Argument, dass Kinder regelmäßig nicht damit rechnen müssten, dass ihre Eltern unterhaltsbedürftig werden,[418] begründet der BGH seine schuldnerfreundliche Rechtsprechung damit, dass eine Inanspruchnahme für den Unterhalt von Eltern in der Regel erst erfolge, wenn das unter-

---

409 Siehe BGH NJW 2000, 3488, 3489.

410 BGH NJW 2000, 3488, 3489; 2001, 1207, 1209; 2003, 1384, 1388. Siehe ferner Erman-Herrmann, § 529 Rn. 2.

411 Siehe dazu Eberl-Borges/Schüttlöffel, FamRZ 2006, 589, 593 ff.; Ehinger, NJW 2008, 2465, 2467 ff. sowie Wedemann, NJW 2011, 571, 572 f.

412 Siehe BGHZ 152, 217, 227.

413 Siehe BGHZ 152, 217, 226 ff. Dazu Eberl-Borges/Schüttlöffel, FamRZ 2006, 589, 594 f.; Ehinger, NJW 2008, 2465, 2467; Wedemann, NJW 2011, 571, 572.

414 Siehe BGH NJW 2003, 1660, 1662; BGH NJW-RR 2004, 793, 794; BGHZ 169, 59, 69 f. (Rn. 28 ff.). Zu weiteren einkommensmindernden Verbindlichkeiten, siehe Ehinger, NJW 2008, 2465, 2468 f. m.w.N.

415 Siehe BGH NJW-RR 2004, 793, 794; BGHZ 169, 59, 70 (Rn. 31).

416 Siehe BGHZ 154, 247, 254; 169, 59, 68 (Rn. 27). Siehe ferner Brudermüller, NJW 2004, 633, 637 m.w.N.

417 Siehe dazu Wedemann, NJW 2011, 571, 573 f.

418 Vgl. BGHZ 152, 217, 227.

haltspflichtige Kind sich selbst bereits in einem höheren Lebensalter befinde, seine Lebensverhältnisse demzufolge bereits längerfristig seinem Einkommensniveau angepasst habe und Vorsorge für sein eigenes Alter treffen möchte.[419] Außerdem hätten die Unterhaltspflichtigen in der Regel bereits erhebliche Aufwendungen zur Erfüllung des Generationenvertrages erbracht, indem sie eigene Kinder großgezogen und deren Ausbildung finanziert und zugleich durch ihre Sozialversicherungsabgaben dazu beigetragen hätten, dass die Elterngeneration im Alter versorgt werde.[420]

Während der BGH mit diesen Ausführungen die besondere Schutzwürdigkeit unterhaltspflichtiger Kinder beim Elternunterhalt umfassend und überzeugend darlegt, lässt dessen Begründung zur Heranziehung dieser Regeln im Rahmen des § 529 Abs.2 BGB wichtige Aspekte unbeachtet. So erfolgt die Befriedigung von Unterhaltsansprüchen typischerweise aus eigenen, vom Unterhaltspflichtigen selbst erarbeiteten oder erwirtschafteten Mitteln. Die Erfüllung des Schenkungsrückforderungsanspruchs vollzieht sich dagegen über eine Rückgabe des Geschenks bzw. durch eine Wertersatzleistung und damit mittels des vom Beschenkten unentgeltlich vom Schenker erlangten Vermögenswertes. Es ist aber ein gewichtiger Unterschied, ob eine Verbindlichkeit aus selbst erwirtschafteten Mitteln oder aus einer vormals unentgeltlich erlangten Zuwendung des nunmehr Anspruchsberechtigten zu erfüllen ist.[421] Darüber hinaus weist die Verpflichtung des Beschenkten eine auch beim Fortbestand der Bedürftigkeit des Schenkers mit der Begrenzung auf den Wert des Geschenks verbundene Endlichkeit auf, die bei einer Unterhaltspflicht so nicht existiert. Mit anderen Worten: Während der Beschenkte die Alimentation des Schenkers mittels der von ihm unentgeltlich erlangten Mittel allenfalls bis zu deren Erschöpfung schuldet, hat ein Unterhaltspflichtiger Leistungen zur Deckung des Lebensbedarfs des Unterhaltsberechtigten ohne eine solche Obergrenze aus Eigenmitteln zu bestreiten. Damit bestehen aber erhebliche Unterschiede in der Haftung zwischen einem Beschenkten und einem Unterhaltsschuldner, die gegen eine Gleichbehandlung beim Schutz der eigenen Unterhaltsinteressen sprechen. Vielmehr ist hier eine differenzierte Betrachtung geboten, die der geringeren Schutzwürdigkeit des Beschenkten bei einer Inanspruchnahme aus § 528 BGB angemessen Rechnung trägt.[422]

Darüber hinaus sollte auch nicht übersehen werden, dass der von der Rechtsprechung beim Elternunterhalt intendierte Schutz unterhaltspflichtiger Kinder

419 Siehe BGHZ 152, 217, 227.

420 Siehe BGHZ 152, 217, 228 f.

421 Vgl. insofern auch Wedemann, NJW 2011, 571, 574.

422 In diesem Sinne auch Wedemann, NJW 2011, 571, 574 f.

vor einer unerwarteten Schmälerung gewohnter Lebensverhältnisse bei einer Schenkungsrückforderung zugunsten des Beschenkten bereits über den Ausschlusstatbestand des § 529 Abs.1, 2. Fall BGB Berücksichtigung findet, so dass § 529 Abs.2 BGB, anders als die vom BGH beim Elternunterhalt herangezogene Parallelvorschrift des § 1603 Abs.1 BGB, diesem Aspekt nicht mehr Rechnung zu tragen braucht.[423] § 529 Abs.2 BGB dient vielmehr allein der Vermeidung einer Notlage des Beschenkten. Der Vorschrift liegt nach allgemeinem Verständnis die Erwägung zugrunde, dass die Rechtsordnung kein Interesse daran haben könne, den einen in ein Notlage zu stürzen, nur um den anderen ihr zu entreißen.[424] Während § 1603 Abs.1 BGB mit dem Schutz des angemessenen Unterhalts somit mehrere Ziele verfolgt, nämlich sowohl die Bewahrung des bisherigen Lebensstandards als auch die Vermeidung einer Notlage des Unterhaltsverpflichteten, dient § 529 Abs.2 BGB allein letztgenanntem Zweck. Auch dies spricht für eine differenzierte Auslegung der Vorschriften.[425]

Nähert man sich der Bestimmung der dem Beschenkten im Rahmen des § 529 Abs.2 BGB zu belassenden Mittel über den Zweck der Vorschrift, der in dem Schutz des Beschenkten vor dem Eintritt einer Notlage besteht und berücksichtigt man zudem seine im Vergleich zu einem Unterhaltspflichtigen verminderte Schutzwürdigkeit, so erscheint es zunächst naheliegend, auf den sog. Mindestselbstbehalt abzustellen. Dieser für alle Unterhaltsrechtsverhältnisse geltende Selbstbehalt soll sicherstellen, dass ein Unterhaltspflichtiger infolge seiner Unterhaltsleistung nicht selbst sozialhilfebedürftig wird.[426] Die finanzielle Leistungsfähigkeit endet nämlich schon aus verfassungsrechtlichen Gründen jedenfalls dort, wo der Unterhaltspflichtige nicht mehr in der Lage ist, seine eigene Existenz zu sichern.[427] Der so verstandene § 529 Abs.2 BGB wäre dann – neben den sonstigen Vorschriften zum Schutze des Beschenkten[428] – gewissermaßen ultima ratio zur Sicherung seines Lebensunterhalts.

Eine solche Deutung des § 529 Abs.2 BGB verbietet sich jedoch angesichts des eindeutigen Wortlauts der Vorschrift. Nach § 529 Abs.2 BGB endet die Verpflichtung des Beschenkten bei einer Gefährdung seines eigenen standesgemäßen und damit angemessenen Unterhalts. Das Gesetz definiert die anspruchshemmende Notlage des Beschenkten – ungeachtet seiner nur verminderten Schutzwürdig-

---

423 So zutreffend Wedemann, NJW 2011, 571, 574.

424 So schon Oertmann, § 529 Anm. 2; siehe ferner BGH NJW 2001, 1207, 1208; MüKo-Koch, § 529 Rn. 1; Wedemann, NJW 2011, 571, 574.

425 Siehe dazu auch Wedemann, NJW 2011, 571, 574.

426 Siehe etwa BGHZ 111, 194, 198; BGH FamRZ 1996, 1272, 1273; BGHZ 166, 351, 356 (Rn. 16 f.).

427 Vgl. BVerfG FamRZ 2001, 1685 f.; BGHZ 166, 351, 356 (Rn. 16).

428 Siehe §§ 818 Abs.3, 529 Abs.1, 534, 528 Abs.2 BGB.

keit – damit gerade nicht über das niedrige Niveau des Sozialhilfe- bzw. Grundsicherungsbedarfs, sondern über einen dem angemessenen Unterhalt entsprechenden Eigenbedarf. Angesichts dessen kommt auch der notwendige Unterhalt im Sinne des § 1603 Abs.2 BGB als Maßstab für eine Ermittlung des Selbstbehalts des Beschenkten nicht in Betracht. Jener unterscheidet sich gleichfalls deutlich vom angemessenen Unterhalt, auf den § 529 Abs.2 BGB allein rekurriert.[429]

Damit ist mit dem BGH[430] bei der Ermittlung der Leistungsfähigkeit des Beschenkten zutreffend § 1603 Abs.1 BGB heranzuziehen. § 1581 BGB, der gleichfalls auf einen angemessenen Unterhalt des Verpflichteten abstellt, aber einen geringeren Selbstbehalt bietet als § 1603 Abs.1 BGB,[431] basiert auf dem speziellen nachehelichen Unterhaltsrechtsverhältnis, das, anders als die §§ 529 Abs.2, 1603 Abs.1 BGB, nicht der Vermeidung einer Notlage des Unterhaltsberechtigten dient, sondern diesem die Fortsetzung der durch die Ehe geprägten Lebensverhältnisse ermöglichen soll.[432]

Im Rahmen der Bemessung des angemessenen Unterhalts im Sinne des § 1603 Abs.1 BGB gilt es indes, die verminderte Schutzwürdigkeit des Beschenkten zu berücksichtigen sowie dem Umstand Rechnung zu tragen, dass § 529 Abs.2 BGB nicht der Erhaltung des bisherigen Lebensstandards des Beschenkten dient. Vor diesem Hintergrund erweist sich die vom BGH befürwortete Anwendung der großzügigen, schuldnerprivilegierenden Grundsätze des Elternunterhalts als verfehlt.[433] Vielmehr sind dem Beschenkten bei der tatrichterlichen Bemessung[434] seines angemessenen Unterhalts spürbare Abstriche zuzumuten, die den genannten Besonderheiten Rechnung tragen. Dabei ist es dem Tatrichter nicht verwehrt, sich an Erfahrungs- und Richtwerten zu orientieren, so wie sie die Leitlinien verschiedener Oberlandesgerichte formulieren,[435] sofern nicht im Einzelfall besondere Umstände eine Abweichung gebieten.[436]

Eine praktikable und sachgerechte Lösung hat hier Wedemann mit einer Anlehnung an die Regeln für Unterhaltsansprüche volljähriger Kinder gegen ihre

---

429 Darüber hinaus trifft § 1603 Abs.2 BGB auch vom Normzweck her nicht zu. Vgl. dazu Wedemann, NJW 2011, 571, 575 m.w.N.
430 Grundlegend BGH NJW 2000, 3488, 3489.
431 Siehe BGHZ 166, 351 (Leitsatz a), 358 (Rn. 19).
432 Siehe BGHZ 166, 351, 360 (Rn. 25). Siehe ferner Wedemann, NJW 2011, 571, 575.
433 So auch Wedemann, NJW 2011, 571, 574.
434 Vgl. dazu etwa BGHZ 166, 351, 356 (Rn. 17), 364 (Rn. 32).
435 Deren bekannteste ist wohl die sog. Düsseldorfer Tabelle.
436 Siehe BGH NJW 1984, 1614; BGH FamRZ 1993, 43, 44 f.; BGHZ 166, 351, 356 (Rn. 17).

Eltern vorgeschlagen.[437] Diese Lösung berücksichtigt die verminderte Schutzwürdigkeit des Beschenkten durch einen geringeren Selbstbehalt, strengere Anforderungen beim Vermögenseinsatz und die generelle Bejahung einer Erwerbsobliegenheit des Beschenkten, belässt ihm jedoch ausreichende Mittel zur Vermeidung einer Notlage und wird damit dem Schutzzweck des § 529 Abs.2 BGB angemessen gerecht. Auch die Rechtsprechung hat zwischenzeitlich immerhin in Einzelfragen zu § 529 Abs.2 BGB einen strengeren Standpunkt eingenommen als im Bereich des Elternunterhalts. So wird im Rahmen der wirtschaftlichen Zumutbarkeit eine Obliegenheit des Beschenkten zur Belastung auch eines angemessenen Familienheims zum Zwecke der Kreditaufnahme bejaht.[438] Die Veräußerung einer solchen Liegenschaft bleibt dagegen weiterhin unzumutbar.[439] Ferner hat der BGH im Rahmen des § 529 Abs.2 BGB auch die grundsätzliche Obliegenheit des Beschenkten zur Aufnahme einer Erwerbstätigkeit konstatiert.[440]

Vor dem Hintergrund, dass die Inanspruchnahme des Verpflichteten gemäß § 528 BGB, ungeachtet seines über § 529 Abs.2 BGB an den Grundsätzen des Unterhaltsrechts orientierten Schutzes, in seiner spezifischen Funktion als Beschenkter und damit eben nicht als Unterhaltspflichtiger erfolgt, verbietet sich im Weiteren aber auch eine Differenzierung nach der Art eines gegebenenfalls bestehenden Unterhaltsrechtsverhältnisses zwischen Schenker und Beschenktem. Jene ist ohnehin nicht von Gesetzes wegen geboten, sondern Folge der Rechtsprechung des BGH, der in Rahmen des § 529 Abs.2 BGB die *jeweils* einschlägigen familienrechtlichen Bestimmungen und die von der Rechtsprechung dazu entwickelten Grundsätze heranziehen will.[441] Eine solche Differenzierung, die gegebenenfalls als Folge einer erhöhten familiären Solidarität und einer damit verbunden stärkeren Haftung des Beschenkten gegenüber dem Schenker vor allem auf einen geringeren Selbstbehalt des Beschenkten hinausläuft,[442] vermengt in unzulässi-

437 Siehe dazu im Einzelnen Wedemann, NJW 2011, 571, 575. Ablehnend insofern aber Staudinger-Chiusi, § 529 Rn. 8 sowie – wenngleich mit einer gewissen Sympathie für das entwickelte Lösungsmodell – MüKo-Koch, § 529 Rn. 4. Siehe dazu ferner Jauernig-Mansel, Anm. §§ 528, 529 Rn. 5.

438 Siehe dazu im Einzelnen BGH NJW 2000, 3488, 3491; NJW 2003, 1384, 1388, jew. m.w.N.

439 Siehe BGH NJW 2000, 3488, 3491; NJW 2003, 1384, 1388. Dagegen ist es dem Beschenkten zumutbar, ein geschenktes unbebautes Grundstück, aus dem er keine Einkünfte zieht und das er auch nicht für sich und seine Familie zum Wohnen benötigt, zu veräußern (so zutreffend OLG Hamm FamRZ 1993, 1436, 1437). Siehe ferner allgemein zur Zumutbarkeit der Vermögensverwertung im Rahmen des § 529 Abs.2 BGB, BGH NJW 2000, 3488, 3490.

440 Siehe dazu BGH NJW 2005, 3638, 3639.

441 Siehe einmal mehr BGH NJW 2000, 3488 (Leitsatz).

442 Zu den unterschiedlichen Selbstbehalten im Unterhaltsrecht, anschaulich BGHZ 166, 351 ff., insb. S. 356 ff. (Rn. 16 ff.).

ger Weise Schenkungs- und Unterhaltsrecht und offenbart ihre Schwächen mitunter bei der Rückabwicklung mehrerer Schenkungen gemäß § 528 BGB. Darüber hinaus entbehrt die Differenzierung nach Art eines gegebenenfalls bestehenden Unterhaltsrechtsverhältnisses zwischen Schenker und Beschenkten dort der rechten Überzeugungskraft, wo der Schenker das Geschenk nicht um seiner selbst willen, sondern zur Erfüllung seiner gesetzlichen Unterhaltspflichten begehrt und wo § 528 Abs.1 S.1 BGB mittelbar zu einer Alimentation außerhalb des Unterhaltsrechts führt.[443]

Als Ergebnis bleibt somit festzuhalten, dass sich der eigene angemessene Unterhalt des Beschenkten im Sinne des § 529 Abs.2 BGB unabhängig von einem gegebenenfalls bestehenden gesetzlichen Unterhaltsrechtsverhältnis zum Schenker stets auf der Grundlage der §§ 1603 Abs.1, 1610 Abs.1 BGB in Anlehnung an die von der Rechtsprechung zur Unterhaltspflicht von Eltern gegenüber volljährigen Kindern entwickelten Grundsätze und Maßstäbe bestimmt.

Bei einer Gefährdung der Erfüllung der gesetzlichen Unterhaltspflichten des Beschenkten ist im Rahmen des § 529 Abs.2 BGB dagegen auf deren jeweiligen Inhalt abzustellen.[444] Dies folgt notwendigerweise aus der Einbeziehung auch der Unterhaltsinteressen der gesetzlichen Unterhaltsberechtigten des Beschenkten in den Schutzbereich des in Rede stehenden Leistungsverweigerungsrechts.

c) Der maßgebliche Prognosezeitraum

Im Rahmen des § 529 Abs.2 BGB ist unter Berücksichtigung der gesicherten Erwerbsaussichten des Beschenkten zu prognostizieren, wie viel er von dem zuvor unter Berücksichtigung seiner sonstigen Verpflichtungen ermittelten Vermögen zukünftig für seinen – nach den oben genannten Kriterien bemessenen – eigenen angemessenen Unterhalt und ihn treffende gesetzliche Unterhaltspflichten benötigt. Fraglich ist, welchen Zeitraum diese Prognose umfasst. Während sich im Schrifttum dazu keine oder allenfalls vage Angaben finden,[445] bezieht der BGH insofern klar Stellung. Da das Vermögen zusammen mit den Einkünften der

---

443 So etwa wenn die Mutter von ihrem Sohn ein Geschenk zurückfordert, um ihrer Unterhaltspflicht gegenüber ihrer Tochter nachkommen zu können. Ein weiteres anschauliches Beispiel mit sozialhilferechtlichem Bezug findet sich dazu ferner bei Krauß, MittBayNot 2005, 349, 356.

444 Vgl. dazu BGH NJW 2000, 3488, 3489 (gesetzliche Unterhaltspflicht gegenüber dem Ehegatten).

445 Vgl. MüKo-Koch, § 529 Rn. 4 i.V.m. § 519 Rn. 2 („überschaubare Zukunft"); Staudinger (2005)-Wimmer-Leonhardt, § 529 Rn. 10 („zukünftig"); juris/PK-Sefrin, § 529 Rn. 8 („zukünftig"); Palandt-Weidenkaff, § 529 Rn. 3 i.V.m. § 519 Rn. 4 („für die Zukunft"); PWW-Hoppenz, § 529 Rn. 6 („in Zukunft").

lebenslangen Unterhaltssicherung diene, sei die voraussichtliche Lebensdauer des Beschenkten maßgeblich.[446] Da diese im Vorhinein nicht festgestellt werden könne, sei auf die durchschnittliche, anhand der gebräuchlichen Sterbetafeln zu ermittelnde Lebensdauer des Beschenkten abzustellen.[447]

Damit ist ein mitunter sehr langer, über mehrere Jahrzehnte währender Prognosezeitraum denkbar, der § 529 Abs.2 BGB durch die Kumulation während eines solchen Zeitraums zu erwartender Unterhaltsdefizite des Beschenkten beachtliche Dimensionen verleihen kann. Das gilt umso mehr angesichts der – aus oben genannten Gründen allerdings abzulehnenden – schuldnerfreundlichen Rechtsprechung zum Elternunterhalt. Ein instruktives Beispiel dazu bietet eine Entscheidung des BGH aus dem Jahre 2000,[448] wo § 529 Abs.2 BGB dem Beschenkten unter Heranziehung der genannten Kriterien einen Vermögensschutz in Höhe eines sechsstelligen D-Mark Betrages bot.[449]

Das ruft zu Recht Zweifel am Umfang des Leistungsverweigerungsrechts hervor, werden dadurch doch erst in ferner Zukunft zur Unterhaltsbestreitung des Beschenkten benötigte Mittel der Behebung einer aktuellen Notlage des Schenkers vorenthalten.[450] Gleichwohl entspricht die Rechtsprechung des BGH den gesetzlichen Vorgaben des § 529 Abs.2 BGB.[451] Nach dem eindeutigen Gesetzeswortlaut findet nämlich das Interesse des Schenkers an der Behebung seiner schon eingetretenen Unterhaltsbeeinträchtigung seine Grenze nicht erst in einer eben solchen des Beschenkten, sondern bereits in einer bloßen Unterhaltsgefährdung des Anspruchsverpflichteten. Die Vermeidung einer zukünftig zu erwartenden Unterhaltsbeeinträchtigung des Beschenkten genießt somit den Vorrang vor der Beseitigung einer gegenwärtig bestehenden Unterhaltsbeeinträchtigung des Schenkers. Da die Vermeidung einer zukünftigen Unterhaltsbeeinträchtigung des Beschenkten der Sicherung seines zukünftigen Lebensbedarfs dient, erscheint es nur folgerichtig, auf die zu erwartende verbleibende Lebensdauer des Beschenkten abzustellen.

Damit werden freilich auch die Risiken deutlich, derer sich ein Schenker bei seiner Zuwendung bewusst sein muss. Eine Schenkung an einen Beschenkten, dem auch unter Einbeziehung der Schenkung die notwendigen finanziellen

---

446 Siehe BGH NJW 2001, 1207, 1210 = LM § 529 BGB Nr.3 m. Anm. Seiler in LM 2001, 1860 f.

447 BGH NJW 2001, 1207, 1210.

448 BGH NJW 2001, 1207 ff. = LM § 529 BGB Nr.3 m. Anm. Seiler in LM 2001, 1860 f.

449 Siehe im Einzelnen BGH NJW 2001, 1207, 1209 f.

450 Siehe OLG Düsseldorf FamRZ 1984, 887, 888 sowie nun auch Staudinger-Chiusi, § 529 Rn. 10.

451 Dies gilt, wie bereits ausgeführt, nach der hier vertretenen Ansicht allerdings nicht für die am Elternunterhalt orientierte Bemessung des Eigenbedarfs (siehe dazu im Einzelnen oben Zweiter Teil, 1. Kap., IV. 3. b) (S. 86 ff.).

Mittel zur Bestreitung seines angemessenen Unterhalts für die voraussichtlich verbleibende Dauer seines Lebens fehlen werden, ist für den Schenker ungeachtet seiner Verarmung mutmaßlich verloren.[452] Sollte es indessen im weiteren Verlauf zu einer Verbesserung der finanziellen Verhältnisse des Beschenkten kommen, so dass seine drohende Bedürftigkeit und mit ihr auch sein Leistungsverweigerungsrecht gemäß § 529 Abs.2 BGB entfällt, wäre der Schenker, wie eingangs schon erwähnt, nicht gehindert, sodann seinen Schenkungsrückforderungsanspruch wegen einer weiterhin bestehenden Unterhaltsbeeinträchtigung, notfalls auch mit einer weiteren Klage, durchzusetzen.

Insofern ist allerdings mit der Reform des Verjährungsrechts eine, soweit ersichtlich, bislang unbeachtet gebliebene Problematik entstanden,[453] die aus thematischen Gründen nachfolgend im Zusammenhang mit der Verjährung des Schenkungsrückforderungsanspruchs behandelt werden soll.[454]

d) Entstehungszeitpunkt und Entstehungsgründe der Unterhaltsgefährdung

Bei § 529 Abs.2 BGB ist es grundsätzlich irrelevant, wann und wodurch die Unterhaltsgefährdung entstanden ist.[455] Es spielt somit keine Rolle, ob die zur Leistungsverweigerung berechtigenden Umstände schon bei Abschluss des Schenkungsvertrages oder des dinglichen Vollzugsgeschäfts vorlagen oder ob sie erst später eingetreten sind. Entscheidend ist allein, dass eine Unterhaltsgefährdung im Sinne der Vorschrift zum Zeitpunkt der letztlich mündlichen Tatsachenverhandlung besteht.[456]

Auch die Gründe für den Eintritt der Unterhaltsgefährdung sind grundsätzlich unerheblich, insbesondere steht ein Verschulden des Beschenkten bei Eintritt seiner Unterhaltsgefährdung der Anwendbarkeit des § 529 Abs.2 BGB nicht entgegen.[457] Wie § 529 Abs.1, 1. Fall BGB zeigt, hat der Gesetzgeber Bedeutung und Auswirkungen eines schuldhaften Verhaltens im Rahmen einer Schenkungsrückforderung wegen Verarmung durchaus bedacht. Er hat sich aber ganz offenbar darauf beschränkt, ein solches Verhalten allein beim Schenker zu sanktionie-

---

452 Siehe dazu auch Seiler, LM 2001, 1860 f.

453 Ein Problembewusstsein zeigt insofern allein Gühlstorf, ZfF 2006, 121, 130.

454 Siehe unten Zweiter Teil, 1. Kap., V. 3. (S. 106 ff.).

455 Vgl. statt aller MüKo-Koch, § 529 Rn. 4; Staudinger-Chiusi, § 529 Rn. 9; Palandt-Weidenkaff, § 529 Rn. 3.

456 Siehe BGH NJW 2001, 1207, 1209.

457 Siehe BGH NJW 2001, 1207 (1. Leitsatz) sowie aus dem Schrifttum etwa MüKo-Koch, § 529 Rn. 4; Staudinger-Chiusi, § 529 Rn. 9; Palandt-Weidenkaff, § 529 Rn. 3.

ren.[458] Der Verzicht des Gesetzes auf die Berücksichtigung eines Verschuldens des Beschenkten entspricht, ebenso wie bei der inhaltsgleichen Notbedarfseinrede des § 519 Abs.1 BGB, auch dem Schutzzweck des § 529 Abs.2 BGB, der ursachenunabhängig auf die Vermeidung des Eintritts einer Notbedarfslage des Beschenkten zielt.[459] Vor diesem Hintergrund ist § 529 Abs.2 BGB auch keiner anspruchsgünstigen Auslegung aufgrund der veränderten sozialstaatlichen Wirklichkeit zugänglich. Denn eine Beseitigung der Notlage des Schenkers auf Kosten des Eintritts einer eben solchen des Beschenkten würde nur dazu führen, dass an die Stelle der einen bedürftigen Person eine andere tritt. Eine Entlastung der Allgemeinheit träte dadurch nicht ein.[460]

e) Rechtsmissbräuchliche Geltendmachung des § 529 Abs.2 BGB durch den Beschenkten

Jede Rechtsausübung steht unter dem Gebot von Treu und Glauben. Dementsprechend kann auch die Erhebung einer Einrede gegen § 242 BGB verstoßen und damit treuwidrig sein. Der BGH hat sich bislang in zwei Entscheidungen mit der rechtsmissbräuchlichen Geltendmachung des Leistungsverweigerungsrechts aus § 529 Abs.2 BGB befasst.

Nach einer Entscheidung aus dem Jahre 2000 liegt in der Berufung auf § 529 Abs.2 BGB eine unzulässige Rechtsausübung, wenn der Beschenkte Kenntnis vom Notbedarf des Schenkers hatte und gleichwohl die eigene Bedürftigkeit mutwillig herbeigeführt hat.[461] Dabei greift der BGH auf die von ihm im Unterhaltsrecht entwickelten Kriterien zur sog. unterhaltsbezogenen Mutwilligkeit zurück.[462] Jene knüpft in Anlehnung an die §§ 1579 Nr.4, 1611 Abs.1 BGB an ein verantwortungsloses Verhalten des Verpflichteten an und umfasst nicht nur vorsätzliches oder absichtliches, sondern auch leichtfertiges Handeln. Sie ist im Kontext des § 529 Abs.2 BGB gegeben, wenn der Beschenkte die Möglichkeit des Eintritts seiner Bedürftigkeit als Folge des eigenen Verhaltens erkennt, im Bewusstsein dieser Möglichkeit, wenn auch im Vertrauen auf den Nichteintritt jener Folge gleichwohl handelt und sich dabei unter grober Missachtung dessen, was jedem einleuchten

458 BGH NJW 2001, 1207, 1208.

459 Vgl. dazu BGH NJW 2001, 1207, 1208.

460 Vgl. BGH NJW 2001, 1207, 1208; MüKo-Koch, § 529 Rn. 4; Erman-Herrmann, § 529 Rn. 2.

461 Siehe BGH NJW 2001, 1207 (2. Leitsatz). Dem folgend MüKo-Koch, § 529 Rn. 4; Staudinger-Chiusi, § 529 Rn. 9; Bamberger/Roth-Gehrlein, § 529 Rn. 4; Jauernig-Mansel, Anm. §§ 528, 529 Rn. 5; wohl auch Erman-Herrmann, § 529 Rn. 2; PWW-Hoppenz, § 529 Rn. 7 und Palandt-Weidenkaff, § 529 Rn. 4.

462 Siehe dazu und zum Folgenden BGH NJW 2001, 1207, 1208.

muss, oder in Verantwortungs- und Rücksichtslosigkeit gegen den Schenker über die erkannte Möglichkeit nachteiliger Folgen für seine Fähigkeit, seinen eigenen Lebensunterhalt zu bestreiten, hinwegsetzt.[463]

Damit macht nicht jede Vermögensverwertung des Beschenkten nach Erlangung der Kenntnis vom Notbedarf des Schenkers seine Berufung auf § 529 Abs.2 BGB rechtsmissbräuchlich, vielmehr ist jeweils im Rahmen der tatrichterlichen Bewertung und Abwägung der konkreten Umstände des Einzelfalles zu ermitteln, ob es sich um eine anerkennenswerte Verwertung des Vermögens handelt oder nicht.[464] Verfügt der Beschenkte über kein ausreichendes Einkommen zur Eigenalimentation und ist er daher gehalten, seinen Lebensunterhalt aus seinem Vermögen zu bestreiten, liegt in dem Verbrauch des Vermögens kein mutwilliges, sondern ein der konkreten Situation geschuldetes Handeln.[465] Wird das Vermögen hingegen zur Bestreitung von Ausgaben verwendet, die deutlich über die im Einzelfall bestehenden Verhältnisse hinausgehen, wie etwa bei Luxusausgaben für teure Reisen oder Hobbies, dürfte eine unterhaltsbezogene Mutwilligkeit im Regelfall zu bejahen sein.[466] Das gleiche gilt, wenn das Vermögen angegriffen wird, obwohl der Lebensunterhalt einschließlich eines etwaigen Mehr- und Sonderbedarfs ohne weiteres aus dem laufenden Einkommen hätte bestritten werden können und die Bedürftigkeit des Beschenkten eintritt, weil gleichwohl das ursprünglich vorhandene Vermögen verbraucht wird und deshalb Einkünfte aus dem Vermögen ausbleiben.[467]

Ein solch mutwilliges Verhalten des Beschenkten ist freilich erst nach Erlangung seiner Kenntnis von der Notlage des Schenkers relevant. Davor unterliegt er bei seinen Vermögensdispositionen keinerlei Beschränkungen, sondern genießt vielmehr jene Freiheit, wie sie ihm über § 818 Abs.3 BGB selbst im Hinblick auf den der Schenkungsrückforderung unterliegenden Vermögenswert zu Teil wird.[468] Der BGH meint sogar, dass allein die positive Kenntnis des Beschenkten vom Notbedarf des Schenkers als Anknüpfungspunkt für ein mutwilliges Verhalten nicht ausreiche, hinzukommen müsse vielmehr, dass der Beschenkte durch eine eindeutige Leistungsaufforderung auf die ihm drohende Inanspruchnahme auf Rückgabe des Geschenks oder Wertersatz hingewiesen

---

463 Siehe BGH NJW 2001, 1207, 1209. Vgl. ferner zur unterhaltsbezogenen Mutwilligkeit im Kontext des § 529 Abs.1, 1. Fall BGB schon oben Zweiter Teil, 1. Kap., IV. 1. a) (S. 71).
464 Siehe BGH NJW 2001, 1207, 1209.
465 Vgl. BGH NJW 2001, 1207, 1209.
466 Siehe BGH NJW 2001, 1207, 1209.
467 Siehe BGH NJW 2001, 1207, 1209.
468 Vgl. dazu auch schon oben Zweiter Teil, 1. Kap., III. 4. (S. 63 f.).

bzw. ihm eine entsprechende Klage zugestellt worden sei.[469] Dies vermag jedoch nicht zu überzeugen. Kennt der Beschenkte die Notlage des Schenkers, muss er mit einer Inanspruchnahme rechnen und es ist ihm fortan zuzumuten, mutwillig herbeigeführte Vermögensminderungen im Interesse des bedürftigen Schenkers zu unterlassen. Das Verlangen nach einer zusätzlichen Geltendmachung des Rückforderungsanspruchs durch eine Leistungsaufforderung bzw. Klage wird der mit Kenntniserlangung des Beschenkten von der Notlage des Schenkers entstehenden Interessenlage nicht gerecht und übersteigert die Anforderungen an ein rechtsmissbräuchliches Verhalten des Beschenkten. Insofern benennt der Leitsatz der in Rede stehenden Entscheidung des BGH die Anforderungen an eine rechtsmissbräuchliche Geltendmachung der Einrede aus § 529 Abs.2 BGB zutreffend: „Die Berufung auf die eigene Bedürftigkeit stellt ... eine unzulässige Rechtsausübung dar, wenn der Beschenkte ... Kenntnis von dem Notbedarf des Schenkers hatte und gleichwohl die eigene Bedürftigkeit mutwillig herbeigeführt hat."[470]

In einer weiteren Entscheidung aus dem Jahre 2003 hat der BGH sodann die Berufung auf § 529 Abs.2 BGB im Falle einer verschärften bereicherungsrechtlichen Haftung des Beschenkten gemäß §§ 819 Abs.1, 818 Abs.4 BGB für unzulässig erklärt.[471] Der BGH begründet dies damit, dass ein verschärft haftender Bereicherungsschuldner stets für seine finanzielle Leistungsfähigkeit einzustehen habe.[472] Der insofern vom BGH in Bezug genommene § 279 BGB, der nach ganz überwiegender Ansicht zu den allgemeinen Vorschriften im Sinne des § 818 Abs.4 BGB zählte[473] und dem gemeinhin der Grundsatz, Geld habe man zu haben, entnommen wurde,[474] ist zwar zwischenzeitlich entfallen, doch handelt es sich bei der Verantwortlichkeit für die eigene finanzielle Leistungsfähigkeit um ein allgemeines, der Rechtsordnung zugrunde liegendes Prinzip,[475] das seine Bestätigung letztlich durch die Existenz des Insolvenzrechts findet. Damit tangiert die Strei-

469 Siehe BGH NJW 2001, 1207, 1208 f. Dem BGH folgend Staudinger-Chiusi, § 529 Rn. 9, wobei es freilich auf die Gleichzeitigkeit von Kenntniserlangung und Geltendmachung des Schenkungsrückforderungsanspruchs nicht ankommen kann. Siehe ferner MüKo-Koch, § 529 Rn. 4.

470 Siehe BGH NJW 2001, 1207 (2. Leitsatz).

471 Siehe dazu im Einzelnen BGHZ 155, 57, 62 f. m. zust. Anm. Eichenhofer, LMK 2003, 161, 162.

472 Siehe BGHZ 155, 57, 62.

473 Siehe BGHZ 83, 293, 298 m.w.N.

474 Siehe nur Brox SchuldR AT (27. Aufl.), Rn. 103; vgl. aber auch Brox/Walker SchuldR AT, § 9 Rn. 9.

475 Siehe etwa Medicus, AcP 188 (1988), 489, 501; Fikentscher/Heinemann, Rn. 259; Brox/Walker SchuldR AT, § 9 Rn. 9.

chung des § 279 BGB den Aussagewert der Entscheidungsbegründung des BGH nicht.

Diese ist offensichtlich dahingehend zu verstehen, dass dem Beschenkten bei einer Unterhaltsgefährdung aufgrund von Vermögensdispositionen, die er nach dem Eintritt der verschärften bereicherungsrechtlichen Haftung gemäß §§ 819 Abs.1, 818 Abs.4 BGB getroffen hat, eine Berufung auf § 529 Abs.2 BGB verwehrt ist. Dass mit Eintritt der verschärften bereicherungsrechtlichen Haftung die Berufung auf § 529 Abs.2 BGB als solche nicht schlechthin ausgeschlossen ist, sollte nicht streitig sein und wird auch vom BGH nicht behauptet. Es wäre nicht zu rechtfertigen, warum ein bereits gemäß § 529 Abs.2 BGG leistungsunfähiger Beschenkter sein Leistungsverweigerungsrecht mit Erlangung der Kenntnis vom Notbedarf des Schenkers verlieren sollte. Dass zu jenem Zeitpunkt offenbar noch keine Entreicherung eingetreten war und sich damit zumindest der Wert des Geschenks noch in seinem Vermögen befand – ansonsten käme es mangels eines Schenkungsrückforderungsanspruchs auf § 529 Abs.2 BGB nicht an – steht dem nicht entgegen, da selbst eine Vermögenslosigkeit und nicht nur die für § 529 Abs.2 BGB ausreichende Unterhaltsgefährdung ohne eine Entreicherung im Sinne des § 818 Abs.3 BGB möglich ist. Das ist etwa der Fall, wenn ein leistungsunfähiger Beschenkter das Geschenk zur Schuldentilgung verwendet hat.[476]

Die Entscheidung des BGH aus dem Jahre 2003, die dem Beschenkten bei einer Unterhaltsgefährdung aufgrund von Vermögensdispositionen, die er nach dem Eintritt der verschärften bereicherungsrechtlichen Haftung getroffen hat, eine Berufung auf § 529 Abs.2 BGB verwehrt, bietet indes erhebliche Abstimmungsprobleme mit dem eingangs erörterten Judikat des BGH aus dem Jahre 2000. Nach jener Entscheidung knüpft das zum Rechtsmissbrauch gereichende mutwillige Verhalten des Beschenkten an die zuvor erlangte Kenntnis vom Eintritt des Notbedarfs des Schenkers an,[477] womit indes jener Tatbestand in Gestalt der verschärften bereicherungsrechtlichen Haftung gemäß § 819 Abs.1 BGB erfüllt ist, aufgrund dessen dem Beschenkten nach der Entscheidung des BGH aus dem Jahre 2003 bei allen nachfolgenden – und damit eben nicht nur bei mutwilligen – vermögensmindernden Handlungen eine Berufung auf § 529 Abs.2 BGB versagt bleibt.[478] Damit fügt sich die Entscheidung aus dem Jahre 2003, anders als der BGH meint,[479] keineswegs in seine bisherige Rechtsprechung zur rechtsmissbräuchlichen Geltendmachung des § 529 Abs.2 BGB ein, sondern macht diese mit

476 Siehe dazu etwa BGHZ 118, 383, 386; BGH NJW 2003, 1384, 1385.
477 Siehe einmal mehr BGH NJW 2001, 1207 (2. Leitsatz).
478 Siehe dazu einmal mehr BGHZ 155, 57, 62 f.
479 Vgl. BGHZ 155, 57, 62.

den nunmehr reduzierten Anforderungen an ein rechtsmissbräuchliches Verhalten des Beschenkten vielmehr gegenstandslos.

Es fragt sich indes, ob dieser Rechtsprechung zu folgen oder ob nicht vielmehr der Rechtsprechung aus dem Jahre 2000 der Vorzug zu geben ist, wonach allein ein mutwilliges Verhalten des Beschenkten nach Erlangung der Kenntnis vom Notbedarf des Schenkers eine Berufung auf § 529 Abs.2 BGB rechtsmissbräuchlich macht. Wie der BGH in dieser Entscheidung ausführt – und womit sich die Entscheidung aus dem Jahre 2003 nicht auseinandersetzt – hat die verschärfte bereicherungsrechtliche Haftung nach den §§ 819 Abs.1, 818 Abs.4 BGB keine Auswirkungen auf das Leistungsverweigerungsrecht gemäß § 529 Abs.2 BGB.[480] Die durch die Rechtsfolgenverweisung des § 528 Abs.1 S.1 BGB zur Anwendung gelangenden Vorschriften des Bereicherungsrechts bestimmen nämlich, wie der BGH zutreffend darlegt, allein Inhalt und Umfang des Schenkungsrückforderungsanspruchs und in diesem Zusammenhang ist die verschärfte bereicherungsrechtliche Haftung vor allem in Hinblick auf eine mögliche Entreicherung des Beschenkten gemäß § 818 Abs.3 BGB von Bedeutung.[481] § 529 Abs.2 BGB gewährt dem Beschenkten dagegen eine Einrede, die an die Existenz des zuvor nach Maßgabe des Bereicherungsrechts ermittelten Schenkungsrückforderungsanspruchs anknüpft.[482]

Diese auf die rechtssystematischen Zusammenhänge abstellende Argumentation wird auch von sachlichen Erwägungen getragen. So liegt der in direkter Anwendung des Bereicherungsrechts bestehenden Haftung eines Beschenkten ein fehlerhaftes Rechtsverhältnis, regelmäßig ein unwirksames Kausalgeschäft, zugrunde, während der Beschenkte im Falle einer über § 528 Abs.1 S.1 BGB zur Anwendung gelangenden bereicherungsrechtlichen Haftung die Rückabwicklung eines sowohl schuldrechtlich als auch dinglich wirksamen Schenkungsgeschäfts zu vergegenwärtigen hat. Das macht ihn ungleich schutzwürdiger und erklärt die zusätzliche Rücksichtnahme des Gesetzes auf seine Belange in Gestalt des § 529 Abs.2 BGB. Damit verdient im Ergebnis die ältere Rechtsprechung des BGH aus dem Jahre 2000 den Vorzug, wonach die Erhebung der Einrede aus § 529 Abs.2 BGB nur dann rechtsmissbräuchlich ist, wenn der Beschenkte die bestehende Unterhaltsgefährdung durch ein mutwilliges Verhalten nach Erlangung seiner Kenntnis vom Notbedarf des Schenkers herbeigeführt hat.[483]

---

480 Siehe dazu BGH NJW 2001, 1207, 1208.

481 Siehe BGH NJW 2001, 1207, 1208.

482 Vgl. BGH NJW 2001, 1207, 1208.

483 BGH NJW 2001, 1207 (2. Leitsatz), 1208 f.

Ferner erscheint die Annahme einer unzulässigen Rechtsausübung durch den Beschenkten aber auch bei einer mutwilligen Herbeiführung der Unterhaltsgefährdung nach Rechtshängigkeit des Schenkungsrückforderungsanspruchs gerechtfertigt. Denn der auf Herausgabe des Geschenks bzw. auf Wertersatz verklagte Beschenkte muss damit rechnen, zu einer entsprechenden Leistung verurteilt zu werden. Vor diesem Hintergrund erscheinen vorsätzliche und leichtfertige zu einer Leistungsunfähigkeit im Sinne des § 529 Abs.2 BGB führende Vermögensdispositionen ebenso wenig akzeptabel wie bei einem Wissen des Verpflichteten um eine bestehende Leistungspflicht. Damit bilden nach der hier vertretenen Ansicht die Tatbestände einer verschärften bereicherungsrechtlichen Haftung gemäß §§ 819 Abs.1, 818 Abs.4 BGB den Anknüpfungspunkt für eine unterhaltsbezogene Mutwilligkeit des Beschenkten, die eine Berufung auf die Einrede des § 529 Abs.2 BGB rechtsmissbräuchlich macht.

Ein rechtsmissbräuchliches Handeln des Beschenkten schließt die Berufung auf § 529 Abs.2 BGB aber nicht schlechthin aus, sondern führt allein dazu, dass die mutwillig herbeigeführte Vermögensminderung bei der Prüfung seiner Leistungsfähigkeit unberücksichtigt bleibt.[484] Damit steht § 529 Abs.2 BGB einer Schenkungsrückforderung gemäß § 528 BGB selbst bei einem rechtsmissbräuchlichen Verhalten des Beschenkten entgegen, sofern auch unter Berücksichtigung des mutwillig verminderten Vermögens eine Unterhaltsgefährdung bestünde.[485] Das ist der Fall, wenn das fiktiv zu berücksichtigende Vermögen zusammen mit den gegebenenfalls noch vorhandenen finanziellen Mitteln des Beschenkten den Betrag nicht übersteigt, den er zur Deckung eines bis zu seinem voraussichtlichen Lebensende zu erwartenden Unterhaltsdefizits benötigt.[486]

Damit verändern sich die oben genannten Risiken einer unentgeltlichen Zuwendung an einen bedürftigen Empfänger auch unter Berücksichtigung der Rechtsprechung des BGH zur rechtsmissbräuchlichen Geltendmachung der Einrede aus § 529 Abs.2 BGB nicht. Wer jemandem schenkt, dem auch unter Einbeziehung der Schenkung die notwendigen finanziellen Mittel zur Bestreitung seines angemessenen Unterhalts für die voraussichtlich verbleibende Dauer seines Lebens fehlen werden, wird diese Schenkung im Falle seiner Verarmung mutmaßlich nicht zurückerhalten. Daran ändert auch eine mutwillige Verminderung des geschenkten Vermögens durch den Beschenkten nichts.[487] Ein rechtsmissbräuchliches Verhalten des Beschenkten ist erst dort relevant, wo die

---

484 Siehe dazu im Einzelnen BGH NJW 2001, 1207, 1209 f.

485 Siehe BGH NJW 2001, 1207, 1209.

486 Vgl. BGH NJW 2001, 1207, 1209 f.

487 Ebenso Seiler, LM 2001, 1860 f.

Berücksichtigung des mutwillig verminderten Vermögens zum Fortfall der Unterhaltsgefährdung und damit zur Bejahung seiner Leistungsfähigkeit führt.[488] Freilich verbleiben dem Schenker auch dann noch die Schwierigkeiten, die typischerweise mit der Realisierung eines auf fiktiven Vermögenswerten beruhenden Anspruchs einhergehen.

4. Anspruchsausschluss gemäß § 242 BGB

Die drei Ausschlussgründe des § 529 BGB sind nicht abschließend. Es bleiben daher weitere Beschränkungen des Schenkungsrückforderungsanspruchs nach den Grundsätzen von Treu und Glauben möglich.[489] So liegt ein anerkannter Fall des Anspruchsausschlusses gemäß § 242 BGB vor, wenn das zurück zu gewährende Geschenk keinen nennenswerten Verkehrswert hat, so dass dessen Veräußerung die bestehende Unterhaltsbeeinträchtigung nicht (spürbar) zu beseitigen vermag.[490]

Aus den gleichen Gründen steht § 242 BGB der Rückforderung eines unveräußerlichen Geschenks entgegen. Das gilt allerdings nur, wenn die Verwertung des Geschenks schlechterdings ausgeschlossen ist. Ist die Verwertbarkeit eines werthaltigen Geschenks dagegen nur zeitweise nicht möglich, so dass das Geschenk nur vorübergehend nicht zur Unterhaltssicherung verwendet werden kann, hindert § 242 BGB die Rückforderung nicht.[491] Es genügt damit für den Rückgewähranspruch die in aller Regel nicht auszuschließende Möglichkeit, mit Hilfe des Geschenks die Unterhaltsbeeinträchtigung ganz oder teilweise beseitigen zu können.[492]

5. Pflicht- und Anstandsschenkungen gemäß § 534 BGB

Die Rückforderung einer Schenkung wegen Verarmung nach § 528 BGB ist schließlich gemäß § 534 BGB bei Pflicht- und Anstandsschenkungen ausgeschlossen.

---

488 So zutreffend Seiler, LM 2001, 1860 f.

489 Einhellige Ansicht: Siehe etwa MüKo-Koch, § 529 Rn. 5; Staudinger-Chiusi, § 529 Rn. 13; juris/PK-Sefrin, § 529 Rn. 10; Erman-Herrmann, § 529 Rn. 3; Palandt-Weidenkaff, § 529 Rn. 1; PWW-Hoppenz, § 529 Rn. 2; Bamberger/Roth-Gehrlein, § 529 Rn. 1.

490 Siehe OLG München HRR 1938 Nr.1327 sowie MüKo-Koch, § 529 Rn. 5; Staudinger-Chiusi, § 529 Rn. 13; juris/PK-Sefrin, § 529 Rn. 10.

491 Vgl. BGHZ 169, 320 (Leitsatz b), 324 (Rn. 16 f.).

492 Siehe BGHZ 169, 320, 324 (Rn. 17).

Die näheren Einzelheiten dazu wurden bereits bei der Frage nach dem Vorliegen einer rückforderungsfähigen Schenkung erörtert.[493]

V. Die Verjährung des Schenkungsrückforderungsanspruchs

Vor der Reform des Verjährungsrechts durch das Schuldrechtsmodernisierungsgesetz[494] galt für den Rückforderungsanspruch des verarmten Schenkers eine Verjährungsfrist von 30 Jahren und zwar auch dann, wenn der Anspruch von vornherein durch wiederkehrende Leistungen des Beschenkten in einer dem Unterhaltsbedarf des Schenkers entsprechenden Höhe bis zur Erschöpfung des Wertes des Geschenks zu erfüllen war.[495] Dementsprechend spielte der Verjährungseinwand in Rechtsstreitigkeiten über die Rückforderung einer Schenkung wegen Verarmung bis zum Jahr 2002 keine Rolle. Die Neuregelung des Verjährungsrechts hat zu einer erheblichen Verkürzung der Verjährungsfristen geführt, wodurch die Problematik einen ganz anderen Stellenwert erlangt hat. Zudem hat die Streichung des § 202 a.F. BGB, der in § 205 BGB eine nur unvollkommene Fortsetzung gefunden hat, neue Problemlagen im Hinblick auf § 529 Abs.2 BGB geschaffen.

1. Die regelmäßige Verjährungsfrist gemäß § 195 BGB

Nach § 195 BGB beträgt die regelmäßige Verjährungsfrist nunmehr drei Jahre. Sie beginnt gemäß § 199 Abs.1 BGB mit dem Schluss des Jahres, in dem der Anspruch entstanden ist (§ 199 Abs.1 Nr.1 BGB) und der Gläubiger von den den Anspruch begründenden Umständen und der Person des Schuldners Kenntnis erlangt oder ohne grobe Fahrlässigkeit erlangen müsste (§ 199 Abs.1 Nr.2 BGB).[496] Da dem Schenker typischerweise sowohl die eigenen finanziellen Verhältnisse als auch der Beschenkte bekannt sind, beginnt die dreijährige Verjährungsfrist für den Schenkungsrückforderungsanspruch regelmäßig mit dem Schluss des Jahres, in dem die Unterhaltsbeeinträchtigung im Sinne des § 528 Abs.1 S.1 BGB eingetreten ist.[497]

493 Siehe oben Zweiter Teil, 1. Kap., II. 1. c) (S. 30 ff).

494 Dazu Mansel, NJW 2002, 89 ff.

495 Siehe BGHZ 146, 228, 232 ff.

496 Siehe ferner § 199 Abs.4 BGB zur maximal möglichen Verjährungsfrist für Ansprüche, die der regelmäßigen Verjährungsfrist gemäß §§ 195, 199 Abs.1 BGB unterliegen.

497 Vgl. MüKo-Koch, § 528 Rn. 34; Staudinger-Chiusi, § 528 Rn. 51; juris/PK-Sefrin, § 528 Rn. 58.

2. Die zehnjährige Verjährungsfrist gemäß § 196 BGB

§ 196 BGB sieht eine zehnjährige Verjährungsfrist für Ansprüche auf Übertragung des Eigentums an einem Grundstück vor. Dazu zählen auch gesetzliche Ansprüche, insbesondere solche auf Herausgabe einer ungerechtfertigten Bereicherung.[498] Schuldet der Beschenkte nach § 528 Abs.1 S.1 BGB die Naturalrückgabe eines ihm geschenkten Grundstücks und damit dessen Rückübereignung, unterliegt der Schenkungsrückforderungsanspruch folglich der zehnjährigen Verjährungsfrist des § 196 BGB,[499] die nach § 200 S.1 BGB mit der Entstehung des Anspruchs, also mit der mit Verwirklichung des Tatbestandes des § 528 Abs.1 S.1 BGB, beginnt.[500]

Der Gesetzgeber bezweckt mit der längeren Verjährungsfrist des § 196 BGB den Besonderheiten bei der Durchsetzung von Grundstücksrechten Rechnung zu tragen.[501] So ist die Abwicklung der Übertragung von Immobilarrechten oft aufwendig, ferner sind zumeist größere Vermögenswerte betroffen, so dass eine zu weitgehende Beschränkung der Durchsetzbarkeit der Rechte zu Unbilligkeiten für die Betroffenen führen könnte. Beweisschwierigkeiten für die Anspruchsverpflichteten, denen eine Verjährung zu begegnen hätte, sind demgegenüber nicht zu befürchten, da die in Rede stehenden Ansprüche in der Regel auf notariellen Urkunden beruhen.

Nach der Rechtsprechung des BGH gilt § 196 BGB bei Grundstücksschenkungen aber nicht nur, wenn der Anspruch gemäß § 528 Abs.1 S.1 BGB auf das verschenkte Grundstück zielt, die zehnjährige Verjährungsfrist findet vielmehr auch auf einen Anspruch auf Teilwertersatz gemäß § 818 Abs.2 BGB Anwendung.[502] Dass § 196 BGB nicht ausnahmslos auf Ansprüche beschränkt ist, die auf eine dingliche Rechtsänderung an Grundstücksrechten gerichtet sind, zeigt schon die Vorschrift selbst, indem sie eine mögliche[503] Gegenleistung in die zehnjährige Verjährungsfrist miteinbezieht.[504] Ferner steht nicht entgegen, dass § 196 BGB nach verbreiteter Auffassung nicht für Sekundäransprüche gilt.[505] Der Rückforde-

---

498 Siehe BGH NJW 2011, 218, 219 (Rn. 19) m.w.N.

499 Vgl. BGH NJW 2011, 218, 219 (Rn. 19).

500 Vgl. Medicus/Lorenz, Rn. 399 (Anspruch entsteht mit Eintritt der Bedürftigkeit).

501 Siehe dazu und zum Folgenden BGH NJW 2011, 218, 219 f. (Rn. 23 ff.).

502 Siehe BGH NJW 2011, 218, 219 f. (Rn. 20 ff.). Siehe ferner MüKo-Grothe, § 196 Rn. 5; MüKo-Koch, § 528 Rn. 34; Staudinger-Chiusi, § 528 Rn. 59; Palandt-Weidenkaff, § 528 Rn. 6; Bamberger/Roth-Gehrlein, § 528 Rn. 3.

503 § 196 BGB setzt indes nicht zwingend eine Gegenleistung voraus (siehe Müko-Grothe, § 196 Rn. 7; Erman-Schmidt-Räntsch, § 196 Rn. 7; Mansel, NJW 2002, 89, 93).

504 Vgl. auch BGH NJW 2011, 218, 219 (Rn. 23).

505 Vgl. BGH NJW 2011, 218, 219 (Rn. 21) m.w.N.

rungsanspruch gemäß §§ 528 Abs.1 S.1, 818 Abs.2 BGB richtet sich in den Fällen, in denen der Wert eines real unteilbaren Geschenks höher ist als der Notbedarf des Schenkers nämlich von vornherein nur auf Teilwertersatz in Höhe des zu deckenden Unterhaltsbedarfs,[506] so dass es sich nicht um zwei verschiedene, sondern um einen einheitlichen Anspruch handelt, der je nach Anspruchsinhalt, in unterschiedlicher Ausprägung existiert.[507]

Der Teilwertersatzanspruch ist insofern ein Äquivalent für den angesichts der realen Unteilbarkeit des zugewendeten Gegenstandes ausgeschlossenen Rückübereignungsanspruch,[508] für den im Falle seiner Erfüllbarkeit § 196 BGB gelten würde. Das rechtfertigt es nach Ansicht des BGH, bei Grundstücksschenkungen nicht nur auf den Rückübereignungsanspruch selbst, sondern auch auf den auf eine Geldzahlung gerichteten Teilwertersatzanspruch aus § 818 Abs.2 BGB die zehnjährige Verjährungsfrist gemäß § 196 BGB anzuwenden.[509] Damit richtet sich bei Grundstücksschenkungen die einschlägige Verjährungsfrist für den Anspruch aus § 528 BGB nicht nach dem mitunter von Zufälligkeiten abhängigen Anspruchsinhalt, sie beträgt vielmehr stets zehn Jahre.

Die Bedeutung dieser Rechtsprechung für die Praxis – und hier vornehmlich für die auf einen Regress sinnende öffentliche Hand – ist in ihrer Bedeutung kaum zu unterschätzen. Das folgt zum einen aus der großen Zahl der im Wege einer antizipierten Erbfolge übertragenen Immobilien, zum anderen und vor allem aber auch daraus, dass sich die Verarmung eines Schenkers zumeist – nämlich bei einer Unterbringung in einem Alten- oder Pflegeheim – in Gestalt eines regelmäßig wiederkehrenden ungedeckten Bedarfs zeigt, der anfangs nicht den Wert einer Grundstückszuwendung erreicht und daher mittels eines Teilwertersatzanspruchs zu befriedigen ist. Insofern ist es auch ein großes Verdienst der in Rede stehenden Rechtsprechung einen bei dieser Ausgangslage drohenden, schwerlich akzeptablen verjährungsrechtlichen Wertungswiderspruch bei der Rückforderung einer Grundstücksschenkung schon im Vorfeld den Boden entzogen zu haben. Das betrifft namentlich den Fall, dass der regelmäßig wiederkehrende, in einem Teilwertersatzanspruch zu befriedigende ungedeckte Bedarf des Schenkers nach Ablauf der Verjährungsfrist der §§ 195, 199 Abs.1 BGB, aber inner-

---

506 Ständige Rechtsprechung: Siehe BGHZ 94, 141, 143 f.; 96, 380, 382; 125, 283, 284 f.; BGH NJW 1996, 987 f.; BGHZ 146, 228, 231. Darüber hinaus legt BGH NJW 2011, 218, 219 (Rn. 22) nahe, dass § 196 BGB auch für einen (Voll-)Wertersatzanspruch gemäß § 818 Abs.2 BGB bei einem Unvermögen des Beschenkten zur Herausgabe des geschenkten Grundstücks gelten würde.

507 Siehe BGHZ 146, 228, 232. Siehe dazu ferner Mester, ZfF 2003, 49, 50, 51.

508 BGH NJW 2011, 218, 220 (Rn. 29).

509 Vgl. BGH NJW 2011, 218, 220 (Rn. 27 ff.), wo es allerdings um den Miteigentumsanteil an einem Grundstück geht.

halb der Verjährungsfrist des § 196 BGB einen Umfang erreicht, der dem Wert des geschenkten Grundstücks entspricht und damit eigentlich zu dessen Herausgabe und somit zur Rückübereignung des Grundstücks berechtigen würde.[510]

Die Rechtsprechung des BGH zur zehnjährigen Verjährungsfrist bei Grundstücksschenkungen steht – entgegen anders lautenden Bekundungen im Schrifttum – allerdings nicht im Zusammenhang mit der Zehnjahresfrist des § 529 Abs.1, 2. Fall BGB. Zwar wird verschiedentlich ein Wertungswiderspruch zwischen der Verjährungsfrist des § 195 BGB und der Ausschlussfrist des § 529 Abs.1, 2. Fall BGB behauptet[511] und im Weiteren als Argument für eine Modifizierung des § 199 Abs.1 Nr.2 BGB bei einer Rückforderung der Schenkung durch den Sozialhilfeträger ins Feld geführt.[512] Die in Rede stehenden Vorschriften betreffen jedoch unterschiedliche Regelungsbereiche und gelten unabhängig voneinander.

So geht es bei § 529 Abs.1, 2. Fall BGB um den Zeitraum zwischen der Leistung des geschenkten Gegenstandes und dem Eintritt der Bedürftigkeit des Schenkers. Die Verjährungsvorschriften betreffen dagegen den Zeitraum zwischen dem zur Entstehung des Anspruchs führenden Eintritt der Bedürftigkeit[513] und dessen Geltendmachung durch den Schenker. Tritt diese Bedürftigkeit innerhalb der Zehnjahresfrist des § 529 Abs.1, 2. Fall BGB ein, beginnt ab diesem Zeitpunkt der Lauf der einschlägigen Verjährungsfrist. Damit kann zwischen der Leistung des geschenkten Gegenstandes und dem Eintritt der Verjährung des Schenkungsrückforderungsanspruchs – abhängig vom Zeitpunkt des Eintritts der Bedürftigkeit und der damit einhergehenden Anspruchsentstehung – sowohl eine Zeitspanne von (deutlich) mehr als zehn Jahren als auch ein Zeitraum von (deutlich) weniger als zehn Jahren liegen. Letzteres ist indes kein Wertungswiderspruch zwischen den in Rede stehenden Vorschriften, sondern die notwendige Folge einer frühzeitig eintretenden Notbedarfslage und des damit entsprechend zeitig beginnenden Laufs der Verjährungsfrist. Dass diese für den Schenkungsrückforderungsanspruch bei Grundstücksschenkungen – aber eben auch nur bei solchen – unabhängig vom Anspruchsinhalt zehn Jahre beträgt, steht somit nicht im Zusammenhang mit § 529 Abs.1, 2. Fall BGB, sondern resultiert, wie der BGH zutreffend darlegt, aus der Gesetzesinterpretation des § 196 BGB.

---

510 Vgl. zur Akkumulation des Unterhaltsbedarfs und der damit einhergehenden Änderung des Anspruchsinhalts, Krauß, MittBayNot 2005, 349, 350.

511 Siehe Staudinger (2005)-Wimmer-Leonhardt, § 529 Rn. 9 (sowie ferner § 528 Rn. 52); juris/PK- Sefrin, § 528 Rn. 59.

512 So Staudinger (2005)-Wimmer-Leonhardt, § 528 Rn. 52; juris/PK-Sefrin, § 528 Rn. 59. Kritisch dazu aber nun Staudinger-Chiusi, § 528 Rn. 60; ablehnend auch MüKo-Koch, § 528 Rn. 34.

513 Siehe Medicus/Lorenz, Rn. 399.

3. Die spezifische Verjährungsproblematik bei § 529 Abs.2 BGB

In einem Zeitraum, wie er der im Rahmen des § 529 Abs.2 BGB anzustellenden Prognose mitunter zugrunde liegt,[514] können sich vielfältige Änderungen in den finanziellen Verhältnissen des Beschenkten ergeben. Dem trägt das Gesetz dadurch Rechnung, dass es sich bei § 529 Abs.2 BGB lediglich um eine dilatorische Einrede handelt, deren erfolgreiche Geltendmachung einer erneuten Klage des Schenkers nach einer zu seinen Gunsten eingetretenen Veränderung der wirtschaftlichen Verhältnisse des Beschenkten nicht entgegensteht.

Insofern hat sich allerdings mit der Reform des Verjährungsrechts im Jahre 2002 ein, soweit ersichtlich, bislang unbeachtet gebliebenes Problem von erheblicher Relevanz ergeben. Nach § 202 Abs.1, 2. Fall a.F. BGB war der Lauf der Verjährung gehemmt, solange der Verpflichtete vorübergehend zur Verweigerung der Leistung berechtigt war. Damit ruhte die Verjährung während des Bestehens einer dilatorischen Einrede,[515] so dass sich Verjährungsprobleme bei einer (erneuten) Geltendmachung des Schenkungsrückforderungsanspruchs nach Fortfall der Voraussetzungen des § 529 Abs.2 BGB vor der Reform des Verjährungsrechts nicht ergaben.

§ 202 a.F. BGB ist indes im Zuge der Schuldrechtsreform entfallen. An dessen Stelle ist § 205 BGB getreten, der eine Hemmung der Verjährung nur noch bei vorübergehenden Leistungsverweigerungsrechten des Schuldners vorsieht, die auf einer Vereinbarung mit dem Gläubiger beruhen, wozu § 529 Abs.2 BGB ersichtlich nicht zählt. Der verarmte Schenker läuft damit Gefahr, bei einer länger währenden Leistungsunfähigkeit des Beschenkten die Möglichkeit einer Schenkungsrückforderung zu verlieren. Dies gilt umso mehr angesichts der deutlichen Verkürzung der Verjährungsfristen im Zuge der Neuordnung des Verjährungsrechts.

Dem seinerzeitigen § 202 Abs.1 a.F. BGB lag – wie allgemein den Vorschriften zur Hemmung der Verjährung – der Gedanke zugrunde, dass eine Verjährungsfrist nicht zu Lasten des Anspruchsberechtigten laufen darf, solange es ihm nicht möglich ist, seinen Anspruch durchzusetzen.[516] Dementsprechend hemmten nach § 202 Abs.2 a.F. BGB solche rechtshemmenden Einreden die Verjährung nicht, zu deren Beseitigung der Gläubiger in der Lage war. Das verdeutlichte und konkretisierte den Grundgedanken der Vorschrift: Kein Lauf der Verjährung, sofern der

---

514 Siehe dazu BGH NJW 2001, 1207, 1210, der hier auf die voraussichtlich verbleibende Lebensdauer des Beschenkten abstellt. Dazu im Einzelnen oben Zweiter Teil, 1. Kap., IV. 3. c) (S. 92 f.).

515 Siehe § 205 a.F. BGB.

516 Siehe Staudinger(2001)-Peters, § 202 Rn. 1; RGRK-Johannsen, § 202 Rn. 2: „Agere non valenti non currit praescriptio".

Durchsetzung des Anspruchs eine dilatorische Einrede entgegenstand, die dem Einflussbereich des Gläubigers entzogen war.

Diese Maxime hat der Gesetzgeber mit der Reform des Verjährungsrechts nicht aufgegeben. Die Streichung des § 202 a.F. BGB beruht vielmehr darauf, dass dessen eigenständige Bedeutung zunehmend in Zweifel gezogen wurde, da man meinte, dass es in den allermeisten der von der Vorschrift erfassten Fälle ohnehin an einer Entstehung des Anspruchs und daher am Lauf der Verjährung fehlte.[517] Auch der Nachfolgeregelung in Gestalt des heutigen § 205 BGB wird vielfach nur eine klarstellende Bedeutung zugeschrieben. Der Gesetzgeber habe die verjährungshemmende Wirkung vereinbarter vorübergehender Leistungsverweigerungsrechte allein deshalb gesetzlich normiert, weil er sich nicht sicher gewesen sei, ob ausnahmslos alle nachträglichen Vereinbarungen, die dem Schuldner einen Aufschub gewährten, als Anerkenntnis gewertet werden könnten.[518] Einer Aufnahme gesetzlich begründeter Leistungsverweigerungsrechte in § 205 BGB habe es dagegen nicht mehr bedurft, da der gebotene verjährungsrechtliche Schutz des Gläubigers entweder auf anderem Wege, vor allem mangels Entstehung des Anspruchs, gewährleistet sei oder es ihm angesonnen werden könne, das Leistungsverweigerungsrecht des Schuldners durch eigenes Handeln zu überwinden.[519]

Es verbleiben indes gesetzlich begründete Leistungsverweigerungsrechte, auf die die genannten Aspekte nicht zutreffen und bei denen daher ein verjährungsrechtlicher Schutz zugunsten des Gläubigers entsprechend § 205 BGB geboten ist.[520] Das betrifft dilatorische Einreden, bei denen die zur Leistungsverweigerung berechtigenden Umstände nicht die Entstehung des Anspruchs hindern, die ihren Ursprung ausschließlich in der Sphäre des Schuldners haben und die außerhalb des Einflussbereichs des Gläubigers liegen, so dass er sie, anders als etwa bei einem Zurückbehaltungsrecht, nicht durch eigenes Handeln zu überwinden vermag. Das alles trifft für § 529 Abs.2 BGB zu. Die in den wirtschaftlichen Verhältnissen des Beschenkten und damit in seiner Sphäre fußende Einrede hindert die allein vom Eintritt des Notbedarfs des Schenkers abhängige Entstehung des Schenkungsrückforderungsanspruchs[521] auch bei einer schon anfangs bestehenden Unterhaltsgefährdung des Beschenkten nicht. Der Schen-

517 Siehe dazu Erman-Schmidt-Räntsch, § 205 Rn. 1.

518 Vgl. dazu Erman-Schmidt-Räntsch, § 205 Rn. 1.

519 Siehe zu Letzterem die instruktive Darstellung von Staudinger (2001)-Peters, § 205 Rn. 5.

520 So zutreffend Staudinger (2001)-Peters, § 205 Rn. 5 am Ende. Anderer Ansicht aber Erman-Schmidt-Räntsch, § 205 Rn. 8. Vgl. zu der Problematik auch MüKo-Grothe, § 205 Rn. 8.

521 Siehe BGHZ 137, 76, 79. Vgl. ferner Medicus/Lorenz, Rn. 399.

ker ist auch nicht in der Lage, diese Einrede durch eigenes Handeln zu überwinden. Die gerichtliche Geltendmachung seines Anspruchs ist insofern keine ihm zumutbare Option. Denn mit einer daraufhin als zurzeit unbegründet abgewiesenen Klage[522] bliebe ihm die verjährungsrechtliche Wirkung des § 197 Abs.1 Nr.3 BGB versagt, während dem vergleichsweise geringen Nutzen des § 204 Abs.1 Nr.1, Abs.2 S.1 BGB die mitunter erheblichen, von ihm zu tragenden Verfahrenskosten gegenüberstünden.[523]

Eine Hemmung der Verjährung des Anspruchs aus § 528 Abs.1 S.1 BGB ist im Falle des § 529 Abs.2 BGB angesichts der inhaltlichen Ausgestaltung des Leistungsverweigerungsrechts und der dadurch zum Ausdruck kommenden Interessenabwägung sogar in einem besonderen Maße geboten. So knüpft § 529 Abs.2 BGB in dem auf eine jeweilige Unterhaltssicherung zielenden Interessenwiderstreit zwischen Schenker und Beschenktem den Schutz des Beschenkten an eine zukünftig zu erwartende Unterhaltsbeeinträchtigung und berücksichtigt dabei, entsprechend der Lebenserwartung des Beschenkten, auch in ferner Zukunft liegende Zeiträume und die dafür zur Unterhaltsbestreitung erforderlichen Mittel mit der Folge, dass diese Mittel der Behebung der aktuellen Notbedarfslage des Schenkers entzogen sind. Damit stehen mitunter in beträchtlichem Umfang beim Beschenkten vorhandene und erst künftig zu seiner Unterhaltsbestreitung erforderliche Mittel zur Deckung des gegenwärtigen Notbedarfs des Schenkers nicht zur Verfügung. Da indes nicht sicher ist, ob diese Mittel in Zukunft tatsächlich beim Beschenkten zur Unterhaltsdeckung benötigt werden, wurde § 529 Abs.2 BGB als dilatorische Einrede konzipiert. Verbessert sich die wirtschaftliche Lage des Beschenkten und bedarf es der besagten Mittel nicht mehr zur dessen Unterhaltssicherung, gibt das Gesetz sie zur Behebung einer weiterhin bestehenden Notbedarfslage des Schenkers frei.

Dieser wohl abgewogene Interessenausgleich zwischen Schenker und Beschenktem würde ohne eine Hemmung der Verjährung aus dem Gleichgewicht geraten. Zugunsten des Beschenkten würden zur Begründung seines Leistungsverweigerungsrechts Zeiten und Mittel berücksichtigt, für die das zugunsten des Schenkers bestehende Korrektiv der lediglich dilatorischen Einrede aufgrund eines zwischenzeitlichen Verjährungseintritts und der damit zur Entstehung gelangenden peremptorischen Einrede des § 214 Abs.1 BGB entfiele. Damit wären bereits nach kurzer Zeit mitunter beträchtliche Mittel zur Deckung eines fortbestehenden Notbedarfs des Schenkers verloren, obschon der Beschenkte derer gegebenenfalls später wegen eines anderweitigen Vermögenszuwachses

---

522 Siehe BGH NJW 2005, 3638.

523 Vgl. zu der Problematik auch Staudinger (2001)-Peters, § 205 Rn. 3.

zur eigenen Unterhaltssicherung nicht mehr bedürfte. Exemplarisch sei der Fall genannt, dass ein mit einem monatlichen Unterhaltsdefizit von 500 Euro bedürftiger Beschenkter mit einer verbleibenden Lebenserwartung von vierzig Jahren und einem bei ihm noch im Umfang von 200.000 Euro vorhandenen geschenkten Vermögen vier Jahre nach Eintritt der Bedürftigkeit des Schenkers unerwartet, etwa durch eine Erbschaft oder einen Glücksspielgewinn, zu beträchtlichem weiteren Vermögen gelangt. Hier war der Beschenkte zunächst angesichts der an seiner voraussichtlichen Lebenserwartung orientierten Prognose zur Ermittlung einer Unterhaltsgefährdung im Sinne des § 529 Abs.2 BGB trotz der bei ihm noch in erheblichem Umfang vorhandenen Geldmittel berechtigt, die Erfüllung des Schenkungsrückforderungsanspruchs zu verweigern.[524] Dieses Leistungsverweigerungsrecht wäre freilich mit der Erbschaft bzw. dem Glücksspielgewinn entfallen. Da dieser Vermögenserwerb aber erst vier Jahre nach der Entstehung des Schenkungsrückforderungsanspruchs und damit nach dessen Verjährung gemäß §§ 195, 199 Abs.1 BGB eintrat, wäre der Schenker ungeachtet seines fortbestehenden Notbedarfs und der nunmehr vorhandenen Leistungsfähigkeit des Beschenkten an einer Rückforderung des Geschenks gehindert. Dem Beschenkten wäre folglich das schenkweise erlangte Vermögen neben dem hinzuerworbenen Vermögen zu Lasten des weiterhin bedürftigen Schenkers bzw. der auch fortan für ihn aufkommenden Allgemeinheit zu belassen. Dieses inakzeptable Ergebnis ist das Spiegelbild des mit dem Eintritt der Verjährung entstehenden Interessenungleichgewichts zwischen den Beteiligten, das es über eine Hemmung der Verjährung wieder in das rechte Lot zu rücken gilt.

Damit ist in entsprechender Anwendung des § 205 BGB die Verjährung des Schenkungsrückforderungsanspruchs während des Bestehens der Einrede des Beschenkten gemäß § 529 Abs.2 BGB gehemmt, so dass dieser Zeitraum nach § 209 BGB in die Verjährungsfristen der §§ 195, 199 Abs.1 BGB bzw. §§ 196, 200 S.1 BGB nicht eingerechnet wird.[525]

---

524 Bei einem jährlichen Unterhaltsdefizit von 6.000 Euro und einer verbleibenden Lebenserwartung von 40 Jahren bietet § 529 Abs.2 BGB dem Beschenkten einen Vermögensschutz im Umfang von 240.000 Euro abzüglich der aus diesem Betrag – unter Berücksichtigung des Verbrauchs von Teilbeträgen – erzielbaren Zinseinkünfte (vgl. BGH NJW 2001, 1207, 1209 f.).

525 Eine andere Lösung wird hier vorgeschlagen von Gühlstorf, ZfF 2006, 121, 130. Danach habe der Sozialhilfeträger rechtzeitig vor Eintritt der Verjährung eine Feststellungsklage gegen den Beschenkten zu erheben und zwar mit dem Antrag festzustellen, dass der Beschenkte verpflichtet ist, die seit erstmaliger Sozialhilfebedürftigkeit erbrachten Sozialhilfeaufwendungen bis zur Höhe des Wertes des Geschenks an den Sozialhilfeträger zu erstatten, sobald er hierzu in der Lage ist, ohne dass sein standesgemäßer Unterhalt oder die Erfüllung der ihm kraft Gesetzes obliegenden Unterhaltspflichten gefährdet wird (siehe Gühlstorf a.a.O.). Dieser Lösungsansatz

4. Modifizierung der Verjährungsfristen durch Parteivereinbarung

Fraglich bleibt, ob und inwieweit die einschlägigen Verjährungsfristen zur Disposition der Vertragsparteien stehen. Gegen eine Verlängerung der gesetzlichen Verjährungsfristen aufgrund einer Parteivereinbarung bestehen nach der nunmehr geltenden Rechtslage keine Einwände mehr.[526] Eine solche ist gemäß § 202 Abs.2 BGB bis zu einer Dauer von maximal dreißig Jahren möglich.

Eine Verkürzung der Verjährungsfristen der §§ 195, 196 BGB, die auch nach geltendem Verjährungsrecht weiterhin prinzipiell möglich ist,[527] muss dagegen für den Rückforderungsanspruch des verarmten Schenkers angesichts der ratio legis ausscheiden. Ebenso wie in der Verkürzung der Ausschlussfrist des § 529 Abs.1, 2. Fall BGB[528] läge auch in der Verkürzung der Verjährungsfristen eine mit dem Schutzzweck der Norm nicht zu vereinbarende Beschneidung des auf Eigenalimentation des Schenkers gerichteten und damit auch der Vermeidung der Inanspruchnahme Dritter und der Allgemeinheit dienenden Notrechts aus § 528 BGB.[529]

VI. Das Erlöschen des Schenkungsrückforderungsanspruchs

Dass der Rückforderungsanspruch des verarmten Schenkers mit der Erbringung der vom Beschenkten geschuldeten Leistung durch Erfüllung gemäß § 362 Abs.1 BGB erlischt, ist selbstverständlich und nicht weiter problematisch. Interessanter und schwieriger zu beantworten ist die Frage eines Anspruchserlöschens durch den Tod des Schenkers. Dabei geht es an dieser Stelle zunächst allein um das Verhältnis zwischen dem Schenker und dem Beschenkten. Die Beantwortung der Frage eines todesbedingten Anspruchserlöschens nach einem Eintreten Dritter für den Unterhalt des Schenkers sowie bei einer Unterhaltsbeeinträchtigung der gesetzlichen Unterhaltsgläubiger des Schenkers bleibt den nachfolgenden Kapiteln vorbehalten, die sich mit den einschlägigen Fallgestaltungen befassen.

---

birgt freilich den Nachteil, dass der Sozialhilfeträger schon frühzeitig, ggfs. zu einer Vielzahl von Klagen genötigt ist, die sich mangels wirtschaftlicher Genesung des Beschenkten dann als wertlos erweisen. Nach der hier vertretenen Ansicht kann eine zum Regress gereichende Leistungsklage gegen den Beschenkten dagegen ziel- und zeitgenau nach Änderung seiner wirtschaftlichen Verhältnisse erfolgen.

526 Nach § 225 S.1 a.F. BGB bestand dagegen ein Verbot der Verjährungserschwerung.

527 Vgl. statt aller MüKo-Grothe, § 202 Rn. 6; Palandt-Ellenberger, § 202 Rn. 4.

528 Siehe dazu oben Zweiter Teil, 1. Kap., IV. 2. d) (S. 83).

529 Siehe dazu im Einzelnen die Ausführungen zur Unzulässigkeit eines (Voraus-)Verzichts auf den Anspruch aus § 528 Abs.1 S.1 BGB (Zweiter Teil, 1. Kap., VII. 2. (S. 117 ff.)).

1. Erlöschen des Anspruchs mit dem Tod des Schenkers

Die Vererblichkeit des Schenkungsrückforderungsanspruchs und damit korrespondierend die Frage eines Anspruchserlöschens durch den Tod des Schenkers ist gesetzlich nicht geregelt. Der gemäß § 528 Abs.1 S.3 BGB für anwendbar erklärte § 1615 Abs.1 BGB, wonach mit dem Tode des Berechtigten grundsätzlich ein Erlöschen des Anspruchs eintritt, gilt nach ganz überwiegender Ansicht nur für den mit Ausübung der Ersetzungsbefugnis des Beschenkten nach § 528 Abs.1 S.2 BGB entstehenden Rentenzahlungsanspruch aus §§ 528 Abs.1 S.3, 760 BGB, nicht jedoch für den Rückforderungsanspruch des verarmten Schenkers gemäß § 528 Abs.1 S.1 BGB.[530]

Früher wurde ein todesbedingtes Anspruchserlöschen bisweilen mit einer Höchstpersönlichkeit des Schenkungsrückforderungsanspruchs begründet.[531] In der Tat weisen höchstpersönliche Rechte einen derart engen Bezug zu ihrem Inhaber auf, dass mit dem Fortfall des Anspruchsberechtigten auch der Anspruch entfällt. Bei dem Rückforderungsanspruch des verarmten Schenkers handelt es sich aber nach zutreffender und heute weitestgehend unstreitiger Ansicht um keinen höchstpersönlichen Anspruch.[532] Für derartige Rechte ist charakteristisch, dass sie aus einer Verletzung höchstpersönlicher Rechtsgüter herrühren.[533] So wurden früher der vormals in § 847 BGB normierte Schmerzensgeldanspruch[534] sowie der inzwischen entfallende Kranzgeldanspruch gemäß § 1300 BGB als höchstpersönliche Rechte angesehen.[535] Der Schenkungsrückforderungsanspruch hat indes mit einer Verletzung höchstpersönlicher Rechtsgüter nichts zu

530 Siehe BGHZ 94, 141, 144; 96, 380, 384; 147, 288, 294; MüKo-Koch, § 528 Rn. 24; Staudinger-Chiusi, § 528 Rn. 27, 48; juris/PK-Sefrin, § 528 Rn. 56; Erman-Herrmann, § 528 Rn. 4; Palandt-Weidenkaff, § 528 Rn. 7; Haarmann, FamRZ 1996, 522, 524. Anderer Ansicht aber Franzen, FamRZ 1997, 528, 529 ff.; Vollkommer, EWiR § 528 1/94, 235, 236; siehe ferner Vollkommer/Schwaiger, JZ 1996, 633, 634 f.

531 Siehe OLG Düsseldorf FamRZ 1984, 887, 890; OLG Stuttgart BWNotZ 1985, 70; OLG Frankfurt NJW 1994, 1805 f.; Hesse, ZfSH/SGB 1985, 549, 551.

532 Siehe BGHZ 96, 380, 383; 127, 354, 356; 147, 288, 290; MüKo-Koch, § 528 Rn. 9; Staudinger-Chiusi, § 528 Rn. 24, 27; PWW-Hoppenz, § 528 Rn. 16; Wüllenkemper, JR 1988, 353, 357; Kollhosser, ZEV 1995, 391, 392; Haarmann, FamRZ 1996, 522, 523. Siehe zu der Problematik auch schon Zeranski, S. 53 ff.

533 Vgl. dazu Wüllenkemper, JR 1988, 353, 357; LG Karlsruhe NJW 1994, 137.

534 Siehe dazu etwa RGRK-Kreft, § 847 Rn. 69. Die Höchstpersönlichkeit des Schmerzensgeldanspruchs dürfte indes mit der Streichung des § 847 Abs.1 S.2 BGB und der damit eingetretenen unbeschränkten Abtretbarkeit und Vererblichkeit des Anspruchs entfallen sein. Zur geltenden Rechtslage, siehe § 253 Abs.2 BGB.

535 Vgl. dazu etwa MüKo (3. Aufl.)-Wacke, § 1300 Rn. 15; Erman (9. Aufl.)-Heckelmann, § 1300 Rn. 3.

tun. Hier geht es allein darum, eine eingetretene Unterhaltsbeeinträchtigung zu beseitigen. Darüber hinaus spricht gegen die Annahme eines höchstpersönlichen Rechts, dass § 528 Abs.1 S.1 BGB dem Schenker die Rückforderung des Geschenks nicht nur zur Deckung des eigenen Unterhalts, sondern auch zur Erfüllung seiner gesetzlichen Unterhaltspflichten ermöglicht.[536] Durch die Einbeziehung der gesetzlichen Unterhaltsgläubiger des Schenkers in den Schutzbereich der Norm ermangelt es der Vorschrift aber gerade an jenem für höchstpersönliche Rechte charakteristischen Zuschnitt allein auf die Person des Anspruchsberechtigten.[537]

Auch § 852 Abs.2 ZPO bietet schließlich kein Argument für die Annahme eines höchstpersönlichen Anspruchs. Denn selbst wenn die über § 852 Abs.2 ZPO geschützte Disposition des Anspruchsberechtigten zur Geltendmachung seines Rechts eine höchstpersönliche sein sollte,[538] erlaubt dies keine Rückschlüsse auf die Rechtsnatur des Anspruchs selbst,[539] wie ein Blick auf die weiteren in § 852 ZPO genannten Rechte zeigt. Die Ansprüche auf den Pflichtteil und auf den Ausgleich des Zugewinns sind nämlich gemäß §§ 2317 Abs.2, 1378 Abs.3 S.1 BGB vererblich und damit gerade nicht höchstpersönlicher Natur.

Bei dem Rückforderungsanspruch des verarmten Schenkers handelt es sich nach heute überwiegender Ansicht aber um einen zweckgebundenen Anspruch im Sinne des § 399, 1. Fall BGB[540] – eine Erkenntnis, die überdies einen geeigneten Ansatz zur Lösung der in Rede stehenden Problematik bietet.[541] Ein zweckgebundener Anspruch entfällt nämlich außer mit Erreichen des Anspruchszwecks auch mit dessen Fortfall. Ein Erlöschen wäre folglich zu bejahen, wenn mit dem Tod des Schenkers der Zweck des Anspruchs aus § 528 BGB entfiele. Die Vorschrift dient dazu, es dem Schenker zu ermöglichen, mit der Rückforderung der Schenkung seinen angemessenen Unterhalt zu bestreiten. Der Schenker soll mit dem Anspruch folglich seinen Lebensbedarf decken. Mit dem Tod einer Person entfällt jedoch jeglicher Lebensbedarf.

Dies gilt freilich uneingeschränkt nur für die Zukunft. Denkbar bleibt indes ein in der Vergangenheit vom Beschenkten ungedeckt gebliebener Bedarf des

---

536 Dazu schon Zeranski, S. 54 f.

537 In diesem Sinne auch MüKo-Koch, § 528 Rn. 9.

538 Vgl. dazu BGHZ 127, 354, 356; 147, 288, 291; LG Karlsruhe, NJW 1994, 137; Wüllenkemper, JR 1988, 353, 357; NK/BGB-Dendorfer, § 528 Rn. 18.

539 Vgl. dazu auch PWW-Hoppenz, § 528 Rn. 16.

540 Siehe BGHZ 147, 288, 290; MüKo-Koch, § 528 Rn. 17; Staudinger-Chiusi, § 528 Rn. 24; juris/PK-Sefrin, § 528 Rn. 34; Palandt-Weidenkaff, § 528 Rn. 4; Jauernig-Mansel, Anm. §§ 528, 529 Rn.2; Kollhosser, ZEV 1995, 391, 392. Zur Zweckgebundenheit des Schenkungsrückforderungsanspruchs bereits eingehend Zeranski, S. 55 ff., insb. S. 58 ff. m. zahlreichen weit. Nachweisen.

541 Siehe dazu und zum Folgenden insbesondere auch Kollhosser, ZEV 1995, 391, 392 f.

zwischenzeitlich verstorbenen Schenkers. Insofern gilt es allerdings zu berücksichtigen, dass es dem verarmten Schenker grundsätzlich frei steht, sich in seiner Lebensführung unterhalb seines angemessenen Unterhalts zu bescheiden und auf eine Inanspruchnahme des Beschenkten zu verzichten.[542] In einem solchen Fall, in dem allein eine Beeinträchtigung des Unterhalts des Schenkers vorlag, zu deren Beseitigung niemand für den Beschenkten eingetreten und in dem auch keine Geltendmachung des Schenkungsrückforderungsanspruchs durch den Schenker erfolgt ist, ist ein mit dem Tod des Schenkers eintretendes Anspruchserlöschen zu bejahen.[543]

2. Erlöschen des Anspruchs mit dem Tod des Schenkers nach einer Leistungsverzögerung durch den Beschenkten

Fraglich ist, ob es auch bei einer Leistungsverzögerung des Beschenkten mit dem Tod des Schenkers zu einem Erlöschen des Anspruchs kommt.[544] Denn auch wenn niemand für den Unterhalt des Schenkers aufgekommen ist, erscheint es schwerlich akzeptabel, dass ein Beschenkter, der seine Leistungspflicht nicht oder nur zögerlich erfüllt, mit dem Tod des Schenkers eine Befreiung von seiner Verbindlichkeit erlangt. Eine solche Möglichkeit böte dem Beschenkten den verfehlten und dem Anspruchszweck zuwiderlaufenden Anreiz, sich seiner Verpflichtung durch eine Erfüllungsverzögerung zu entziehen.[545]

Der Grundsatz, dass die Verpflichtung eines säumigen Schuldners mit dem Tod des Berechtigten nicht entfällt, gilt für das gesamte bürgerlich-rechtliche Unterhaltsrecht (siehe §§ 1615 Abs.1, 1613 Abs.1, 1360a Abs.3, 1361 Abs.4 S.4, 1585b Abs.2 BGB, 5 S.2, 12 S.2, 16 S.2 LPartG). Er gilt ferner gemäß §§ 528 Abs.1 S.3, 1615 Abs.1, 1613 Abs.1 BGB für die gleichfalls der Deckung des Unterhaltsbedarfs dienenden Rentenzahlungsverpflichtung des Beschenkten nach Ausübung seiner Ersetzungsbefugnis gemäß § 528 Abs.1 S.2 BGB. Dementsprechend nennt der BGH es einen allgemeinen Rechtsgedanken, dass aus einer Säumnis keine Schuld-

542 Vgl. dazu MüKo-Koch, § 528 Rn. 12; Staudinger-Chiusi, § 528 Rn. 24; juris/PK-Sefrin, § 528 Rn. 31.

543 So die heute ganz überwiegende Ansicht. Siehe BGH NJW 1995, 2287, 2288; MüKo-Koch, § 528 Rn. 11; MüKo-Leipold, § 1922 Rn. 24; Staudinger (2005)-Wimmer-Leonhardt, § 528 Rn. 24 f.; Soergel-Stein, § 1992 Rn. 42; Soergel-Mühl/Teichmann, § 528 Rn. 8; juris/PK-Sefrin, § 528 Rn. 31; NK/BGB-Dendorfer, § 528 Rn. 8; PWW-Hoppenz, § 528 Rn. 19; Kollhosser, ZEV 1995, 391, 393; ders., ZEV 2001, 289, 290; Haarmann, FamRZ 1996, 522, 524; Vollkommer/Schwaiger, JZ 1996, 633, 635; Zeranski, S. 109.

544 Dazu bereits Zeranski, S. 135 ff.

545 Vgl. dazu auch BGHZ 96, 380, 383; Gitter, JR 1986, 412.

befreiung von Unterhaltsansprüchen resultieren dürfe.[546] Für den ebenfalls auf die Befriedigung von Unterhaltsinteressen zielenden, eine deutliche Nähe zum Unterhaltsrecht aufweisenden Schenkungsrückforderungsanspruch gemäß § 528 Abs.1 S.1 BGB kann nichts anderes gelten.

Dementsprechend erlischt der Anspruch aus §§ 528 Abs.1 S.1 BGB im Falle einer Leistungsverzögerung des Beschenkten nicht mit dem Tod des Schenkers. Er geht vielmehr gemäß § 1922 Abs.1 BGB im Wege des Erbgangs auf dessen Erben über. Dieser kann den Anspruch, ungeachtet der Tatsache, dass niemand für den ungedeckt gebliebenen Unterhaltsbedarf des verstorbenen Schenkers aufgekommen ist, als adäquate Reaktion des Gesetzes auf die Leistungsverzögerung des Beschenkten diesem gegenüber geltend machen.

Eine solche, einem todesbedingtes Erlöschen des Anspruchs entgegenstehende Leistungsverzögerung des Beschenkten ist – in Anlehnung an den oben genannten Grundsatz, dass die Verpflichtung eines säumigen Unterhaltsschuldners mit dem Tode des Berechtigten nicht entfällt – im Falle des Schuldnerverzugs gemäß § 286 BGB zu bejahen.[547] Damit erhält die Leistungsverzögerung des Beschenkten zugleich ausreichende Konturen, die angesichts der Anforderungen, die das Gesetz an den Eintritt des Schuldnerverzugs stellt, den Schenker auch nicht übermäßig belasten. Gleichzeitig ist mit der erforderlichen Mahnung[548] des Schenkers gewährleistet, dass eine Inanspruchnahme des Beschenkten nicht dem Willen des Schenkers zuwider erfolgt, ein Aspekt, der seine Grundlage in § 852 Abs.2 ZPO findet und dem – wie auch die weitere Abhandlung noch zeigen wird – erhebliche Bedeutung im Kontext einer Schenkungsrückforderung wegen Verarmung zukommt.

3. Erlöschen des Anspruchs mit dem Tod des Schenkers bei Vorliegen der Voraussetzungen des § 852 ZPO

Fraglich bleibt, ob im Falle einer lebzeitigen Geltendmachung des Anspruchs durch den Schenker in den Formen des § 852 ZPO mit dessen Tod ein Anspruchs-

546 BGHZ 123, 264, 267 = ZEV 1994, 49 (50) m. zust. Anm. Kollhosser = LM § 528 BGB Nr.7 m. zust. Anm. Langenfeld = EWiR § 528 1/94, 235 m. zust. Anm. Vollkommer.

547 So auch BGHZ 123, 264, 267 = ZEV 1994, 49 (50) m. zust. Anm. Kollhosser = LM § 528 BGB Nr.7 m. zust. Anm. Langenfeld = EWiR § 528 1/94, 235 m. zust. Anm. Vollkommer; Staudinger-Marotzke, § 1922 Rn. 301; Bamberger/Roth-Müller-Christmann, § 1922 Rn. 34. Vgl. auch MüKo-Koch, § 528 Rn. 12; MüKo-Leipold, § 1922 Rn. 24; Staudinger (2005)-Wimmer-Leonhardt, § 528 Rn. 24 f., wo vom Fortbestand des Anspruchs bei einer Geltendmachung durch den Schenker die Rede ist.

548 § 286 Abs.2 und Abs.3 BGB sind bei einer Schenkungsrückforderung gemäß § 528 BGB nicht einschlägig.

erlöschen eintritt.[549] Die aus dem Zwangsvollstreckungsrecht stammende Vorschrift des § 852 ZPO setzt dem zwangsweisen Gläubigerzugriff auf Pflichtteils-, Zugewinnausgleichs- und Schenkungsrückforderungsansprüche Schranken, indem diese Rechte einer Pfändung nur unterworfen sind, wenn sie durch Vertrag anerkannt oder rechtshängig geworden sind. Der Grund für diese gesetzliche Regelung liegt darin, dass die Geltendmachung dieser Ansprüche angesichts der persönlichen Beziehung zwischen Anspruchsberechtigtem und Anspruchsverpflichtetem grundsätzlich im Belieben des Anspruchsinhabers stehen soll.[550] So soll auch der verarmte Schenker – nicht zuletzt im Hinblick auf die einer Schenkung typischerweise zugrunde liegenden Verdienste des Beschenkten – frei darüber entscheiden können, ob er seinen Anspruch geltend macht oder ob er sich auf das Notwendigste beschränkt und von einer Inanspruchnahme des Beschenkten absieht. Eine unbeschränkte Zugriffmöglichkeit seiner Gläubiger böte indes die Möglichkeit, dass es zu einer Durchsetzung des Anspruchs kommt, obschon es an einem entsprechenden Willen des Schenkers fehlt. Dies zu verhindern bezweckt § 852 Abs.2 ZPO, wonach es zunächst einer Willensbekundung des Schenkers zur Geltendmachung seines Rechts bedarf.[551]

Insofern lässt das Gesetz jedoch nicht jede Willensäußerung genügen. Vor allem aus Gründen der Rechtssicherheit,[552] aber auch im wohlverstandenen Interesse des jeweiligen Berechtigten, seinen Anspruch nicht vorschnell dem zwangsweisen Zugriff seiner Gläubiger auszusetzen, bedarf es entweder einer vertraglichen Anerkennung oder der Rechtshängigkeit der Ansprüche. Dabei lässt sich der Fortbestand des Schenkungsrückforderungsanspruchs über den Tod des Schenkers hinaus im Falle seiner Rechtshängigkeit[553] regelmäßig schon unter dem Gesichtspunkt einer Leistungsverzögerung des Beschenkten bejahen. Die Rechtshängigkeit tritt nach den §§ 253 Abs.1, 261 Abs.1, 696 Abs.3, 700 Abs.2 ZPO mit der Zustellung der Klageschrift bzw. des Mahnbescheides ein. Hier verfolgt der Schenker seinen Anspruch mithin schon gerichtlich, was üblicherweise erst nach einer erfolglosen Leistungsaufforderung gegenüber dem Anspruchsver-

549 Dazu bereits Zeranski, S. 135 ff.

550 Vgl. BGHZ 127, 354, 356; 147, 288, 291. Siehe ferner etwa Musielak-Becker, § 852 Rn. 1; Prütting/Gehrlein-Ahrens, § 852 Rn. 1; Schuschke/Walker-Kessal-Wulf, § 852 Rn. 1; HK/ZPO-Kemper, § 852 Rn. 1.

551 Siehe BGHZ 123, 183, 186; 127, 354, 356; 147, 288, 291; Zöller-Stöber, § 852 Rn. 1; MüKo/ZPO-Smid, § 852 Rn. 1; Musielak-Becker, § 852 Rn.1; Prütting/Gehrlein-Ahrens, § 852 Rn. 1; Stein/Jonas-Brehm, § 852 Rn. 1; Schuschke/Walker-Kessal-Wulf, § 852 Rn. 1; Thomas/Putzo-Seiler, § 852 Rn. 1; HK/ZPO-Kemper, § 852 Rn. 1

552 Vgl. BGHZ 123, 183, 188; MüKo/ZPO-Smid, § 852 Rn. 1.

553 Vgl. dazu statt aller Zöller-Stöber, § 852 Rn. 2; MüKo/ZPO-Smid, § 852 Rn. 4.

pflichteten geschieht. Auch ersetzen Klageerhebung und Zustellung eines Mahnbescheids gemäß § 286 Abs.1 S.2 BGB die Mahnung und wirken damit regelmäßig verzugsbegründend.

Aber selbst wenn es im Vorfeld der gerichtlichen Reklamation des Schenkungsrückforderungsanspruchs an jedweder Leistungsverzögerung seitens des Beschenkten fehlen sollte – gegebenenfalls mit der Folge einer zivilprozessualen Kostenentscheidung gemäß § 93 ZPO – rechtfertigt allein die Geltendmachung des Anspruchs durch den Schenker in den Formen des § 852 ZPO den Fortbestand des Rechts über seinen Tod hinaus. Entscheidend ist hier, losgelöst vom Leistungsverhalten des Beschenkten, dass der verarmte Schenker gerade nicht auf eine Inanspruchnahme des Beschenkten verzichtet hat, sondern willens war, das Geschenk zur Deckung seines Lebensbedarfs zurückzufordern. Dabei verleiht § 852 ZPO der einem todesbedingten Anspruchserlöschen entgegenstehenden Willensbekundung des Schenkers zur Geltendmachung seines Rechts ausreichende Konturen und trägt damit dem Aspekt der Rechtssicherheit angemessen Rechnung.

Daher steht auch eine vertragliche Anerkennung im Sinne des § 852 ZPO, wie immer sie auch erfolgt sein mag,[554] einem Anspruchserlöschen mit dem Tod des Schenkers entgegen. Für den Fortbestand des Schenkungsrückforderungsanspruchs ist auch hier, unabhängig vom Leistungsverhalten des Beschenkten, entscheidend, dass der Schenker mit der vertraglichen Anerkennung und damit in einer dem § 852 ZPO genügenden Form seinen Anspruch realisiert und somit gerade nicht zugunsten des Beschenkten auf die Geltendmachung seines Rechts verzichtet hat.

Im Ergebnis bleibt somit festzuhalten, dass der Rückforderungsanspruch des verarmten Schenkers bei Vorliegen der Voraussetzungen des § 852 ZPO nicht mit dem Tod des Schenkers erlischt.[555]

4. Erlöschen des Anspruchs mit dem Tod des Schenkers durch Konfusion

Vereinigen sich mit dem Erbfall Forderung und Schuld in der Person des Beschenkten, weil er Alleinerbe des Schenkers ist, erlischt der Schenkungsrückforderungsanspruch durch Konfusion.[556] Die Säumnis des Beschenkten bzw. die lebzeitige Geltendmachung des Anspruchs durch den Schenker bleibt damit für

554 Siehe dazu im Einzelnen Zeranski, NotBZ 2001, 19 ff. m.w.N.
555 Im Ergebnis ebenso MüKo-Leipold, § 1922 Rn. 24; Bamberger/Roth-Müller-Christmann, § 1922 Rn. 34.
556 Dazu bereits Zeranski, S. 137.

den Beschenkten ohne Konsequenzen. Es war hier an dem Schenker gelegen, einer Leistungsverzögerung des Beschenkten durch eine konfusionsvermeidende erbrechtliche Anordnung Rechnung zu tragen. Hätte er den Beschenkten enterbt, so hätte dieser den Anspruch gegenüber dem an seiner Stelle berufenen Erben erfüllen müssen. So erlischt mit dem Tod des Schenkers seine Verpflichtung aus § 528 Abs.1 S.1 BGB und der Sachverhalt löst sich für ihn in Wohlgefallen auf.

VII. Die Möglichkeit eines Verzichts des Schenkers auf den Schenkungsrückforderungsanspruch

1. Anspruchsverzicht nach einem Anspruchsübergang auf Dritte

Bei einem Anspruchsverzicht handelt es sich um ein Verfügungsgeschäft, das die Verfügungsbefugnis des Verzichtenden voraussetzt. Diese steht üblicherweise dem Rechtsinhaber zu. Ist der Schenker nicht mehr Inhaber des Anspruchs aus § 528 Abs.1 S.1 BGB, insbesondere weil schon eine Anspruchsüberleitung auf den Sozialhilfeträger erfolgt ist, kommt folglich ein Anspruchsverzicht durch einen Erlassvertrag gemäß § 397 Abs.1 BGB zwischen Schenker und Beschenktem nicht mehr in Betracht.[557]

2. Anspruchsverzicht vor einem Anspruchsübergang auf Dritte, insbesondere in Gestalt eines Vorausverzichts

Fraglich bleibt die Statthaftigkeit eines Anspruchsverzichts durch den Schenker während der Zeit seiner Rechtsinhaberschaft sowie in Gestalt eines Vorausverzichts auf seinen künftigen, von dem Eintritt seiner Verarmung abhängigen Schenkungsrückforderungsanspruch. Nach Ansicht des BGH[558] scheint ein solcher Anspruchsverzicht grundsätzlich möglich zu sein. Auch Teile des Schrifttums gehen davon aus, wollen die Wirksamkeit eines solchen Verzichts aber – ebenso wie der BGH – an § 138 Abs.1 BGB messen.[559] Danach wäre ein Anspruchsverzicht unwirksam, sofern er nach Eintritt der Bedürftigkeit des

557 Vgl. BGHZ 125, 283, 286 f.; juris/PK SGB XII-Armbruster, § 93 Rn. 51; Mergler/Zink-Kiss, § 93 Rn. 18; Fichtner/Wenzel-Wolf, § 93 Rn. 21; Oestreicher-Decker, § 93 Rn. 105.

558 Vgl. BGH NJW 1995, 2287, 2288 (allerdings mit unzutreffendem Verweis auf RGRK-Mezger, § 528 Rn. 6).

559 Siehe etwa Erman-Herrmann, § 528 Rn. 6; juris/PK SGB XII-Armbruster, § 93 Rn. 51.8; Mergler/Zink-Kiss, § 93 Rn. 18; Günther, NZS 1994, 66, 69 f.; Seyfarth, S. 77 ff; wohl auch BGH NJW 1995, 2287, 2288 mit Verweis auf MüKo (2. Aufl. 1988)-Kollhosser, § 528 Rn. 7; vgl. auch juris/PK-Sefrin, § 528 Rn. 34, der insofern auf die Zweckbindung des Anspruchs abstellt.

Schenkers oder sehenden Auges im Hinblick auf eine bevorstehende Bedürftigkeit erfolgt.[560] Einem frühzeitig erfolgenden Vorausverzicht, womöglich schon im Zuge der Vermögensübertragung von dem Schenker an dem Beschenkten, wäre damit aber kaum die Wirksamkeit zu versagen.[561]

Nach zutreffender Ansicht ist ein Verzicht auf den Schenkungsrückforderungsanspruch durch den Schenker aber grundsätzlich unzulässig.[562] Der Sinn und Zweck des § 528 Abs.1 S.1 BGB sowie dessen Charakter als Notrecht des Schenkers zur Bestreitung seines eigenen Unterhalts bzw. zur Erfüllung seiner gesetzlichen Unterhaltspflichten schließen die Verzichtbarkeit auf den Anspruch schlechterdings aus.[563] Das Recht aus § 528 Abs.1 S.1 BGB ist ultima ratio des Schenkers zur Befriedigung der in der Vorschrift genannten Unterhaltsinteressen. Es will sicherstellen, dass der Schenker seinen Lebensunterhalt selbst bestreiten kann und damit nicht auf die Unterstützung der ihm kraft Gesetzes zum Unterhalt Verpflichteten angewiesen ist. Insofern dient die Vorschrift nicht nur der Eigenalimentation des Schenkers, sie bezweckt auch eine Vermeidung der Inanspruchnahme potentiell Unterhaltspflichtiger und letztlich auch der Allgemeinheit, die bei einem Fehlen bzw. Ausfall dieser Personen für den Unterhalt des Schenkers mittels staatlicher Grundsicherungsleistungen aufzukommen hätte.[564] Damit erweist sich § 528 BGB nicht nur als ein aus Sicht und Interesse des Schenkers elementares Mittel zur Sicherung des eigenen Unterhalts, dessen Verzicht sich im Sinne der Selbsterhaltung verbietet,[565] vielmehr hätte ein solcher

---

560 Vgl. Mergler/Zink-Kiss, § 93 Rn. 18; Erman-Herrmann, § 528 Rn. 6; Schwarz, JZ 1997, 545, 546; Seyfarth, S. 77 ff.

561 Ebenso Erman-Herrman, § 528 Rn. 6; Seyfarth, S. 78 f.; vgl. ferner Schwarz, JZ 1997, 545.

562 Siehe MüKo-Koch, § 528 Rn. 18; Staudinger (2005)-Wimmer-Leonhardt, § 528 Rn. 38 sowie nunmehr wohl auch Staudinger-Chiusi, § 528 Rn. 34 (wenngleich unter Heranziehung des § 138 Abs.1 BGB); Jauernig-Mansel, Anm. §§ 528, 529 Rn. 2; RGRK-Mezger, § 528 Rn. 6; vgl. ferner Bamberger/Roth-Gehrlein, § 528 Rn. 1; Soergel-Mühl/Teichman, § 528 Rn. 1; Karpen, MittRhNotK 1988, 131, 142; Hörlbacher, ZEV 1995, 202, 204 (unter Heranziehung des Rechtsgedankens des § 533 BGB); Kollhosser, ZEV 1995, 391, 392 f.; Schwarz, JZ 1997, 545, 548; Neuner, LM 2001, 1673, 1674.

563 Ebenso MüKo-Koch, § 528 Rn. 18; Staudinger (2005)-Wimmer-Leonhardt, § 528 Rn. 38; RGRK-Mezger, § 528 Rn. 6.

564 Vgl. BGHZ 137, 76, 82; 147, 288, 290; BGH NJW 2010, 2655, 2656 (Rn. 16); juris/PK-Sefrin, § 528 Rn. 4; Soergel-Mühl/Teichmann, § 528 Rn. 1

565 Das hindert den Schenker freilich nicht, sich in seiner Lebensführung auf das Notwendigste zu beschränken und von einer Geltendmachung seines Anspruchs abzusehen. Dieser Verzicht im Tatsächlichen, der letztlich auch zu einem Anspruchserlöschen führt (siehe BGH NJW 1995, 2287, 2288; Staudinger (2005)-Wimmer-Leonhardt, § 528 Rn. 38 a. E.), ist aber zu unterscheiden von dem hier in Rede stehenden rechtsgeschäftlichen Anspruchsverzicht gemäß § 397 Abs.1 BGB.

Verzicht angesichts des Schutzzwecks des Anspruchs auch den Charakter eines Vertrages zu Lasten Dritter.[566]

Diese Erwägungen werden durch entsprechende Wertungen im Unterhaltsrecht bestätigt. Zwar handelt es sich bei dem Rückforderungsanspruch des verarmten Schenkers um keinen Unterhaltsanspruch im eigentlichen Sinne.[567] Gleichwohl ist dessen Nähe zum Unterhaltsrecht nicht von der Hand zu weisen,[568] dient er doch gleichfalls der Unterhaltssicherung und richtet sich dabei nach dem angemessenen Unterhalt des Schenkers bzw. dem Inhalt der ihn treffenden gesetzlichen Unterhaltspflichten.[569]

Im Unterhaltsrecht ist ein Vorausverzicht aus den zuvor genannten Gründen der Sicherung der Eigenalimentation und der damit einhergehenden Vermeidung der Inanspruchnahme der Allgemeinheit aber grundsätzlich unzulässig. Das gilt für alle Unterhaltsrechtsverhältnisse des BGB (siehe §§ 1614 Abs.1, 1360 a Abs.3, 1361 Abs.4 S.4 BGB) und auch des LPartG (siehe §§ 5 S.2, 12 S.2 LPartG). Allein beim nachehelichen Unterhalt sowie dem ihm nachgebildeten nachpartnerschaftlichen Unterhalt besteht gemäß § 1585 c BGB die Möglichkeit eines Vorausverzichts.[570] Diese Regelung geht zurück auf das seinerzeit im Familienrecht geltende Verschuldensprinzip bei Scheidung einer Ehe und der daran anknüpfenden vormaligen Regelung der §§ 58, 61 Abs.1 EheG, wonach die nachehelichen Unterhaltsverpflichtungen grundsätzlich dem Schuldausspruch folgten. Vor diesem Hintergrund wurden Unterhaltsvereinbarungen der Ehegatten im Rahmen eines Scheidungsverfahrens auf der Grundlage des seinerzeitigen § 72 EheG grundsätzlich als legitim angesehen,[571] wurden doch so häufig umfangreiche, die Parteien belastende Beweisaufnahmen über das Scheidungsverschulden vermieden und ein Scheidungsverfahren schnell und ohne Aufsehen zum Abschluss gebracht.[572] Nach dem Fortfall des Verschuldens- und der Einführung des Zerrüttungsprinzips hielt der Gesetzgeber aus Praktikabilitätserwägungen an

566 Vgl. dazu auch MüKo-Koch, § 528 Rn. 18 m.w.N.

567 Siehe dazu BGHZ 146, 228, 233.

568 Vgl. Knütel, JR 1989, 378, 379, der § 528 BGB als einen im Kern unterhaltsrechtlichen Anspruch bezeichnet. Siehe ferner Hörlbacher, ZEV 1995, 202, 203 („zumindest unterhaltsähnlicher Anspruch"); Eichenhofer, NDV 1999, 82, 85 („unterhaltsähnlicher Charakter").

569 Vgl. BGH NJW 2003, 1384, 1387; MüKo-Koch, § 528 Rn. 3; Staudinger-Chiusi, § 528 Rn. 6; juris/PK-Sefrin, § 528 Rn. 15; PWW-Hoppenz, § 528 Rn. 2.

570 Zur Geltung des § 1585 c BGB bei einer Lebenspartnerschaft nach dem LPartG, siehe etwa Erman-Kaiser, § 16 LPartG Rn. 9; Palandt-Brudermüller, § 16 LPartG Rn. 7.

571 Vgl. dazu BGHZ 86, 82, 84 m.w.N.

572 Siehe dazu im Einzelnen BGHZ 86, 82, 85.

der Möglichkeit eines nachehelichen Unterhaltsverzichts fest.[573] Auch heute noch ist die den Parteien insofern zugebilligte Gestaltungsmacht der Erledigung von Scheidungsverfahren mitunter recht förderlich. Die Zulässigkeit eines Vorausverzichts gemäß § 1585 c BGB findet damit nach wie vor ihre Grundlage in der speziellen Situation und Interessenlage eines Scheidungsverfahrens und ist somit im Unterhaltsrecht nur die Ausnahme von der Regel, die letztere nicht in Frage zu stellen vermag.

Mit der Unzulässigkeit eines Vorausverzichts hat es allerdings nicht sein Bewenden, der Rückforderungsanspruch des verarmten Schenkers ist angesichts seines Schutzzwecks vielmehr jeglichen anspruchseinschränkenden Dispositionen der Parteien entzogen. Das gilt, wie schon ausgeführt, auch für eine Verkürzung der Ausschlussfrist des § 529 Abs.1, 2. Fall BGB[574] sowie für Erleichterungen des Eintritts der Verjährung, insbesondere durch eine Verkürzung der einschlägigen Verjährungsfristen gemäß §§ 195, 196 BGB.[575] Auch eine Modifizierung der bereicherungsrechtlichen Haftung zugunsten des Beschenkten ist mit dem Schutzzweck des § 528 BGB nicht zu vereinbaren und damit unzulässig.[576]

VIII. Die Ersetzungsbefugnis des Beschenkten

Der Schenkungsrückforderungsanspruch hat den Zweck, eine Unterhaltsbeeinträchtigung im Sinne des § 528 Abs.1 S.1 BGB zu beseitigen. Wenngleich das Gesetz zur Erreichung dieses Zwecks die Herausgabe des Geschenks an den Schenker vorsieht, ist dem Gesetzeszweck auch dann Genüge getan, wenn der Schenker die zur Unterhaltsdeckung erforderlichen Geldmittel erhält. Auf der anderen Seite ist in bestimmten Fällen ein berechtigtes Interesse des Beschenkten daran, das Geschenk in natura zu behalten, nicht zu leugnen. Das Gesetz berücksichtigt die genannten Umstände, indem es dem Beschenkten in § 528 Abs.1 S.2 BGB eine Ersetzungsbefugnis einräumt.[577] Er kann die Herausgabe des Geschenks durch Zahlung des für den Unterhalt erforderlichen Betrags abwenden.

---

573 Vgl. BT-Drucks. 7/650, S. 149.

574 Siehe dazu schon Zweiter Teil, 1. Kap., IV. 2. d) (S. 83).

575 Siehe dazu schon Zweiter Teil, 1. Kap., V. 4. (S. 110).

576 So zutreffend Schwarz, JZ 1997, 545, 548.

577 Siehe dazu etwa MüKo-Koch, § 528 Rn. 21; Staudinger-Chiusi, § 528 Rn. 44 f., 47 f.; Erman-Herrmann, § 528 Rn. 4.

1. Die Ausübung der Ersetzungsbefugnis

Gemäß § 528 Abs.1 S.2 BGB erfolgt die Ausübung der Ersetzungsbefugnis durch Zahlung des für den Unterhalt erforderlichen Betrags. Es genügt somit nicht, dass der Beschenkte erklärt, dem Schenker den für dessen Unterhalt und die Erfüllung seiner gesetzlichen Unterhaltspflichten notwendigen Betrag zahlen zu wollen.[578] Erforderlich ist vielmehr eine tatsächliche Leistungsbewirkung in Gestalt der Zahlung eines Geldbetrags, der zur Deckung des im Zeitpunkt der Ausübung der Ersetzungsbefugnis bestehenden Notbedarfs hinreicht.[579] Dies entspricht nicht nur dem eindeutigen Wortlaut des § 528 Abs.1 S.2 BGB, sondern auch dem auf Unterhaltsdeckung gerichteten Zweck einer Schenkungsrückforderung wegen Verarmung.

Abgrenzungsschwierigkeiten zur Erfüllung des Anspruchs aus § 528 Abs.1 S.1 BGB durch eine als Wert- bzw. Teilwertersatz gemäß § 818 Abs.2 BGB erfolgende Geldzahlung, die gegebenenfalls eine Erklärung des Beschenkten notwendig erscheinen ließe, sind nicht zu befürchten, da für die Ersetzungsbefugnis gemäß § 528 Abs.1 S.2 BGB nach zutreffender Ansicht kein Raum ist, wenn der Schenkungsrückforderungsanspruch seinerseits schon auf eine Geldzahlung gerichtet ist.[580] Das gilt neben einem (Teil-)Wertersatzanspruch des Schenkers gemäß §§ 528 Abs.1 S.1, 818 Abs.2 BGB ferner für die Rückforderung eines Geldgeschenks.[581] Hier ist der Anspruch von vornherein nur auf das gerichtet, was der Beschenkte in Ausübung der Ersetzungsbefugnis zu leisten hätte.[582]

Die Rechtsprechung versagt dem Beschenkten die Ersetzungsbefugnis gemäß § 528 Abs.1 S.2 BGB aber auch dann, wenn es um die Rückforderung des Geschenks für einen in der Vergangenheit liegenden, abgeschlossenen Zeitraum der Unterhaltsbedürftigkeit geht.[583] Der eigentliche Grund für diese Rechtsprechung liegt indes nicht in der Vorschrift des § 528 Abs.1 S.2 BGB, sondern in der Verweisung

---

578 So aber MüKo-Koch, § 528 Rn. 21; Staudinger (2005)-Wimmer-Leonhardt, § 528 Rn. 28; anders aber nun Staudinger-Chiusi, § 528 Rn. 45; Hörlbacher, ZEV 1995, 202, 203.

579 So auch OLG Düsseldorf FamRZ 1984, 887, 889; wohl auch BGHZ 94, 141, 144; Staudinger-Chiusi, § 528 Rn. 45; juris/PK-Sefrin, § 528 Rn. 53; Erman-Herrmann, § 528 Rn. 4; NK/BGB-Dendorfer, § 528 Rn. 14; Bamberger/Roth-Gehrlein, § 528 Rn. 5; HK/BGB-Saenger, §§ 528, 529 Rn. 3; Franzen, FamRZ 1997, 528, 532.

580 Siehe BGHZ 94, 141, 144; BGH NJW 1986, 987, 988; BGHZ 137, 76, 83; MüKo-Koch, § 528 Rn. 21; Staudinger (2005)-Wimmer-Leonhardt, § 528 Rn. 28 (vgl. ferner nun auch Staudinger-Chiusi, § 528 Rn. 45); juris/PK-Sefrin, § 528 Rn. 54; PWW-Hoppenz, § 528 Rn. 15.

581 Vgl. etwa MüKo-Koch, § 528 Rn. 21; Staudinger (2005)-Wimmer-Leonhardt, § 528 Rn. 28.

582 Siehe BGH NJW 1986, 987, 988.

583 Siehe BGHZ 94, 141, 144; 96, 380, 384; BGH NJW 1986, 1926, 1927. Dem folgend Staudinger-Chiusi, § 528 Rn. 45.

des an § 528 Abs.1 S.2 anknüpfenden § 528 Abs.1 S.3 BGB auf § 1613 Abs.1 BGB und der damit verbundenen Befürchtung, dass es einem geschickt agierenden Beschenkten durch eine zögerliche Ausübung seiner Ersetzungsbefugnis gelingen könnte, seine Verpflichtung gegenüber dem Schenker zu verringern.[584] Eine solche Gefahr bestünde in der Tat, sofern § 1613 Abs.1 BGB, der Unterhaltszahlungen für die Vergangenheit nur unter erschwerten Voraussetzungen zulässt, auch auf den vor Ausübung der Ersetzungsbefugnis liegenden Zeitraum Anwendung fände. Dann wäre es dem Beschenkten möglich, seine Leistungspflicht dadurch zu reduzieren, dass er sowohl die Erfüllung des Anspruchs aus § 528 Abs.1 S.1 BGB als auch die Ausübung seiner Ersetzungsbefugnis gemäß § 528 Abs.1 S.2 BGB so lange wie möglich hinauszögert.

Das berechtigte Bestreben, derart sachwidrige Ergebnisse zu vermeiden, rechtfertigt es indes nicht, dem Beschenkten die facultas alternativa gemäß § 528 Abs.1 S.2 BGB zu versagen. Vorzuziehen ist vielmehr eine seit längerem vom Schrifttum vertretene einschränkende Interpretation des § 528 Abs.1 S.3 BGB dahingehend, dass die Verweisung auf § 1613 Abs.1 BGB nur für die nach Ausübung der Ersetzungsbefugnis entstehenden Zahlungsverpflichtungen des Beschenkten gilt.[585] Zur Geltendmachung des § 528 Abs.1 S.2 BGB ist somit erforderlich, dass der Beschenkte den bis dahin entstandenen ungedeckten Unterhalt des Schenkers durch Zahlung in einer Summe deckt. Der Unterhalt nach Ausübung der Ersetzungsbefugnis ist sodann unter Berücksichtigung des § 1613 Abs.1 BGB in Rentenform gemäß § 760 BGB zu entrichten. Mit dieser Lösung werden die oben beschriebenen sachwidrigen Ergebnisse vermieden, ohne dem Beschenkten die Ersetzungsbefugnis zu nehmen. Damit bleibt sein berechtigtes Interesse, das Geschenk in natura behalten zu können, auch in den Fällen gewahrt, in denen das Geschenk zur Unterhaltsdeckung für einen abgeschlossenen Zeitraum in der Vergangenheit herausverlangt wird.

2. Die Rechtsfolgen nach Ausübung der Ersetzungsbefugnis

Mit wirksamer Ausübung der Ersetzungsbefugnis gemäß § 528 Abs.1 S.2 BGB kommt es zu einer Umwandlung des Schuldverhältnisses.[586] Der Beschenkte ist nun nicht mehr zur Herausgabe des Geschenks verpflichtet, er schuldet fortan

---

584 Siehe dazu und zum Folgenden anschaulich MüKo-Koch, § 528 Rn. 23, 25. Vgl. dazu ferner Staudinger (2005)-Wimmer-Leonhardt, § 528 Rn. 31; juris/PK-Sefrin, § 528 Rn. 56.

585 Siehe MüKo-Koch, § 528 Rn. 23, 25; Staudinger (2005)-Wimmer-Leonhardt, § 528 Rn. 31; juris/PK-Sefrin, § 528 Rn. 56; Bamberger/Roth-Gehrlein, § 528 Rn. 5.

586 Siehe dazu etwa juris/PK-Sefrin, § 528 Rn. 55; Erman-Herrmann, § 528 Rn. 4.

allein Unterhaltszahlungen zur Deckung des Notbedarfs des Schenkers nach Maßgabe des § 760 BGB und damit in Gestalt einer für drei Monate im Voraus zu entrichtenden Geldrente (siehe § 760 Abs.1, Abs.2, 1. Halbs. BGB).

Nach wie vor streitig ist, ob die mit Ausübung der Ersetzungsbefugnis entstehende Zahlungsverpflichtung des Beschenkten endet, wenn die Rentenzahlungen den Wert des ursprünglich geschuldeten Geschenks erreicht haben.[587] Das ist unter Berücksichtigung der zugrunde liegenden Interessenlage zu bejahen. Die bereicherungsrechtliche Haftung des Beschenkten, die nicht nur für seine anfängliche Herausgabepflicht aus § 528 Abs.1 S.1 BGB gilt, um deren Ersetzung es gemäß § 528 Abs.1 S.2 BGB geht, sondern die auch bei einem Wert- bzw. Teilwertersatzanspruch, gegebenenfalls auch in Gestalt wiederkehrender Leistungen, besteht, zeigt, dass es bei einer Schenkungsrückforderung wegen Verarmung grundsätzlich zu keiner Vermögenseinbuße beim Beschenkten kommen soll.[588] Wenngleich das Gesetz bei einer Verarmung des Schenkers auch eine Rückabwicklung der sowohl schuldrechtlich als auch dinglich wirksamen Schenkung zu Lasten des Beschenkten zulässt, einen Vermögensverlust mutet es ihm dabei nicht zu. Daran ändert sich auch mit Ausübung der Ersetzungsbefugnis nichts. Die alternative Ermächtigung gemäß § 528 Abs.1 S.2 BGB dient allein dem Interesse des Beschenkten.[589] Sie verpflichtet ihn zu nichts, sondern erweitert allein seinen Handlungsspielraum, indem sie ihm ermöglicht, die geschuldete Herausgabe des Geschenks durch eine Geldzahlung abzuwenden und damit das Geschenk in natura behalten zu können. Mit der Inanspruchnahme dieser allein zu seinen Gunsten bestehenden Vergünstigung[590] das unkalkulierbare Risiko einer unbegrenzten Haftung[591] zu verbinden, ist sachlich nicht zu rechtfertigen.[592] Den Interessen des Schenkers ist demgegenüber durch die Rückabwicklung der Schenkung durch Geldleistungen in voller Höhe des Geschenkwertes ausreichend Rechnung getragen.[593]

---

587 Dafür MüKo-Koch, § 528 Rn. 22; Staudinger (2005)-Wimmer-Leonhardt, § 528 Rn. 29 und nun wohl auch Staudinger-Chiusi, § 528 Rn. 47; juris/PK-Sefrin, § 528 Rn. 55; Erman-Herrmann, § 528 Rn. 4; HK/BGB-Saenger, §§ 528, 529 Rn. 3; Soergel-Mühl/Teichmann, § 528 Rn. 12; Franzen, FamRZ 1997, 528, 530. Dagegen NK/ BGB-Dendorfer, § 528 Rn. 15; Bamberger/Roth-Gehrlein, § 528 Rn. 5; Jauernig-Mansel, Anm. §§ 528, 529 Rn. 5; RGRK-Mezger, § 528 Rn. 7; Hörlbacher, ZEV 1995, 202, 203.

588 So zutreffend MüKo-Koch, § 528 Rn. 22. Siehe dazu auch Franzen, FamRZ 1997, 528, 530.

589 Siehe dazu Franzen, FamRZ 1997, 528, 530.

590 Diesen Aspekt betont insbesondere auch Franzen, FamRZ 1997, 528, 530.

591 Dazu auch schon Soergel-Mühl/Teichmann, § 528 Rn. 12.

592 So auch Soergel-Mühl/Teichmann, § 528 Rn. 12; Franzen, FamRZ 1997, 528, 530.

593 Siehe Soergel-Mühl/Teichmann, § 528 Rn. 12; Franzen, FamRZ 1997, 528, 530.

IX. Die Existenz mehrerer Schenkungen

Bei Vorliegen mehrerer Schenkungen an verschiedene Personen ist danach zu differenzieren, ob die Schenkungen zu unterschiedlichen Zeitpunkten oder zeitgleich erfolgt sind. Nur für den ersten Fall existiert mit § 528 Abs.2 BGB eine gesetzliche Regelung. Danach haftet unter mehreren Beschenkten der früher Beschenkte nur insoweit, als der später Beschenkte nicht verpflichtet ist. Mehrere gleichzeitig Beschenkte haften dem verarmten Schenker dagegen nach inzwischen gefestigter Rechtsprechung des BGH gleichrangig nebeneinander nach den Grundsätzen der Gesamtschuld und damit nicht nur anteilig, sondern im Rahmen ihrer bereicherungsrechtlichen Haftung bis zur Obergrenze des zu deckenden Unterhaltsbedarfs.[594]

1. Der maßgebliche Zeitpunkt zur Bestimmung der zeitlichen Abfolge mehrerer Schenkungen

Angesichts der sich signifikant unterscheidenden Rechtsfolgen bei zeitgleichen und zeitlich nacheinander erfolgten Schenkungen ist die Ermittlung der zeitlichen Reihenfolge mehrerer Schenkungen für die Beschenkten von großer Bedeutung. Fraglich ist, ob dafür auf den Abschluss der schuldrechtlichen Schenkungsverträge oder auf deren Vollzug und dabei auf die Vornahme der Leistungshandlungen durch den Schenker oder den Eintritt des Leistungserfolgs beim Beschenkten abzustellen ist.[595]

Der BGH hat diese Frage bislang noch nicht abschließend beantwortet, er hat indes in die richtige Richtung weisend entschieden, dass es jedenfalls dann auf den schuldrechtlichen Schenkungsvertrag ankomme, wenn die Schenkungen durch den gleichen notariellen Vertrag als Bestandteile eines einheitlichen und gleichzeitigen Rechtsgeschäfts vorgenommen worden seien.[596] Eine für den Anwendungsbereich des § 528 BGB relevante Aufspaltung nach den Zufälligkeiten der späteren Vertragsabwicklung sei mit der Natur eines solchen einheitlichen Rechtsgeschäfts und dem erkennbaren Willen der Beteiligten nicht zu vereinbaren.[597]

Mit den Zufälligkeiten der Vertragsabwicklung benennt der BGH die Umstände, die entscheidend dagegen sprechen, auf den Eintritt des Leistungs-

594 Grundlegend BGH NJW 1991, 1824 (2. Leitsatz), 1825. Bestätigt durch BGHZ 137, 76, 80.

595 Dazu ausführlich Heiter, JR 1995, 313, 315 f. m.w.N.

596 Siehe BGHZ 137, 76, 81.

597 BGHZ 137, 76, 81.

erfolgs beim Beschenkten abzustellen.[598] So ist eine Geldzuwendung schneller vollzogen als eine Grundstücksschenkung und selbst bei mehreren Grundstücksschenkungen variiert deren Vollzug angesichts der unterschiedlichen Dauer der Grundbuchverfahren. Es wäre unbillig, die sich erheblich unterscheidenden Rechtsfolgen in der Haftung der Beschenkten an derartige, von Zufälligkeiten abhängige Umstände zu knüpfen, insbesondere wenn deren schuldrechtliche Positionen zur gleichen Zeit, möglicherweise durch ein einheitliches Rechtsgeschäft, entstanden sind.[599]

Aber auch ein Abstellen auf die Vornahme aller erforderlichen Leistungshandlungen seitens des Schenkers[600] ist nicht frei von solchen Unwägbarkeiten und würde dem Schenker zudem die Möglichkeit geben, etwa durch ein Hinauszögern der von ihm geschuldeten Leistungshandlungen, auf die Haftungslage der Beschenkten maßgeblichen Einfluss zu nehmen. Das ist nicht gerechtfertigt und führt bei zeitgleich entstandenen Erfüllungsansprüchen auch zu unbilligen Ergebnissen.

Daher ist für die Bestimmung der Reihenfolge mehrerer Schenkungen auf die schuldrechtlichen Schenkungsverträge abzustellen.[601] Deren Formbedürftigkeit bietet zudem ein weiteres gewichtiges Argument zur sachgerechten Lösung der Problematik. Denn mit der gesetzlich vorgeschriebenen notariellen Beurkundung zumindest der einen der zum Vertragsabschluss führenden Willenserklärungen (vgl. § 518 Abs. 1 S.1 BGB), mitunter aber auch des gesamten Vertrages (siehe dazu etwa § 311 b Abs.1 S.1 BGB),[602] ist dem Gesichtspunkt der Rechtssicherheit bei der Bestimmung der zeitlichen Abfolge der Schenkungen in besonderem Maße Genüge getan.[603]

Damit besteht im Ergebnis eine vollständige Kongruenz zwischen § 528 Abs.2 BGB und § 519 Abs.2 BGB, bei dem zwingend die dort allein existierenden schuldrechtlichen Verpflichtungsgeschäfte maßgeblich sind, um deren Erfüllung es im

---

598 Siehe dazu auch Heiter, JR 1995, 313, 315; Keim, ZEV 1998, 375, 377; Seiler, LM 1998, 855, 856.

599 So auch Heiter, JR 1995, 313, 315, der aus ähnlichen Gründen auch die Vornahme aller erforderlichen Leistungshandlungen durch den Schenker für einen ungeeigneten Zeitpunkt zur Bestimmung der Reihenfolge mehrerer Schenkungen hält (siehe Heiter a.a.O.).

600 Siehe dazu Heiter, JR 1995, 313, 315.

601 So auch die heute ganz überwiegende Ansicht. Siehe etwa MüKo-Koch, § 528 Rn. 26; Staudinger-Chiusi, § 528 Rn. 50; Erman-Herrmann, § 528 Rn. 5; Heiter, JR 1995, 313, 316; Keim, ZEV 1998, 375, 377; Seiler, LM 1998, 855, 856.

602 Siehe zum Vorrang der strengeren Formvorschrift statt aller MüKo-Koch, § 518 Rn. 4; Palandt-Weidenkaff, § 518 Rn. 7; Looschelders, Rn. 312.

603 Vgl. dazu auch MüKo-Koch, § 528 Rn. 26; Staudinger (2005)-Wimmer-Leonhardt, § 528 Rn. 35; Heiter, JR 1995, 313, 315.

Anwendungsbereich der Notbedarfseinrede geht. Der den §§ 528 Abs.2, 519 Abs.1 BGB zugrunde liegende Grundsatz, dass das ältere Recht dem jüngeren vorgeht, knüpft mithin an den schuldrechtlichen Erfüllungsanspruch des Beschenkten aus dem Schenkungsvertrag an. Ein formunwirksamer Schenkungsvertrag hat folglich selbst bei einem späteren dinglichen Vollzug keine Bedeutung für die zeitliche Abfolge der Schenkungen, da es bis dahin an einem Erfüllungsanspruch und damit an „älterem Recht“ des früher unwirksam Beschenkten fehlt. Maßgeblich ist in diesen Fällen der Zeitpunkt der Leistungsbewirkung bzw. Erfüllung, mit welcher der Formmangel gemäß §§ 518 Abs.2, 311 b Abs.1 S.2 BGB mit Wirkung für die Zukunft geheilt wird.[604]

Für die Ermittlung der zeitlichen Reihenfolge von Schenkungen im Rahmen des § 528 Abs.2 BGB kommt es somit auf den Zeitpunkt des wirksamen Abschlusses der Schenkungsverträge an.[605]

2. Die Haftung der Beschenkten bei nacheinander erfolgten Schenkungen

Bei zeitlich nacheinander erfolgten Schenkungen – das heißt nach den oben gewonnenen Erkenntnissen, bei nacheinander abgeschlossenen wirksamen Schenkungsverträgen – bestimmt § 528 Abs.2 BGB, dass der früher Beschenkte nur insoweit haftet, als der später Beschenkte nicht verpflichtet ist. Das Gesetz ordnet somit die Rückabwicklung der Schenkungen in einer umgekehrten zeitlichen Reihenfolge an[606] und begründet damit die vorrangige Haftung des später und die nachrangige Haftung des früher Beschenkten entsprechend der Maxime „Das ältere Recht geht dem jüngeren Recht vor“.[607] Damit führt ein auch nur geringer zeitlicher Abstand zwischen den Schenkungsverträgen zur Anwendbarkeit des § 528 Abs.2 BGB.

---

604 Vgl. statt aller Medicus/Petersen, Rn. 40. Siehe insofern zur Handschenkung, Heiter, JR 1995, 315, 316.

605 So auch die heute ganz überwiegende Meinung. Siehe etwa MüKo-Koch, § 528 Rn. 26; Staudinger-Chiusi, § 528 Rn. 50; Erman-Herrmann, § 528 Rn. 5; Heiter, JR 1995, 313, 316; Keim, ZEV 1998, 375, 377; Seiler, LM 1998, 855, 856 und letztlich wohl auch BGHZ 137, 76, 81. Differenzierend, aber den Zeitpunkt des Vollzugs präferierend dagegen juris/PK-Sefrin, § 528 Rn. 41.

606 Vgl. etwa BGHZ 137, 76, 80; MüKo-Koch, § 528 Rn. 26; juris/PK-Sefrin, § 528 Rn. 39; PWW-Hoppenz, § 528 Rn. 21.

607 Der BGH betont hier, dass früher vollzogene Schenkungen des inzwischen verarmten Schenkers dessen geschützte (Unterhalts-)Interessen im allgemeinen weniger einschneidend beeinträchtigen als die späteren (siehe BGH NJW 1991, 1824, 1825; vgl. insofern auch BGHZ 137, 76, 80). Doch kommt es, wie oben festgestellt, für § 528 Abs.2 BGB nicht auf den Schenkungsvollzug, sondern auf den Abschluss des Schenkungsvertrages an.

Zugunsten des früher Beschenkten bildet § 528 Abs.2 BGB damit, ebenso wie die §§ 818 Abs.3, 529 BGB, eine zusätzliche Schranke für seine Inanspruchnahme aus § 528 Abs.1 S.1 BGB. Die nach § 528 Abs.1 S.1 BGB ohnehin der Höhe nach auf die Befriedigung des ungedeckten Unterhaltsbedarfs im Umfang einer noch vorhandenen Bereicherung (vgl. § 818 Abs.3 BGB) begrenzte Verpflichtung des Beschenkten, erfährt somit durch § 528 Abs.2 BGB einer weitere Herabsetzung. Als Obergrenze für die Haftung des früher Beschenkten dient hier nicht der volle ungedeckte Bedarf des Schenkers, sondern nur der Restbedarf, der verbleibt, wenn man den vollen ungedeckten Bedarf um die Herausgabepflichten aller vorrangig haftenden später Beschenkten vermindert.[608]

Dieser Haftungsnachrang des früher Beschenkten entfällt nach einer im Vordringen begriffenen Ansicht aber nicht nur, soweit es an einer Verpflichtung des später Beschenkten fehlt, sondern auch, soweit dieser zur Erfüllung seiner Verpflichtung außerstande ist.[609] Ausschlaggebend ist damit für § 528 Abs.2 BGB nicht die abstrakte Leistungsverpflichtung des später Beschenkten, sondern dessen konkrete Leistungsfähigkeit. Zur Begründung verweisen die Vertreter dieser – vom Gesetzeswortlaut abweichenden – Ansicht darauf, dass es bei § 528 BGB um die Deckung eines akuten Notbedarfs des Schenkers gehe, dem erst mit einer tatsächlichen Erfüllung des Schenkungsrückforderungsanspruchs Genüge getan sei.[610] Darin liege auch der maßgebliche Unterschied zu § 2329 Abs.3 BGB,[611] der letztlich eine unterschiedliche Auslegung der wortgleichen Bestimmungen rechtfertige.[612]

Da die Leistungsunfähigkeit eines Beschenkten seiner Inanspruchnahme aus § 528 Abs.1 S.1 BGB regelmäßig nach § 529 Abs.2 BGB entgegensteht,[613] erweitert die in Rede stehende Ansicht die Haftung eines früher Beschenkten nur in den wenigen Fällen, in denen dem später Beschenkten eine Berufung auf § 529 Abs.2

608 Siehe BGH NJW 1991, 1824, 1825.

609 Siehe MüKo-Koch, § 528 Rn. 26; Staudinger (2005)-Wimmer-Leonhardt, § 528 Rn. 33; juris/PK-Sefrin, § 528 Rn. 39. Anderer Ansicht aber nun Staudinger-Chiusi, § 528 Rn. 49; Bamberger/Roth-Gehrlein, § 528 Rn. 6 und wohl auch BGH NJW 1991, 1824, 1825.

610 Siehe MüKo-Koch, § 528 Rn. 26; Staudinger (2005)-Wimmer-Leonhardt, § 528 Rn. 33; juris/PK-Sefrin, § 528 Rn. 39.

611 Bei § 2329 Abs.3 BGB kommt es nach ganz h.M. allein auf eine rechtliche Verpflichtung des später Beschenkten an. Siehe etwa MüKo-Lange, § 2329 Rn. 22; Erman-Schlüter, § 2329 Rn. 4; Palandt-Weidlich, § 2329 Rn. 7.

612 Vgl. Staudinger (2005)-Wimmer-Leonhardt, § 528 Rn. 33; juris/PK-Sefrin, § 528 Rn. 39 (Fn. 99).

613 Zur Haftung des früher Beschenkten, sofern zugunsten des später Beschenkten § 529 Abs.2 BGB eingreift, siehe Palandt-Weidenkaff, § 528 Rn. 2; HK/BGB-Saenger, §§ 528, 529 Rn. 4; Rundel, MittBayNot 2003, 177, 180.

BGB wegen eines rechtsmissbräuchlichen Verhaltens gemäß § 242 BGB versagt bleibt.[614] Es erscheint legitim, ein solches, aus Sicht des früher Beschenkten zufälliges Verhalten des später Beschenkten im Interesse des Schenkers nicht zum Vorteil des früher Beschenkten gereichen zu lassen. Damit ist es gerechtfertigt, den weiterhin bereicherten und leistungsfähigen Erstbeschenkten in Anspruch zu nehmen, um eine aus der Nichtrealisierbarkeit des Schenkungsrückforderungsanspruchs gegenüber einem später Beschenkten drohende Belastung des Schenkers bzw. seiner potentiell Unterhaltspflichtigen respektive der Allgemeinheit zu vermeiden.

3. Die Haftung der Beschenkten bei gleichzeitig erfolgten Schenkungen

Mehrere gleichzeitig Beschenkte haften nach der Rechtsprechung des BGH gleichrangig nebeneinander nach den Grundsätzen der Gesamtschuld[615] und damit im Außenverhältnis zum Schenker nach Maßgabe des § 421 BGB. Damit kann der Schenker nach seinem Belieben jeden der gleichzeitig Beschenkten im Rahmen ihrer bereicherungsrechtlichen Haftung auf den vollen ungedeckten Notbedarf in Anspruch nehmen. Der BGH hat damit einer vor allem im Schrifttum favorisierten lediglich anteiligen Haftung der Beschenkten[616] eine Absage erteilt. Nach Ansicht des BGH lässt sich eine solche Beschränkung der Haftung gleichzeitig Beschenkter dem § 528 BGB nicht entnehmen.[617] Eine nur anteilige Haftung der Beschenkten würde zudem den Unterhalt des Schenkers mitunter erheblich gefährden.[618] Sie würde dazu führen, dass im Herausgabeprozess gegebenenfalls zusätzlich geklärt werden müsste, in welchem Umfang alle übrigen gleichzeitig Beschenkten noch bereichert und an sich zur Herausgabe verpflichtet sind. Das würde bei anderen als Geldgeschenken unter Umständen schwierige und kostspielige Bewertungen nötig machen. Der dadurch verursachte Aufwand wäre geeignet, die betreffenden Verfahren zu verzögern und dem von § 528 BGB gewährten Recht auf Bedarfsdeckung aus den Geschenken einen Teil seiner Effektivität zu nehmen. Das widerspräche dem Zweck des Gesetzes und könne nicht gebilligt werden.

---

614 Siehe dazu im Einzelnen oben Zweiter Teil, 1. Kap., IV. 3. e) (S. 95 ff.).

615 Grundlegend BGH NJW 1991, 1824 (2. Leitsatz), 1825. Bestätigt durch BGHZ 137, 76, 80.

616 Siehe dazu vor allem Heiter, JR 1995, 313, 316 sowie ferner Keim, ZEV 1998, 375, 376; Rundel, MittBayNot 2003, 177, 181.

617 BGH NJW 1991, 1824, 1825.

618 Siehe dazu und zum Folgenden BGH NJW 1991, 1824, 1825.

Dem ist in Ergebnis und Begründung zuzustimmen. Eine nur anteilige Haftung der mehreren Beschenkten würde es dem Schenker – wie der BGH anschaulich darlegt – mitunter über Gebühr erschweren, die akut bestehende Unterhaltsbeeinträchtigung über eine Schenkungsrückforderung zu beseitigen. Bei Ansprüchen, die, wie § 528 Abs.1 S.1 BGB, auf eine Sicherung des Lebensunterhalts gerichtet sind, kommt auch dem Aspekt ihrer effektiven Realisierbarkeit gesteigerte Bedeutung zu.[619] Dass das Gesetz bei derartigen Ansprüchen auch eine nur anteilige Haftung mehrerer Verpflichteter kennt, wie § 1606 Abs.3 S.1 BGB für das Unterhaltsrecht zeigt und worauf auch in Schrifttum[620] zutreffend hingewiesen wird, spricht nicht zwingend gegen eine gesamtschuldnerische Haftung der Beschenkten im Falle des § 528 BGB. Denn ihnen wird, wie schon in anderem Zusammenhang ausgeführt wurde,[621] angesichts der Tatsache, dass sie ihre Verpflichtung nur mittels bzw. aus dem Wert des Geschenks zu erfüllen haben, mitunter mehr zugemutet als einem Unterhaltspflichtigen, der seine Schuld typischerweise aus selbst erarbeitenden bzw. erwirtschafteten Mitteln tilgt. Somit ist im Ergebnis eine gesamtschuldnerische Haftung mehrerer gleichzeitig Beschenkter gegenüber dem Schenker zu bejahen.[622]

Die im Hinblick auf § 528 Abs.1 S.1 BGB bestehende gesamtschuldnerische Haftung gleichzeitig Beschenkter[623] führt im Falle der Inanspruchnahme eines Beschenkten durch den Schenker konsequenterweise zu einem internen Ausgleich zwischen den Beschenkten entsprechend § 426 Abs.1 BGB.[624] Das gilt

619 Das rechtfertigt letztlich auch die abweichende Haftung gegenüber gleichzeitig Beschenkten im Kontext des wortgleichen § 2329 Abs.3 BGB, bei dem nach h.M. eine nur anteilige Haftung besteht (siehe etwa MüKo-Lange, § 2329 Rn. 25; Palandt-Weidlich, § 2329 Rn. 7). Im Falle des § 519 Abs.2 BGB spricht indes die drohende Unterhaltsbeeinträchtigung des Schenkers dafür, dass die Einrede des § 519 Abs.1 BGB nach Wahl des Schenkers ganz oder teilweise gegenüber den einzelnen Beschenkten erhoben werden kann (so auch juris/PK-Sefrin, § 519 Rn. 13; Erman-Herrmann, § 519 Rn. 4; Jauernig-Mansel, § 519 Rn. 1). Zur Bedeutung der Effektivität der Durchsetzbarkeit des Schenkungsrückforderungsanspruchs, siehe nun auch Staudinger-Chiusi, § 528 Rn. 21.

620 Siehe Heiter, JR 1995, 313, 316.

621 Siehe oben Zweiter Teil, 1. Kap., IV. 3. b) (S. 88).

622 So neben dem BGH auch die ganz überwiegende Ansicht in der Literatur. Siehe etwa MüKo-Koch, § 528 Rn. 27; Staudinger-Chiusi, § 528 Rn. 21 f.; juris/PK-Sefrin, § 528 Rn. 40; Erman-Herrmann, § 528 Rn. 5; Palandt-Weidenkaff, § 528 Rn. 2; PWW-Hoppenz, § 528 Rn 20; Bamberger/Roth-Gehrlein, § 528 Rn 6; NK/BGB-Dendorfer, § 528 Rn. 12; Jauernig-Mansel, Anm. §§ 528, 529 Rn. 4; HK/BGB-Saenger, §§ 528, 529 Rn. 4; Soergel-Mühl/Teichmann, § 528 Rn. 9.

623 Siehe dazu im Einzelnen, BGHZ 137, 76, 79 ff. sowie ferner BGH NJW 1991, 1824, 1825.

624 Siehe BGHZ 137, 76 (1. Leitsatz), 78 ff.; MüKo-Koch, § 528 Rn. 27; Staudinger-Chiusi, § 528 Rn. 23; juris/PK-Sefrin, § 528 Rn. 40; Erman-Herrmann, § 528 Rn. 5; PWW-Hoppenz, § 528 Rn 20; Bamberger/Roth-Gehrlein, § 528 Rn 6; NK/BGB-Dendorfer, § 528 Rn. 12; Jauernig-Mansel, Anm. §§ 528, 529 Rn. 4; HK/BGB-Saenger, §§ 528, 529 Rn. 4. Siehe ferner Heiter, JR 1995, 313, 316 f.

auch dann, wenn die zugewendeten Gegenstände nicht gleichartig sind.[625] Der in Anspruch genommene Beschenkte kann damit von den anderen gleichzeitig Beschenkten insoweit Ausgleich verlangen, wie er im Innenverhältnis die von ihm beglichene Schuld nicht zu tragen hat.[626] Darüber hinaus gewährt § 426 Abs.1 S.1 BGB jedem Beschenkten einen entsprechenden Freistellungsanspruch gegen die anderen gesamtschuldnerisch haftenden Beschenkten.[627]

X. Die Schenkungsrückforderung gegenüber Dritten

Im Rahmen der Rückforderung einer Schenkung gemäß § 528 Abs.1 BGB von einem anderen als dem Beschenkten geht um die Erbenhaftung nach dem Tode des Beschenkten und um die Haftung Dritter nach § 822 BGB.

1. Die Rückforderung der Schenkung vom Erben des Beschenkten

Nach dem Tod des Beschenkten richtet sich der Rückforderungsanspruch des verarmten Schenkers gegen dessen Erben.[628] Dabei spielt es keine Rolle, ob die Bedürftigkeit des Schenkers bereits zum Zeitpunkt des Todes des Beschenkten bestand oder ob es erst nach dessen Tod zu einer Unterhaltsbeeinträchtigung und damit zur Entstehung des Anspruchs aus § 528 Abs.1 S.1 BGB gekommen ist. Zu den Nachlassverbindlichkeiten, für die der Erbe gemäß § 1967 Abs.1 BGB haftet, zählen nach § 1967 Abs.2 BGB die vom Erblasser herrührenden Schulden und dazu gehören auch die erst in der Person des Erben entstehenden Verbindlichkeiten, die als solche schon dem Erblasser entstanden wären, wenn er nicht vor Eintritt der zu ihrer Entstehung nötigen weiteren Voraussetzungen verstorben wäre.[629]

Hat der Beschenkte nach § 528 Abs.1 S.2 BGB von seiner Ersetzungsbefugnis Gebrauch gemacht, erlischt auch die Zahlungsverpflichtung gemäß §§ 528 Abs.1 S.3, 760 BGB nicht mit dem Tod des Beschenkten, wie aus § 528 Abs.1 S.3 BGB hervorgeht, der nur für den Fall des Todes des Schenkers und nicht für den des Beschenkten auf § 1615 Abs.1 BGB verweist.[630]

---

625 Siehe BGHZ 137, 76, 83.

626 Dabei geht § 426 Abs.1 S.1 BGB im Zweifel von einer Haftung zu gleichen Teilen aus. Zum Innenausgleich bei unterschiedlich hohen Zuwendungen, instruktiv Keim, ZEV 1998, 375, 377 f.

627 Siehe dazu K. Schmidt, JuS 1998, 370, 371.

628 Siehe statt aller BGH NJW 1991, 2558 f.; MüKo-Koch, § 528 Rn. 8; Staudinger-Chiusi, § 528 Rn. 15; Palandt-Weidenkaff, § 528 Rn. 3.

629 Siehe BGH NJW 1991, 2558, 2559 m.w.N.

630 Siehe dazu auch Staudinger (2005)-Wimmer-Leonhardt, § 528 Rn.31.

Mit dem Tode des Beschenkten rückt dessen Erbe vollständig in seine vermögensrechtliche Stellung ein. Ihm stehen damit sämtliche Verteidigungsmöglichkeiten gegen den Schenkungsrückforderungsanspruch zu Gebote, über die auch schon der Beschenkte zum Zeitpunkt seines Todes verfügte. Das gilt etwa für einen Anspruchsausschluss gemäß § 529 Abs.1 BGB oder einen Wegfall der Bereicherung gemäß § 818 Abs.3 BGB. Vor Eintritt der verschärften bereicherungsrechtlichen Haftung gemäß §§ 819 Abs.1, 818 Abs.4 BGB gilt § 818 Abs.3 BGB auch für eine Entreicherung, die erst beim Erben des Beschenkten eintritt. Ferner kann sich auch der Erbe des Beschenkten auf die Einrede des § 529 Abs.2 BGB berufen, sofern in seiner Person die Voraussetzungen des Leistungsverweigerungsrechts bestehen.[631]

2. Die Rückforderung der Schenkung von Dritten analog § 822 BGB

§ 822 BGB knüpft in direkter Anwendung an einen Bereicherungsanspruch gemäß §§ 812 ff. BGB an und verlangt weiter, dass der Bereicherungsschuldner das Erlangte unentgeltlich einem Dritten zuwendet und infolgedessen seine Verpflichtung zur Herausgabe der Bereicherung ausgeschlossen ist.[632] Im Kontext einer Schenkungsrückforderung wegen Verarmung werden die zuletzt genannten Tatbestandsvoraussetzungen regelmäßig dadurch verwirklicht, dass die im Wege einer antizipierten Erbfolge bedachten Kinder das schenkweise erhaltene Vermögen ihrerseits unentgeltlich an die eigenen Kinder weiterreichen und dadurch bei ihnen eine Entreicherung gemäß § 818 Abs.3 BGB eintritt.[633] Fraglich bleibt damit für eine entsprechende Anwendung des § 822 BGB, ob das Rückforderungsrecht des verarmten Schenkers aus § 528 Abs.1 S.1 BGB einem Bereicherungsanspruch gemäß §§ 812 ff. BGB gleichzusetzten ist.

Diese Frage wird inzwischen allgemein bejaht, so dass der Zweitbeschenkte dem verarmten Erstschenker – im Beispielsfall also der Enkel seinen Großeltern – in entsprechender Anwendung des § 822 BGB zur Herausgabe des Geschenks nach den Vorschriften des Bereicherungsrechts verpflichtet ist.[634] Im Falle

631 Siehe dazu BGH NJW 2001, 1207, 1208.

632 Zu den Voraussetzungen des § 822 BGB im Einzelnen, Schilken, JR 1989, 363 ff.

633 Siehe dazu bereits oben Zweiter Teil, 1. Kap., III. 4. (S. 65 f.).

634 Grundlegend BGHZ 106, 354, 357 f. = JR 1989, 377 f. m. im Erg. zust. Anm. Knütel. Dazu ferner Knütel, NJW 1989, 2504, 2505 f. Zustimmend auch Vollkommer/Weinland, EWiR 1989, 459 f. Siehe weiter BGHZ 142, 300, 302; MüKo-Koch, § 528 Rn. 8; Staudinger-Chiusi, § 528 Rn. 16 ff.; juris/PK-Sefrin, § 528 Rn. 30; Erman-Herrmann, § 528 Rn. 3; Palandt-Weidenfeller, § 528 Rn. 6; PWW-Hoppenz, § 528 Rn. 10; Bamberger/Roth-Gehrlein, § 528 Rn. 4; NK/BGB-Dendorfer, § 528 Rn. 13; Jauernig-Mansel, Anm. §§ 528, 529 Rn. 3; HK/BGB-Saenger, §§ 528, 529 Rn. 2; Soergel-

des § 528 Abs.1 S.1 BGB nimmt das Gesetz der Schenkung die schuldrechtliche Wirkung mit der Folge, dass der Beschenkte das Geschenk wie eine rechtsgrundlos empfangene Leistung und damit wie ein Bereicherungsschuldner herauszugeben hat.[635] Damit besteht die nötige Nähe zum Kondiktionsrecht, die letztlich auch die entsprechende Anwendung des § 822 BGB rechtfertigt.[636] Der Vorschrift liegt der Gedanke zugrunde, das derjenige, der unentgeltlich das erlangt hat, was der unmittelbar Bereicherte hätte herausgeben müssen, gleichfalls nicht schutzwürdig und damit zur Herausgabe verpflichtet ist.[637] Das trifft auch in der vorliegenden Fallkonstellation zu, in der sich der vom dem nach § 528 Abs.1 S.1 BGB herausgabepflichtigen Beschenkten unentgeltlich erwerbende Dritte nicht schutzwürdiger erweist als der ursprünglich Beschenkte.[638]

Dass der historische Gesetzgeber eine Dritthaftung bei einer Verarmung des Schenkers ursprünglich nicht im Sinn hatte[639] und dass § 528 Abs.1 S.1 BGB, im Gegensatz zur vergleichbaren Bestimmung des § 527 Abs.1 BGB, ausdrücklich den Beschenkten als Anspruchsverpflichteten nennt und damit möglicherweise[640] als eine Rechtsfolgenverweisung auf die Vorschriften des Bereicherungsrechts unter Ausklammerung gerade des § 822 BGB gedacht war,[641] hat demgegenüber kein entscheidendes Gewicht. Das vorrangige Ziel einer Gesetzesinterpretation besteht darin, sachgerechte, dem Sinn und Zweck des Gesetzes entsprechende Ergebnisse zu erzielen, weshalb der teleologischen Interpretation ein größeres Gewicht zukommt als Aspekten der historischen Auslegung. Mit der ratio legis des § 528 BGB wäre es indes unvereinbar, wenn die Rückforderung einer Schenkung wegen Verarmung durch eine unentgeltliche Weitergabe des Geschenks zu Lasten des Schenkers, etwaiger Unterhaltsverpflichteter oder der Allgemeinheit umgangen werden könnte.[642] Angesichts dessen und durchaus folgerichtig findet

---

Mühl/Teichmann, § 528 Rn. 9; ebenso schon RGRK-Mezger, § 528 Rn. 5 sowie zuletzt Kopp, JR 2012, 491, 492 ff. m. zahlreichen weiteren Nachweisen.

635 Vgl. BGH NJW 1991, 1824, 1825; BGHZ 137, 76, 86, 88.

636 Kritisch im Hinblick auf den unterhaltsähnlichen Charakter des § 528 BGB, im Ergebnis aber folgend Knütel, JR 1989, 378, 379 sowie derselbe in NJW 1989, 2504, 2506. Sein Hinweis, die Rechtsfolgenverweisung des § 528 Abs.1 S.1 BGB schaffe keinen Kondiktionsanspruch (siehe NJW 1989, 2504, 2506), berücksichtigt indes nicht ausreichend, dass es vorliegend nur um eine entsprechende Anwendung des § 822 BGB geht.

637 Siehe BGHZ 106, 354, 358.

638 Siehe BGHZ 106, 354, 358; MüKo-Koch, § 528 Rn. 8; Staudinger-Chiusi, § 528 Rn. 17; juris/PK-Sefrin, § 528 Rn. 30; Erman-Herrmann, § 528 Rn. 3.

639 Siehe dazu Knütel, JR 1989, 378.

640 Die Gesetzesmaterialien geben insofern keine Auskunft.

641 Vgl. OLG Düsseldorf, FamRZ 1984, 887, 890.

642 Vgl. BGHZ 106, 354, 358.

§ 822 BGB daher auch auf unbenannte Zuwendungen des vom verarmten Schenker erstbeschenkten Ehegatten an den anderen Ehegatten entsprechende Anwendung.[643]

Die den Zweitbeschenkten nach § 822 BGB gegenüber dem verarmten Schenker treffende Haftung richtet sich gleichfalls nach den Vorschriften über die Herausgabe einer ungerechtfertigten Bereicherung. Damit gelangen sowohl die Vorschriften über die Herausgabe von Nutzungen und Surrogaten (§ 818 Abs.1 BGB) als auch die Bestimmungen zum Wert- bzw. Teilwertersatz (§ 818 Abs.2 BGB) zur Anwendung, insbesondere gilt aber auch § 818 Abs.3 BGB zugunsten des Zweitbeschenkten, sofern er nicht der verschärften bereicherungsrechtlichen Haftung gemäß §§ 819 Abs.1, 818 Abs.4 BGB unterliegt.[644]

Dem Zweitbeschenkten steht es gleichfalls frei, sich durch die Herausgabe des an ihn weitergereichten Geschenks an den Schenker von einer ihn treffenden Zahlungspflicht gemäß § 818 Abs.2 BGB zu befreien. Dabei geht es zunächst, anknüpfend an die entsprechende Fallgestaltung im Zweipersonenverhältnis, um die Fälle, in denen der Wert eines real unteilbaren Geschenks höher ist als der zu deckende Unterhaltsbedarf des Schenkers und der Zweitbeschenkte daher, ebenso wie vormals der Erstbeschenkte, nur Teilwertersatz schuldet.[645]

Darüber hinaus gesteht der BGH einem aus § 822 BGB auf Wertersatz haftenden Zweitbeschenkten das Recht zu, sich durch die Herausgabe eines ihm vom Erstbeschenkten unentgeltlich zugewendeten rechtsgeschäftlichen Surrogats an den Schenker von seiner Wertersatzpflicht diesem gegenüber zu befreien.[646] Das gibt freilich nur dort einen Sinn, wo das rechtsgeschäftliche Surrogat nicht in einer Geldleistung besteht.[647] Paradigmatisch dürfte der Fall sein, dass der mit einer Geldzuwendung bedachte Erstbeschenkte mit dem Geld eine Sache erwirbt und diese dann an den Dritten weiterverschenkt.[648] Da das commodum ex negotiatione kein Surrogat im Sinne des § 818 Abs.1 BGB ist,[649] schuldet der Dritte hier nach Ansicht des BGH gemäß § 822 BGB, ebenso wenig wie vor seinem unentgeltlichen Erwerb der Erstbeschenkte, dessen Herausgabe, er ist vielmehr dem

643 Siehe BGHZ 142, 300, 303.

644 Siehe zur bereicherungsrechtlichen Haftung im Einzelnen Zweiter Teil, 1. Kap., III. (S. 58 ff.).

645 Dazu ausführlich oben Zweiter Teil, 1. Kap., III. 3. (S. 62 f.).

646 Siehe dazu BGHZ 158, 63, 67 mit im Ergebnis, aber nicht in der Begründung zust. Anm. Lorenz in LMK 2004, 98 f.

647 Vgl. BGHZ 158, 63, 67.

648 So auch der Fall BGHZ 158, 63 ff.

649 Siehe BGHZ 24, 106, 110 f.; 75, 203, 206; 112, 288, 294 f. sowie ferner etwa Larenz/Canaris SchuldR, § 72 II 3 d) (S. 273); Fikentscher/Heinemann, Rn. 1511.

Schenker nach § 818 Abs.2 BGB allein zum Wertersatz verpflichtet.[650] Insofern läuft er freilich Gefahr, diese Verpflichtung nicht, jedenfalls nicht vor einer Verwertung der erlangten Sache, erfüllen zu können.[651] Die Rechtsprechung gewährt dem Dritten daher die Befugnis, den Wertersatzanspruch des Schenkers durch Herausgabe der Sache an ihn zu erfüllen.[652]

Sofern man mit dem BGH davon ausgeht, dass der Zweitbeschenkte dem verarmten (Erst-)Schenker Wertersatz und nicht ohnehin die Herausgabe des rechtsgeschäftlichen Surrogats schuldet,[653] verdient das aus Sicht des Bereicherungsrechts uneingeschränkt Zustimmung. Denn der Dritte, also der Zweitbeschenkte, hat hier nie etwas anderes erhalten als die noch bei ihm befindliche Sache, so dass er sich seiner bereicherungsrechtlichen Pflichten auch durch deren Rückgabe muss entledigen können.[654]

XI. Prozessuales

1. Fragen der Darlegungs- und Beweislast

Nach den allgemeinen zivilprozessualen Regeln über die Darlegungs- und Beweislast hat grundsätzlich jede Partei die für sie günstigen Tatsachen darzulegen und im Zweifelsfall zu beweisen. Der Schenker trägt dementsprechend im Zivilprozess gegen den Beschenkten (oder seinen Erben) die Darlegungs- und Beweislast für das Vorliegen der Tatbestandsvoraussetzungen des Schenkungsrückforderungsanspruchs.[655] Damit hat er insbesondere das Vorliegen einer Schenkung wie auch Existenz und Ausmaß einer Unterhaltsbeeinträchtigung im Sinne des § 528 Abs.1

650 Siehe BGHZ 158, 63, 67. Anders – nämlich genau umgekehrt – vom Lösungsansatz her aber Lorenz, LMK 2004, 98, 99, wonach der Dritte dem Schenker gemäß § 822 BGB grundsätzlich die Herausgabe des vom Erstbeschenkten erhaltenen (rechtsgeschäftlichen) Surrogats schulde und gemäß § 242 BGB eine Ersetzungsbefugnis zur Leistung von Wertersatz habe. Ähnlich Kopp, JR 2012, 491, 494 ff., der dem Zweitbeschenkten aber die Ersetzungsbefugnis analog § 528 Abs.1 S.2 BGB gewährt.

651 Vgl. BGHZ 158, 63, 67.

652 Siehe BGHZ 158, 63, 67. Dem BGH folgend: MüKo-Koch, § 528 Rn. 8; Staudinger-Chiusi, § 528 Rn. 18; PWW-Hoppenz, § 528 Rn. 10; Bamberger/Roth-Gehrlein, § 528 Rn. 4; NK/BGB-Dendorfer, § 528 Rn. 13; HK/BGB-Saenger, §§ 528, 529 Rn. 2.

653 Für Letzteres ja mit guten Gründen Lorenz, LMK 2004, 98, 99 und Kopp, JR 2012, 491, 494 f.

654 Dies ist nach der Lösung von Lorenz per se sichergestellt, da hier der Zweitbeschenkte dem Erstschenker gemäß § 822 BGB ohnehin nur die Herausgabe des vom Erstbeschenkten Zugewendeten schuldet (siehe Lorenz, LMK 2004, 98, 99). Ebenso nun auch Kopp, JR 2012, 491, 494 f.

655 Siehe etwa BGH NJW-RR 2003, 53, 54; MüKo-Koch, § 528 Rn. 35; Staudinger-Chiusi, § 528 Rn. 61; juris/PK-Sefrin, § 528 Rn. 62.

S.1 BGB darzutun und gegebenenfalls zu beweisen.[656] Dabei kommen ihm nach der hier vertretenen Ansicht die für das Vorliegen einer gemischten Schenkung von der höchstrichterlichen Rechtsprechung entwickelten Beweiserleichterungen zu Gute.[657]

Der Beschenkte ist demgegenüber für die dem Anspruch entgegenstehenden Einwendungen und Einreden beweispflichtig. Er hat folglich einen Wegfall der Bereicherung gemäß § 818 Abs.3 BGB darzulegen und zu beweisen.[658] Die eine Berufung auf § 818 Abs.3 BGB ausschließende verschärfte bereicherungsrechtliche Haftung gemäß §§ 819 Abs.1, 818 Abs.4 BGB unterliegt dagegen der Beweislast des Schenkers.[659] Der Beschenkte ist ferner für die tatbestandlichen Voraussetzungen der Ausschlussgründe gemäß § 529 sowie für eine Verjährung des Schenkungsrückforderungsanspruchs darlegungs- und beweispflichtig.[660] Das Gleiche gilt für das Vorliegen der Voraussetzungen des § 534 BGB.[661] Sofern der Schenker in Rahmen des § 529 Abs.2 BGB ein rechtsmissbräuchliches Verhalten des Beschenkten geltend macht, trifft ihn die Beweislast.[662] Macht der Beschenkte gegenuber dem Schenkungsrückforderungsanspruch geltend, dass eine spätere Schenkung im Sinne des § 528 Abs.2 BGB vorliege, aufgrund derer seine Haftung ausgeschlossen sei, liegt die Beweislast dafür bei ihm.[663] Der dagegen erhobene Einwand des Schenkers, die Inanspruchnahme des später Beschenkten vermöge seinen Notbedarf nicht zu decken, unterfällt dann wiederum seiner Beweislast.[664]

2. Die Rechtsnatur der Ausschlussgründe gemäß § 529 BGB

Nach wie vor streitig ist die Rechtsnatur der Ausschlussgründe gemäß § 529 BGB. Einigkeit besteht allein darüber, dass es sich bei § 529 Abs.2 BGB angesichts der inhaltlichen Übereinstimmung mit der dilatorischen Einrede des § 519 Abs.1

---

656 Siehe dazu BGH NJW 1995, 1349, 1350; BGH NJW-RR 2003, 53, 54; MüKo-Koch, § 528 Rn. 35; Staudinger-Chiusi, § 528 Rn. 61; juris/PK-Sefrin, § 528 Rn. 62; Palandt-Weidenkaff, § 528 Rn. 5.

657 Siehe dazu oben Zweiter Teil, 1. Kap., II. 1. g) aa) (S. 43 f.) m.w.N.

658 BGHZ 127, 354, 358; MüKo-Koch, § 528 Rn. 35; Staudinger-Chiusi, § 528 Rn. 61; juris/PK-Sefrin, § 528 Rn. 63; Erman-Herrmann, § 528 Rn. 7; Palandt-Weidenkaff, § 528 Rn. 6.

659 Soergel-Mühl/Teichmann, § 528 Rn. 5.

660 Vgl. etwa Staudinger-Chiusi, § 529 Rn. 14; juris/PK-Sefrin, § 529 Rn. 15; Erman-Herrmann, § 529 Rn. 4; Soergel-Mühl/Teichmann, § 529 Rn. 5.

661 Siehe etwa juris/PK-Sefrin, § 534 Rn. 18.

662 Siehe etwa Staudinger-Chiusi, § 529 Rn. 14; juris/PK-Sefrin, § 529 Rn. 15.

663 MüKo-Koch, § 528 Rn. 35; Staudinger (2005)-Wimmer-Leonhardt, § 528 Rn. 56; juris/PK-Sefrin, § 528 Rn. 63.

664 MüKo-Koch, § 528 Rn. 35; Staudinger (2005)-Wimmer-Leonhardt, § 528 Rn. 56; juris/PK-Sefrin, § 528 Rn. 63.

BGB gleichfalls um eine eben solche handelt.[665] Bei der rechtlichen Einordnung des § 529 Abs.1 BGB werden dagegen unterschiedliche Auffassungen vertreten. So bejaht das ältere Schrifttum vor allem im Hinblick auf den Gesetzeswortlaut („Der Anspruch ... ist ausgeschlossen ...") den Einwendungscharakter beider Ausschlusstatbestände,[666] während die heute überwiegende Ansicht auch in den beiden Fällen des § 529 Abs.1 BGB Einreden sieht.[667] Eine weitere Ansicht differenziert dahingehend, dass es sich bei dem 1. Fall des § 529 Abs.1 BGB um eine Einrede und bei dessen 2. Fall um eine Einwendung handelt.[668]

Zwar deutet der Wortlaut des § 529 Abs.1 BGB in der Tat auf die Existenz von Einwendungen hin, es sollte indes nicht übersehen werden, dass der Beschenkte angesichts seiner persönlichen Beziehung zum Schenker ungeachtet des Vorliegens der tatbestandlichen Voraussetzungen des § 529 Abs.1 BGB vielfach gleichwohl bereit sein wird, den Schenkungsrückforderungsanspruch gegenüber dem in Not geratenen Schenker zu erfüllen. Dieser besonderen Interessenlage lässt sich mit der Ausgestaltung seiner Verteidigungsbehelfe als Einreden besser Rechnung tragen als mit der Annahme von Einwendungen, bei denen dem Beschenkten möglicherweise eine nicht gewollte Entscheidung aufgedrängt wird.[669] Zwar könnte der Beschenkte seinen Willen zur Unterstützung des bedürftigen Schenkers auch bei einem einwendungsbedingten Fehlen des Anspruchs aus § 528 Abs.1 S.1 BGB durch schlichte Alimentationsleistungen an den Schenker in die Tat umsetzen, doch erscheint es gerechtfertigt, den Parteien in einem solchen Fall die Möglichkeit einer Erstattung der Schenkungsteuer gemäß § 29 Abs.1 Nr.1

---

665 Siehe BGH NJW 2001, 1207, 1208; BGHZ 155, 57, 62; BGH NJW 2005, 3638; MüKo-Koch, § 529 Rn. 6; Staudinger-Chiusi, § 529 Rn. 11; juris/PK-Sefrin, § 529 Rn. 12; Erman-Herrmann, § 529 Rn. 1; Palandt-Weidenkaff, § 529 Rn. 1; PWW-Hoppenz, § 529 Rn. 1; Bamberger/Roth-Gehrlein, § 529 Rn. 1; NK/BGB-Dendorfer, § 529 Rn. 1; Jauernig-Mansel, Anm. §§ 528, 529 Rn. 5; HK/BGB-Saenger, §§ 528, 529 Rn. 5; Soergel-Mühl/Teichmann, § 529 Rn. 5; RGRK-Mezger, § 529 Rn. 1.

666 Siehe etwa Enneccerus/Lehmann, § 122 II 2 (S. 495); Oertmann, § 529 Nr.2; Soergel-Mühl/Teichmann, § 529 Rn. 5.

667 Siehe etwa MüKo-Koch, § 529 Rn. 6; Staudinger-Chiusi, § 529 Rn. 11; Erman-Herrmann, § 529 Rn. 1; Palandt-Weidenkaff, § 529 Rn. 1; PWW-Hoppenz, § 529 Rn. 1; Bamberger/Roth-Gehrlein, § 529 Rn. 1; NK/BGB-Dendorfer, § 529 Rn. 1; Jauernig-Mansel, Anm. §§ 528, 529 Rn. 5; HK/BGB-Saenger, §§ 528, 529 Rn. 5; Medicus/Lorenz, Rn. 399.

668 So Staudinger (2005)-Wimmer-Leonhardt, § 529 Rn. 13; juris/PK-Sefrin, § 529 Rn. 12.

669 So zutreffend MüKo-Koch, § 529 Rn. 6 und auch Staudinger-Chiusi, § 529 Rn. 11, wenngleich letztere verkennt, dass es hier nicht um die Geltendmachung eines Anspruchs des Beschenkten geht.

oder Nr.2 ErbStG zu eröffnen,[670] die bei freiwilligen Unterhaltsleistungen gerade nicht besteht.[671]

Damit erweist sich die heute herrschende Auffassung, wonach es sich bei allen drei Ausschlusstatbeständen des § 529 BGB um Einreden handelt, als vorzugswürdig.[672] Allerdings liegen – anders als im Fall des § 529 Abs.2 BGB, der die Durchsetzung des Schenkungsrückforderungsanspruchs nur vorübergehend hemmt – in den Fällen des § 529 Abs.1 BGB peremptorische Einreden vor.[673] Die Umstände, die hier dem Schenkungsrückforderungsanspruch entgegenstehen, sind keiner Veränderung in der Zukunft zugänglich und schließen daher dessen Durchsetzung auf Dauer aus.

XII. Zusammenfassung der Ergebnisse

1. § 528 BGB findet auf eine angemessene Ausstattung im Sinne des § 1624 Abs.1 BGB keine Anwendung. Die sog. Übermaßausstattung unterliegt dagegen gegebenenfalls einer Schenkungsrückforderung wegen Verarmung.
2. Auf sog. unbenannte Zuwendungen unter Ehegatten sowie unter Lebenspartnern und Lebenspartnerinnen findet § 528 BGB nach ständiger Rechtsprechung des BGH keine Anwendung.
3. Auf Schenkungen zwischen diesen Personen ist § 528 BGB anwendbar, soweit nicht güterrechtliche Sonderbestimmungen eingreifen. Damit findet § 528 BGB uneingeschränkt auf Schenkungen unter Ehegatten sowie unter Lebenspartnern und Lebenspartnerinnen während des Bestehens der Lebensgemeinschaft Anwendung. Nach deren Beendigung ist § 528 BGB bei einer vormals bestehenden Gütertrennung sowie nach Aufhebung einer Gütergemeinschaft bei Schenkungen aus dem Vorbehaltsgut des einen Ehegatten/Lebenspartners in das Vorbehaltsgut des anderen anwendbar. Im gesetzlichen Güterstand der Zugewinngemeinschaft ist die Anwendbarkeit des § 528

---

670 Das wird zumeist zugunsten des Beschenkten gelten, doch ist bei einer Schenkung neben ihm auch der Schenker Steuerschuldner (siehe § 20 Abs.1 S.1 ErbStG).

671 Siehe etwa Burandt/Rojahn-Milatz, § 29 ErbStG Rn. 2 f. und Rn. 9.

672 Aus besagten Gründen wird zudem auch die Bestimmung des § 534 BGB zunehmend als Einrede angesehen (siehe etwa MüKo-Koch, § 534 Rn. 7; Staudinger-Chiusi, § 534 Rn. 24; juris/PK-Sefrin, § 534 Rn. 17). Anderer Ansicht aber RG JW 1916, 119; Erman-Herrmann, § 534 Rn. 1; Bamberger/Roth-Gehrlein, § 534 Rn. 3; Soergel-Mühl/Teichmann, § 534 Rn. 6; RGRK-Mezger, § 534 Rn. 5 und auch noch Staudinger (2005)-Wimmer-Leonhardt, § 534 Rn. 5.

673 Zu undifferenziert insofern Bamberger/Roth-Gehrlein, § 529 Rn. 1 sowie Palandt-Weidenkaff, § 529 Rn. 1.

BGB durch die güterrechtlichen Bestimmungen über den Zugewinnausgleich ausgeschlossen. Es sprechen zudem beachtliche Gründe dafür, § 528 BGB im gleichen Umfang wie auf Schenkungen auch auf objektiv unentgeltliche unbenannte Zuwendungen zwischen den Beteiligten anzuwenden.

4. Pflicht- und Anstandsschenkungen unterliegen gemäß § 534 BGB keiner Schenkungsrückforderung wegen Verarmung.
5. § 528 BGB ist nicht anwendbar, sofern die Schenkung durch eine juristische Person erfolgt ist. Unschädlich ist es dagegen, wenn eine juristische Person den Schenkungsrückforderungsanspruch nach einem auf sie erfolgten Anspruchsübergang geltend macht.
6. § 528 BGB findet sowohl bei einer belohnenden Schenkung als auch bei einer Schenkung unter Auflage Anwendung. Bei letzterer schmälern die zur Vollziehung der Auflage erforderlichen bzw. aufgewendeten Mittel den Wert der Schenkung.
7. Bei einer gemischten Schenkung findet § 528 BGB auf den unentgeltlichen Teil des Rechtsgeschäfts Anwendung. Dabei schuldet der Beschenkte bei einer realen Unteilbarkeit des Zuwendungsgegenstandes unabhängig von dem Wertverhältnis des entgeltlichen und des unentgeltlichen Teils des Vertrages stets nur Wertersatz im Rahmen seiner bereicherungsrechtlichen Haftung. Er ist jedoch berechtigt, sich dieser Verpflichtung durch Herausgabe des unteilbaren Zuwendungsobjekts an den Schenker zu entledigen. Macht der Beschenkte von dieser Möglichkeit Gebrauch, hat ihm der Schenker die erbrachte Gegenleistung zu erstatten. Dabei handelt es sich aber nicht um eine Zug um Zug zu erfüllende Verpflichtung. Vielmehr ist der Beschenkte mit der Herausgabe des Zuwendungsobjekts vorleistungspflichtig.
8. Die Vollziehung der Schenkung erfolgt in dem Augenblick, in dem § 519 Abs.1 BGB dem Schenker bei einer Verarmung keinen Schutz mehr bietet. Das ist der Fall, wenn der Schenker alle seinerseits erforderlichen Handlungen zur Erfüllung des Schenkungsvertrages vorgenommen hat.
9. § 528 Abs.1 S.1 BGB verlangt eine Unterhaltsbeeinträchtigung und nicht lediglich eine Unterhaltsgefährdung, wobei es aber ausreicht, dass der Schenker außerstande ist, entweder seinen eigenen angemessenen Unterhalt zu bestreiten oder seine gesetzlichen Unterhaltspflichten gegenüber den in der Vorschrift genannten Personen zu erfüllen. Der Zeitpunkt des Eintritts der Unterhaltsbeeinträchtigung ist irrelevant. Erforderlich ist allein, dass sie nach der Vollziehung der Schenkung (noch) vorliegt.
10. § 528 Abs.1 S.1 BGB verpflichtet den Beschenkten zur Herausgabe des Geschenks nach den Vorschriften über die Herausgabe einer ungerechtfertigten Bereicherung. Ist der Wert des Geschenks höher als der zu deckende Unterhaltsbedarf, schuldet der Beschenkte bei einem real teilbaren Geschenk

nur Teilherausgabe und bei einem real unteilbaren Geschenk nur Teilwertersatz gemäß § 818 Abs.2 BGB in der zur Deckung des Unterhaltsbedarfs erforderlichen Höhe. Bei einem regelmäßig wiederkehrenden Bedarf schuldet er wiederkehrende Teilleistungen, gegebenenfalls als Teilwertersatz, in einer dem Unterhaltsbedarf entsprechenden Höhe, bis der Gesamtwert des Geschenks erreicht ist. Ist der Beschenkte lediglich zum Teilwertersatz verpflichtet, kann er sich durch Herausgabe des (ganzen) Geschenks von seiner Zahlungsverpflichtung aus § 818 Abs.2 BGB befreien. Ein Ausgleichsanspruch gegen den Schenker steht ihm in diesem Falle nicht zu.

11. Die Verpflichtungen des Beschenkten auf Herausgabe bzw. Teilherausgabe des Geschenks sowie auf Wertersatz bzw. Teilwertersatz entfallen bei einem Wegfall der Bereicherung gemäß § 818 Abs.3 BGB. Sofern die Entreicherung des Beschenkten aufgrund einer unentgeltlichen Zuwendung, sei es auch in Gestalt einer unbenannten Zuwendung unter Ehegatten oder Lebenspartnern bzw. Lebenspartnerinnen, erfolgt ist, findet § 822 BGB im Verhältnis zwischen dem verarmten Schenker und dem Dritten entsprechende Anwendung.
12. Im Falle einer verschärften bereicherungsrechtlichen Haftung gemäß §§ 818 Abs.4, 819 Abs.1 BGB bleibt dem Beschenkten eine Berufung auf § 818 Abs.3 BGB versagt. Hier haftet er vielmehr gemäß §§ 292 Abs.1, 989 BGB auf Schadensersatz, gemäß § 818 Abs.2 BGB auf Wertersatz und gemäß § 285 Abs.1 BGB auf Herausgabe eines etwaigen Veräußerungserlöses. Im Falle des Schuldnerverzugs gilt nach (abzulehnender) Ansicht der Rechtsprechung nicht nur für den bösgläubigen, sondern auch für den verklagten Beschenkten die Zufallshaftung gemäß § 287 S.2 BGB.
13. Der Anspruch gemäß § 528 Abs.1 S.1 BGB ist nach § 529 Abs.1, 1. Fall BGB ausgeschlossen, wenn der Schenker seine Bedürftigkeit nach dem Vollzug der Schenkung vorsätzlich oder grob fahrlässig herbeigeführt hat und dies für den Beschenkten beim Vollzug der Schenkung nicht vorhersehbar war.
14. Nach § 529 Abs.1, 2. Fall BGB ist der Schenkungsrückforderungsanspruch ausgeschlossen, wenn zur Zeit des Eintritts der Bedürftigkeit des Schenkers seit der Leistung des geschenkten Gegenstandes zehn Jahre verstrichen sind. Die Zehnjahresfrist beginnt mit dem Erwerb des geschenkten Gegenstandes. Nach (abzulehnender) Ansicht der Rechtsprechung genügt es dagegen bei Grundstücksschenkungen für den Fristbeginn, dass der Beschenkte nach formgerechtem Abschluss des Schenkungsvertrages und Auflassung einen Antrag auf Eintragung der Rechtsänderung beim Grundbuchamt eingereicht hat. Der Vorbehalt eines lebenslangen Nutzungsrechts an einem verschenkten Grundstück zugunsten des Schenkers hindert den Fristbeginn gemäß § 529 Abs.1, 2. Fall BGB nicht.

15. Aufgrund der dilatorischen Einrede des § 529 Abs.2 BGB ist der Beschenkte berechtigt, die Erfüllung des Schenkungsrückforderungsanspruchs zu verweigern, solange und soweit er bei Berücksichtigung seiner sonstigen Verpflichtungen außerstande ist, das Geschenk herauszugeben, ohne dass sein standesgemäßer Unterhalt oder die Erfüllung der ihm kraft Gesetzes obliegenden Unterhaltspflichten gefährdet wird. Unter standesgemäßem Unterhalt ist der angemessene Unterhalt zu verstehen. Dieser bemisst sich bei einer eigenen Unterhaltsgefährdung des Beschenkten unabhängig von einem gegebenenfalls bestehenden gesetzlichen Unterhaltsrechtsverhältnis zum Schenker auf der Grundlage der §§ 1603 Abs.1, 1610 Abs.1 BGB – abweichend von der Rechtsprechung, die hier die Grundsätze des Elternunterhalts heranziehen will – in Anlehnung an die von der Rechtsprechung zur Unterhaltspflicht von Eltern gegenüber volljährigen Kindern entwickelten Grundsätze und Maßstäbe. Bei einer Gefährdung der Erfüllung der gesetzlichen Unterhaltspflichten des Beschenkten ist auf deren jeweiligen Inhalt abzustellen. Die zur Ermittlung der Unterhaltsgefährdung erforderliche Prognose bezieht sich auf die voraussichtliche Lebensdauer des Beschenkten, die seiner durchschnittlichen, anhand der gebräuchlichen Sterbetafeln zu ermittelnden Lebensdauer entspricht.
16. Unerheblich ist, wann und wodurch die Unterhaltsgefährdung entstanden ist, insbesondere steht ein Verschulden des Beschenkten der Anwendbarkeit des § 529 Abs.2 BGB nicht entgegen. Die Berufung auf § 529 Abs.2 BGB ist aber rechtsmissbräuchlich, wenn der Beschenkte die bestehende Unterhaltsgefährdung durch ein mutwilliges Verhalten nach Erlangung seiner Kenntnis vom Notbedarf des Schenkers oder – in Ergänzung zur Rechtsprechung – nach Rechtshängigkeit des Schenkungsrückforderungsanspruchs herbeigeführt hat. Ein rechtsmissbräuchliches Handeln des Beschenkten schließt die Berufung auf § 529 Abs.2 BGB aber nicht schlechthin aus, sondern führt allein dazu, dass die mutwillig herbeigeführte Vermögensminderung bei der Prüfung der Leistungsfähigkeit des Beschenkten unberücksichtigt bleibt.
17. Der Rückforderungsanspruch des verarmten Schenkers verjährt bei der Schenkung eines Grundstücks unabhängig vom Anspruchsinhalt nach den §§ 196, 200 S.1 BGB zehn Jahre nach seiner Entstehung. Im Übrigen bestimmt sich die Verjährung des Anspruchs nach den §§ 195, 199 Abs.1, Abs.4 BGB. Die Verjährung des Schenkungsrückforderungsanspruchs ist, unabhängig davon, ob er auf Naturalrückgabe, Wertersatz oder Rentenzahlung gerichtet ist, in entsprechender Anwendung des § 205 BGB gehemmt, solange der Beschenkte gemäß § 529 Abs.2 BGB berechtigt ist, die geschuldete Leistung zu verweigern.

18. Der Rückforderungsanspruch des verarmten Schenkers erlischt grundsätzlich mit dem Tod des Schenkers. Etwas anderes gilt, wenn sich der Beschenkte zum Zeitpunkt des Todes des Schenkers im Schuldnerverzug befand oder der Schenker den Anspruch in den Formen des § 852 ZPO geltend gemacht hat. In diesen Fällen geht der Anspruch gemäß § 1922 Abs.1 BGB auf den Erben des Schenkers über. Sofern der Beschenkte der Alleinerbe des Schenkers ist, erlischt der Anspruch durch Konfusion.
19. Anspruchsbeschränkende Vereinbarungen jedweder Art zwischen dem Schenker und dem Beschenktem sind unzulässig. Dementsprechend sind sowohl ein Verzicht auf den Rückforderungsanspruch des verarmten Schenkers, auch in Gestalt eines Vorausverzichts, als auch eine Verkürzung der Ausschlussfrist des § 529 Abs.1, 2. Fall BGB sowie Erleichterungen des Eintritts der Verjährung, insbesondere durch eine Verkürzung der Verjährungsfristen nach den §§ 195, 196 BGB wie auch Modifizierungen der bereicherungsrechtlichen Haftung zugunsten des Beschenkten unzulässig.
20. § 528 Abs.1 S.2 BGB gewährt dem Beschenkten eine Ersetzungsbefugnis. Er kann die nach § 528 Abs.1 S.1 BGB geschuldete Herausgabe des Geschenks durch Zahlung des für den Unterhalts erforderlichen Betrags abwenden. Für diese Ersetzungsbefugnis ist kein Raum, wenn der Schenkungsrückforderungsanspruch ohnehin auf eine Geldzahlung gerichtet ist. Nach Ausübung der Ersetzungsbefugnis schuldet der Beschenkte allein die Zahlung einer Geldrente gemäß §§ 528 Abs.1 S.3, 760 BGB. Diese Verpflichtung endet, wenn die Rentenzahlungen den Wert des Geschenks erreicht haben. Die Verweisung des § 528 Abs.1 S.3 BGB auf § 1613 Abs.1 BGB gilt nur für die nach Ausübung der Ersetzungsbefugnis entstehenden Zahlungsverpflichtungen des Beschenkten.
21. Bei mehreren zeitlich nacheinander erfolgten Schenkungen haftet der früher Beschenkte gemäß § 528 Abs.2 BGB nur insoweit, als der später Beschenkte nicht verpflichtet ist. Nach einer im Vordringen begriffenen Ansicht genügt es aber bereits, dass der später Beschenkte zur Leistung außerstande ist. Bei mehreren gleichzeitig erfolgten Schenkungen finden die Regeln über die Gesamtschuld Anwendung. Danach haftet jeder der Beschenkten dem Schenker im Rahmen des Bereicherungsrechts nach dessen Wahl bis zur Obergrenze des ungedeckten Unterhaltsbedarfs. Im Innenverhältnis der Beschenkten findet gegebenenfalls ein Ausgleich entsprechend § 426 Abs.1 BGB statt. Die zeitliche Reihenfolge der Schenkungen richtet sich nach dem wirksamen Abschluss der Schenkungsverträge.
22. Nach dem Tode des Beschenkten richtet sich der Rückforderungsanspruch des verarmten Schenkers gegen dessen Erben. Dabei spielt es keine Rolle, ob die Bedürftigkeit des Schenkers bereits zum Zeitpunkt des Todes des

Beschenkten bestand oder ob es erst nach dessen Tod zu einer Beeinträchtigung des Notbedarfs des Schenkers kommt.

Zweites Kapitel
Die Rückforderung der Schenkung durch den Sozialhilfeträger

I. Die Problematik

Die Rückforderung einer Schenkung wegen Verarmung erfolgt in der gerichtlichen Praxis nach wie vor zumeist durch den Sozialhilfeträger. Insofern stellt die nun in Rede stehende Fallgestaltung den Hauptanwendungsfall des § 528 BGB dar. Eine immer höhere Lebenserwartung sowie die Veränderung der gesellschaftlichen Verhältnisse mit der Folge einer stetig abnehmenden Pflege und Betreuung älterer Menschen durch ihre Angehörigen haben dazu geführt, dass immer mehr Personen ihren Lebensabend in Alten- und Pflegeheimen zubringen. Die damit verbundenen hohen und fortwährend steigenden Kosten können die Betroffenen – auch unter Berücksichtigung ihrer Ansprüche aus der Pflegeversicherung – vielfach nicht mehr selbst bestreiten.

Sofern im Vorfeld eine Schenkung an Dritte erfolgt ist, was häufig in Gestalt einer vorweggenommenen Erbfolge geschieht, wäre der Schenker in dieser Situation an sich gehalten, die Schenkung zur Beseitigung seiner bestehenden Unterhaltsbeeinträchtigung von dem Beschenkten gemäß § 528 Abs.1 S.1 BGB zurückzufordern. Dies geschieht indes zumeist nicht, da der Schenker die durch die unentgeltliche Zuwendung Bedachten, regelmäßig seine nächsten Angehörigen, mit seiner finanziellen Notlage nicht belasten will. Stattdessen versucht er, seinen Unterhalt über eine Inanspruchnahme staatlicher Leistungen zu decken, was in den in Rede stehenden Fällen angesichts des betroffenen Personenkreises und der bestehenden Problemlage regelmäßig durch Sozialhilfeleistungen in Gestalt der Hilfe zur Pflege gemäß §§ 61 ff. SGB XII geschieht.[1]

Im Sozialhilferecht gilt indes der Grundsatz des Nachrangs der Sozialhilfe.[2] Nach § 2 Abs.1 SGB XII erhält Sozialhilfe nicht, wer sich selbst, insbesondere durch den Einsatz seines Einkommens und seines Vermögens, helfen kann oder die wer die erforderliche Leistung von anderen erhält. Nach § 2 Abs.2 S.1 SGB XII bleiben Verpflichtungen anderer durch die Sozialhilfe unberührt. Die von der Allgemein-

---

1 In Betracht kommen zudem auch Ansprüche auf eine Grundsicherung im Alter gemäß §§ 41 ff. SGB XII. Auch bei diesen Leistungen besteht die Möglichkeit des Sozialhilfeträgers zur Überleitung eines Schenkungsrückforderungsanspruchs des Hilfeempfängers gemäß § 93 SGB XII (siehe Müller, Teil D, Rn. 22 (S. 189); vgl. auch Vaupel, RNotZ 2009, 497, 515).

2 Dazu Schulte, NJW 1989, 1241 ff.

heit getragene, aus Steuergeldern finanzierte Sozialhilfe[3] ist damit – ebenso wie das nunmehr nach dem SGB II als Grundsicherungsleistung für erwerbsfähige Personen bestimmte Arbeitslosengeld II[4] und das für deren nicht erwerbsfähige Angehörige vorgesehene Sozialgeld[5] – das letzte Mittel zur Deckung des Lebensbedarfs einer Person.[6]

Mit dieser gesetzlichen Regelung genügt der Gesetzgeber den bestehenden verfassungsrechtlichen Anforderungen, die sich unter Berücksichtigung sowohl der Interessen des hilfebedürftigen Einzelnen als auch der Allgemeinheit ergeben. Die Existenz staatlicher Grundsicherungsleistungen, sei in Gestalt von Sozialhilfe, Arbeitslosengeld II oder Sozialgeld, ist Ausfluss des grundgesetzlich verbürgten Sozialstaatsgebots[7], das die Sicherung einer menschenwürdigen Existenz des Einzelnen zum staatlichen Auftrag erklärt, während der Nachrang der staatlichen Grundsicherungsleistungen die gleichfalls verfassungsrechtlich geschützten Belange der Allgemeinheit vor einer ungerechtfertigten Inanspruchnahme berücksichtigt.

Bei der Verwirklichung des Nachrangprinzips orientiert sich die Sozialhilfe aber nicht ausschließlich an der bloßen Existenz vorrangiger Ansprüche des Hilfesuchenden gegenüber Dritten. Aus dem Wortlaut des § 2 Abs.1 SGB XII („Sozialhilfe erhält nicht, wer sich ... *selbst helfen kann* oder wer die erforderliche Leistung von anderen ... *erhält.*“) und dem Zweck der Sozialhilfe, einen gegenwärtig bestehenden Bedarf zu decken[8], wird zu Recht gefolgert, dass das Nachrangprinzip nur dann zur Anwendung gelangt, wenn der Hilfesuchende auch wirklich in der Lage ist, sich selbst zu helfen bzw. wenn die Hilfe anderer auch tatsächlich zur Verfügung steht.[9] Der Sozialhilfeträger leistet dementsprechend auch, wenn

3 Zur Finanzierung der Sozialhilfe ausführlich BCS-Berlit, Kap. 4. Siehe ferner etwa LPK/SGB XII-Münder, Einleitung Rn. 29.

4 Siehe dazu §§ 7 Abs.1 S.1, 19 Abs.1 S.1 SGB II.

5 Siehe dazu §§ 7 Abs.2 S.1, 19 Abs.1 S.2 SGB II.

6 Siehe allgemein zu dem neuen, seit dem Jahr 2005 geltenden System der Existenzsicherung, Grube in Grube/Wahrendorf, Einl. Rn. 19 ff.

7 Nach Art. 20 Abs.1 GG ist die Bundesrepublik Deutschland ein demokratischer und *sozialer* Bundesstaat. Siehe ferner Art. 28 Abs.1 S.1 GG („... Grundsätzen ... des *sozialen* Rechtsstaates im Sinne dieses Grundgesetzes ...“).

8 Siehe zum Bedarfsdeckungsprinzip SSH-W. Schellhorn, Einführung Rn. 20; Grube in Grube/Wahrendorf, Einl. Rn. 58 sowie zum Gegenwärtigkeitsprinzip Grube a.a.O. Einl. Rn. 71 f.; Mergler/Zink-Kiss, § 93 Rn. 2.

9 Vgl. etwa BVerwGE 20, 308, 310; 21, 208, 212; 29, 295, 297; 38, 174, 176; 60, 367, 368; 67, 163, 166. Siehe aus dem Schrifttum ferner SSH-W. Schellhorn, § 2 Rn. 8; Grube in Grube/Wahrendorf, Einl. Rn. 82 f. sowie Wahrendorf in Grube/Wahrendorf, § 93 Rn. 2; LPK/SGB XII-Armborst, § 2 Rn. 14 ff. sowie LPK/SGB XII-Münder § 93 Rn. 1.

dem Hilfesuchenden zwar ein vorrangiger Anspruch gegen einen Dritten zusteht, dieser Anspruch aber von dem Anspruchsberechtigten nicht ohne weiteres zur Bedarfsdeckung realisiert werden kann.[10] Folglich erhält auch ein zur Rückforderung einer Schenkung berechtigter Schenker Sozialhilfe, sofern die Durchsetzung seines Anspruchs aus § 528 Abs.1 S.1 BGB nicht sogleich möglich ist.[11]

In diesem Fall tritt der Sozialhilfeträger angesichts des Nachrangs der Sozialhilfe mit seinen Leistungen aber nur in Vorlage.[12] Im weiteren Verlauf versucht er, auf den Schenkungsrückforderungsanspruch zuzugreifen und mit dessen Realisierung gegenüber dem Beschenkten den Nachrang der Sozialhilfe wiederherzustellen. Dabei erfolgt der Zugriff auf das Recht aus § 528 Abs.1 S.1 BGB mittels einer öffentlich-rechtlichen Anspruchsüberleitung gemäß § 93 SGB XII, die dazu führt, dass der Sozialhilfeträger den Anspruch in Höhe seiner Aufwendungen erwirbt (vgl. § 93 Abs.2 SGB XII) und damit als neuer Anspruchsberechtigter in der Lage ist, den Beschenkten in Anspruch zu nehmen.

Da sich die Wirkungen der Überleitung gemäß § 93 SGB XII in dem Anspruchsübergang auf den Sozialhilfeträger erschöpfen, muss der Träger der Sozialhilfe das überleitete Recht in gleicher Weise durchsetzen, wie es vormals auch der Schenker hätte tun müssen.[13] Sofern der Beschenkte seiner Verpflichtung aus dem übergeleiteten Schenkungsrückforderungsanspruch mithin nicht freiwillig nachkommt, muss der Sozialhilfeträger ihn vor dem zuständigen Zivilgericht verklagen und aus einem obsiegenden Urteil gegebenenfalls die Zwangsvollstreckung betreiben. Die Wiederherstellung des Nachrangs der Sozialhilfe durch den Rückgriff auf den Rückforderungsanspruch des verarmten Schenkers erfolgt somit zweistufig mit der Folge, dass zuweilen zwei Fachgerichtsbarkeiten mit dem Regress des Sozialhilfeträgers gegenüber dem Beschenkten befasst werden.[14] So unterliegt die zunächst erfolgende Anspruchsüberleitung der Kontrolle der Sozialgerichte,[15] während die anschließende gerichtliche Durchsetzung des übergeleiteten Schenkungsrückforderungsanspruchs dem Zuständigkeitsbereich der Zivilgerichte unterfällt.

Wenngleich die Wiederherstellung des Nachrangs der Sozialhilfe durch den Sozialhilfeträger gemäß § 93 SGB XII den Hauptanwendungsfall einer Schenkungsrückforderung wegen Verarmung darstellt, ist der Rückgriff gegenüber dem Beschenkten auch durch andere Sozialleistungsträger möglich. So hatte der BGH

---

10 Vgl. Hauck/Noftz-Falterbaum, § 93 Rn. 2; SSH-W. Schellhorn, § 2 Rn. 8; LPK/SGB XII-Münder § 93 Rn. 1; Grube in Grube/Wahrendorf, Einl. Rn. 83 sowie Wahrendorf a.a.O., § 93 Rn. 2.

11 Vgl. dazu LSG Berlin-Brandenburg, SAR 2008, 2; LSG NRW, FEVS 60, 230.

12 Vgl. statt aller Oestreicher-Decker, § 93 Rn. 5.

13 Dazu im Einzelnen unten Zweiter Teil, 2. Kap., II. 5. (S. 174).

14 Dazu näher unten Zweiter Teil, 2. Kap. V. 1. (S. 189 ff.).

15 Siehe § 51 Abs.1 Nr. 6a SGG in der seit 1.1.2005 geltenden Fassung.

wiederholt über die Rückforderung einer Schenkung gemäß § 528 BGB aufgrund einer Überleitung nach dem Bundesversorgungsgesetz im Rahmen der Kriegsopferfürsorge zu entscheiden.[16] Einem anderen Fall lag ein Sachverhalt aus dem Jugendhilferecht mit einer Anspruchsüberleitung nach dem SGB VIII zugrunde.[17] Bei Leistungen zur Sicherung des Lebensunterhalts nach dem SGB II, dem Grundsicherungssystem zugunsten erwerbsfähiger Personen und ihrer Angehörigen, erfolgt der Regress des Leistungsträgers – nachdem auch hier anfangs eine Anspruchsüberleitung galt[18] – inzwischen gemäß § 33 SGB II mittels eines gesetzlichen Forderungsübergangs.[19] Damit entfällt im Bereich des SGB II, anders als in den zuvor genannten Fällen, die Zweigleisigkeit des Rechtsschutzes für den in Anspruch genommenen Beschenkten. Vielmehr ist hier das zur Entscheidung über den kraft Gesetzes übergehenden Anspruch aus § 528 Abs.1 S.1 BGB zuständige Zivilgericht ferner dazu berufen, über die Voraussetzungen der Legalzession und damit auch über Fragen des öffentlichen Rechts zu befinden.[20]

Die vorliegende Darstellung beschränkt sich auf den Rückgriff des Sozialhilfeträgers durch Überleitung des Anspruchs aus § 528 Abs.1 S.1 BGB gemäß § 93 SGB XII.

II. Die öffentlich-rechtliche Überleitung des Schenkungsrückforderungsanspruchs durch den Sozialhilfeträger

1. Anspruchsüberleitung durch Verwaltungsakt

Die Überleitung vorrangiger Ansprüche des Hilfeempfängers gegenüber Dritten erfolgt gemäß § 93 Abs.1 S.1 SGB XII durch schriftliche Anzeige an den anderen, im Falle des § 528 BGB mithin durch Überleitungsanzeige an den Beschenkten.

---

16 Siehe dazu BGH NJW 2000, 3488 und BGH NJW 2001, 1207.

17 Vgl. BGHZ 169, 320 f.

18 Vgl. dazu § 33 Abs.1 SGB II in der bis zum 1.8.2006 geltenden Fassung.

19 Das entspricht einer allgemeinen Entwicklung im Sozialrecht, wonach der Rückgriff mittels Anspruchsüberleitung zunehmend durch einen Regress mittels gesetzlichen Forderungsübergangs ersetzt wird. Neben § 33 SGB II galt bzw. gilt dies unter anderem für § 91 BSHG, der Vorgängernorm zu den §§ 33 SGB II, 94 SGB XII sowie für § 37 Abs.1 BAföG. Auch die seinerzeit erfolgte Einbeziehung des Sozialhilfeträgers in die entsprechend konzipierte Regressnorm des § 116 SGB X passt in diesen Kontext (siehe dazu von Maydell/Breuer, NJW 1984, 23, 25; Münder, ZfSH/SGB 1985, 193, 200).

20 Vgl. etwa die in § 33 Abs.1 S.1 SGB II geforderte kausale Verknüpfung („..wenn bei rechtzeitiger Leistung des Anderen Leistungen zur Sicherung des Lebensunterhalts nicht erbracht worden wären."), die § 93 Abs.1 S.3, 1. Fall SGB XII entspricht oder auch § 33 Abs.2 S.3 SGB II.

Dabei handelt es sich, wie aus § 93 Abs.3 SGB XII hervorgeht, um einen Verwaltungsakt. Dieser wird gemäß § 39 Abs.1 SGB X mit seiner Bekanntgabe wirksam (dazu unter 2.), sofern er nicht ausnahmsweise nichtig ist (dazu unter 3.). Um dauerhaft die gewünschte Wirkung des Anspruchsübergangs zu zeitigen, muss die Überleitungsanzeige aber auch den für sie geltenden Rechtmäßigkeitsvoraussetzungen genügen (dazu unter 4.). Anderenfalls wäre sie aufgrund einer Anfechtung der Beteiligten aufzuheben und der Regress des Sozialhilfeträgers wäre zum Scheitern verurteilt.

Zahlreiche grundlegende Entscheidungen zur Rückforderung einer Schenkung wegen Verarmung durch den Sozialhilfeträger ergingen unter der Geltung des seinerzeitigen Bundessozialhilfegesetzes und damit auf der Grundlage einer Anspruchsüberleitung gemäß § 90 BSHG. Wenngleich die nunmehr geltende Regelung des § 93 SGB XII einige sprachliche Unterschiede zur Vorgängernorm des § 90 BSHG aufweist, entsprechen beide Vorschriften doch inhaltlich im Wesentlichen einander,[21] so dass die Rechtsprechung der seinerzeit für das Sozialhilferecht zuständigen Verwaltungsgerichte zu § 90 BSHG auch für § 93 SGB XII ihre Bedeutung behält.[22]

2. Wirksamwerden der Überleitungsanzeige

Mit der Überleitungsanzeige rückt der Sozialhilfeträger in die Rechtsstellung des vormaligen Anspruchsberechtigten ein (vgl. § 93 Abs.1 S.1, Abs.2 SGB XII). Sie führt damit als privatrechtsgestaltender Verwaltungsakt[23] zu einem Gläubigerwechsel und versetzt den Träger der Sozialhilfe als neuen Anspruchsinhaber in die Lage, den übergeleiteten Anspruch gegenüber dem Anspruchsverpflichteten geltend zu machen. Bei einer Schenkungsrückforderung wegen Verarmung richtet sich die Überleitungsanzeige als Adressaten an den anspruchsverpflichteten Beschenkten, sie betrifft in ihrer Wirkung aber vor allem den Schenker, der mit der Überleitung sein Recht verliert.

Die Überleitungsanzeige ist dementsprechend gemäß § 37 Abs.1 SGB X sowohl dem Beschenkten als demjenigen, für den sie bestimmt ist als auch dem von ihr

21 Siehe zu den wenigen Änderungen des § 93 SGB XII, Hußmann, ZEV 2005, 54, 56.

22 Siehe Oestreicher-Decker, § 93 Rn. 3; Mergler/Zink-Kiss, § 93 Rn. 1; Müller, Teil B, Rn. 102 (S. 139). Vgl. ferner Wahrendorf in Grube/Wahrendorf, § 93 Rn. 8; SSH-H. Schellhorn, § 93 Rn. 2; LPK/SGB XII-Münder, § 93 Rn. 1. Siehe auch Hess. LSG, Beschl. v. 1.11.2007 (L 9 SO 79/07 ER), Rn. 5 a.E. (abrufbar über die Homepage des Hess. LSG).

23 Vgl. dazu etwa BVerwGE 90, 245, 246; Oestreicher-Decker, § 93 Rn. 8 f.; Wahrendorf in Grube/Wahrendorf, § 93 Rn. 22; BCS-Münder, Kap. 40 Rn. 68; MAH SozR-Ehmann, § 37 Rn. 7.

betroffenen Schenker bekannt zu geben.[24] Mit der Bekanntgabe erlangt die Überleitungsanzeige gemäß § 39 Abs.1 SGB X – gegebenenfalls zu unterschiedlichen Zeitpunkten[25] – ihre Wirksamkeit dem jeweiligen Empfänger gegenüber, wobei es für den mit ihrem Erlass intendierten Anspruchsübergang aber allein auf die Bekanntgabe an den Beschenkten ankommt.[26]

3. Nichtigkeit der Überleitungsanzeige

Die Überleitungsanzeige wird mit ihrer Bekanntgabe nach § 39 Abs.1 SGB X nur wirksam, sofern sie nicht nichtig ist. Ein nichtiger Verwaltungsakt ist gemäß § 39 Abs.3 SGB X unwirksam und damit gegenstandslos. Die Nichtigkeit einer Überleitungsanzeige richtet sich nach § 40 SGB X. Sie ist folglich nichtig, wenn sie nach § 40 Abs.2 Nr.1 SGB X die erlassende Behörde nicht erkennen lässt[27] oder gemäß § 40 Abs.1 SGB X an einem besonders schwerwiegenden Fehler leidet[28] und dies bei verständiger Würdigung aller in Betracht kommenden Umstände offensichtlich ist. Dazu muss ein Fehler vorliegen, der derart in Widerspruch zur geltenden Rechtsordnung und den ihr zugrunde liegenden Wertvorstellungen steht, dass es unerträglich wäre, wenn der Verwaltungsakt die vorgesehenen Rechtsfolgen hätte und dieser besonders schwerwiegende Fehler zudem für jeden Verständigen und Urteilsfähigen auch ohne weiteres erkennbar ist.[29] Das ist bei einer Anspruchsüberleitung gemäß § 93 SGB XII nur sehr selten der Fall, so dass die Nichtigkeit einer Überleitungsanzeige in der sozialhilferechtlichen Praxis keine nennenswerte Bedeutung hat.

4. Rechtmäßigkeit der Überleitungsanzeige

Fragen der Rechtmäßigkeit einer Überleitungsanzeige haben die Gerichte hingegen schon häufig beschäftigt, wobei der Schwerpunkt im Bereich der materiellen Rechtmäßigkeit liegt.

---

24 So die heute ganz h.M.: Vgl. etwa Oestreicher-Decker, § 93 Rn. 28; Hauck/Noftz-Falterbaum, § 93 Rn. 38; LPK/SGB XII-Münder, § 93 Rn. 44; Wahrendorf in Grube/Wahrendorf, § 93 Rn. 26.

25 Vgl. Wahrendorf in Grube/Wahrendorf, § 93 Rn. 26; LPK/SGB XII-Münder, § 93 Rn. 44; Münder, ZfSH/SGB 1985, 248, 255.

26 Vgl. dazu Oestreicher-Decker, § 93 Rn. 28.

27 Die weiteren absoluten Nichtigkeitsgründe gemäß § 40 Abs.2 Nr.2 bis 5 SGB X kommen bei einer Überleitungsanzeige gemäß § 93 SGB XII nicht in Betracht.

28 Dazu reichen freilich die in § 40 Abs.3 aufgezählten Mängel allein nicht aus. Vgl. dazu statt aller Roos in von Wulfen/Schütze, § 40 Rn. 8.

29 Vgl. dazu etwa Roos in von Wulfen/Schütze, § 40 Rn. 7, 10 m.w.N. Siehe zur sog. Evidenztheorie weiter BSGE 24, 162, 168; 25, 251, 256; 59, 122, 126.

a) Formelle Rechtmäßigkeit der Überleitungsanzeige

Bei der formellen Rechtmäßigkeit ergeben sich regelmäßig keine zur Aufhebung der Überleitungsanzeige führenden Mängel. Die Überleitung eines Schenkungsrückforderungsanspruchs zählt seit nunmehr drei Jahrzehnten zur Verwaltungspraxis und stellt die insofern routiniert agierenden Sozialhilfeträger mit den im Bereich der formellen Rechtmäßigkeit ohnehin nicht übermäßigen Anforderungen vor keine nennenswerten Herausforderungen mehr. Darüber hinaus hat der Gesetzgeber mit zwischenzeitlichen, zugunsten der öffentlichen Hand gereichenden Modifizierungen der Regelungen der §§ 41, 42 SGB X zur Heilung und Folgenlosigkeit von Verfahrens- und Formfehlern den formellen Rechtmäßigkeitsmängeln weitgehend die Tauglichkeit als Grund zur Aufhebung eines Verwaltungsakts abgesprochen.[30] Damit betont das Gesetz verstärkt die dienende Funktion des Verfahrensrechts und bezweckt eine Förderung der Verfahrensökonomie.[31] Es wird vermieden, dass ein in der Sache zutreffender Verwaltungsakt allein wegen eines Verfahrensmangels aufzuheben ist und sodann materiell-rechtlich genauso noch einmal zu erlassen wäre.[32]

Behandelt werden sollen nachfolgend die vor dem Erlass einer Überleitungsanzeige gebotene Anhörung der Beteiligten nach § 24 SGB X, das Schriftformerfordernis gemäß § 93 Abs.1 S.1 SGB XII und die daraus folgende Notwendigkeit zur Begründung der Überleitungsanzeige gemäß § 35 SGB X.

aa) Anhörung der Beteiligten

Da es sich bei der Überleitungsanzeige um einen belastenden Verwaltungsakt handelt, bedarf es nach § 24 Abs.1 SGB X vor deren Erlass grundsätzlich einer Anhörung der Beteiligten. Das gilt unzweifelhaft zunächst für den Hilfeempfänger, also den Schenker, der mit der Anspruchsüberleitung seinen Anspruch verliert.[33] Aber auch dem anspruchsverpflichteten Beschenkten ist vor dem Erlass der Überleitungsanzeige Gelegenheit zur Stellungnahme zu geben.[34] Das folgt

---

30 Siehe dazu insbesondere Felix, NZS 2001, 341 ff. Kritisch auch Steiner, NZS 2002, 113, 116 f.; Schütze in von Wulfen/Schütze, § 41 Rn. 2.

31 Vgl. Schütze in von Wulfen/Schütze, § 41 Rn. 2 u. § 42 Rn. 2; LPK/SGB X-Waschull, § 41 Rn. 1 u. § 42 Rn. 1 m.w.N.

32 Vgl. Schütze in von Wulfen/Schütze, § 42 Rn. 2; LPK/SGB X-Waschull, § 42 Rn.1, jew. m.w.N.

33 Siehe etwa Oestreicher-Decker, § 93 Rn. 19; Hauck/Noftz-Falterbaum, § 93 Rn. 38; juris/PK SGB XII-Armbruster, § 93 Rn. 84; SSH-H. Schellhorn, § 93 Rn. 46; Mergler/Zink-Kiss, § 93 Rn. 7; LPK/SGB XII-Münder, § 93 Rn. 39; Wahrendorf in Grube/Wahrendorf, § 93 Rn. 27; BCS-Münder, Kap. 40 Rn. 70; MAH SozR-Ehmann, § 37 Rn. 7; Gühlstorf, ZfF 2006, 121.

34 Siehe etwa Oestreicher-Decker, § 93 Rn. 19; Hauck/Noftz-Falterbaum, § 93 Rn. 38; juris/PK

vornehmlich daraus, dass vom Sozialhilfeträger bei seiner Ermessensentscheidung, ob und gegebenenfalls in welcher Höhe ein Regress erfolgen soll, auch Umstände zu berücksichtigen sind, die in der Person des Beschenkten liegen.[35] Darüber hinaus wird zur Begründung des Anhörungsrechts des Beschenkten angeführt, dass die Anspruchsüberleitung für ihn einen Gläubigerwechsel bedeute und der neue Anspruchsinhaber – worauf auch gerade die Überleitung des Rechts hindeute – nicht so nachsichtig in der Durchsetzung des Anspruchs sei wie es möglicherweise zuvor der Schenker war.[36]

Eine ordnungsgemäße Anhörung verlangt, dass der Sozialhilfeträger den Beteiligten vor Erlass der Überleitungsanzeige Gelegenheit gibt, sich zu den für die behördliche Entscheidung erheblichen Tatsachen zu äußern.[37] Die Anhörung muss zeitlich so bemessen sein, dass sich die Beteiligten zu sämtlichen entscheidungserheblichen Tatsachen äußern können.[38] Im Falle einer Stellungnahme hat der Sozialhilfeträger diese in seine Entscheidungsfindung mit einzubeziehen.[39]

Sollte eine (ordnungsgemäße) Anhörung unterblieben sein, kann der Sozialhilfeträger diese nach § 41 Abs.1 Nr.3 SGB X nachholen und zwar nach nunmehr geltender Rechtslage[40] gemäß § 41 Abs.2 SGB X bis zur letzten Tatsacheninstanz des sozialgerichtlichen Verfahrens.[41] Mit der insofern erfolgenden Heilung

---

SGB XII-Armbruster, § 93 Rn. 84; SSH-H. Schellhorn, § 93 Rn. 46; Mergler/Zink-Kiss, § 93 Rn. 8; LPK/SGB XII-Münder, § 93 Rn. 39; Wahrendorf in Grube/Wahrendorf, § 93 Rn. 26; BCS-Münder, Kap. 40 Rn. 70; MAH SozR-Ehmann, § 37 Rn. 7; Gühlstorf, ZfF 2006, 121.

35 Siehe Mergler/Zink-Kiss, § 93 Rn. 8; LPK/SGB XII-Münder, § 93 Rn. 39; BCS-Münder, Kap. 40, Rn. 70.

36 Vgl. dazu etwa BCS-Münder, Kap. 40 Rn. 71; LPK/SGB XII-Münder, § 93 Rn. 39; Münder, ZfSH/SGB 1985, 248, 254, 256; Münder, NVwZ 1993, 1031, 1032; juris/PK SGB XII-Armbruster, § 93 Rn. 84. Diese Begründung ist indes nicht frei von Bedenken, wie die Ausführungen zur Frage der Rechtmäßigkeit der Sozialhilfegewährung als materielle Rechtmäßigkeitsvoraussetzung für die Anspruchsüberleitung zeigen werden (siehe dazu im Einzelnen unten Zweiter Teil, 2. Kap., II. 4. b) aa) (2) (S. 156 ff., insb. S. 158 ff., 160)).

37 Vgl. dazu statt aller Oestreicher-Decker, § 93 Rn. 20; Siefert in von Wulfen/Schütze, § 24 Rn. 2.

38 Zu den Einzelheiten der Bemessung einer angemessenen Anhörungsfrist, siehe Siefert in von Wulfen/Schütze, § 24 Rn. 15 f.

39 Vgl. dazu etwa Siefert in von Wulfen/Schütze, § 24 Rn. 2 m.w.N.

40 Vgl. demgegenüber die bis zum 31.12.2000 geltende Fassung des § 41 Abs.2 SGB X, wonach die Heilung eines Verfahrensmangels nur bis zum Abschluss des Vorverfahrens bzw. bei fehlendem Vorverfahren, bis zur Erhebung der Klage möglich war.

41 Gegen diese nunmehr auch noch im gerichtlichen Verfahren mögliche Heilung eines Anhörungsmangels werden zum Teil erhebliche (verfassungsrechtliche) Bedenken erhoben (so vor allem BSG SozR 3-1300 § 24 SGB X Nr.2; kritisch auch Felix, NZS 2001, 341, 343 ff.). Gegen eine Verfassungswidrigkeit der Regelung aber Steiner, NZS 2002, 113, 116 f.; Schütze in von Wulfen/Schütze, § 41 Rn. 21. Zum Meinungsstand anschaulich LPK/SGB X-Waschull, § 41 Rn. 16 f. m.w.N.

wird der Anhörungsmangel unbeachtlich,[42] so dass einer allein darauf gestützten Anfechtungsklage kein Erfolg beschieden wäre. Ist keine wirksame Heilung gemäß § 41 Abs.1 Nr.3, Abs. 2 SGB X erfolgt, kommt eine Unbeachtlichkeit des Anhörungsmangels gemäß § 42 S.1 SGB X nicht in Betracht. Nach § 42 S.2 SGB X findet nämlich die Regelung über die Folgenlosigkeit von Verfahrensmängeln – in Abweichung vom allgemeinen Verwaltungsverfahrensrecht gemäß § 46 VwVfG – bei einer unterbliebenen und nicht wirksam nachgeholten Anhörung keine Anwendung. Das Gesetz betont damit die besondere Bedeutung des Anhörungsrechts der Beteiligten im Sozialverwaltungsverfahren. Die allein auf einer fortbestehenden Verletzung des § 24 SGB X gründende Anfechtungsklage führt folglich zur Aufhebung der Überleitungsanzeige durch die Sozialgerichte.[43]

bb) Schriftform der Überleitungsanzeige

Das Schriftformerfordernis der Überleitungsanzeige ergibt sich aus § 93 Abs.1 S.1 SGB XII. Danach erfolgt die Überleitung durch *schriftliche* Anzeige an den anderen.[44] Sie muss damit den in § 33 Abs.3 S.1 SGB X normierten Erfordernissen entsprechen.[45] Das Schriftformgebot gilt aber nur für die an den drittverpflichteten Beschenkten gerichtete Überleitungsanzeige, nicht hingegen für die dem Schenker als Drittbetroffenen bekannt zu gebende Anzeige der Anspruchsüberleitung. Diese kann vielmehr von Gesetzes wegen formlos erfolgen[46], sie wird in der sozialhilferechtlichen Praxis aber gleichwohl ebenfalls schriftlich bekanntgegeben. Das entspricht im Hinblick auf eine angesichts § 33 Abs.2 S.2 SGB X drohende erneute behördliche Befassung mit der Sache, der Beweisbarkeit der Bekanntgabe der Überleitungsanzeige an den Schenker und der in § 66 Abs.1 SGG vorgesehenen schriftlichen Belehrung über Rechtsbehelfe einem von § 9 S.2 SGB X geforderten effizienten Verwaltungsverfahren.[47]

---

42 Siehe dazu im Einzelnen Schütze in von Wulfen/Schütze, § 41 Rn. 3. Vgl. ferner LPK/SGB X-Waschull, § 41 Rn. 5; KSW-Fichte, §§ 40–43 SGB X Rn. 19.

43 Vgl. KSW-Fichte, §§ 40–43 SGB X Rn. 14; Schütze in von Wulfen/Schütze, § 42 Rn. 7 m.w.N.

44 Siehe ferner § 93 Abs.2 S.1 SGB XII („schriftliche Anzeige").

45 Lässt die Überleitungsanzeige die erlassene Behörde nicht erkennen, ist sie gemäß § 40 Abs.2 Nr.1 SGB X nichtig. Unwirksam ist sie ferner, sofern sie nur mündlich erlassen wurde (siehe etwa Oestreicher-Decker, § 93 Rn. 23; Mergler/Zink-Kiss, § 93 Rn. 10). Ist die Überleitungsanzeige schriftlich erfolgt, führt ein Unterschriftenmangel aber nur zu ihrer Rechtswidrigkeit (Oestreicher-Decker, § 93 Rn. 23).

46 So zutreffend Oestreicher-Decker, § 93 Rn. 22; Hauck/Noftz-Falterbaum, § 93 Rn. 41; juris/PK SGB XII-Armbruster, § 93 Rn. 84.

47 So auch Oestreicher-Decker, § 93 Rn. 22. Vgl. ferner Hauck/Noftz-Falterbaum, § 93 Rn. 41.

cc) Begründung der Überleitungsanzeige

Aus dem gegenüber dem Beschenkten nach § 93 Abs.1 S.1 SGB XII gebotenen schriftlichen Erlass der Überleitungsanzeige bzw. der dem Schenker gegenüber schriftlich erfolgenden Anzeige der Überleitung folgt gemäß § 35 Abs.1 S.1 SGB X die Notwendigkeit zur Begründung der Verwaltungsakte. Der Sozialhilfeträger hat darin gemäß § 35 Abs.1 S.2 SGB X die wesentlichen tatsächlichen und rechtlichen Gründe mitzuteilen, die ihn zu seiner Entscheidung bewogen haben. Da es sich bei der Anspruchsüberleitung nach § 93 SGB XII um eine Ermessensentscheidung handelt, muss zudem gemäß § 35 Abs.1 S.3 SGB X deutlich werden, von welchen Gesichtspunkten der Träger der Sozialhilfe bei der Ausübung seines Ermessens ausgegangen ist.

Dabei werden an die behördliche Begründungspflicht aber keine allzu hohen Anforderungen gestellt. Das gilt im Falle des § 93 SGB XII auch für die nach § 35 Abs.1 S.3 SGB X bei Ermessensentscheidungen bestehende erweiterte Begründungspflicht.[48] Angesichts des Nachrangs der Sozialhilfe und des damit im Zusammenhang stehenden Gebots der wirtschaftlichen Verwendung öffentlicher Mittel wird die Anspruchsüberleitung nämlich als der Regelfall betrachtet, von der nur in Ausnahmefällen abzusehen ist.[49] Es genügt daher für eine ordnungsgemäße Begründung, wenn der Sozialhilfeträger die für seine Entscheidung maßgeblichen tatsächlichen und rechtlichen Erwägungen mitteilt und dabei deutlich macht, dass keine Anhaltspunkte für ein Absehen von einer Überleitung bestehen.[50] Dabei muss die Begründung nicht der wirklichen Rechtslage entsprechen.[51] Sollte die Begründung mit der objektiven Rechtslage nicht zu vereinbaren sein, wird die Überleitungsanzeige freilich wegen Fehlens der materiellen Rechtmäßigkeit aufgehoben werden.

Auch eine fehlende bzw. unzureichende Begründung kann gemäß § 41 Abs.1 Nr.2, Abs.2 SGB X nachgeholt werden, womit eine Heilung des Formfehlers eintritt. Darüber hinaus kann ein nicht geheilter Verstoß gegen § 35 Abs.1 SGB X nach § 42 S.1 SGB X unbeachtlich sein.[52] Danach kann die Aufhebung eines Verwaltungs-

48 Vgl. zuletzt LSG NRW FEVS 58, 448, 450. Vgl. ferner BVerwGE 34, 219, 225.

49 Man spricht insofern von einem sog. intendierten Ermessen, bei dem schon durch das Gesetz eine bestimmte Richtung für die Ermessensentscheidung vorgezeichnet ist. Vgl. dazu etwa Mergler/Zink-Kiss, § 93 Rn. 27; Wahrendorf in Grube/Wahrendorf, § 93 Rn. 21; LPK/SGB XII-Münder, § 93 Rn. 46, jew. m.w.N. Anderer Ansicht aber juris/PK SGB XII-Armbruster, § 93 Rn. 81.

50 Vgl. BVerwGE 34, 219, 225; LSG NRW FEVS 58, 448, 450; Wahrendorf in Grube/Wahrendorf, § 93 Rn. 21. In diesem Sinne aber auch juris/PK SGB XII-Armbruster, § 93 Rn. 81.

51 Vgl. LPK/SGB X-Waschull, § 41 Rn. 10; Schütze in von Wulfen/Schütze, § 41 Rn. 12, jew. m.w.N.

52 Anderer Ansicht aber Schütze in von Wulfen/Schütze, § 41 Rn. 22 u. § 42 Rn. 8 ff., der § 42 SGB X nur auf solche Verfahrens- und Formfehler anwenden will, die keiner Heilung gemäß § 41

aktes, der nicht nach § 40 SGB X nichtig ist, nicht allein deshalb beansprucht werden, weil er unter Verletzung von Vorschriften über das Verfahren, die Form oder die örtliche Zuständigkeit zustande gekommen ist, wenn offensichtlich ist, dass die Verletzung die Entscheidung in der Sache nicht beeinflusst hat.

Nach vormals geltender Gesetzesfassung war die Unbeachtlichkeit eines Verfahrensverstoßes nur anzunehmen, wenn keine andere Entscheidung in der Sache hätte getroffen werden können. Damit waren seinerzeit Ermessensentscheidungen weitestgehend dem Anwendungsbereich des § 42 S.1 SGB X a.F. entzogen. Allein bei einer Ermessenreduzierung auf Null kam die Unbeachtlichkeit eines Verfahrens- oder Formfehlers in Betracht.[53] Mit der zwischenzeitlich erfolgten Gesetzesänderung wollte der Gesetzgeber aber auch Ermessensentscheidungen in den Anwendungsbereich der Vorschrift mit einbeziehen.[54] Daher kann nunmehr auch ein (nicht geheilter) formeller Begründungsmangel der Überleitungsanzeige nach § 93 SGB XII gemäß § 42 S.1 SGB X unbeachtlich sein. Das ist zu bejahen, wenn im konkreten Fall[55] keine Zweifel daran bestehen, dass der Sozialhilfeträger ohne den Verfahrensfehler genauso entschieden hätte.[56]

Dazu darf allerdings allein ein formeller Begründungsmangel vorliegen, das heißt, die nachgereichten Erwägungen müssen schon bei der behördlichen Entscheidung vorgelegen, in der schriftlichen Überleitungsanzeige aber keinen Niederschlag gefunden haben.[57] Nicht unter die §§ 35, 41, 42 SGB X fallen dagegen Fehler in der Ermessensbetätigung.[58] Hier kommt allenfalls ein sog. Nachschieben von Gründen in Betracht.[59]

SGB X zugänglich sind. Dagegen spricht aber schon § 42 S.2 SGB X, der bei dieser Sicht der Dinge überflüssig wäre. Die ganz überwiegende Ansicht geht daher auch davon aus, dass die §§ 41, 42 SGB X einander ergänzen (vgl. dazu die Nachweise bei Schütze in von Wulfen/Schütze a.a.O.).

53 Vgl. LPK/SGB X-Waschull, § 42 Rn. 10 m.w.N.

54 Vgl. Schütze in von Wulfen/Schütze, § 42 Rn. 11; LPK/SGB X-Waschull, § 42 Rn. 12, jew. m.w.N.

55 Vgl. Ziekow, NVwZ 2005, 263, 264.

56 Vgl. BVerwGE 137, 199, 212 (Rn. 40) sowie Schütze in von Wulfen/Schütze, § 42 Rn. 13.

57 Vgl. RGKU-Heße, § 41 SGB X Rn. 9 sowie ferner (zu § 46 VwVfG) Bader, NVwZ 1998, 674, 676. Das erscheint gerade bei § 93 SGB XII als einer Vorschrift mit einem intendierten Ermessen gut vorstellbar: Der Sozialhilfeträger hat zwar geprüft, ob besondere Umstände für ein Absehen von der Überleitung vorliegen, er hat angesichts ihres offensichtlichen Fehlens dazu aber keine Ausführungen im Verwaltungsakt gemacht.

58 Siehe dazu etwa Schütze in von Wulfen/Schütze, § 41 Rn. 11; LPK/SGB X-Waschull, § 41 Rn. 10; KSW-Fichte, §§ 40–44 SGB X Rn. 23.

59 Vgl. zu dieser komplexen prozessualen Problematik etwa LPK/SGB X-Waschull, § 41 Rn. 12 ff.; Schütze in von Wulfen/Schütze, § 41 Rn. 11 f., jew. m.w.N.

b) Materielle Rechtmäßigkeit der Überleitungsanzeige

Die materielle Rechtmäßigkeit der Überleitungsanzeige nach § 93 SGB XII ist an eine Vielzahl von Voraussetzungen geknüpft. Zunächst ist eine Hilfegewährung des zuständigen Sozialhilfeträgers[60] erforderlich (dazu aa)). Weiter bedarf es eines möglichen überleitungsfähigen Anspruchs des Hilfeempfängers, hier in Gestalt eines Schenkungsrückforderungsanspruchs (dazu bb)) sowie der Bestimmtheit der Überleitungsanzeige (dazu cc)). Hinzutreten müssen die zeitliche Deckungsgleichheit gemäß § 93 Abs.1 S.1 SGB XII (dazu dd)) sowie eine kausale Verknüpfung im Sinne des § 93 Abs.1 S.3 SGB XII (dazu ee)). Schließlich ist eine fehlerfreie Ermessensausübung des Sozialhilfeträgers erforderlich (dazu ff)). Eine besondere Problematik liegt endlich in der postmortalen Überleitung des Anspruchs aus § 528 Abs.1 S.1 BGB (dazu gg)).

aa) Hilfegewährung durch den Sozialhilfeträger

§ 93 Abs.1 S.1 SGB XII knüpft die Überleitungsanzeige an die Gewährung von (Sozial-)Hilfe. Zu klären ist, ob damit die Bewilligung der Hilfe oder deren tatsächliche Erbringung an den Hilfeempfänger gemeint ist. Des Weiteren ist fraglich, ob diese Hilfegewährung zu Recht erfolgt sein muss, die Rechtmäßigkeit der Sozialhilfegewährung mithin zu den materiellen Rechtmäßigkeitsvoraussetzungen einer Anspruchsüberleitung gemäß § 93 SGB XII zählt.

(1) Anforderungen an die Hilfegewährung

Ob der rechtmäßige Erlass der Überleitungsanzeige allein an die Bewilligung der Sozialhilfe durch den Sozialhilfeträger gebunden ist[61] oder ob er nicht vielmehr auch die tatsächliche Erbringung der Hilfe an den Hilfeempfänger voraussetzt,[62] lässt sich dem Wortlaut des § 93 SGB XII nicht mit Gewissheit entnehmen. Zwar verwendet § 93 Abs.1 S.1 SGB XII, anders als dessen Vorgängernorm, der § 90 Abs.1 S.1 BSHG, nicht mehr das Wort „Hilfe*empfänger*", stattdessen heißt es nunmehr „leistungs*berechtigte* Person", was für die erstgenannte Ansicht spricht. Ande-

---

60 Siehe dazu etwa Oestreicher-Decker, § 93 Rn. 31 ff.; Hauck/Noftz-Falterbaum, § 93 Rn. 36 f.; Mergler/Zink-Kiss, § 93 Rn. 4 ff; SSH-H. Schellhorn, § 93 Rn. 10; LPK/SGB XII-Münder, § 93 Rn. 36 ff.

61 So etwa Oestreicher-Decker, § 93 Rn. 36; Hauck/Noftz-Falterbaum, § 93 Rn. 18; juris/PK SGB XII-Armbruster, § 93 Rn. 32, 34; SSH-H. Schellhorn, § 93 Rn. 27; LPK/SGB XII-Münder, § 93 Rn. 12; Fichtner/Wenzel-Wolf, § 93 Rn. 8; MAH SozR-Ehmann, § 37 Rn.14; Münder, ZfSH/SGB 1985, 248.

62 So etwa Mergler/Zink-Kiss, § 93 Rn. 13 sowie wohl nun auch Wahrendorf in Grube/Wahrendorf, § 93 Rn. 9 (siehe demgegenüber die Vorauflage a.a.O.); Ludyga, NZS 2012, 121, 122.

rerseits ist in § 93 Abs.1 S.1 SGB XII, anders als in § 90 Abs.1 S.1 BSHG, nicht mehr durchgängig von „Gewährung" der Hilfe die Rede, vielmehr spricht der geltende Gesetzeswortlaut daneben auch von der „Zeit, für die Leistungen *erbracht* werden". Letzteres deutet wiederum eher auf die zweitgenannte Auffassung hin.

Richtigerweise genügt für den Erlass einer rechtmäßigen Überleitungsanzeige die Bewilligung der Sozialhilfe. Damit kann die Überleitungsanzeige bereits mit Erlass des Bewilligungsbescheides ergehen,[63] was der Interessenlage der Beteiligten am besten gerecht wird. Mit der Bewilligung der Sozialhilfe liegt eine für den Hilfeempfänger verbindliche und den Sozialhilfeträger bindende Entscheidung über die zu erbringende Hilfeleistung vor, so dass es gerechtfertigt erscheint, dass sich der Sozialhilfeträger ab diesem Zeitpunkt der Wiederstellung des Nachrangs der Sozialhilfe zuwenden kann.[64]

Eine Übervorteilung sowohl des Schenkers als auch des Beschenkten namentlich dadurch, dass im Weiteren die bewilligte Leistung ausbleibt,[65] steht demgegenüber nicht zu befürchten, da die mit der Überleitungsanzeige einhergehende Wirkung des Anspruchsübergangs gemäß § 93 Abs.2 S.1 SGB XII erst mit der tatsächlichen Leistungserbringung durch den Sozialhilfeträger eintritt.[66] Jener soll ja durch den in Rede stehenden Regress auch nur den Ersatz seiner tatsächlichen Aufwendungen erlangen. Dementsprechend steht der Anspruchsübergang auf den Sozialhilfeträger bei künftigen Sozialhilfeleistungen unter der aufschiebenden Bedingung ihrer tatsächlichen Erbringung an den Hilfeempfänger.[67]

---

63 So auch Oestreicher-Decker, § 93 Rn. 36; Hauck/Noftz-Falterbaum, § 93 Rn. 18; juris/PK SGB XII-Armbruster, § 93 Rn. 34; SSH-H. Schellhorn, § 93 Rn. 27; LPK/SGB XII-Münder, § 93 Rn. 12; Wahrendorf in Grube/Wahrendorf, § 93 Rn. 9; Münder, ZfSH/SGB 1985, 248.

64 Vgl. insofern auch SSH-H. Schellhorn, § 93 Rn. 27, der auf mögliche unliebsame Verzögerungen der Überleitungsanzeige hinweist, sofern deren Erlass erst nach der tatsächlichen Leistungserbringung durch den Sozialhilfeträger erfolgen könnte.

65 So insbesondere Ludyga, NZS 2012, 121, 122.

66 Siehe BVerwGE 42, 198, 200 (zu § 90 Abs.2 BSHG). Es ist somit zwischen dem mit der Bekanntgabe an den Beschenkten erfolgenden Wirksamwerden der Überleitungsanzeige und dem mit ihr verbundenen Anspruchsübergang, der erst mit und (nur) in Höhe der tatsächlichen Leistungserbringung durch den Sozialhilfeträger erfolgt, zu unterscheiden. Siehe dazu anschaulich LPK/SGB XII-Münder, § 93 Rn. 52 sowie schon Münder, ZfSH/SGB 1985, 248, 255. Vgl. ferner SSH-H. Schellhorn, § 93 Rn. 42; Oestreicher-Decker, § 93 Rn. 106.

67 Siehe etwa LPK/SGB XII-Münder, § 93 Rn. 19; SSH-H. Schellhorn, § 93 Rn. 42; Oestreicher-Decker, § 93 Rn. 106.

(2) Die Rechtmäßigkeit der Sozialhilfegewährung als Rechtmäßigkeitsvoraussetzung der Anspruchsüberleitung

Die Frage, ob die die Rechtmäßigkeit der Sozialhilfegewährung materielle Rechtmäßigkeitsvoraussetzung für eine Anspruchsüberleitung ist, war bereits unter der Geltung des § 90 BSHG heftig umstritten und schwierig zu beantworten. Daran hat sich mit der Einordnung des Sozialhilferechts in das Sozialgesetzbuch und der Einführung des § 93 SGB XII nichts geändert. Das seinerzeit für diese Frage in letzter Instanz zuständige Bundesverwaltungsgericht hatte nach anfänglichem Schwanken[68] dazu längere Zeit eine differenzierte Ansicht vertreten und danach unterschieden, ob die öffentlich-rechtlichen Voraussetzungen für die Sozialleistung wesensmäßig mit denen identisch waren, von denen das Bestehen des übergeleiteten Anspruchs abhing oder ob dies nicht der Fall war.[69] Im ersten Fall sollte eine Prüfung der Rechtmäßigkeit der Sozialhilfegewährung entbehrlich, im zweiten Fall geboten sein.[70] Zuletzt hatte das Bundesverwaltungsgericht die Frage im Grundsatz verneint und nur für den Fall eine Ausnahme bejaht, dass anderenfalls die Belange des Drittverpflichteten in unzulässiger Weise verkürzt worden wären.[71]

Begründet hat das Bundesverwaltungsgericht seine Auffassung im Wesentlichen mit dem Sinn und Zweck des seinerzeit geltenden § 90 BSHG:[72] Die Vorschrift diene der Durchsetzung des Nachrangs der Sozialhilfe und stelle dem Träger der Sozialhilfe ein rechtliches Instrumentarium zur Verfügung, das diesen in die

---

68 Siehe zum einen BVerwGE 29, 229, 233 f. und zum anderen BVerwGE 42, 198, 201 ff. In erstgenannter Entscheidung hatte das Bundesverwaltungsgericht – ohne die Streitfrage allerdings abschließend zu entscheiden – dazu geneigt, die in Rede stehende Frage zu bejahen und die Rechtmäßigkeit der Sozialhilfegewährung zu den materiellen Rechtmäßigkeitsvoraussetzungen der Anspruchsüberleitung zu zählen, während es in letztgenannter Entscheidung den gegenteiligen Standpunkt einnahm.

69 Siehe BVerwGE 50, 64, 71 ff.; 55, 23, 25 ff.; BVerwG FEVS 35, 441, 442.

70 Vgl. BVerwGE 50, 64, 72 f.; 55, 23, 27 ff.; BVerwG FEVS, 35, 441, 442.

71 Siehe BVerwG NJW 1992, 3313 f. – Eine ausführliche und anschauliche Darstellung der Rechtsprechung des Bundesverwaltungsgerichts bietet Oestreicher-Decker, § 93 Rn. 38 f.

72 Siehe dazu und zum Folgenden BVerwG NJW 1992, 3313, 3314. Dem Gesetzeswortlaut (des seinerzeitigen § 90 BSHG) hat das Bundesverwaltungsgericht dagegen nie maßgebliche Bedeutung beigemessen, obschon der Gesetzestext mit der Verwendung des Wortes „Hilfe*empfänger*" allein an die Hilfegewährung als solche anknüpfte (siehe BVerwG a.a.O., S. 3314 sowie auch schon BVerwGE 29, 229, 233; 42, 198, 202). In § 93 SGB XII ist nun von der „leistungs*berechtigten* Person" die Rede, aber auch dies erlaubt nach zutreffender Ansicht keine eindeutigen Schlüsse, da damit nur eine Anpassung an die nunmehr im Sozialhilferecht verwendete Terminologie erfolgt ist (siehe dazu Wahrendorf in Grube/Wahrendorf, § 93 Rn. 10; juris/PK SGB XII-Armbruster, § 93 Rn. 2; anders aber Ludyga, NZS 2012, 121, 124).

Lage versetze, durch Eintritt in die Gläubigerposition den vom Gesetz gewollten Vorrang der Verpflichtungen anderer, die dem Hilfeempfänger die erforderliche Hilfe hätten gewähren können, nachträglich zu verwirklichen. Das Bedürfnis danach bestehe im Allgemeinen aber schon dann, wenn Sozialhilfe gewährt worden sei, unabhängig davon, ob zu Recht oder zu Unrecht. Das Nachrangprinzip als eines der Grundprinzipien des Sozialhilferechts bleibe in seiner Geltung gegenüber Drittverpflichteten auch dann unberührt, wenn der Sozialhilfeträger in anderer Hinsicht fehlerhaft Hilfe gewähre. Er wäre unbillig, wenn der Drittverpflichtete aus einem solchen Fehler des Sozialhilfeträgers einen Vorteil in dem Sinne ziehen könne, dass ein Rechtsübergang nicht stattfinde und er von einer Klage des Sozialhilfeträgers verschont bleibe. Aus dieser Sicht sei auf die Frage, ob die Sozialhilfe rechtmäßig gewährt worden sei im Rahmen der Überleitung nur dann Bedacht zu nehmen, wenn andernfalls die Belange des Drittverpflichteten in unzulässiger Weise verkürzt würden. Die inzwischen für die Prüfung der Rechtmäßigkeit einer Anspruchsüberleitung gemäß § 93 SGB XII zuständigen Sozialgerichte sind der Rechtsprechung des Bundesverwaltungsgerichts bislang gefolgt.[73] Eine Entscheidung des Bundessozialgerichts zu der Problematik steht gegenwärtig allerdings noch aus.

Das überwiegende Schrifttum war und ist anderer Auffassung als die Rechtsprechung und zählt die Rechtmäßigkeit der Sozialhilfegewährung zu den materiellen Rechtmäßigkeitsvoraussetzungen der Anspruchsüberleitung gemäß § 93 SGB XII.[74] Im Falle einer rechtswidrigen Gewährung der Sozialhilfe fehle es an einer (nachrangigen) Verpflichtung des Sozialhilfeträgers und damit am Anwendungsbereich des § 93 SGB XII.[75] Die rechtswidrig erbrachte Sozialhilfe sei viel-

---

73 Siehe LSG NRW, FEVS 58, 449; Hess. LSG, Beschl. v. 1.11.2007 (L 9 SO 79/07 ER), Rn. 12; Bay. LSG, Urt. v. 25.11.2010 (L 8 SO 136/10), Rn. 27 sowie ferner LSG BW, Urt. v. 22.7.2010 (L 7 SO 853/09), das mit seinen Ausführungen an BVerwG NJW 1992, 3313, 3314 anknüpft. Die drei zuletzt genannten Entscheidungen sind jeweils auf der Homepage des entscheidenden Gerichts abrufbar. Aus dem Schrifttum folgen der Rspr. juris/PK SGB XII-Armbruster, § 93 Rn. 37; SSH-H. Schellhorn, § 93 Rn. 29, 49; Wahrendorf in Grube/Wahrendorf, § 93 Rn. 10; Fichtner/Wenzel-Wolf, § 93 Rn. 9; Winkler, ZfF 1993, 136, 138.

74 Siehe etwa Oestreicher-Decker, § 93 Rn. 41; Hauck/Noftz-Falterbaum, § 93 Rn. 19; Mergler/Zink-Kiss, § 93 Rn. 14; LPK/SGB XII-Münder, § 93 Rn. 14 f.; BCS-Münder, Kap. 40, Rn. 69; MAH SozR-Ehmann, § 37 Rn. 14; Müller, Teil B, Rn. 104 (S. 139 f.); Ludyga, NZS 2012, 121, 122 ff.; Münder, NVwZ 1993, 1031, 1033; Münder, ZfSH/SGB 1985, 248, 250. Anderer Ansicht aber juris/PK SGB XII-Armbruster, § 93 Rn. 37; SSH-H. Schellhorn, § 93 Rn. 29, 49; Wahrendorf in Grube/Wahrendorf, § 93 Rn. 10; Fichtner/Wenzel-Wolf, § 93 Rn. 9; Winkler, ZfF 1993, 136, 138; Gühlstorf/Ette, ZfF 2007, 265 (noch offen gelassen von Gühlstorf, ZfF 2006, 121, 122).

75 So etwa LPK/SGB XII-Münder, § 93 Rn. 15; Oestreicher-Decker, § 93 Rn. 40; Münder, NVwZ 1993, 1031, 1033; Ludyga, NZS 2012, 121, 123.

mehr ausschließlich nach den §§ 45, 50 SGB X gegenüber dem Hilfeempfänger zu korrigieren.[76] Sofern dies aus Vertrauensschutzgesichtspunkten nicht möglich sei,[77] könne sich der Sozialhilfeträger nicht über eine Anspruchsüberleitung nach § 93 SGB XII Erstattungsmöglichkeiten gegenüber dem Drittverpflichteten verschaffen. Anderenfalls stünde der Hilfeempfänger schlechter als jeder andere Leistungsempfänger im öffentlichen Recht.[78]

Bei der Anfechtung der Überleitungsanzeige durch den Drittverpflichteten geht es indes nicht um die Wahrung der Interessen des Hilfeempfängers. Jene kann und muss der Hilfeempfänger selbst mit entsprechenden Rechtsbehelfen gegen die Überleitungsanzeige wahrnehmen und in diesem Fall wird dann von den Sozialgerichten auch die Rechtmäßigkeit der ihm gegenüber erfolgten Sozialhilfegewährung überprüft.[79] Der Dritte, im Falle einer Schenkungsrückforderung wegen Verarmung also der Beschenkte, ist aber weder Hüter fremder Rechte – hier des Schenkers – noch ist er zur Wahrung von Belangen der Allgemeinheit – hier daran, dass der Sozialhilfeträger bei der Hilfegewährung rechtmäßig handelt – berufen,[80] er kann eine Überprüfung der Überleitungsanzeige vielmehr nur insoweit verlangen, wie es um die Wahrung seiner eigenen individuellen Rechte geht. Diesbezüglich ist aber mit dem Bundesverwaltungsgericht zu konstatieren, dass er auch bei einer auf einer rechtswidrigen Sozialhilfegewährung fußenden

76 Siehe LPK/SGB XII-Münder, § 93 Rn. 14 f.; Oestreicher-Decker, § 93 Rn. 41; BCS-Münder, Kap. 40 Rn. 69; Ludyga, NZS 2012, 121, 124. Vgl. ferner Hauck/ Noftz-Falterbaum, § 93 Rn. 19.

77 Siehe dazu § 45 Abs.2, Abs.4 S.1 SGB X.

78 Siehe Oestreicher-Decker, § 93 Rn. 41. In diesem Sinne auch Müller, Teil B, Rn. 104 (S. 140) und Münder, NVwZ 1993, 1031, 1033.

79 Fraglich und noch nicht abschließend geklärt ist insofern die Frage, ob für den Fall, dass dem Sozialhilfeträger aus Vertrauensschutzgesichtspunkten (siehe dazu § 45 Abs.2, Abs.4 S.1 SGB X) eine Erstattung der Hilfeleistung gegenüber dem Hilfeempfänger versagt bleibt, zwingend die Überleitungsanzeige aufzuheben ist (so wohl Oestreicher-Decker, § 93 Rn. 41; Hauck/Noftz-Falterbaum, § 93 Rn. 19 und wohl auch Müller, Teil B, Rn. 104 (S. 140) und Ludyga, NZS 2012, 121, 124, die allerdings, anders als Oestreicher-Decker und Hauck/Noftz-Falterbaum a.a.O., auf den Schutz des Drittverpflichteten abstellen). Das ehedem zuständige Bundesverwaltungsgericht schien dies nicht anzunehmen. So hat es seinerzeit bei einer rechtswidrigen Sozialhilfegewährung nur die ausschließliche Geltung der §§ 45, 50 SGB X gegenüber § 92 c BSHG (nun § 102 SGB XII) bejaht (siehe BVerwGE 78, 165, 169 f.), nicht aber gegenüber § 90 BSHG (siehe BVerwG NJW 1992, 3313, 3314). Armbruster hält in diesem Fall die Überleitung im Hinblick auf den (wenn auch rechtswidrig erfolgten) Vermögenszuwachs beim Hilfeempfänger gar für geboten (siehe dazu im Einzelnen juris/PK SGB XII-Armbruster, § 93 Rn. 37 sowie auch Rn. 38). Richtigerweise ist die Anspruchsüberleitung hier nicht prinzipiell ausgeschlossen, der Vertrauensschutz des Hilfeempfängers wird aber im Rahmen des gemäß § 93 Abs.1 SGB XII auszuübenden Ermessens des Sozialhilfeträgers zu berücksichtigen sein.

80 Siehe BVerwG NJW 1992, 3313, 3314.

Inanspruchnahme durch den Sozialhilfeträger nicht beschwert wird.[81] Denn der Beschenkte schuldet – nun freilich dem Sozialhilfeträger in Höhe seiner Aufwendungen – weiterhin nur das, was er als Schuldner des übergeleiteten Anspruchs ohnehin zu erbringen verpflichtet ist.[82] Da sich die Wirkung der Überleitung in dem Anspruchsübergang auf den Träger der Sozialhilfe erschöpft, bleiben dem Beschenkten sämtliche Einwendungen und Einreden gegen den Schenkungsrückforderungsanspruch auch bei einer Inanspruchnahme durch den Sozialhilfeträger erhalten,[83] insbesondere bleibt durch die ihm zu Gebote stehende Möglichkeit, eine Unterhaltsbeeinträchtigung des Schenkers im Sinne des § 528 Abs.1 S.1 BGB zu bestreiten, auch gewährleistet, dass er – entsprechend der Zweckgebundenheit des Schenkungsrückforderungsanspruchs – ausschließlich zur Notbedarfsdeckung zu leisten verpflichtet ist.

Soweit das SGB XII dem Schutz seiner Belange dient, was vor allem durch die Notwendigkeit eines auch dem Beschenkten gegenüber fehlerfrei auszuübenden Ermessens[84] sowie durch § 93 Abs. 1 S.3 SGB XII[85] geschieht, wird dem unabhängig von der Frage der Rechtmäßigkeit der Sozialhilfegewährung durch eine entsprechende Kontrolle der Sozialgerichte als Folge einer von ihm angestrengten Überprüfung der Überleitungsanzeige Rechnung getragen.[86]

Die Frage, ob die Gewährung der Sozialhilfe rechtmäßig oder rechtswidrig erfolgt ist, betrifft somit allein das Verhältnis der öffentlichen Hand zum Hilfeempfänger, berührt aber die (zivil- und öffentlich-rechtlich) geschützten Belange des drittverpflichteten Beschenkten nicht, so dass diese Frage für die Rechtmäßigkeit der ihm gegenüber ergehenden Überleitungsanzeige bedeutungslos ist. Insofern vermag auch das weitere vom Schrifttum ins Feld geführte Argument des Verlustes eines lückenlosen Rechtschutzes bei einer Nichtberücksichtigung der Rechtswidrigkeit der Sozialhilfegewährung im Rahmen der Überleitung[87] nicht zu überzeugen. Mit der Kontrolle der zum Schutz des Beschenkten bestehenden öffentlich-rechtlichen Vorschriften durch die Sozialgerichte infolge einer Anfechtung der Überleitungsanzeige und der anschließenden Prüfung sämtli-

81 Siehe BVerwGE 42, 198, 203; BVerwG FEVS 35, 441, 443; BVerwG NJW 1992, 3313, 3314. Kritisch insofern aber juris/PK SGB XII-Armbruster, § 93 Rn. 37.

82 So zutreffend BVerwG FEVS 35, 441, 443.

83 Siehe dazu im Einzelnen unten Zweiter Teil, 2. Kap, IV. 2. (S. 178 f.).

84 Vgl. dazu juris/PK SGB XII-Armbruster, § 93 Rn. 97 m.w.N.

85 Siehe dazu unten Zweiter Teil, 2. Kap., II. 4. b) ee) (S. 164 f.).

86 So zutreffend (zu den entsprechenden Bestimmungen des BSHG) BVerwG 42, 198, 203; BVerwG NJW 1992, 3313, 3314.

87 Siehe dazu Oestreicher-Decker, § 93 Rn. 41; Münder, NVwZ 1993, 1031, 1033; Ludyga, NZS 2012, 121, 124.

cher Anspruchsvoraussetzungen des übergeleiteten Anspruchs einschließlich aller Einwendungen und Einreden des Beschenkten durch die Zivilgerichte ist ein umfassender und lückenloser Schutz *seiner* Rechte gewährleistet.

Dass der Sozialhilfeträger bei der Durchsetzung des übergeleiteten Anspruchs gegenüber dem Beschenkten weniger nachsichtig ist als es zuvor der Schenker war, ist irrelevant. Denn die mit der Anspruchsüberleitung gestiegene Wahrscheinlichkeit seiner Inanspruchnahme bedeutet für den Beschenkten lediglich einen tatsächlichen, aber keinen rechtlichen Nachteil[88] und stellt insofern keine unzulässige Verkürzung seiner Belange im Sinne der Rechtsprechung dar, die ausnahmsweise eine Überprüfung der Rechtmäßigkeit der Sozialhilfegewährung gebieten würde.

Auch die weitere Interessenlage nötigt schließlich nicht dazu, auf die Rechtmäßigkeit der Sozialhilfegewährung an den Schenker bei der Überprüfung der Überleitungsanzeige gegenüber dem Beschenkten Bedacht zu nehmen. Insbesondere droht bei einer an eine rechtswidrige Sozialhilfegewährung anknüpfenden Anspruchsüberleitung – wie auch schon das Bundesverwaltungsgericht zutreffend dargelegt hat[89] – keine kumulative Durchsetzung sowohl des Erstattungsanspruchs des Sozialhilfeträgers gemäß §§ 45, 50 SGB X gegen den Hilfeempfänger als auch des Schenkungsrückforderungsanspruch gegen den Beschenkten.[90] Mit der Erstattung der Sozialhilfe durch den Schenker entfällt nämlich der Rechtsgrund für die Überleitung, so dass der Hilfeempfänger die Rückübertragung des übergeleiteten Rechts geltend machen kann, in deren Folge der Beschenkte nicht mehr an den Sozialhilfeträger leisten muss.[91] Ist die Leistung dagegen schon erfolgt, kann der Hilfeempfänger dem Erstattungsanspruch des Sozialhilfeträgers als Einrede entgegenhalten, dass dieser die erbrachte Sozialhilfe bereits über die Erfüllung des Schenkungsrückforderungsanspruchs durch den Beschenkten zurückerhalten habe.[92]

---

88 Anders wohl juris/PK SGB XII-Armbruster, § 93 Rn. 37, 93.

89 Siehe dazu und zum Folgenden BVerwG NJW 1992, 3313, 3314.

90 Siehe dazu auch juris/PK SGB XII-Armbruster, § 93 Rn. 38 ff.

91 In diese Zusammenhänge fügt sich auch die Entscheidung des LSG Baden-Württemberg vom 22.7.2010 (L 7 SO 853/09; abrufbar über die Homepage des LSG BW) ein, die bei Vorliegen eines bestandskräftigen Rücknahme- und Rückforderungsbescheides gemäß §§ 45, 50 SGB X gegenüber dem Hilfeempfänger eine Rechtswidrigkeit des Überleitungsbescheides gemäß § 93 SGB XII bejaht. Siehe dazu auch juris/PK SGB XII-Armbruster, § 93 Rn. 38.1.

92 Eine weitere und andere Frage geht dahin, ob die Überleitungsanzeige im Falle einer rechtswidrigen Gewährung von Sozialhilfe aufgrund einer Anfechtung des Hilfeempfängers aufzuheben ist, wenn zu dessen Gunsten der Vertrauensschutz gemäß § 45 Abs.2, Abs.4 S.1 SGB X eingreift und dem Sozialhilfeträger daher eine Erstattung der Sozialhilfe versagt bleibt (siehe

Nach alledem setzt die Rechtmäßigkeit der gegenüber dem Beschenkten ergehenden Überleitungsanzeige somit allein eine Bewilligung von Sozialhilfe an den Schenker voraus. Auf die Frage der Rechtmäßigkeit der Sozialhilfegewährung kommt es nicht an.

bb) Möglichkeit des Bestehens eines überleitungsfähigen Schenkungsrückforderungsanspruchs des Hilfeempfängers

Grundsätzlich ist jeder Anspruch überleitungsfähig.[93] Dass es sich bei dem Rückforderungsanspruch des verarmten Schenkers aus § 528 BGB um ein überleitbares Recht handelt, steht heute außer Zweifel.[94] Die Überleitung und anschließende Durchsetzung eben dieses Anspruchs durch den Sozialhilfeträger stellt gegenwärtig den Hauptanwendungsfall einer Schenkungsrückforderung wegen Verarmung dar.

Dabei ist die Rechtmäßigkeit der Überleitungsanzeige aber nicht an das tatsächliche Bestehen des Anspruchs geknüpft, es genügt vielmehr, dass der Schenker möglicherweise über einen solchen Anspruch verfügt.[95] Das folgt daraus, dass die Prüfung der Voraussetzungen und Rechtsfolgen des Anspruchs aus § 528 BGB in den Zuständigkeitsbereich der Zivilgerichte fällt.[96] Die Sozialgerichte heben die Überleitungsanzeige daher nur dann auf, wenn der übergeleitete Anspruch

---

dazu schon Fn. 79). Als Folge einer solchen Aufhebung entfiele auch hier die Verpflichtung des Beschenkten zur Leistung an den Sozialhilfeträger. Sofern die Leistung schon erbracht worden wäre, wäre dies über das Bereicherungsrecht auszugleichen (vgl. Mergler/Zink-Kiss, § 93 Rn. 42, wonach bei Überzahlungen des Drittschuldners ein Ausgleich gemäß §§ 812 ff. BGB erfolgt). Auch insofern ergeben sich damit keine durchgreifenden Bedenken gegen die Irrelevanz der Rechtwidrigkeit der Sozialhilfegewährung an den Hilfeempfänger für das Verhältnis des Drittverpflichteten zum Sozialhilfeträger.

93 Siehe etwa juris/PK SGB XII-Armbruster, § 93 Rn. 42; Wahrendorf in Grube/Wahrendorf, § 93 Rn. 14; LPK/SGB XII-Münder, § 93 Rn. 17; SSH-H. Schellhorn, § 93 Rn. 20; MAH SozR-Ehmann, § 37 Rn. 4; KSW-von Koppenfels-Spies, § 93 SGB XII Rn. 4.

94 Siehe etwa Oestreicher-Decker, § 93 Rn. 67; Hauck/Noftz-Falterbaum, § 93 Rn. 22; juris/PK SGB XII-Armbruster, § 93 Rn. 55, 65; Mergler/Zink-Kiss, § 93 Rn. 15 f.; LPK/SGB XII-Münder, § 93 Rn. 21; SSH-H. Schellhorn, § 93 Rn. 20; Wahrendorf in Grube/Wahrendorf, § 93 Rn. 14; Fichtner/Wenzel-Wolf, § 93 Rn. 16; SRH-Trenk-Hinterberger, § 23 Rn. 170; MAH SozR-Ehmann, § 37 Rn. 30. Siehe auch BVerwGE 66, 82, 88; 110, 5, 8 sowie BGHZ 127, 354, 358.

95 So die ständige Rspr. des BVerwG: Siehe BVerwGE 34, 219, 220 f.; 42, 198, 204; 49, 311, 314; BVerwGE NJW 1992, 3313, 3314. Siehe ferner SSH-H. Schellhorn, § 93 Rn. 23; Wahrendorf in Grube/Wahrendorf, § 93 Rn. 13, jew. m.w.N. auch auf die entsprechende Rspr. der Landessozialgerichte.

96 Siehe dazu BVerwGE 85, 136, 139 sowie allgemein SSH-H. Schellhorn, § 93 Rn. 23; MAH SozR-Ehmann, § 37 Rn. 6; Wahrendorf in Grube/Wahrendorf, § 93 Rn. 13.

offensichtlich nicht besteht.[97] In diesem seltenen Fall einer sog. Negativevidenz[98] ist die Überleitungsanzeige offenbar sinnlos und damit rechtswidrig,[99] aber nicht nichtig.[100]

cc) Bestimmtheit der Überleitungsanzeige

Die Überleitungsanzeige muss gemäß § 33 Abs.1 SGB X inhaltlich hinreichend bestimmt sein. Aus ihr muss der Wille zur Anspruchsüberleitung deutlich werden. Eine bloße Mitteilung der Hilfegewährung genügt nicht.[101] Ferner müssen aus der Überleitungsanzeige der Hilfeempfänger, die Art der Hilfe und der Bewilligungszeitraum sowie der übergeleitete Anspruch hervorgehen.[102] Dabei muss letzterer in der Überleitungsanzeige aber noch nicht zahlenmäßig bestimmt sein,[103] es genügt vielmehr eine sog. Überleitung dem Grunde nach.[104] Nach Ansicht der Rechtsprechung muss auch die Höhe der Sozialhilfeaufwendungen in der Überleitungsanzeige nicht genannt sein.[105]

Angesichts dieser recht moderaten Anforderungen und einer – mittlerweile häufig formularmäßig – an den Vorgaben der Rechtsprechung orientieren, inzwischen mehrere Jahrzehnte währenden Verwaltungspraxis ist eine zur Rechtswidrigkeit führende inhaltliche Unbestimmtheit der Überleitungsanzeige sehr selten.

---

97 Vgl. BVerwGE 85, 136, 139; BVerwG NJW 1992, 3313, 3314 m.w.N. Vgl. dazu ferner SSH-H. Schellhorn, § 93 Rn. 23; LPK/SGB XII-Münder, § 93 Rn. 22; Wahrendorf in Grube/Wahrendorf, § 93 Rn. 13; SRH-Trenk-Hinterberger, § 23 Rn. 171; MAH SozR-Ehmann, § 37 Rn. 6.

98 Dazu Schulze-Werner/Bischoff, NJW 1986, 696, 699. Siehe ferner Mergler/Zink-Kiss, § 93 Rn. 17; Fichtner/Wenzel-Wolf, § 93 Rn. 10; Gühlstorf, ZfF 2006, 121, 122.

99 Vgl. BVerwG NJW 1992, 3313, 3314 m.w.N. Siehe dazu auch SSH-H. Schellhorn, § 93 Rn. 23; Wahrendorf in Grube/Wahrendorf, § 93 Rn. 13 m.w.N. auch auf die entsprechende Rspr. der Landessozialgerichte.

100 Siehe LPK/SGB XII-Münder, § 93 Rn. 22.

101 Siehe etwa SSH-H. Schellhorn, § 93 Rn. 8; LPK/SGB XII-Münder, § 93 Rn. 40; MAH SozR-Ehmann, § 37 Rn. 7.

102 Vgl. BVerwGE 50, 64, 67 sowie aus dem Schrifttum etwa SSH-H. Schellhorn, § 93 Rn. 8; Wahrendorf in Grube/Wahrendorf, § 93 Rn. 25; LPK/SGB XII-Münder, § 93 Rn. 40.

103 Siehe BVerwGE 42, 198, 200; SRH-Trenk-Hinterberger, § 23 Rn. 171.

104 Siehe dazu etwa SSH-H. Schellhorn, § 93 Rn. 9; Wahrendorf in Grube/Wahrendorf, § 93 Rn. 25; LPK/SGB XII-Münder, § 93 Rn. 40; MAH SozR-Ehmann, § 37 Rn. 9.

105 Vgl. BVerwGE 42, 198, 201; 50, 64, 67.

dd) Zeitliche Deckungsgleichheit

Nach § 93 Abs.1 S.1 SGB XII muss der übergeleitete Anspruch des Hilfeempfängers gegen den Dritten für die Zeit bestehen, für die Sozialhilfe erbracht wird. Entscheidend ist insofern der Bewilligungszeitraum.[106] Dabei ist aber nicht erforderlich, dass der übergeleitete Anspruch für einen mit dem Bewilligungszeitraum identischen Zeitabschnitt bestimmt ist.[107] Eine zeitliche Deckungsgleichheit im Sinne des § 93 Abs.1 S.1 SGB XII ist auch dann gegeben, wenn der Hilfeempfänger über einen bereits zuvor entstandenen Anspruch verfügt, der im Bewilligungszeitraum noch nicht erfüllt war.[108] Das ist gerechtfertigt, da infolge der Nichterfüllung des Anspruchs Sozialhilfe erbracht werden musste, obwohl ein geeigneter Anspruch gegen einen Dritten existierte, der den Hilfeempfänger in die Lage versetzt hätte, unabhängig von der Sozialhilfe zu leben.[109] Damit wird aber auch deutlich, dass nicht allein das Bestehen, sondern auch die Durchsetzbarkeit des vorrangigen Anspruchs während des Bewilligungszeitraums gegeben sein muss.[110]

Bei der Überleitung eines Schenkungsrückforderungsanspruchs ist die zeitliche Deckungsgleichheit dementsprechend zu bejahen, wenn der Schenker während des Zeitraums der Sozialhilfebewilligung berechtigt war, von dem Beschenkten die geschuldete Leistung zu fordern. Dabei gilt es freilich zu berücksichtigen, dass die Entscheidung über das Bestehen und die Durchsetzbarkeit des übergeleiteten Rechts aus § 528 BGB in den Zuständigkeitsbereich der Zivilgerichte fällt. Daher muss es – entsprechend der oben beschriebenen Prüfung einer Negativevidenz – im Rahmen der Rechtmäßigkeitskontrolle der Überleitungsanzeige durch die Sozialgerichte zur Bejahung einer zeitlichen Deckungsgleichheit im Sinne des § 93 Abs.1 S.1 SGB XII genügen, dass möglicherweise ein durchsetzbarer Anspruch des Hilfeempfängers gegen den Beschenkten gemäß § 528 Abs.1 S.1 BGB im Bewilligungszeitraum bestand. Ob dies tatsächlich zutrifft, ist dann in dem der Anspruchsüberleitung nachfolgenden Zivilprozess von den Zivilge-

---

106 Vgl. etwa BVerwGE 34, 219, 221; Münder, ZfSH/SGB 1985, 248, 252; Münder, NVwZ 1993, 1031, 1034; LPK/SGB XII-Münder, § 93 Rn. 28; Wahrendorf in Grube/Wahrendorf, § 93 Rn. 20.

107 Vgl. juris/PK SGB XII-Armbruster, § 93 Rn. 70; SSH-H. Schellhorn, § 93 Rn. 25; Wahrendorf in Grube/Wahrendorf, § 93 Rn. 20.

108 Vgl. BVerwGE 110, 5, (LS) = BVerwG FEVS 51, 164; dazu Atzler, DVBl. 2001, 703, 708 f.; Oestreicher-Decker, § 93 Rn. 59 f.; Hauck/Noftz-Falterbaum, § 93 Rn. 25; juris/PK SGB XII-Armbruster, § 93 Rn. 70; SSH-H. Schellhorn, § 93 Rn. 25; Wahrendorf in Grube/Wahrendorf, § 93 Rn. 20.

109 Siehe Wahrendorf in Grube/Wahrendorf, § 93 Rn. 20. Vgl. auch BVerwGE 110, 5, 8.

110 Vgl. VGH Baden-Württemberg, FEVS 33, 286, 290, 291; OVG Münster, NJW 1988, 1866, 1867. Siehe ferner LPK/SGB XII-Münder, § 93 Rn. 28 sowie schon Münder, ZfSH/SGB 1985, 248, 252 und NVwZ 1993, 1031, 1034 (jew. zu § 90 Abs.1 S.1 BSHG).

richten zu klären.[111] Die Sozialgerichte werden die Überleitungsanzeige mangels zeitlicher Deckungsgleichheit folglich nur dann aufheben, wenn es offensichtlich ausgeschlossen ist, dass dem Schenker während des Bewilligungszeitraums ein durchsetzbarer Anspruch aus § 528 BGB gegen den Beschenkten zustand.

ee) Kausale Verknüpfung im Sinne des § 93 Abs.1 S.3 SGB XII

Gemäß § 93 Abs.1 S.3, 1. Fall SGB XII darf der Übergang des Anspruchs nur insoweit bewirkt werden, als bei rechtzeitiger Leistung des anderen die (Sozialhilfe-) Leistung nicht erbracht worden wäre. Die Überleitung des Schenkungsrückforderungsanspruchs wäre folglich rechtswidrig, wenn der Sozialhilfeträger selbst bei rechtzeitiger Leistung des Beschenkten die Sozialhilfe an den Schenker hätte gewähren müssen. Um zu ermitteln, ob dies zutrifft, ist zunächst zu unterstellen, dass der Beschenkte rechtzeitig geleistet hätte.[112] Sodann ist zu prüfen, ob es sich bei den aufgrund dieser Leistung erlangten Mitteln nach den §§ 82 ff., 90 SGB XII um geschütztes Einkommen oder Vermögen des Schenkers gehandelt hätte, von dessen Einsatz die Gewährung der Sozialhilfe nicht hätte abhängig gemacht werden dürften. Wäre dies zu bejahen, verstieße eine gleichwohl erfolgende Anspruchsüberleitung gegen § 93 Abs.1 S.3 SGB XII und wäre damit rechtswidrig.

Der Träger der Sozialhilfe kann somit im Wege der Überleitung nur auf solche Ansprüche des Hilfeempfängers zugreifen, bei denen die geschuldete Leistung im Falle ihrer Erbringung nicht zu dessen sozialhilferechtlich geschütztem Einkommen oder Vermögen zählen würde. Obgleich damit offenbar bezweckt wird, dem Hilfeempfänger nicht solche Rechte zu entziehen, die auf die Leistung sozialhilfefester Mittel oder Vermögenswerte zielen, entspricht es der heute ganz überwiegenden Auffassung, dass § 93 Abs.1 S.3 SGB XII auch drittschützenden Charakter hat.[113] Damit kann sich nicht nur der Schenker selbst, sondern auch der Beschenkte im Rahmen einer Anfechtung der Überleitungsanzeige auf eine

111 Aus diesem Grund ist erforderlich, dass sich der Überleitungsanzeige auch der Bewilligungszeitraum der Sozialhilfegewährung entnehmen lässt. Siehe dazu schon oben Zweiter Teil, 2. Kap., II. 4. b) cc) (S. 162).

112 Vgl. dazu und zum Folgenden etwa Oestreicher-Decker, § 93 Rn. 63; Hauck/Noftz-Falterbaum, § 93 Rn. 30; LPK/SGB XII-Münder, § 93 Rn. 32; Wahrendorf in Grube/Wahrendorf, § 93 Rn. 15.

113 Vgl. insofern zu § 90 Abs.1 S.3 BSHG, der nahezu gleichlautenden Vorgängernorm zu § 93 Abs.1 S.3 SGB XII, BVerwGE 42, 198, 203; BVerwG NJW 1992, 3313, 3314 sowie mit näherer Begründung OVG Münster NJW 1988, 1866, 1867. Siehe insofern zu § 93 Abs.1 S.3 SGB XII Oestreicher-Decker, § 93 Rn. 62; SSH-H. Schellhorn, § 93 Rn. 30; juris/PK SGB XII-Armbruster, § 93 Rn. 97; Krauß, MittBayNot 2005, 349, 352.

Verletzung des § 93 Abs.1 S.3 SGB XII berufen. Das erscheint jedenfalls deshalb gerechtfertigt, weil das Gesetz die kausale Verknüpfung zwischen der (ausbleibenden) Leistung des Drittverpflichteten und der Erbringung der Sozialhilfe in § 93 Abs.1 S.3 SGB XII gerade als materielle Rechtmäßigkeitsvoraussetzung für die an den Dritten und damit an den Beschenkten gerichtete Überleitungsanzeige normiert hat.

Gegenstand einer (in vorweggenommener Erbfolge erfolgten) Schenkung sind vielfach Immobilien, bei denen es sich im Falle ihrer Rückgewähr an den Schenker mitunter um ein angemessenes Hausgrundstück im Sinne des § 90 Abs.2 Nr.8 SGB XII[114] und damit um sozialhilferechtliches Schonvermögen handeln würde. Aber auch bei einer Rückgewähr von geschenktem Geld oder einem auf (Teil-) Wertersatz gerichteten Geldanspruch wäre dieses in den Händen des Schenkers häufig – jedenfalls zum Teil – als kleinerer Barbetrag gemäß § 90 Abs.2 Nr.9 SGB XII[115] geschützt.

Der Schenkungsrückforderungsanspruch richtet sich, angesichts eines zumeist fortwährend zu deckenden Bedarfs des Schenkers, indes typischerweise auf regelmäßig wiederkehrende Leistungen des Beschenkten in einer diesem Bedarf entsprechenden Höhe.[116] Damit handelt es sich bei der geschuldeten Leistung des Beschenkten aber um Einkommen und nicht um Vermögen des Schenkers,[117] so dass die sozialhilferechtlichen Vorschriften über das Schonvermögen, namentlich § 90 SGB XII, nicht zur Anwendung gelangen.[118] Die stattdessen geltenden §§ 82 ff. SGB XII bieten den Beteiligten dagegen keinen Schutz, bei

114 Siehe zu den Einzelheiten etwa SSH-Hohm, § 90 Rn. 67 ff.; LPK/SGB XII-Münder, § 90 Rn. 44 ff.; Wahrendorf in Grube/Wahrendorf, § 90 Rn. 48 ff.

115 Siehe dazu auch § 1 der VO zur Durchführung des § 90 Abs.2 Nr.9 SGB XII sowie zu weiteren Einzelheiten etwa SSH-Hohm, § 90 Rn. 87 f.; LPK/SGB XII-Münder, § 90 Rn. 59 ff.; Wahrendorf in Grube/Wahrendorf, § 90 Rn. 63 ff.

116 Vgl. Krauß, MittBayNot 2005, 349, 350, 351 sowie oben Zweiter Teil, 1. Kap., III. 3. (S. 62).

117 Siehe BVerwGE 90, 245, 248 sowie ferner SSH-H. Schellhorn, § 93 Rn. 30; Wahrendorf in Grube/Wahrendorf, § 93 Rn. 17 f.; Krauß, MittBayNot 2005, 349, 352 f.; kritisch dazu Münder, NVwZ 1993, 1031, 1034.

118 Vgl. BVerwGE 90, 245, 248; SSH-H. Schellhorn, § 93 Rn. 30; Wahrendorf in Grube/Wahrendorf, § 93 Rn. 18; Krauß, MittBayNot 2005, 349, 352 f.; Vaupel, RNotZ 2009, 497, 514; a.A. aber LPK/SGB XII-Münder, § 93 Rn. 33 (vgl. auch schon Münder, NVwZ 1993, 1031, 1034); MAH SozR-Ehmann, § 37 Rn. 11; Müller, Teil B, Rn. 107 (S. 141 f.). Allerdings wird die von LPK/SGB XII-Münder, § 93 Rn. 33 zur Begründung herangezogene Entscheidung BGH NJW 2010, 2655 fehlinterpretiert. Darin bejaht der BGH allein eine sog. umgekehrte Ersetzungsbefugnis des Beschenkten (vgl. dazu im Einzelnen oben Zweiter Teil, 1. Kap., III. 3. (S. 62 f.)). Eine solche ändert aber nichts

der häufig gewährten Hilfe zur Pflege nach den §§ 61 ff. SGB XII entfällt vielmehr gemäß § 88 Abs.1 S.1 Nr.1 SGB XII jegliche Einkommensschonung.[119]

Gleichwohl bleiben Fälle denkbar, bei denen der Schenkungsrückforderungsanspruch, sei es angesichts der Geringfügigkeit der Zuwendung oder aufgrund einer zwischenzeitlich erfolgten Akkumulation des ungedeckten Bedarfs, nicht (mehr) auf regelmäßig wiederkehrende Geldzahlungen des Beschenkten, sondern, weil der ungedeckte Bedarf den Wert des Geschenks erreicht (hat), auf Naturalherausgabe gerichtet ist.[120] Zählt hier das zurück zu gewährende Geschenk zum Schonvermögen des Schenkers, scheint § 93 Abs.1 S.3 SGB XII einer Überleitung entgegen zu stehen.[121] Damit wären indes wenig befriedigende Ergebnisse verbunden, hinge der Erfolg der Anspruchsüberleitung damit gegebenenfalls von den Zufälligkeiten der vom Beschenkten geschuldeten Leistung ab. Handelt es sich dabei sozialhilferechtlich um Einkommen des Schenkers, stünde § 93 Abs.1 S.3 SGB XII einer Überleitung nicht entgegen. Wäre die geschuldete Leistung in seinen Händen sozialhilferechtliches Schonvermögen, wäre eine Überleitung dagegen ausgeschlossen. Fortdauernde Säumnis des Beschenkten mit einer Akkumulation des ungedeckten Bedarfs würde in dem Zeitpunkt zum Schutz vor einem sozialhilferechtlichem Regress führen, in dem das Unterhaltsdefizit des Schenkers den Wert des – in seinen Händen zum sozialhilferechtlichen Schonvermögen zählenden – Geschenks erreicht hat.

Zur Vermeidung derart sachwidriger Ergebnisse sind im Schrifttum verschiedene Lösungen entwickelt worden. So wird die Ansicht vertreten, es sei auch bei einem auf wiederkehrende Geldzahlungen gerichteten Teilwertersatzanspruch von dem Geschenk als solchem auszugehen und in dem Fall, dass das Geschenk bei vollständiger Rückgewähr zum Schonvermögen des Schenkers gehören würde, eine kausale Verknüpfung im Sinne des § 93 Abs.1 S.3 SGB XII zu ver-

---

daran, dass es sich bei dem bestehenden Teilwertersatzanspruch des Schenkers um Einkommen handelt. Und ob der Umstand, dass das in Ausübung der (umgekehrten) Ersetzungsbefugnis zurückgewährte Geschenk in den Händen des Schenkers Schonvermögen ist, einer Überleitung gemäß § 93 Abs.1 S.3 SGB XII entgegensteht, wurde vom BGH a.a.O (zu Recht) weder geprüft noch entschieden, da die Voraussetzungen des § 93 Abs.1 S.3 SGB XII allein in die Prüfungszuständigkeit der Sozialgerichte fallen (siehe dazu auch Gühlstorf, ZfF 2006, 121, 125). Insoweit sind auch die zur vorliegenden Problematik vielerorts zu findenden Verweise auf die Rspr. des BGH wenig aussagekräftig.

119 Vgl. BVerwGE 90, 245, 248 (zur inhaltsgleichen Vorgängernorm des § 85 Abs.1 S.1 Nr.1 BSHG).

120 Siehe zu möglichen Fallkonstellationen anschaulich Krauß, MittBayNot 2005, 349, 350 f. Vgl. auch juris/PK SGB XII-Armbruster, § 93 Rn. 75.

121 So im Ergebnis Conradis, ZEV 2005, 379, 381.

neinen.[122] Diese Auffassung meint, die in § 528 Abs.1 S.1 BGB durch die Verwendung des Wortes „soweit“ implementierte Begrenzung der Herausgabepflicht des Beschenkten auf den ungedeckten Unterhaltsbedarf des Schenkers betreffe allein die Anspruchshöhe, nicht aber den Anspruchsinhalt.[123] Diese Auffassung vermochte sich in der sozialhilferechtlichen Praxis nicht durchzusetzen. Sie wird auch, wie sich im Weiteren zeigen wird, der bestehenden Interessenlage nicht gerecht.

Nach anderer Ansicht steht § 93 Abs.1 S.3 SGB XII einer Anspruchsüberleitung auch dann nicht entgegen, wenn der zurück zu gewährende Gegenstand zum Schonvermögen des Schenkers gehören würde, allerdings bleibt in diesen Fällen dem damit rechtmäßig überleitenden Sozialhilfeträger die Verwertung des zurückerlangten Gegenstandes versagt.[124] Diese Ansicht stützt sich zunächst auf die zutreffende Erkenntnis, dass auch Schonvermögen im Sinne des § 90 Abs.2 SGB XII nicht endgültig dem Zugriff der öffentlichen Hand entzogen ist, sondern nach dem Tod des Hilfeempfängers über die Erbenhaftung gemäß § 102 SGB XII einem Regress des Sozialhilfeträgers – freilich innerhalb der dort gesteckten Grenzen – unterliegt.[125] Da § 93 Abs.1 S.3 SGB XII zwar Übermaßverwertungen des Sozialhilfeträgers unterbinden solle, aber nicht bezwecke, eine bei rechtzeitiger Leistung des Dritten – gegebenenfalls auch erst später – mögliche Verwertung zu beschneiden, sei § 93 Abs.1 S.3, 2. Fall SGB XII im Wege der Analogie zu den dort schon geregelten Fällen des Aufwendungsersatzes gemäß § 19 Abs.5 SGB XII und des Kostenbeitrags gemäß § 92 Abs.1 SGB XII um den Kostenersatz gemäß § 102 SGB XII zu ergänzen.[126] Damit sei dem Sozialhilfeträger auch die Überleitung und Geltendmachung eines Schenkungsrückforderungsanspruchs möglich, der sich auf die Rückübertragung eines Gegenstandes richte, welcher in den Händen des Schenkers zum sozialhilferechtlichen Schonvermögen zählen würde. In unmittelbarer Anwendung der sodann einschlägigen Vorschriften über das Schonvermögen[127] sei aber die weitere Verwertung ausgeschlossen, solange

122 Siehe Münder, NVwZ 1993, 1031, 1034.
123 Siehe Münder, NVwZ 1993, 1031, 1034.
124 Siehe dazu und zum Folgenden Krauß, MittBayNot 2005, 349, 352, 353. Ihm folgend Vaupel, RNotZ 2009, 497, 514.
125 Vgl. dazu auch BVerwGE 78, 165,168 (zu § 92 c BSHG, der Vorgängernorm des heutigen § 102 SGB XII).
126 Siehe Krauß, MittBayNot 2005, 349, 353. Vgl. auch Meisterernst, DNotZ 2005, 283, 284 f.
127 Siehe Krauß, MittBayNot 2005, 349, 353. Damit scheint Krauß offenbar davon auszugehen, dass die Überleitung und Durchsetzung des Schenkungsrückforderungsanspruchs durch den Sozialhilfeträger zu einem Eigentumsrückerwerb des Schenkers führt, was aber so ohne weiteres nicht einsichtig ist.

die Vermögensschonung bestehe.[128] Der Sozialhilfeträger könne damit spätestens[129] mit dem Tod des Leistungsberechtigten im Rahmen und in den Grenzen des Nachlassregresses nach § 102 SGB XII Rückgriff bei den Erben nehmen, womit exakt der Zustand hergestellt worden sei, der bei tatsächlicher rechtzeitiger Erfüllung des Anspruchs bestanden hätte.[130]

Auch diese Ansicht berücksichtigt indes die sich aus der Zweckbindung des Schenkungsrückforderungsanspruchs ergebenden Besonderheiten nicht in ausreichendem Maße. § 93 Abs.1 S.3 SGB XII ist vielmehr gerade im Hinblick auf die Zweckbindung des Anspruchs und damit in dem speziellen Kontext einer Schenkungsrückforderung wegen Verarmung gemäß § 528 BGB letztlich gegenstandslos. Zwei Fälle sind hier zu unterscheiden:

Im ersten Fall begehrt der Schenker von dem Beschenkten die geschuldete Leistung, um damit seinen Lebensunterhalt zu bestreiten. Das bleibt ihm unbenommen. Auch wenn der zurück zu gewährende Gegenstand zu seinem sozialhilferechtlichen Schonvermögen zählen würde, wäre es dem Schenker nicht verwehrt, diesen zur Eigenalimentation zu verwenden und auf die Inanspruchnahme von Sozialhilfe zu verzichten. § 93 Abs.1 S.3 SGB XII wäre in diesem Fall beachtet und stünde einer Anspruchsüberleitung nicht entgegen. Bei rechtzeitiger Leistung des Beschenkten wäre die Sozialhilfeleistung an den Schenker nicht erbracht worden.

Im zweiten, dem eigentlichen hier im Blickpunkt stehenden Fall, begehrt der Schenker von dem Beschenkten die geschuldete Leistung, um sodann unter Berufung auf sein sozialhilferechtliches Schonvermögen, seinen Lebensunterhalt über die Inanspruchnahme von Sozialhilfe zu bestreiten. Allein: Bei dieser Sachlage besteht kein Anspruch des Schenkers gegen den Beschenkten auf Rückgewähr der Schenkung. Bei dem Rückforderungsanspruch des verarmten Schenkers aus § 528 Abs.1 S.1 BGB handelt es sich nämlich – wie schon ausgeführt – um einen zweckgebundenen Anspruch, der den Beschenkten angesichts seiner prinzipiellen Schutzwürdigkeit an der Erhaltung des Geschenks[131] ausschließlich zur Beseitigung der in der Vorschrift umschriebenen Notbedarfslage zur Herausgabe des Geschenks verpflichtet.[132] Allein zu diesem Zweck mutet ihm das Gesetz eine Rückabwicklung der Schenkung zu. Der Schenkungsrückforderungsanspruch

---

128 Siehe Krauß, MittBayNot 2005, 349, 353.

129 Bei angemessenen Hausgrundstücken im Sinne des § 90 Abs.2 Nr.8 SGB XII entfällt die Vermögensschonung gegebenenfalls auch schon früher mit einer Beendigung der Eigennutzung (vgl. Krauß, MittBayNot 2005, 349, 353).

130 Vgl. Krauß, MittBayNot 2005, 349, 353.

131 Siehe dazu im Einzelnen Zeranski, S. 58 ff.

132 Siehe dazu schon Zeranski, S. 61 ff.

weist damit eine für zweckgebundene Ansprüche charakteristische, treuhänderische Bindung dergestalt auf, dass die geschuldete Leistung nur zu einem ganz bestimmten Zweck zu verwenden ist. Im Falle einer zweckwidrigen Verwendung des Geschenks steht dem Beschenkten daher ein Kondiktionsanspruch gegen den Schenker zu.[133] Nutzt der Schenker das zurückerlangte Geschenk folglich nicht zur Bestreitung seines angemessenen Unterhalts, ist er dem Beschenkten zur Rückgewähr verpflichtet.[134] Begehrt er das Geschenk schon in der Absicht, es nicht zur Unterhaltsdeckung zu verwenden, ist ihm eine Schenkungsrückforderung von vornherein nach § 242 BGB verwehrt. Denn hier begehrt er etwas, was er sogleich wieder zurück zu gewähren hätte, womit er gegen Treu und Glauben verstößt („dolo facit, qui petit, quod statim redditurus est"). Damit ist aber auch § 93 Abs.1 S.3 SGB XII gegenstandslos. Die Bestimmung stellt im Rahmen der hypothetischen Kausalität auf die *rechtzeitige* Leistung des Beschenkten ab. Doch nur wo etwas geschuldet wird, kann dessen Rechtzeitigkeit in Frage stehen – und an ersterem fehlt es hier.[135]

§ 93 Abs.1 S.3 SGB XII hat somit im Kontext einer Schenkungsrückforderung wegen Verarmung nur dort einen Anwendungsbereich, wo der Schenker das Geschenk zur Bestreitung seines Unterhalts herausverlangt, steht in diesem Fall aber einer Überleitung des Anspruch aus § 528 BGB nicht im Wege, da bei rechtzeitiger Leistung des Beschenkten die Sozialhilfe nicht erbracht worden wäre.

Letztlich ist § 93 Abs.1 S.3 SGB XII damit als Schranke für die Überleitung eines Schenkungsrückforderungsanspruchs aus § 528 BGB gegenstandslos[136] und zwar – im Gegensatz zur zuvor referierten Ansicht – mit der weiteren Konsequenz, dass nicht nur die Überleitung und Geltendmachung des Anspruchs durch den Sozialhilfeträger rechtmäßig erfolgen kann, sondern auch die Verwertung des in Erfüllung des Anspruchs zurückgewährten Geschenks. Das ist auch sachlich

133 Siehe Staudinger (2005)-Wimmer-Leonhardt, § 528 Rn. 55; RGRK-Mezger, § 528 Rn. 5; Wüllenkemper, JR 1988, 353, 357. Siehe ferner BVerwGE 90, 245, 248.

134 Im Schrifttum finden sich keine Angaben zur konkreten bereicherungsrechtlichen Anspruchsgrundlage. Es dürfte § 812 Abs.1 S.2, 2. Fall BGB einschlägig sein.

135 Ähnlich BVerwGE 90, 245, 247 (zur entsprechenden Vorgängernorm des § 90 Abs.1 S.3 BSHG): Unter „Leistung" im Sinne der Vorschrift sei nur die vom Drittschuldner *geschuldete* Leistung zu verstehen. So nun auch zu § 93 Abs.1 S.3 SGB XII, Oestreicher-Decker, § 93 Rn. 62; Mergler/Zink-Kiss, § 93 Rn. 31.

136 So wohl auch BVerwGE 90, 245, 249. Vgl. ferner BGHZ 125, 283, 287 sowie BGH NJW 2005, 670, 671, obschon nicht übersehen werden darf, dass der BGH über die Rechtmäßigkeit der Überleitungsanzeige und damit auch über die Beachtung der Voraussetzungen des § 93 Abs.1 S.3 SGB XII nach der bestehenden Zuständigkeitsverteilung nicht zu befinden hat. Im Ergebnis wie hier juris/PK SGB XII-Armbruster, § 93 Rn. 75; Fichtner/Wenzel-Wolf, § 93 Rn. 17; Wahrendorf in Grube/Wahrendorf, § 93 Rn. 17 f.; SSH-H. Schellhorn, § 93 Rn. 30.

gerechtfertigt. Es macht nämlich im speziellen Kontext des § 528 BGB einen entscheidenden Unterschied, ob sich das in den Händen des Schenkers zum sozialhilferechtlichen Schonvermögen zählende Geschenk noch in seinem Vermögen befindet oder ob es durch die unentgeltliche Zuwendung an den Beschenkten aus seinem Vermögen ausgeschieden ist.[137] Mit dem Vollzug der (schuldrechtlich und dinglich wirksamen) Schenkung ist das Geschenk für den Schenker verloren – mit der Ausnahme der Rückerlangung zum Zwecke der Notbedarfsdeckung.[138] Aber selbst in diesem Fall erhält der Schenker das Geschenk nicht zurück, um es behalten zu dürfen, sondern allein, um damit seinen Unterhalt zu bestreiten.[139] Geschieht diese Unterhaltssicherung durch Leistungen des Sozialhilfeträgers, ist es sachlich gerechtfertigt, wenn jener das Geschenk mittels Überleitung und Durchsetzung des Schenkungsrückforderungsanspruchs erlangt und zur Wiederherstellung des Nachrangs der Sozialhilfe verwertet.

Eine direkte Anwendung der sozialhilferechtlichen Vorschriften über das Schonvermögen zugunsten des Beschenkten kommt überdies ohnehin nicht in Betracht. Jener ist nicht der Empfänger der Sozialhilfe, sondern befindet sich als Drittverpflichteter des übergeleiteten Anspruchs in einer anderen Lage als der Hilfeempfänger. Dementsprechend ist der Schenkungsrückforderungsanspruch auch nicht durch § 90 SGB XII vergleichbare Regelungen beschränkt.[140] Ein Vermögensschutz des Beschenkten besteht im Falle des § 528 BGB allein gemäß § 529 Abs.2 BGB.[141]

ff) Pflichtgemäße Ermessensausübung des Sozialhilfeträgers

Wie aus dem Wortlaut des § 93 Abs.1 S.1 SGB XII hervorgeht („... *kann* ... bewirken ...“), handelt es sich bei der Anspruchsüberleitung um eine Ermessensent-

---

137 Vgl. insofern auch BVerwGE 90, 245, 249 (zu § 90 Abs.1 S.3 BSHG). Vgl. ferner juris/PK SGB XII-Armbruster, § 93 Rn. 75.

138 Eine weitere Ausnahme bildet freilich der Widerruf der Schenkung wegen groben Undanks gemäß §§ 530 ff. BGB. Doch handelt es sich dabei um einen Sonderfall, der für die hier anzustellende Interessenbewertung irrelevant ist.

139 Vgl. insofern auch juris/PK SGB XII-Armbruster, § 93 Rn. 75 a. E., wonach der Schenker sich des Schutzes des § 90 SGB XII begebe, indem er die geschützten Vermögenswerte verschenke und auch nicht wieder schutzwürdig werde, wenn es um die Rückgewähransprüche aus der Schenkung gehe.

140 Vgl. BVerwGE 90, 245, 249 (zu § 88 BSHG, der Vorgängernorm zu § 90 SGB XII) sowie BGH NJW 2005, 670, 671. Siehe ferner Oestreicher-Decker, § 93 Rn. 85; MüKo-Koch, § 528 Rn. 29.

141 Vgl. BGH NJW 2005, 670, 671.

scheidung.[142] Selbst wenn alle zuvor genannten Rechtmäßigkeitsvoraussetzungen vorliegen, hat der Sozialhilfeträger noch nach pflichtgemäßem Ermessen darüber zu entscheiden, ob und gegebenenfalls in welcher Höhe er den Anspruch aus § 528 Abs.1 S.1 BGB überleitet.[143] Angesichts des Nachrangs der Sozialhilfe und des damit im Zusammenhang stehenden Gebots der wirtschaftlichen Verwendung öffentlicher Mittel[144] ist die Anspruchsüberleitung aber die Regel.[145] § 93 SGB XII ist ein Fall des sog. intendierten Ermessens, bei dem aufgrund des Gesetzes schon eine bestimmte Richtung für die Ermessensentscheidung vorgezeichnet ist.[146] Eine pflichtgemäße, dem Zweck des § 93 SGB XII entsprechende Ermessenausübung des Sozialhilfeträgers (vgl. § 39 SGB Abs.1 S.1 SGB I) beschränkt sich damit auf die Prüfung besonderer Umstände, die es gebieten, ausnahmsweise von der Überleitung des Schenkungsrückforderungsanspruch insgesamt bzw. in voller Höhe abzusehen.[147]

Dabei sind neben allgemeinen sozialhilferechtlichen Grundsätzen und den sozialhilferechtlichen Belangen des Hilfeempfängers auch Gründe zu berücksichtigen, die in der Person des drittverpflichteten Beschenkten liegen.[148] So kann die fehlende Berücksichtigung des Umstandes, dass der Beschenkte den Schenker vor Eintritt der Sozialhilfebedürftigkeit weit über Gebühr gepflegt und damit bereits zu einer erheblichen Entlastung der öffentlichen Hand beigetragen hat, einen zur Rechtswidrigkeit der Überleitungsanzeige führenden Ermessensfehlgebrauch darstellen.[149] Ein Ermessensfehler kann auch in einer Verletzung

---

142 Siehe ferner § 93 Abs.1 S.2 SGB XII.

143 Bei gleichzeitigen Schenkungen an mehrere Beschenkte (vgl. dazu im Einzelnen oben Zweiter Teil, 1. Kap., IX. 3. (S. 128 ff.)) besteht neben dem Entschließungsermessen nicht nur das übliche Auswahlermessen des Sozialhilfeträgers bezüglich der Höhe der Überleitung (vgl. dazu etwa juris/PK SGB XII-Armbruster, § 93 Rn. 80), sondern auch hinsichtlich des Adressaten der Überleitungsanzeige.

144 Vgl. Mergler/Zink-Kiss, § 93 Rn. 27; Münder, ZfSH/SGB 1985, 248, 253.

145 Vgl. etwa Hauck/Noftz-Falterbaum, § 93 Rn. 34; Fichtner/Wenzel-Wolf, § 93 Rn. 24; SSH-H. Schellhorn, § 93 Rn. 12; Oestreicher-Decker, § 93 Rn. 93; MAH SozR-Ehmann, § 37 Rn. 10.

146 Vgl. dazu Mergler/Zink-Kiss, § 93 Rn. 27; Wahrendorf in Grube/Wahrendorf, § 93 Rn. 21; LPK/SGB XII-Münder, § 93 Rn. 46, jew. m.w.N. Anderer Ansicht aber juris/PK SGB XII-Armbruster, § 93 Rn. 81.

147 Vgl. BVerwGE 34, 219, 225; Wahrendorf in Grube/Wahrendorf, § 93 Rn. 21; Oestreicher-Decker, § 93 Rn. 93. Vgl. insofern aber auch juris/PK SGB XII-Armbruster, § 93 Rn. 81 am Ende.

148 Vgl. etwa SSH-H. Schellhorn, § 93 Rn. 12 ff.; Oestreicher-Decker, § 93 Rn. 92; LPK/SGB XII-Münder, § 93 Rn. 47. Zur Berücksichtigung fiskalischer Aspekte im Rahmen der Ermessensausübung, siehe juris/PK SGB XII-Armbruster, § 93 Rn. 28.

149 Vgl. dazu Oestreicher-Decker, § 93 Rn. 92; Hauck/Noftz-Falterbaum, § 93 Rn. 34; LPK/SGB XII-Münder, § 93 Rn. 47, SSH-H. Schellhorn, § 93 Rn. 13; MAH SozR-Ehmann, § 37 Rn. 10.

des Grundsatzes der Nachhaltigkeit der Hilfe liegen, weil der Sozialhilfeträger den Schenkungsrückforderungsanspruch überleitet, obwohl abzusehen ist, dass die Durchsetzung des Anspruchs die bislang bestehende Pflegebereitschaft des Beschenkten beeinträchtigen und dadurch der Hilfeempfänger künftig (verstärkt) auf öffentliche Hilfe angewiesen sein wird.[150] Ferner kann die Überleitung eines nur geringfügigen Anspruchs ermessensfehlerhaft sein, wenn dadurch eine nachhaltige Störung des Familienfriedens zu befürchten ist und damit der Grundsatz der familiengerechten Hilfe gemäß § 16 SGB XII verletzt wird.[151] Letztlich richtet sich die pflichtgemäße Ermessensausübung des Sozialhilfeträgers aber immer nach den konkreten Umständen des Einzelfalles.

gg) Möglichkeit einer postmortalen Überleitung des Schenkungsrückforderungsanspruchs

In der sozialhilferechtlichen Praxis begegnen wiederholt Fälle, in denen die Überleitung des Schenkungsrückforderungsanspruchs erst nach dem Tod des Hilfeempfängers erfolgt.[152] Nach einer grundlegenden Entscheidung des Bundesverwaltungsgerichts zu § 90 BSHG, die auch für § 93 SGB XII Geltung beansprucht, ist auch eine solche postmortale Überleitung statthaft.[153]

Dies folgt – wie das Bundesverwaltungsgericht zutreffend dargelegt hat – aus dem Sinn und Zweck der sozialhilferechtlichen Überleitungsvorschriften.[154] Jene bezwecken die Wiederherstellung des Nachrangs der Sozialhilfe und sollen daher im Nachhinein diejenige Haushaltslage beim Sozialhilfeträger herstellen, die bestünde, wenn der Anspruch des Hilfeempfängers gegen den Dritten schon früher erfüllt worden wäre. Diesen Zweck erfüllen die Überleitungsvorschriften aber auch noch nach dem Tode des Hilfeempfängers, so dass die Ermächtigung des Sozialhilfeträgers zur Anspruchsüberleitung nicht auf dessen Lebzeiten beschränkt ist. Ebenso wenig wie dem seinerzeitigen § 90 BSHG lässt sich dem nunmehr geltenden § 93 SGB XII ein Anhaltspunkt dafür entnehmen, dass auf die

---

150 Vgl. BVerwGE 34, 219, 224.
151 Vgl. BVerwGE 34, 219, 224.
152 Vgl. nur BVerwGE 85, 136, 137; BGH NJW 1995, 2287; BGH NJW 2005, 670.
153 Vgl. im Einzelnen BVerwGE 85, 136 ff. sowie zu § 93 SGB XII aus dem Schrifttum Oestreicher-Decker, § 93 Rn. 86; Hauck/Noftz-Falterbaum, § 93 Rn. 26; juris/PK SGB XII-Armbruster, § 93 Rn. 47; SSH-H. Schellhorn, § 93 Rn. 53; Mergler/Zink-Kiss, § 93 Rn. 19; Wahrendorf in Grube/Wahrendorf, § 93 Rn. 22; LPK/SGB XII-Münder, § 93 Rn. 21; Fichtner/Wenzel-Wolf, § 93 Rn. 12, 17; MAH SozR-Ehmann, § 37 Rn. 40.
154 Siehe dazu und zum Folgenden BVerwGE 85, 137 f.

nachträgliche Wiederherstellung des Nachrangs der Sozialhilfe für den Fall des Todes des Hilfeempfängers zugunsten der Erben verzichtet werden soll.[155]

Dem damit in seinem Anwendungsbereich über den Tod des Hilfeempfängers hinausreichenden § 93 SGB XII stehen auch nicht die Vorschriften über den Kostenersatz gemäß § 102 SGB XII entgegen.[156] Wie das Bundesverwaltungsgericht bereits für das Verhältnis des § 90 BSHG zu § 92 c BSHG, der Vorgängernorm des heutigen § 102 SGB XII, ausgeführt hat, haben die Vorschriften über die Anspruchsüberleitung und die Bestimmungen über den Kostenersatz durch die Erben unterschiedliche Regelungsbereiche. § 102 SGB XII gewährt dem Sozialhilfeträger einen Ersatzanspruch allein gegen den Erben des Hilfeempfängers mit der Konsequenz einer erst den Erben als solchen treffenden Verbindlichkeit.[157] Dagegen bezweckt die Überleitung gemäß § 93 SGB XII, den Nachrang der Sozialhilfe bereits dem Hilfeempfänger gegenüber wiederherzustellen. Sie ist damit, wie der Fall der lebzeitigen Anspruchsüberleitung zeigt, bei der sich ein Nachlassregress erübrigt, gegenüber der Erbenhaftung nach § 102 SGB XII vorrangig. Dieses Rangverhältnis besteht auch nach dem Tod des Hilfeempfängers fort.[158]

Somit kann auch noch nach dem Versterben des Schenkers eine wirksame und rechtmäßige Überleitung des Schenkungsrückforderungsanspruchs erfolgen. Ob diese letztlich zur Wiederherstellung des Nachrangs der Sozialhilfe führt, hängt im Weiteren vom Fortbestand des Anspruchs aus § 528 Abs.1 S.1 BGB über den Tod des Schenkers hinaus ab. Diese Frage ist im Rahmen der zivilprozessualen Durchsetzung des übergeleiteten Anspruchs von den Zivilgerichten zu entscheiden.

5. Rechtsfolgen der Anspruchsüberleitung

Die Überleitungsanzeige bewirkt nach § 93 Abs.2 S.1 SGB XII den Übergang des Anspruchs für die Zeit, für die der leistungsberechtigten Person, im Falle einer Überleitung des Schenkungsrückforderungsanspruchs also dem Schenker, die (Sozialhilfe-)Leistung ohne Unterbrechung erbracht wird. Als Unterbrechung gilt gemäß § 93 Abs.2 S.2 SGB XII ein Zeitraum von mehr als zwei Monaten.

---

155 Vgl. insofern zu § 90 BSHG, BVerwGE 85, 136, 138.

156 Vgl. für das Verhältnis der §§ 90, 92 c BSHG, BVerwGE 85, 136, 138 und zu den §§ 93, 102 SGB XII Oestreicher-Decker, § 93 Rn. 13 f.; Hauck/Noftz-Falterbaum, § 93 Rn. 26; juris/PK SGB XII-Armbruster, § 93 Rn. 47; SSH-H. Schellhorn, § 93 Rn. 5; Mergler/Zink-Kiss, § 93 Rn. 19; Wahrendorf in Grube/Wahrendorf, § 93 Rn. 1; MAH SozR-Ehmann, § 37 Rn. 40.

157 Vgl. dazu und zum Folgenden für das Verhältnis von § 90 BSHG zu § 92 c BSHG, BVerwGE 85, 136, 138. – Siehe zu den Einzelheiten des § 102 SGB XII, Conradis, ZEV 2005, 379 ff.

158 Vgl. einmal mehr BVerwGE 85, 136, 138. für das Verhältnis von § 90 BSHG zu § 92 c BSHG.

Aufgrund der Überleitungsanzeige kommt es somit zu einem Forderungsübergang. Der Träger der Sozialhilfe tritt in die Rechtsstellung des bisherigen Anspruchsberechtigten ein[159] und ist damit in der Lage, das übergeleitete Recht zur Wiederherstellung des Nachrangs der Sozialhilfe gegenüber dem Anspruchsverpflichteten geltend zu machen.

In dem Gläubigerwechsel erschöpfen sich aber auch die Wirkungen der Überleitung. Durch den Anspruchsübergang tritt insbesondere keine Wesensänderung des übergeleiteten Rechts ein,[160] so dass der Sozialhilfeträger den übergeleiteten Anspruch in gleicher Weise geltend machen muss, wie es vor der Überleitung der bisherige Anspruchsberechtigte hätte tun müssen.[161] Bei der Überleitung eines Schenkungsrückforderungsanspruchs muss der Sozialhilfeträger den Beschenkten, sofern dieser nicht freiwillig die geschuldete Leistung erbringt, folglich vor dem zuständigen Zivilgericht verklagen und aus einem obsiegenden Urteil gegebenenfalls die Zwangsvollstreckung betreiben.

Der aufgrund der Überleitungsanzeige erfolgende Anspruchsübergang ist an die tatsächliche Erbringung der Sozialhilfeleistungen geknüpft.[162] Bei künftigen Sozialhilfeleistungen steht der Anspruchsübergang auf den Sozialhilfeträger unter der aufschiebenden Bedingung ihrer tatsächlichen Erbringung.[163] Damit bleibt der Anspruchsverpflichtete berechtigt, zukünftig fällig werdende Leistungen trotz der Anspruchsüberleitung unmittelbar an den Hilfeempfänger zu erbringen.[164] Das entspricht dem Sinn des Sozialhilferechts. Denn dadurch erübrigt sich der Einsatz von Sozialhilfe, wodurch deren Nachrang gewahrt bleibt und es dem Hilfeempfänger ermöglicht wird, unabhängig von Sozialhilfe zu leben (vgl. dazu § 1 S.2 SGB XII).[165] Bei den im Kontext des § 528 BGB häufig begegnenden Ansprüchen auf regelmäßig wiederkehrende Teilwertersatzleistungen ist der

---

159 Vgl. statt aller SSH-H. Schellhorn, § 93 Rn. 35; Oestreicher-Decker, § 93 Rn. 104.

160 Vgl. etwa BVerwGE 34, 219, 222; LPK/SGB XII-Münder, § 93 Rn. 49; Oestreicher-Decker, § 93 Rn. 104; Wahrendorf in Grube/Wahrendorf, § 93 Rn. 27; Hußmann, ZEV 2005, 54, 55.

161 Vgl. statt aller SSH-H. Schellhorn, § 93 Rn. 36; Hauck/Noftz-Falterbaum, § 93 Rn. 47; Hußmann, ZEV 2005, 54, 55.

162 Vgl. BVerwGE 42, 198, 200 (zu § 90 Abs.2 BSHG) sowie aus dem Schrifttum zu § 93 Abs.2 SGB XII ferner LPK/SGB XII-Münder, § 93 Rn. 52; SSH-H. Schellhorn, § 93 Rn. 42; Oestreicher-Decker, § 93 Rn. 106.

163 Siehe SSH-H. Schellhorn, § 93 Rn. 42; vgl. ferner Mergler/Zink-Kiss, § 93 Rn. 28, 39.

164 Vgl. etwa SSH-H. Schellhorn, § 93 Rn. 42; Wahrendorf in Grube/Wahrendorf, § 93 Rn. 27; LPK/SGB XII-Münder, § 93 Rn. 50; Oestreicher-Decker, § 93 Rn. 106. Nach st. Rspr. des BVerwG war aber der früher in Überleitungsanzeigen häufig enthaltene (unzutreffende) Hinweis, künftig fällig werdende Leistungen seien ausschließlich an den Träger der Sozialhilfe zu erbringen, unschädlich (vgl. etwa BVerwGE 29, 229, 231; 34, 219, 225; 42, 198, 200; 49, 311, 313).

165 Vgl. LPK/SGB XII-Münder, § 93 Rn. 50; Oestreicher-Decker, § 93 Rn. 106.

Beschenkte somit ungeachtet der Überleitung des Schenkungsrückforderungsanspruchs berechtigt, die jeweils fällig werdenden Leistungen an den Schenker zu erbringen.

III. Der Erwerb des Schenkungsrückforderungsanspruchs durch Abtretung des Schenkers an den Sozialhilfeträger[166]

In der sozialhilferechtlichen Praxis begegnen vereinzelt Fälle, in denen der hilfesuchende Schenker dem Sozialhilfeträger freiwillig eine Abtretung seines Schenkungsrückforderungsanspruchs anbietet.[167] Das wirft die Frage auf, ob eine solche Zession überhaupt zulässig ist. Sie wäre zu verneinen, wenn es sich bei der Anspruchsüberleitung gemäß § 93 SGB XII um eine abschließende Regelung zur Erlangung des regressvermittelnden Rechts handeln würde, so dass die Möglichkeit einer privatrechtlichen Zession an den Träger der Sozialhilfe ausgeschlossen wäre.

Hinter der Idee einer abschließenden öffentlich-rechtlichen Sonderregelung verbirgt sich die Befürchtung, dass ein Sozialhilfeträger anderenfalls versucht sein könnte, sich auf privatrechtlichem Wege über eine Zession gemäß § 398 BGB Erstattungsmöglichkeiten zu verschaffen, die ihm nach öffentlichem Recht mittels einer Überleitung gemäß § 93 SGB XII verwehrt sind.[168] Die Rechtsprechung nimmt derartige Bedenken durchaus ernst. So hat der BGH der Abtretung von Schadensersatzansprüchen eines Blindengeld empfangenden Geschädigten an den Träger der Versorgungsleistungen mit dem Hinweis darauf, dass die Landesblindengeldgesetzte keine rechtliche Handhabe zur Erstattung der Aufwen-

166 Vernachlässigt werden darf hier die eher theoretische Möglichkeit der Erlangung der Aktivlegitimation des Sozialhilfeträgers durch Pfändung und Überweisung des Schenkungsrückforderungsanspruchs (siehe dazu bereits Zeranski, S. 86 f.). Eine Pfändung des Sozialhilfeträgers scheidet regelmäßig mangels einer zu vollstreckenden Forderung aus. Besteht ausnahmsweise eine solche Forderung, etwa in Gestalt eines Kostenersatzanspruchs gemäß 103 SGB XII (vormals § 92 a BSHG), lässt sich der Zugriff auf den Schenkungsrückforderungsanspruch einfacher und effizienter durch eine Anspruchsüberleitung bewerkstelligen (vgl. insofern auch BVerwGE 55, 23, 26, das die Überleitung von Ansprüchen im Verhältnis zu deren Pfändung und Überweisung als ein Instrument sinnvoller technischer Vereinfachung bezeichnet), so dass für eine Pfändung (und Überweisung) wohl das Rechtsschutzinteresse fehlt (ähnlich schon Zeranski, S. 87).

167 Vgl. etwa BGHZ 127, 354, wo freilich die Abtretung durch einen Vermögenspfleger des Hilfeempfängers an den Träger der Sozialhilfe erfolgte.

168 Vgl. insofern auch § 32 SGB I, wonach privatrechtliche Vereinbarungen, die zum Nachteil des Sozialleistungsberechtigten von den sozialrechtlichen Vorschriften abweichen, nichtig sind.

dungen des Leistungsträgers gewährten, für unwirksam erklärt.[169] Die sozialrechtlichen Bestimmungen dienten nämlich nicht nur dem Schutz des Leistungsträgers, sondern auch dem des Leistungsempfängers und gegebenenfalls auch dem eines Drittverpflichteten.[170] Daher sei ein Sozialleistungsträger nicht berechtigt, weitergehende Erstattungsmöglichkeiten nach allgemeinen Vorschriften, insbesondere im Wege einer bürgerlich-rechtlichen Abtretung, zu suchen.[171]

Dagegen bestehen nach der Rechtsprechung und dem ihr weitestgehend folgenden Schrifttum bei Vorliegen der Voraussetzungen für einen Rückgriff nach öffentlichem Recht keine Bedenken gegen die Zulässigkeit einer Zession des regressvermittelnden Anspruchs an den Träger der Sozialhilfe.[172] So hat der BGH seinerzeit unter der Geltung des Bundessozialhilfegesetzes ausgeführt, § 90 BSHG mache eine Abtretung zwar entbehrlich, untersage sie aber nicht.[173] Übertragen auf das geltende Recht ist eine Abtretung des Schenkungsrückforderungsanspruchs von dem Schenker an den Träger der Sozialhilfe damit wirksam, wenn zugleich die Voraussetzungen für eine Überleitung des Anspruchs gemäß § 93 SGB XII vorliegen. Mit anderen Worten: Hätte sich der Sozialhilfeträger den Anspruch aus § 528 BGB auch durch eine Überleitung rechtmäßig verschaffen können, ist auch eine Zession des Schenkers an ihn zulässig.[174]

Dabei betrachtet der BGH die materiell-rechtlichen Wertungen des § 93 SGB XII – ungeachtet des hier in den Formen des Privatrechts erfolgenden Handelns des Sozialhilfeträgers – auch im Hinblick auf mögliche bürgerlich-rechtliche Abtretungsbeschränkungen als maßgeblich.[175] Im Hinblick auf § 93 Abs.1 S.4 SGB XII vermögen daher die §§ 399, 1. Fall, 400 BGB der Abtretung des Schen-

---

169 Siehe BGH NJW 1988, 819, 820 f.

170 Vgl. BGH NJW 1988, 819, 820; BGH NJW 1994, 1733, 1734; BVerwG DÖV 1968, 251, 252; BVerwGE 41, 216, 220; BVerwG VerwRspr. 28, 540, 541 f.

171 Vgl. BGH NJW 1988, 819, 820; BGH NJW 1994, 1733, 1734; BVerwG DÖV 1968, 251, 252; BVerwGE 41, 216, 220; BVerwG VerwRspr. 28, 540, 541 f.

172 Siehe BGHZ 127, 354, 358 sowie aus dem Schrifttum SSH-H. Schellhorn, § 93 Rn. 6; Hauck/Noftz-Falterbaum, § 93 Rn. 16; juris/PK SGB XII-Armbruster, § 93 Rn. 20; Mergler/Zink-Kiss, § 93 Rn. 2; Wahrendorf in Grube/Wahrendorf, § 93 Rn. 7; LPK SGB XII-Münder, § 93 Rn. 10; MüKo-Koch, § 528 Rn. 17; Staudinger-Chiusi, § 528 Rn. 32; Kollhosser, ZEV 1995, 391, 393. Vgl. ferner Erman-Herrmann, § 528 Rn. 6; Palandt-Weidenkaff, § 528 Rn. 4; PWW-Hoppenz, § 528 Rn. 17; Bamberger/Roth-Gehrlein, § 528 Rn. 4. Anderer Ansicht aber wohl Fichtner/Wenzel-Wolf, § 93 Rn. 6.

173 Siehe BGHZ 127, 354, 358.

174 Damit wird es offenbar für unproblematisch erachtet, dass bei der allein zwischen Schenker und Sozialhilfeträger stattfindenden Abtretung die bei einer Anspruchsüberleitung nach § 24 SGB X gebotene Anhörung des Beschenkten entfällt.

175 Vgl. BGHZ 127, 354, 357 f.

kungsrückforderungsanspruchs an einen überleitungsberechtigen Sozialhilfeträger per se nicht entgegenzustehen. Dass sie auch inhaltlich keine Schranke für eine Abtretung an den Sozialhilfeträger wären – wie der BGH im Einzelnen noch darlegt[176] – werden die noch folgenden Ausführungen zur Abtretbarkeit des Schenkungsrückforderungsanspruchs an einen dem Schenker Hilfe leistenden privaten Dritten bestätigen.[177]

IV. Die zivilprozessuale Durchsetzung des Schenkungsrückforderungsanspruchs durch den Sozialhilfeträger

Mit der Überleitung gemäß § 93 SGB XII rückt der Sozialhilfeträger in die Rechtsstellung des Schenkers ein und ist damit in der Lage, den Schenkungsrückforderungsanspruchs gegenüber dem Beschenkten geltend zu machen. Da mit dem Anspruchsübergang auf den Sozialhilfeträger keine Wesensänderung des übergeleiteten Rechts eintritt,[178] muss der Sozialhilfeträger den Anspruch in gleicher Weise geltend machen, wie es vor der Überleitung der Schenker hätte tun müssen.[179] Er muss folglich den Beschenkten, sofern dieser nicht freiwillig leistet, vor dem zuständigen Zivilgericht verklagen und aus einem obsiegenden Urteil gegebenenfalls die Zwangsvollstreckung betreiben. Eine Durchsetzung des übergeleiteten Anspruchs durch Leistungsbescheid ist dem Sozialhilfeträger dagegen verwehrt.[180]

1. Die Bedeutung von Rechtswidrigkeit und Nichtigkeit der Überleitungsanzeige im Zivilprozess

Die zu einem Gläubigerwechsel führende Überleitungsanzeige bildet die Grundlage der Aktivlegitimation des Sozialhilfeträgers im nachfolgenden Zivilprozess gegen den Beschenkten und zählt damit zu den klagebegründenden Voraussetzungen. Dem Zivilgericht kommt insofern aber nur eine sehr begrenzte Prüfungskompetenz zu. Es darf allein die Nichtigkeit der Überleitungsanzeige gemäß

---

176 Vgl. BGHZ 127, 354, 355 ff.

177 Siehe dazu im Einzelnen unten Zweiter Teil, 3. Kap., II. 1. a) und b) (S. 200 ff.).

178 Vgl. etwa BVerwGE 34, 219, 222; LPK/SGB XII-Münder, § 93 Rn. 49; Oestreicher-Decker, § 93 Rn. 104; Wahrendorf in Grube/Wahrendorf, § 93 Rn. 27; Hußmann, ZEV 2005, 54, 55.

179 Vgl. statt aller SSH-H. Schellhorn, § 93 Rn. 36; Hauck/Noftz-Falterbaum, § 93 Rn. 47; Hußmann, ZEV 2005, 54, 55.

180 Vgl. dazu schon Renck, JZ 1965, 13, 14.

§ 40 Abs.1, Abs.2 SGB X prüfen.[181] Denn nichtige Verwaltungsakte sind nach § 39 Abs.3 SGB X unwirksam und entfalten damit schlechthin keinerlei Wirkung. Eine Prüfung der Rechtswidrigkeit der Überleitungsanzeige ist dem Zivilgericht dagegen versagt.[182] Als Verwaltungsakt unterliegt diese vielmehr allein der Kontrolle der Widerspruchsbehörde und der Sozialgerichte.[183]

Solange die Überleitungsanzeige nicht durch eine behördliche oder sozialgerichtliche Entscheidung aufgehoben worden ist, behält sie selbst im Falle ihrer Rechtswidrigkeit ihre Wirkungen. Denn auch ein rechtswidriger Verwaltungsakt ist gemäß § 39 Abs.2 SGB X bis zu seiner Aufhebung wirksam. Das gilt nicht nur gegenüber den Adressaten des Verwaltungsaktes, sondern angesichts der einem Verwaltungsakt eigenen Tatbestandswirkung[184] gegenüber allen Stellen, die gerade nicht zu seiner Überprüfung berufen sind. Dazu zählt nach der bestehenden Zuständigkeitsverteilung zwischen den Gerichtszweigen auch das mit der Klage aus übergeleitetem Recht befasste Zivilgericht. Jenes hat folglich solange von der Wirksamkeit der Überleitungsanzeige – und damit bei Bestehen des übergeleiteten Anspruchs von der Aktivlegitimation des Sozialhilfeträgers – auszugehen, wie es an einer behördlichen oder sozialgerichtlichen Aufhebung der Überleitungsanzeige fehlt.[185] Daran ändert auch eine Anfechtung der Überleitungsanzeige durch einen Widerspruch oder eine Anfechtungsklage nichts, da jenen Rechtsbehelfen nach § 93 Abs.3 SGB XII die aufschiebende Wirkung fehlt.

Das Zivilgericht prüft somit in dem Rechtsstreit des Sozialhilfeträgers gegen den Beschenkten aus übergeleitetem Recht bezüglich des Überleitungsverwaltungsaktes nur das Vorliegen einer schriftlichen Überleitungsanzeige, das Fehlen von Nichtigkeitsgründen sowie das Nichtvorliegen einer behördlichen oder sozialgerichtlichen Aufhebung der Überleitungsanzeige.

2. Die Prüfung von Tatbestand und Rechtsfolgen des Schenkungsrückforderungsanspruchs durch das Zivilgericht

Da sich die Wirkung der Überleitung auf den Übergang des Anspruchs aus § 528 BGB beschränkt, gilt für dessen Geltendmachung durch den Sozialhilfeträger grundsätzlich nichts anderes als bei einer zivilprozessualen Durchsetzung des

181 Vgl. dazu auch BGHZ 94, 141, 142. Siehe ferner Sebbin, ZfF 1989, 145, 149.

182 Vgl. BGHZ 94, 141, 142 m.w.N. sowie BGHZ 96, 380, 381. Vgl. ferner Sebbin, ZfF 1989, 145, 149.

183 Zur Zweiteilung der Prüfungsbefugnisse, anschaulich Fichtner/Wenzel-Wolf, § 93 Rn. 43; juris/PK-SGB XII-Armbruster, § 93 Rn. 96; Mergler/Zink-Kiss, § 93 Rn. 44.

184 Dazu schon Knöpfle, BayVbl. 1982, 225, 228.

185 Siehe BGHZ 94, 141, 142 m.w.N. Vgl. ferner Oestreicher-Decker, § 93 Rn. 110; Hauck/Noftz-Falterbaum, § 93 Rn. 46; LPK/SGB XII-Münder, § 93 Rn. 60; Fichtner/Wenzel-Wolf, § 93 Rn. 43.

Rechts durch den Schenker selbst. Dem Beschenkten stehen folglich die gleichen Verteidigungsmöglichkeiten zu Gebote wie bei einer Klage des Schenkers. Er kann zum einen die anspruchsbegründenden Voraussetzungen bestreiten,[186] zum anderen kann er sich auch gegenüber dem Sozialhilfeträger auf die §§ 818 Abs.3, 529, 528 Abs.2 sowie auf eine Verjährung des Anspruchs berufen. In entsprechender Anwendung des § 412 BGB bleiben ihm gemäß § 404 BGB sämtliche Einwendungen und Einreden gegen den Schenkungsrückforderungsanspruch erhalten.[187]

Sofern der Beschenkte nur Teilwertersatz gemäß § 818 Abs.2 BGB schuldet,[188] kann er sich nach der Überleitung des Schenkungsrückforderungsanspruchs auf den Sozialhilfeträger allerdings nicht mehr durch die Rückgabe des Geschenks an den Schenker seiner Zahlungspflicht entledigen,[189] eine schuldbefreiende Herausgabe des Geschenks kommt fortan nur (noch) an den – nunmehr anspruchsberechtigten – Sozialhilfeträger in Betracht.[190]

Im Schrifttum werden zum Teil erhebliche Bedenken gegen die nunmehr geltende dreijährige Verjährungsfrist gemäß §§ 195, 199 Abs.1 BGB bei einer Geltendmachung des Schenkungsrückforderungsanspruchs durch den Träger der Sozialhilfe geäußert.[191] Es wird vorgebracht, dass durch vielfältige Umgehungs- und Missbrauchsmöglichkeiten der Vertragsparteien regelmäßig Tatbestände geschaffen werden könnten, die die Durchsetzbarkeit des übergeleiteten Anspruchs in relativ kurzer Zeit verhindern und sich im Ergebnis zu Lasten der Allgemeinheit auswirken würden.[192] Um dem den nötigen Einhalt zu gebieten,

---

186 Allerdings kommt es angesichts der nur in Vorlage erfolgenden Leistungen des Sozialhilfeträgers für das Vorliegen einer Unterhaltsbeeinträchtigung auf die Einkommens- und Vermögenslage des Schenkers zum Zeitpunkt der Beantragung der Sozialhilfe an (vgl. BGHZ 155, 57, 61 m. zust. Anm. Eichenhofer, LMK 2003, 161). – Bestreitet der Beschenkte die Bedürftigkeit des Schenkers, liegt darin zugleich auch ein Einwand gegen die Rechtmäßigkeit der Sozialhilfegewährung, der ihm nach der Rechtsprechung bei einer Anfechtung der Überleitungsanzeige verwehrt ist. Siehe dazu im Einzelnen, Zweiter Teil, 2. Kap., II. 4. b) aa) (2) (S. 156 ff.).

187 Siehe statt aller Oestreicher-Decker, § 93 Rn 105; Wahrendorf in Grube/Wahrendorf, § 93 Rn. 28; juris/PK SGB XII-Armbruster, § 93 Rn. 82, der allerdings nicht § 412 BGB, sondern (unmittelbar) § 404 BGB entsprechend anwenden will.

188 Siehe dazu im Einzelnen oben Zweiter Teil, 1. Kap., III. 3. (S. 61 f.).

189 Siehe dazu im Einzelnen schon oben Zweiter Teil, 1. Kap., III. 3. (S. 62 f.).

190 Siehe dazu im Einzelnen BGHZ 125, 283, 285 f. = ZEV 1994, 254 f. m. zust. Anm. Skibbe. Siehe dazu ferner MüKo-Koch, § 528 Rn. 10; Staudinger-Chiusi, § 528 Rn. 26; juris/PK-Sefrin, § 528 Rn. 25; Palandt-Weidenkaff, § 528 Rn. 6; Bamberger/Roth-Gehrlein, § 528 Rn. 4.

191 Siehe juris/PK-Sefrin, § 528 Rn. 59 sowie Staudinger (2005)-Wimmer-Leonhardt, § 528 Rn. 52 (kritisch dazu nun aber Staudinger-Chiusi, § 528 Rn. 60).

192 Siehe juris/PK-Sefrin, § 528 Rn. 59; Staudinger (2005)-Wimmer-Leonhardt, § 528 Rn. 52.

wird vorgeschlagen, für den Beginn der Verjährungsfrist gemäß § 199 Abs.1 Nr.2 BGB auf die Kenntnis bzw. grobfahrlässige Unkenntnis des Sozialhilfeträgers von den anspruchsbegründenden Umständen und der Person des Beschenkten abzustellen.[193]

Im Gesetz findet sich jedoch keine Stütze für eine solche Korrektur der Verjährungsvorschriften. Derlei widerspricht im Übrigen nicht nur allgemeinen zivilrechtlichen Grundsätzen[194] und dem Wesen der Überleitung,[195] die damit verbundene Schaffung eines Sonderrechts zugunsten der öffentlichen Hand erscheint auch im Hinblick darauf, dass die Verjährungsvorschriften in besonderem Maße der Rechtssicherheit dienen, bedenklich.[196] Die Verjährungsproblematik stellt sich nach der wichtigen Entscheidung des BGH zur uneingeschränkten Geltung der zehnjährigen Verjährungsfrist des § 196 BGB bei Grundstücksschenkungen[197] inzwischen aber auch als weniger dringlich dar. Zudem sollte berücksichtigt werden, dass der Beschenkte dem Sozialhilfeträger nach § 117 Abs.3 SGB XII über Existenz und Ausmaß einer Schenkung auskunftspflichtig ist.[198] Sollte er auf ein entsprechendes Auskunftsbegehren hin falsche Angaben machen, um einen sozialhilferechtlichen Regress zu vereiteln, verwirkt er sein Recht, sich auf eine Verjährung des Schenkungsrückforderungsanspruchs zu berufen.

3. Das Erlöschen des Schenkungsrückforderungsanspruchs nach der Inanspruchnahme von Sozialhilfe durch den Schenker

Dass die Leistung der Sozialhilfe an den Schenker zu keinem Erlöschen des Schenkungsrückforderungsanspruchs führt – mag damit auch dessen Bedarf in

193 So juris/PK-Sefrin, § 528 Rn. 59; Staudinger (2005)-Wimmer-Leonhardt, § 528 Rn. 52. Dem folgend Mergler/Zink-Kiss, § 93 Rn. 20a. Im Ergebnis ebenso Mester, ZfF 2003, 49, 52.

194 Es gilt der Grundsatz, dass ein Anspruchsübergang zu keiner Verschlechterung der Rechtsstellung des Anspruchsverpflichteten führen darf. Siehe dazu vor allem § 404 BGB, der über § 412 BGB (analog) auch beim gesetzlichen Forderungsübergang und der Anspruchsüberleitung Anwendung findet. Siehe zu Letzterem statt aller Oestreicher-Decker, § 93 Rn 105.

195 Jene führt gerade nicht zu einer Wesensänderung des übergeleiteten Rechts, sondern lässt dieses unverändert (vgl. dazu etwa BVerwGE 34, 219, 222; Oestreicher-Decker, § 93 Rn. 104; Wahrendorf in Grube/Wahrendorf, § 93 Rn. 27).

196 Dagegen auch MüKo-Koch, § 528 Rn. 34; Staudinger-Chiusi, § 528 Rn. 60; MAH SozR-Ehmann, § 37 Rn. 29; Gühlstorf, ZfF 2006, 121, 127.

197 Siehe BGH NJW 2011, 218 ff. sowie im Einzelnen dazu Zweiter Teil, 1. Kap. V. 2. (S. 103 ff.).

198 Siehe zu dieser mit dem SGB XII eingeführten Regelung juris/PK SGB XII-Armbruster, § 93 Rn. 103 sowie zur formularmäßigen Informationsbeschaffung durch den Sozialhilfeträger derselbe a.a.O., § 93 Rn. 65.

tatsächlicher Hinsicht gedeckt sein – steht außer Zweifel.[199] Gemäß § 2 Abs. 2 S.1 SGB XII bleiben nämlich Verpflichtungen anderer, hier die des Beschenkten aus § 528 BGB, (durch die Sozialhilfe) unberührt.[200]

Sicher ist auch, dass es durch den mit der Überleitung erfolgenden Anspruchsübergang auf den Sozialhilfeträger und damit auf eine juristische Person des öffentlichen Rechts zu keinem Anspruchserlöschen kommt. Zwar wird der Anspruch aus § 528 Abs.1 S.1 BGB nur natürlichen und nicht auch juristischen Personen zugestanden.[201] Doch gilt diese Einschränkung in personalen Anwendungsbereich der Norm nur, sofern die juristische Person selbst die Schenkerin ist, nicht hingegen, wenn die Schenkung durch eine natürliche Person erfolgt und der Schenkungsrückforderungsanspruch sodann durch einen Gläubigerwechsel in die Hände einer juristischen Person gelangt ist. Anderenfalls wäre kein Regress des Sozialhilfeträgers gegen den Beschenkten nach § 93 SGB XII möglich.

Zahlreiche Probleme warf in der Vergangenheit aber die Frage nach einem Erlöschen des Anspruchs aus § 528 Abs.1 S.1 BGB durch den Tod des Schenkers nach der Inanspruchnahme von Sozialhilfe auf. Diese Problematik darf nach gegenwärtigem Stand – jedenfalls in den Ergebnissen – als geklärt betrachtet werden.

a) Erlöschen des Anspruchs durch den Tod des Schenkers nach einem Anspruchsübergang auf den Sozialhilfeträger

Mit der Frage eines Anspruchserlöschens durch den Tod des Schenkers nach erfolgter Überleitung – seinerzeit auf der Grundlage des § 90 BSHG – hatte sich der BGH bereits in einer seiner ersten Entscheidungen zu § 528 BGB zu befassen.[202] Er hat darin den Fortbestand des Schenkungsrückforderungsanspruchs bejaht und dies im Wesentlichen mit dessen Zweck und dem sozialhilferechtlichen Nachrangprinzip begründet.[203] Danach diene § 528 Abs.1 S.1 BGB dazu, den Unterhaltsbedarf des Schenkers zu decken. Dieser Zweck sei aber auch dann noch gewahrt, wenn das Geschenk erst nach dem Tode des Schenkers und Sozialhilfeempfängers an den Sozialhilfeträger zurückgewährt werde. Die Verwertung eines solchen Anspruchs zur Befriedigung des Unterhaltsbedarfs des Schenkers

---

199 Vgl. nur juris/PK SGB XII-Armbruster, § 93 Rn. 17.

200 Auch § 93 SGB XII geht von einer fortbestehenden Möglichkeit zur Anspruchsüberleitung trotz ggfs. schon erbrachter Sozialhilfeleistungen aus.

201 Siehe dazu schon oben Zweiter Teil, 1. Kap., II. 1. d) (S. 33 f.) m.w.N.

202 Siehe BGHZ 96, 380 ff. = BGH JR 1986, 411 f. m. zust. Anm. Gitter.

203 Vgl. im Einzelnen BGHZ 96, 380, 383.

sei im Hinblick auf das sozialhilferechtliche Nachrangprinzip gegenüber der Sozialhilfe grundsätzlich vorrangig. Leiste der Sozialhilfeträger, obwohl dem Hilfeempfänger ein Anspruch gegen einen Dritten zustehe, so sei er nur in Vorlage getreten. Durch die Überleitung erlange er die Erstattung seiner Hilfeleistung und bewirke damit die Wiederherstellung des Nachrangs der Sozialhilfe. Mit dieser Nachrangigkeit der Sozialhilfe, insbesondere auch mit der Zweckbestimmung der Überleitungsvorschriften,[204] sei die Annahme unvereinbar, der auf den Sozialhilfeträger übergeleitete Anspruch erlösche trotz der Überleitung mit dem Tod des Schenkers.

Ergänzend führt der BGH die schwerlich akzeptablen Auswirkungen der Gegenansicht – die Vorinstanzen hatten die Klage des Sozialhilfeträgers abgewiesen – ins Feld.[205] Danach müsse nämlich die öffentliche Hand Aufwendungen endgültig tragen, die sich nicht hätte erbringen müssen, wenn der Schuldner des Hilfeempfängers seiner Verpflichtung rechtzeitig nachgekommen wäre. Jener hätte damit die Möglichkeit, sich seiner Verpflichtung dadurch, dass er ihre Erfüllung lange genug verzögere, endgültig zu entziehen.

Die Entscheidung hat zu Recht einhellige Zustimmung erfahren.[206] Zutreffend rückt der BGH das sozialhilferechtliche Nachrangprinzip in den Mittelpunkt seiner Begründung. Denn im Hinblick darauf erfolgen die Leistungen des Sozialhilfeträgers an den Schenker nur in Vorlage für den Beschenkten, so dass es letztlich bei der von ihm, dem Beschenkten, geschuldeten Deckung des Unterhaltsbedarfs mittels der nach § 528 Abs.1 S.1 BGB zu erbringenden Leistung verbleibt[207]. Diese wird mit der Wiederherstellung des Nachrangs der Sozialhilfe durch Überleitung und anschließende Durchsetzung des Anspruchs aus § 528 Abs.1 S.1 BGB durch den Träger der Sozialhilfe verwirklicht. Mit der damit erfolgenden Erstattung der in Vorlage für den Beschenkten dem Schenker erbrachten Sozialhilfe wird zugleich das Geschenk bzw. dessen wirtschaftlicher Wert – dem Zweck des Schenkungsrückforderungsanspruchs entsprechend – nachträglich für den Unterhalt des Schenkers verwendet. Das zwischenzeitliche Ableben des

---

204 Seinerzeit galt § 90 BSHG, inzwischen gilt – mit gleicher Zweckbestimmung – § 93 SGB XII.
205 Siehe dazu im Einzelnen BGHZ 96, 380, 383.
206 Vgl. etwa MüKo-Koch, § 528 Rn. 13, 15; Staudinger-Chiusi, § 528 Rn. 28 (siehe auch schon Staudinger (2005)-Wimmer-Leonhardt, § 528 Rn. 26, 47); juris/PK-Sefrin, § 528 Rn. 31, 47; Erman-Herrmann, § 528 Rn. 8; Palandt-Weidenkaff, § 528 Rn. 4; PWW-Hoppenz, § 528 Rn. 19; Bamberger/Roth-Gehrlein, § 528 Rn. 4; NK/BGB-Dendorfer, § 528 Rn. 22; Jauernig-Mansel, Anm. §§ 528, 529 Rn. 2; Soergel-Mühl/Teichmann, § 528 Rn. 6; Gitter, JR 1986, 412; Brähler-Boyan/Mann, NJW 1995, 1866, 1869, 1870; Ruby, ZEV 2005, 102, 105; Vaupel, RNotZ 2009, 497, 519 sowie auch schon Zeranski, S. 111 ff.
207 Siehe insofern auch § 2 Abs.2 S.1 SGB XII.

Schenkers ist insofern ohne Bedeutung. Es hat keinen Einfluss auf die durch die postmortale Wiederherstellung des Nachrangs der Sozialhilfe nachträglich erfolgende zweckentsprechende Verwendung des Geschenks für den durch den Sozialhilfeträger ja nur vorläufig gedeckten Unterhalt des Schenkers. Dass dem Schenker möglicherweise nicht an einer Inanspruchnahme des Beschenkten gelegen war und es deshalb an einer lebzeitigen Willensbekundung im Sinne des § 852 ZPO fehlt, ist gemäß § 93 Abs.1 S.4 SGB XII für den Regress des Sozialhilfeträgers unerheblich.

Darüber hinaus sprechen auch die vom BGH aufgezeigten Konsequenzen der Gegenansicht gegen ein todesbedingtes Erlöschen des Schenkungsrückforderungsanspruchs. Es wäre in der Tat eine unbillige Belastung der Allgemeinheit, wenn die öffentliche Hand letztlich Aufwendungen zu tragen hätte, die sie nicht hätte erbringen müssen, wenn der Beschenkte seiner Leistungspflicht rechtzeitig nachgekommen wäre. Die damit verbundene Möglichkeit, durch ein Hinauszögern der Anspruchserfüllung eine Befreiung von der Verbindlichkeit zu erlangen, böte zudem einen nicht zu unterschätzenden Anreiz zur Leistungsverzögerung[208] und würde letztlich auch zu einer nicht zu rechtfertigenden Benachteiligung des leistungstreuen gegenüber einem leistungsunwilligen Schuldner führen.

Die genannten Erwägungen hat der BGH im Weiteren auch auf den Fall einer lebzeitigen Anspruchserlangung des Sozialhilfeträgers aufgrund einer Zession des Schenkers übertragen.[209] Auch dem ist beizupflichten, da die aus dem sozialhilferechtlichen Nachrangprinzip und dem Anspruchszweck resultierenden Gründe für den über den Tod des Schenkers hinausreichenden Fortbestand des Anspruchs aus § 528 Abs.1 S.1 BGB unabhängig von der Art und Weise des lebzeitigen Erwerbs des Rechts durch den Sozialhilfeträger sind.

b) Erlöschen des Anspruchs durch den Tod des Schenkers vor einem Anspruchsübergang auf den Sozialhilfeträger

In einer späteren Entscheidung hatte der BGH sodann über das rechtliche Schicksal des Schenkungsrückforderungsanspruchs beim Tod des lebzeitig Sozialhilfe beziehenden Schenkers vor einer Anspruchsüberleitung auf den Sozialhilfeträger zu befinden.[210] Auch hier hat sich der BGH zu Recht für den Fortbestand des

208 So zutreffend Gitter, JR 1986, 412.

209 Vgl. BGHZ 127, 354, 358 = ZEV 1995, 35, 36 m. Anm. Kollhosser.

210 Siehe BGH NJW 1995, 2287 f. = JR 1996, 194 ff. m. Anm. Probst = JZ 1996, 632 f. m. Anm. Vollkommer/Schwaiger. Dazu ferner Kollhosser, ZEV 1995, 391 ff.; Schellhorn, FuR 1995, 308; Gernhuber, EWiR 1995, 749 f.; Haarmann, FamRZ 1996, 522 ff; Zeranski, NJW 1998, 2574 ff.

Anspruchs ausgesprochen und damit eine seinerzeit bestehende Kontroverse zwischen verschiedenen Oberlandesgerichten[211] zugunsten der öffentlichen Hand beendet.

Dabei greift der BGH auf seine Begründung aus der zuvor genannten Entscheidung zum Fortbestand des Anspruchs nach Inanspruchnahme von Sozialhilfe und lebzeitig erfolgter Anspruchsüberleitung zurück und verneint ein todesbedingtes Erlöschen des Anspruchs einmal mehr unter Berufung auf das sozialhilferechtliche Nachrangprinzip und den Zweck des Schenkungsrückforderungsanspruchs.[212] Auch das hat zu Recht allgemein Zustimmung gefunden.[213] Denn der den Fortbestand des Anspruchs über den Tod des Schenkers hinaus tragende Umstand, dass die vom Sozialhilfeträger an den Schenker erbrachten Sozialhilfeleistungen angesichts des sozialhilferechtlichen Nachrangprinzips nur in Vorlage für den Beschenkten erfolgt sind und dass dementsprechend auch mit einer postmortal erfolgenden Wiederherstellung des Nachrangs der Sozialhilfe eine dem Anspruchszweck entsprechende Verwendung des Geschenks für den Unterhalt des Schenkers erfolgt, ist unabhängig davon, ob der Anspruch aus § 528 BGB bereits lebzeitig übergeleitet wurde oder nicht. Mit anderen Worten: Der dem todesbedingten Erlöschen des Schenkungsrückforderungsanspruchs entgegenstehende Umstand ist allein die Inanspruchnahme der Sozialhilfe durch den Schenker. Auf die Überleitung des Anspruchs durch den Sozialhilfeträger kommt es insofern nicht an.

In diesem Sinne ist auch der BGH zu verstehen, wenn er ausführt:[214] „Die Überleitungsermächtigung zielt ... ihrem Zweck nach auf die Herstellung derjeni-

---

211 So hatten sich seinerzeit das OLG Düsseldorf (FamRZ 1984, 887), das OLG Stuttgart (BWNotZ 1985, 70), das OLG Celle (NdsRpfl 1993, 11) und das OLG Frankfurt (NJW 1994, 1805) für ein Anspruchserlöschen im Falle des Fehlens eines lebzeitigen Anspruchsübergangs auf den Sozialhilfeträger ausgesprochen, während das OLG Karlsruhe (NJW-RR 1995, 571), ebenso wie das LG Karlsruhe (NJW 1994, 137), vom Fortbestand des Rechts über den Tod des Schenkers hinaus auch ohne lebzeitige Anspruchsüberleitung ausgingen.

212 Vgl. im Einzelnen BGH NJW 1995, 2287, 2288.

213 Vgl. MüKo-Koch, § 528 Rn. 13, 15; Staudinger-Chiusi, § 528 Rn. 28 (siehe auch schon Staudinger (2005)-Wimmer-Leonhardt, § 528 Rn. 26, 47); juris/PK-Sefrin, § 528 Rn. 31, 47; Palandt-Weidenkaff, § 528 Rn. 4; PWW-Hoppenz, § 528 Rn. 19; Bamberger/Roth-Gehrlein, § 528 Rn. 4; NK/BGB-Dendorfer, § 528 Rn. 22; Jauernig-Mansel, Anm. §§ 528, 529 Rn. 2; Soergel-Mühl/Teichmann, § 528 Rn. 6; Kollhosser, ZEV 1995, 391, 394; Vollkommer/Schwaiger, JZ 1996, 633, 634; Haarmann, FamRZ 1996, 522 ff; Ruby, ZEV 2005, 102, 105; Vaupel, RNotZ 2009, 497, 519 sowie auch schon Zeranski, S. 118 ff. Siehe ferner Brähler-Boyan/Mann, NJW 1995, 1866, 1869, 1870. Kritisch dazu, wenngleich im Ergebnis zustimmend, Probst, JR 1996, 196 f. Anderer Ansicht aber Erman-Herrmann, § 528 Rn. 6.

214 Siehe BGH NJW 1995, 2287, 2288.

gen Haushaltslage beim Sozialhilfeträger, die bestünde, wenn der Anspruch des Hilfeempfängers schon früher erfüllt worden wäre. Diese Rechtslage wird nicht etwa erst durch die Überleitungsanzeige geschaffen, sondern besteht materiellrechtlich von vornherein, sobald Sozialhilfe geleistet wird. Die Überleitungsanzeige ... konkretisiert und individualisiert diese Erstattungspflicht lediglich, was auch nach dem Tod des Hilfeempfängers noch möglich ist. Das verschenkte Vermögen ist damit unabhängig vom Willen des Schenkers[215] in den Grenzen der Haftung aus § 528 BGB dem Träger der Sozialhilfe gegenüber materiellrechtlich mit der Pflicht belastet, die erbrachten Sozialhilfeleistungen zu erstatten. Daher kann die Haftung des Beschenkten aus § 528 BGB ... in Höhe der Sozialhilfeleistungen nicht davon abhängen, ob ... der Anspruch vor seinem (scil. des Schenkers) Tod übergeleitet ... worden ist."

Vertrauensschutzgesichtspunkte zugunsten des Beschenkten vermögen demgegenüber nicht durchzugreifen. So hatte das OLG Düsseldorf vorgebracht, der Beschenkte könne nach dem Tod des Schenkers nicht mehr mit seiner Inanspruchnahme rechnen, da aus seiner Sicht mit dem Versterben des Schenkers der erforderliche Zusammenhang zwischen dessen Notbedarf und der Rückforderung entfallen sei.[216] Das trifft aber schon deshalb nicht zu, weil es um die Wiederherstellung des Nachrangs der Sozialhilfe für lebzeitig dem Schenker in Vorlage für den vorrangig verpflichteten Beschenkten erbrachte Sozialhilfeaufwendungen geht.[217] Das berechtigte Vertrauen des Beschenkten in den Bestand der Schenkung wird vielmehr allein und ausreichend durch die §§ 529 Abs.1, 2. Fall, 818 Abs.3 BGB geschützt.[218] Der Umstand, dass der Schenker gar nicht beabsichtigt hat, den Beschenkten in Anspruch zu nehmen, ist auch hier angesichts § 93 Abs.1 S.4 SGB XII bedeutungslos.[219]

Damit führt nach einer Inanspruchnahme von Sozialhilfe durch den Schenker dessen Tod auch dann nicht zu einem Erlöschen des Schenkungsrückforderungsanspruchs, wenn zuvor kein Anspruchsübergang auf den Sozialhilfeträger erfolgt ist.

---

215 Darin lag ein Hinweis auf den, dem heutigen § 93 Abs.1 S.4 SGB XII entsprechenden, seinerzeit geltenden § 90 Abs.1 S.4 BSHG, wonach die durch § 852 Abs.2 ZPO geschützte Entscheidungsfreiheit des Schenkers zur Geltendmachung seines Rechts gegenüber dem Sozialhilfeträger bedeutungslos ist.

216 Vgl. OLG Düsseldorf FamRZ 1984, 887, 890.

217 In diesem Sinne auch Vollkommer/Schwaiger, JZ 1996, 633, 635.

218 Vgl. insofern auch BGH NJW 1995, 2287, 2288 sowie BGHZ 147, 288, 295. Siehe ferner Vollkommer/Schwaiger, JZ 1996, 633, 635. Zu Inhalt und Ausmaß des Vertrauensschutzes des Beschenkten, Kollhosser, ZEV 1995, 391, 394.

219 Vgl. auch insofern BGH NJW 1995, 2287, 2288.

c) Erlöschen des Anspruchs durch erbfallbedingte Konfusion

In der zuletzt erörterten Fallgestaltung ist der Schenker mangels eines lebzeitig erfolgten Anspruchsübergangs auf den Sozialhilfeträger bis zu seinem Ableben Inhaber des Schenkungsrückforderungsanspruchs. Da sein Tod nach der Inanspruchnahme von Sozialhilfe nicht zum Erlöschen des Anspruchs führt, geht dieser im Wege des Erbgangs auf den oder die Erben des Schenkers über. Damit ergibt sich mitunter aber ein weiteres Problem. Da Schenkungen vielfach an nahe Angehörige erfolgen,[220] ist der Beschenkte nicht selten auch der Erbe des Schenkers. Damit vereinigen sich mit dem Erbfall Forderung und Schuld in einer Person, so dass sich die Frage eines Anspruchserlöschens durch Konfusion stellt.

Auch dies wird vom BGH aber verneint.[221] Der BGH geht nämlich auch im Falle einer Konfusion vom Fortbestand des Rechts aus, sofern dies nach der Interessenlage geboten ist.[222] Das sei hier wegen der auch über den Tod des Schenkers hinaus fortbestehenden materiell-rechtlichen Erstattungspflicht des Beschenkten gegenüber dem Sozialhilfeträger zu bejahen. Der Schenker hätte nämlich – so führt der BGH aus[223] – auf den Anspruch aus § 528 BGB nicht mehr zum Nachteil des Sozialhilfeträgers verzichten können. Daher könne die Erbfolge des aus § 528 BGB haftenden Beschenkten in die Rechtsstellung des Schenkers dem Träger der Sozialhilfe im Ergebnis ebenso wenig schaden wie die Konfusion etwa bei einem Pfandrecht an der Forderung.[224]

Auch dies hat – jedenfalls im Ergebnis – einhellige Zustimmung gefunden.[225] Es wäre auch wenig überzeugend, wenn der Erfolg des sozialhilferechtlichen Regresses letztlich von den Zufälligkeiten der Erbfolge nach dem Schenker abhinge. So verlangt ein Anspruchserlöschen durch erbfallbedingte Konfusion

---

220 Ein bedeutender Anwendungsbereich des Schenkungsrechts liegt, wie schon wiederholt erwähnt, in der vorweggenommenen Erbfolge.

221 Siehe dazu BGH NJW 1995, 2287, 2288 = JR 1996, 194, 195 f. m. zust. Anm. Probst = JZ 1996, 632, 633 m. zust. Anm. Vollkommer/Schwaiger. Siehe dazu ferner Kollhosser, ZEV 1995, 391, 396; Schellhorn, FuR 1995, 308; Gernhuber, EWiR 1995, 749, 750; Haarmann, FamRZ 1996, 522, 525 ff.; Zeranski, NJW 1998, 2574, 2575 f.

222 Siehe dazu und zum Folgenden BGH NJW 1995, 2287, 2288.

223 Siehe BGH NJW 1995, 2287, 2288.

224 Siehe BGH NJW 1995, 2287, 2288

225 Siehe etwa etwa MüKo-Koch, § 528 Rn. 16; Staudinger-Chiusi, § 528 Rn. 30 (siehe auch schon Staudinger (2005)-Wimmer-Leonhardt, § 528 Rn. 48); juris/PK-Sefrin, § 528 Rn. 31 f.; Palandt-Weidenkaff, § 528 Rn. 4; PWW-Hoppenz, § 528 Rn. 18; Jauernig-Mansel, Anm. §§ 528, 529 Rn. 2; Kollhosser, ZEV 1995, 391, 396; Probst, JR 1996, 196; Vollkommer/Schwaiger, JZ 1996, 633, 636; Haarmann, FamRZ 1996, 522, 525 ff; Ruby, ZEV 2005, 102, 105.

eine vollständige Personenidentität auf Gläubiger- und Schuldnerseite.[226] Damit träte, anders als bei einer Alleinerbenstellung, kein Erlöschen des Schenkungsrückforderungsanspruchs ein, sofern der Beschenkte nur Miterbe des Schenkers wäre. Dass die im Verhältnis zum Sozialhilfeträger vorrangige Verpflichtung des Beschenkten zur Erstattung der Sozialhilfe in dem einen Fall entfällt und in dem anderen nicht, würde der bestehenden Interessenlage kaum gerecht.

Gleichwohl vermag die Begründung des BGH nach wie vor nicht zu überzeugen.[227] Die vom BGH gezogene Parallele zu der mit einem Pfandrecht belasteten Forderung ist nicht plausibel. Der Sozialhilfeträger erhält mit der Hilfeleistung an den Schenker kein dem Pfandrecht vergleichbares Verwertungsrecht an dem Schenkungsrückforderungsanspruch, sondern allein die Möglichkeit der Überleitung und damit des Erwerbs des Rechts zum Zwecke des Rückgriffs beim Beschenkten.

Angesichts dessen lässt sich das zutreffende Ergebnis des BGH aber mit einer analogen Anwendung des § 2175 BGB und damit in Anlehnung an einen der wenigen gesetzlich geregelten Fälle, in denen die Vereinigung von Forderung und Schuld in einer Person nicht zum Erlöschen der Forderung führt,[228] begründen.[229] Gemäß § 2175 BGB erlischt eine dem Erblasser gegen den Erben zustehende Forderung nicht mit einer durch den Erbfall eintretenden Konfusion, wenn der Erblasser die Forderung einem Dritten vermacht hat. Im Hinblick auf den schuldrechtlichen Anspruch des Dritten gegen den Erben aus § 2174 BGB ordnet das Gesetz vielmehr den Fortbestand der Forderung an. § 2175 BGB wird der allgemeine Rechtsgedanke entnommen, dass dort kein Erlöschen durch Konfusion eintritt, wo schützenswerte schuldrechtliche Erwerbsinteressen Dritter an der Forderung bestehen.[230] Dementsprechend tritt auch außerhalb des Vermächtnisrechts in entsprechender Anwendung des § 2175 BGB bei solchen Forderungen kein Erlöschen durch Konfusion ein, zu deren Abtretung der Gläubiger einem Dritten verpflichtet ist.[231]

226 Vgl. etwa Gernhuber, § 19, 2. (S. 417); Brox/Walker ErbR, Rn. 470. Dies verkennt Staudinger-Chiusi, § 528 Rn. 30.

227 Siehe dazu und zum Folgenden schon Zeranski, S. 122.

228 Weitere Ausnahmetatbestände enthalten die §§ 1976, 1991 Abs.2, 2143 und 2377 BGB.

229 Siehe dazu und zum Folgenden schon Zeranski, S. 122 ff.

230 Siehe Gernhuber, § 19, 6.c. (S. 425) m.w.N.; Kollhosser/Jansen, JA 1988, 305, 307.

231 Siehe Gernhuber, § 19, 6.c. (S. 425). – Der mit dem unmittelbar geltenden § 2175 BGB in Zusammenhang stehende § 2174 BGB ist ja prinzipiell auch auf Abtretung der vermachten Forderung gerichtet, wenngleich er im Falle des § 2175 BGB aus verständlichen Gründen sogleich einen Erfüllungsanspruch gegen den Erben gewährt.

Von dieser Analogie des § 2175 BGB wird der Fall der Anspruchsüberleitung (noch) nicht erfasst. Denn es besteht ja kein Anspruch des Sozialhilfeträgers auf Abtretung des ihm den Rückgriff ermöglichenden Rechts aus § 528 BGB. Eine der analogen Anwendung des § 2175 BGB unterfallende Form des Rückgriffs existiert aber mit den §§ 255, 285 Abs.1 BGB. Hier erlangt der Rückgriffsberechtigte den ihm zum Rückgriff gereichenden Anspruch des Gläubigers gegen den Dritten aufgrund einer ihm vom Anspruchsberechtigten geschuldeten Zession. Sofern es vor dieser Abtretung durch den Tod des Gläubigers zu einer Vereinigung von (regressvermittelnder) Forderung und Schuld in der Person des Dritten käme, träte folglich in analoger Anwendung des § 2175 BGB kein Erlöschen der Forderung ein, so dass weiterhin ein Regress möglich bliebe.

Bei der Anspruchsüberleitung handelt sich indes nur um eine andere Form des Rückgriffs, die im Spektrum der dem deutschen Recht bekannten Rückgriffstechniken systematisch zwischen dem gerade erwähnten Regress durch rechtsgeschäftlichen Forderungsübergang und einem solchen aufgrund gesetzlichen Forderungsübergangs steht.[232] Die häufig begegnende cessio legis[233] ist dabei die stärkste Form des Rückgriffs. Hier geht das regressvermittelnde Recht bei Vorliegen der gesetzlich normierten Voraussetzungen, zumeist mit der Leistungserbringung des Rückgriffsberechtigten,[234] ohne weiteres kraft Gesetzes auf ihn über. Bei dem Rückgriff mittels gesetzlich normierter Pflicht zur Abtretung des regressvermittelnden Rechts[235] erlangt der Rückgriffsberechtigte den Anspruch dagegen erst durch eine ihm vom Gläubiger geschuldete und damit gegebenenfalls zuvor noch zivilprozessual durchzusetzende Abtretung. Dieser Weg des Regresses ist damit deutlich mühseliger und stellt die schwächste Form des Rückgriffs dar. Die Überleitung des regressvermittelnden Anspruchs schließlich steht zwischen diesen beiden Formen des Rückgriffs.[236] Der Sozialhilfeträger erwirbt das regressvermittelnde Recht zwar nicht ohne weiteres kraft Gesetzes, er ist zu dessen Erlangung aber auch nicht auf die Mitwirkung des Anspruchsgläubigers

---

232 Zu den verschiedenen Rückgriffstechniken anschaulich Medicus/Petersen, Rn. 906 ff. (noch anschaulicher im Hinblick auf die seinerzeitige Rn. 907 a freilich die 23. Aufl. 2011). Siehe zur Nähe von Anspruchsüberleitung, gesetzlichem und rechtsgeschäftlichem Forderungsübergang ferner Münder, ZfSH/SGB 1985, 193; Eberl-Borges/Schüttlöffel, FamRZ 2006, 589, 591 f.

233 Vgl. etwa §§ 426 Abs.2 S.1, 774 Abs.1 S.1, 1143 Abs.1 S.1, 1607 Abs.2 S.2, 1608 S.3, 1584 S.3 BGB sowie aus dem Sozialrecht §§ 116 Abs.1 S.1 SGB X, 94 Abs.1 S.1 SGB XII, 33 Abs.1 S.1 SGB II.

234 Anders aber etwa in § 116 SGB X. Dort geht der Anspruch sofort über (siehe dazu etwa KSW-Waltermann, § 116 SGB X Rn. 56 m.w.N. sowie schon Münder, ZfSH/SGB 1985, 193, 200).

235 Siehe einmal mehr §§ 255, 285 Abs.1 BGB.

236 Siehe Medicus/Petersen (23. Aufl. 2011), Rn. 907 a.

angewiesen. Vielmehr kann er den Anspruchsübergang einseitig durch Überleitungsanzeige an den drittverpflichteten Beschenkten bewirken.

Wenn aber im Interesse des Rückgriffsberechtigten das regressvermittelnde Recht schon bei der schwächsten Form des Rückgriffs mittels gesetzlich normierter Pflicht zur Abtretung des Anspruchs im Falle einer Konfusion in entsprechender Anwendung des § 2175 BGB bestehen bleibt, dann muss dies erst recht für die stärkere Form des Rückgriffs durch Überleitung des zum Regress gereichenden Anspruchs gelten. Damit bleibt der Schenkungsrückforderungsanspruch nach der Inanspruchnahme von Sozialhilfe durch den Schenker in (doppelter) Analogie zu § 2175 BGB auch bei einer mit dem Tod des Schenkers in den Person des Beschenkten eintretenden Vereinigung von Forderung und Schuld bestehen, zwar nicht, um eine Zession an den Sozialhilfeträger zu ermöglichen – das wäre die einfache Analogie zu § 2175 BGB – wohl aber um dem Sozialhilfeträger weiterhin die Gelegenheit zu geben, durch die Überleitung des Rechts bei dem Beschenkten Rückgriff zu nehmen.[237]

Im Ergebnis ist damit ein Regress des Sozialhilfeträgers durch eine postmortale Überleitung des Schenkungsrückforderungsanspruchs nicht nur öffentlichrechtlich zulässig, sondern auch zivilrechtlich erfolgreich.

V. Prozessuales

1. Zweigleisigkeit des Rechtsschutzes

Wie schon verschiedentlich erwähnt, führt die Wiederherstellung des Nachrangs der Sozialhilfe durch Überleitung und anschließende Durchsetzung des Schenkungsrückforderungsanspruchs durch den Sozialhilfeträger zu einer Zweigleisigkeit des Rechtschutzes für den Beschenkten.

Die Überleitungsanzeige unterliegt als Verwaltungsakt der Kontrolle der Widerspruchsbehörde bzw. der nunmehr in Angelegenheiten der Sozialhilfe

237 Kritisch zu dieser Lösung Staudinger-Chiusi, § 528 Rn. 30, die befürchtet, dass damit § 2175 BGB überstrapaziert wird. Diese Bedenken dürften jedoch unbegründet sein. Sofern man richtigerweise § 2175 BGB den allgemeinen Rechtsgedanken entnimmt, dass es bei solchen Forderungen zu keinem Erlöschen durch Konfusion kommt, an denen ein schützenswertes schuldrechtliches Erwerbsinteresse Dritter besteht und damit der (schwächere) Rückgriff mittels gesetzlich normierter Pflicht zur Abtretung des regressvermittelnden Rechts dem (analogen) Anwendungsbereich des § 2175 BGB unterfällt, erscheint es nur folgerichtig, auch das Erwerbsinteresse des Sozialhilfeträgers beim (stärkeren) Regress mittels Magistralzession nach § 93 SGB XII analog § 2175 BGB zu schützen.

zuständigen Sozialgerichte.[238] Dabei beschränkt sich der gerichtliche Rechtsschutz auf die Prüfung der Rechtmäßigkeit der Überleitungsanzeige.[239] Über das Bestehen und die Durchsetzbarkeit des übergeleiteten Schenkungsrückforderungsanspruchs entscheiden die Sozialgerichte nicht, diese Prüfung fällt in den Zuständigkeitsbereich der Zivilgerichte. Die Sozialgerichte heben die Überleitungsanzeige allein im Falle einer sog. Negativevidenz, das heißt, wenn der übergeleitete Schenkungsrückforderungsanspruch offensichtlich nicht besteht, wegen materieller Rechtswidrigkeit auf.[240]

Das zuständige Zivilgericht hat in dem der Überleitung nachfolgenden Zivilprozess des Sozialhilfeträgers gegen den Beschenkten über die Voraussetzungen und Rechtsfolgen des Anspruchs aus § 528 Abs.1 BGB zu entscheiden. Die Rechtmäßigkeit der Überleitungsanzeige zählt nicht dazu.[241] Aufgrund der Tatbestandswirkung eines Verwaltungsaktes ist das Zivilgericht nämlich – auch bei deren Rechtswidrigkeit – solange an die Wirksamkeit der Überleitungsanzeige gebunden, bis diese aufgrund einer behördlichen oder sozialgerichtlichen Entscheidung aufgehoben worden ist (vgl. § 39 Abs.2 SGB X). Allein eine Nichtigkeit der Überleitungsanzeige wird vom Zivilgericht berücksichtigt, da nichtige Verwaltungsakte nach § 39 Abs.3 SGB X (schlechterdings) unwirksam sind. In einem solchen Fall weist das Zivilgericht – ohne eine weitere Prüfung der Anspruchsvoraussetzungen – die Klage des Sozialhilfeträgers mangels Aktivlegitimation als unbegründet ab. Denn selbst wenn ein durchsetzbarer Anspruch aus § 528 Abs.1 BGB bestehen sollte, steht er jedenfalls nicht dem klagenden Sozialhilfeträger zu.

Die erfolgreiche Wiederherstellung des Nachrangs der Sozialhilfe durch den Zugriff auf den Rückforderungsanspruch des verarmten Schenkers verlangt somit letztlich sowohl eine wirksame Überleitungsanzeige als auch das Bestehen eines durchsetzbaren Anspruchs aus § 528 Abs.1 S.1 BGB. Fehlt es nur an einem von beiden, ist der Regress des Sozialhilfeträgers zum Scheitern verurteilt. Denn dann fehlt ein durchsetzbarer Anspruch gegen den Beschenkten, jedenfalls in den Händen des Sozialhilfeträgers.

Die Zweigleisigkeit des Rechtsschutzes stellt gewisse Anforderungen an den Beschenkten. Er muss wissen, wo er bestehende Einwände gegen die Inanspruchnahme durch den Sozialhilfeträger vorzubringen hat. Einwendungen und Einreden gegen den übergeleiteten Schenkungsrückforderungsanspruch sind

---

238 Siehe § 51 Abs.1 Nr. 6a SGG.

239 Siehe dazu und zum Folgenden, juris/PK SGB XII-Armbruster, § 93 Rn. 95 f.

240 Siehe dazu schon oben Zweiter Teil, 2. Kap., II. 4. b) bb) (S. 161 f.) m.w.N.

241 Siehe dazu und zum Folgenden schon oben Zweiter Teil, 2. Kap., IV. 1. (S. 177 f.) m.w.N.

vor den Zivilgerichten zu erheben, Angriffe gegen die Überleitungsanzeige sind durch Widerspruch und Anfechtungsklage vor den Sozialgerichten zu führen.

2. Aussetzung des Zivilrechtsstreits bei Anfechtung der Überleitungsanzeige[242]

Mit der Überleitung des Anspruchs aus § 528 Abs.1 S.1 BGB erlangt der Sozialhilfeträger die Rechtsstellung des Schenkers. Die Anspruchsüberleitung bildet damit die Grundlage seiner Aktivlegitimation und zählt somit zu den klagebegründenden Voraussetzungen im nachfolgenden Zivilprozess. Insofern stellt sich die Frage, ob das Zivilgericht bei einer Anfechtung der Überleitungsanzeige[243] durch Widerspruch oder Anfechtungsklage den Rechtsstreit[244] bis zu einer bestands- bzw. rechtskräftigen Entscheidung über die Wirksamkeit der Überleitung gemäß § 148 ZPO aussetzen sollte.[245]

§ 148 ZPO fordert für die nach pflichtgemäßem Ermessen[246] zu treffende Aussetzungsentscheidung, dass die Entscheidung des Rechtsstreits ganz oder zum Teil von dem Bestehen oder Nichtbestehen eines Rechtsverhältnisses abhängt, das den Gegenstand eines anderen anhängigen Rechtsstreits bildet oder von einer Verwaltungsbehörde festzustellen ist. Eine solche Vorgreiflichkeit der in dem anderen Verfahren ergehenden für die in dem auszusetzenden Verfahren

242 Zu dieser Problematik schon ausführlich Zeranski, FamRZ 1999, 824 ff.

243 Eine solche kann nach heute ganz überwiegender Meinung sowohl durch den Schenker als auch durch den Beschenkten erfolgen (siehe etwa BVerwGE 92, 281, 282 f. (zu § 90 BSHG); juris/PK SGB XII-Armbruster, § 93 Rn. 93; Oestreicher-Decker, § 93 Rn. 121 ff.; Hauck/Noftz-Falterbaum, § 93 Rn. 51). – Da die Entscheidung über die Wirksamkeit der Überleitung nur beiden gegenüber einheitlich ergehen kann, ist der jeweils andere notwendig beizuladen (siehe etwa juris/PK SGB XII-Armbruster, § 93 Rn. 94; Wahrendorf in Wahrendorf/Grube, § 93 Rn. 31).

244 § 148 ZPO spricht von einer Aussetzung der Verhandlung, in den §§ 152 ff. ZPO ist von einer Aussetzung des Verfahrens die Rede. Gemeint ist in allen Fällen der Stillstand des Prozesses kraft richterlicher Anordnung (siehe etwa Stein/Jonas-Roth, § 148 Rn. 1).

245 Für eine Aussetzung: LG Hannover, FamRZ 1977, 755 (zu § 37 BAföG a.F.); LG Duisburg, MDR 1983, 138 sowie aus dem Schriftum Seetzen, NJW 1978, 1350, 1352; Löwer, VR 1986, 361, 363, 364; wohl auch MüKo/ZPO-Wagner, § 148 Rn. 12. Nach juris/PK SGB XII- Armbruster, § 93 Rn. 108 kann das Zivilgericht aussetzen, muss dies aber nicht. Gegen eine Aussetzung: OLG Schleswig, FamRZ 1978, 153 (zu § 37 BAföG a.F.); OLG Zweibrücken, NJW 1986, 730, 731; OLG Hamm, FamRZ 1988, 633; OLG Oldenburg FamRZ 1998, 434; LG Hannover, MDR 1982, 586; LG Münster, NJW 1984,1188, 1189 sowie aus dem Schrifttum Zöller-Greger, § 148 Rn. 9; B/L/A/H, § 148 Rn. 26; Thomas/Putzo-Reichold, § 148 Rn. 5; Oestreicher-Decker, § 93 Rn. 112; Hauck/Noftz-Falterbaum, § 93 Rn. 48; MAH SozR-Ehmann, § 37 Rn. 28; Schultz, MDR 1983, 101 f.; Zeranski, FamRZ 1999, 824 ff.; wohl auch SSH-H. Schellhorn, § 93 Rn. 50; Fichtner/Wenzel-Wolf, § 93 Rn. 43. Differenzierend Stein/Jonas-Roth, § 148 Rn. 46.

246 Siehe etwa Wieczorek/Schütze-Smid, § 148 Rn. 2; B/L/A/H, § 148 Rn. 32.

zu treffende Entscheidung läge zweifelsohne vor, wenn die Entscheidung des Zivilgerichts über den übergeleiteten Anspruch nicht ohne die Entscheidung der Widerspruchsbehörde bzw. des Sozialgerichts über die Anfechtung der Überleitungsanzeige ergehen könnte.[247]

Angesichts der Tatbestandswirkung der Überleitungsanzeige und der gemäß § 93 Abs.3 SGB XII fehlenden aufschiebenden Wirkung der in Rede stehenden Rechtsbehelfe ist dem Zivilgericht aber auch bei einer Anfechtung der Überleitungsanzeige eine Entscheidung in der Sache möglich. Es hat nämlich bis zu einer behördlichen oder sozialgerichtlichen Aufhebung der Überleitungsanzeige von deren Wirksamkeit auszugehen[248] und kann auf dieser Grundlage über die Klage des Sozialhilfeträgers aus dem übergeleiteten Schenkungsrückforderungsanspruchs entscheiden.[249]

Der Begriff der Vorgreiflichkeit im Sinne des § 148 ZPO wird aber in einem umfassenderen Sinne verstanden. Wäre eine Vorgreiflichkeit nur dergestalt zu begreifen, dass die Entscheidung des Zivilgerichts nicht ohne die Entscheidung der Verwaltungsbehörde oder des anderen Gerichts ergehen kann, wäre die in § 148 ZPO normierte Anordnung einer nach pflichtgemäßen Ermessen zu treffenden Aussetzungsentscheidung fehl am Platz. Denn in einem solchen Fall verbleibt überhaupt kein Raum für eine Ermessensausübung, das Ermessen reduziert sich hier vielmehr von vornherein auf null.

Bei der Inhaltsbestimmung des Tatbestandsmerkmals der Vorgreiflichkeit bietet der Sinn und Zweck des § 148 ZPO maßgebliche Orientierung. Die Vorschrift dient nach allgemeinem Verständnis sowohl der Wahrung einer Entscheidungsharmonie als auch der Prozesswirtschaftlichkeit.[250] Mit der Aussetzung des Verfahrens soll es dem Zivilgericht ermöglicht werden, die anderweitige Entscheidung abzuwarten und diese dann bei der eigenen Entscheidung zu berücksichtigen. Damit soll die gewünschte Entscheidungsharmonie erreicht werden. Ferner soll der Aufwand im Rahmen des auszusetzenden Rechtsstreits auf das Notwendige beschränkt werden. Prozessmaßnahmen, die sich nach Ergehen der anderweitigen Entscheidung als überflüssig erweisen, sollen ebenso vermieden werden, wie aus vorschnell getroffenen Entscheidungen im auszusetzenden Verfahren resultierende Folgeprozesse.

---

247 Dazu schon Zeranski, FamRZ 1999, 824. Vgl. ferner Schultz, MDR 1983, 101.

248 Siehe dazu schon oben Zweiter Teil, 2. Kap., IV. 1. (S. 177 f.).

249 Ebenso Schultz, MDR 1983, 101 f. (für eine Überleitung nach § 90 BSHG).

250 Vgl. dazu und zum Folgenden Stein/Jonas-Roth, § 148 Rn. 3; Wieczorek/Schütze-Smid, § 148 Rn. 1; MüKo/ZPO-Wagner, § 148 Rn. 1; Musielak-Stadler, § 148 Rn. 1.

Diesen Zwecken liefe es offenbar zuwider, wenn nach stattgebendem Zivilurteil die Überleitungsanzeige durch behördliche oder sozialgerichtliche Entscheidung aufgehoben würde und damit im Nachhinein die Grundlage der Aktivlegitimation des im Zivilrechtsstreit obsiegenden Sozialhilfeträgers entfiele.[251] Damit erwiese sich nicht nur der – etwa in Gestalt einer umfangreichen Beweisaufnahme – im Zivilprozess getätigte Aufwand rückwirkend betrachtet als überflüssig, derlei einander widersprechende Entscheidungen böten auch die Gefahr nunmehr notwendig werdender Folgeprozesses zur Verteidigung gegen die Durchsetzung des titulierten Anspruchs aus § 528 BGB bzw. zur Rückerlangung bereits erbrachter oder schon vollstreckter Leistungen des Beschenkten.[252] All dem ließe sich mit einer Aussetzung des Zivilrechtstreits bis zu einer bestands- bzw. rechtskräftigen Entscheidung über die Wirksamkeit der Überleitungsanzeige begegnen. Bei einer Aufhebung der Überleitungsanzeige wäre die Zivilklage mangels Aktivlegitimation des Sozialhilfeträgers als unbegründet abzuweisen und im Falle einer bestands- bzw. rechtskräftigen Bestätigung der Überleitungsanzeige könnte das Zivilgericht darauf aufbauend mit dem dann jedenfalls notwendigen Aufwand eine damit definitiv in Einklang stehende Entscheidung treffen. Damit wäre zugleich die Gefahr von Folgeprozessen gebannt.

Trotz dieser zweifelsohne beachtlichen Aspekte verbietet sich gleichwohl eine Aussetzung des Zivilrechtsstreits im Hinblick auf die gesetzliche Wertung des § 93 Abs.3 SGB XII.[253] Danach haben Widerspruch und Anfechtungsklage gegen die Überleitungsanzeige keine aufschiebende Wirkung. Dem Gesetz ist somit nicht nur, wie § 93 Abs.1 S.4 SGB XII zeigt, an einer umfassenden, sondern auch an einer zügigen Wiederherstellung des Nachrangs der Sozialhilfe gelegen.[254] Die vom Sozialhilfeträger in Vorlage für den vorrangig verpflichteten Dritten verauslagten Mittel sollen möglichst schnell zurückerlangt werden, damit sie alsbald für andere der Sozialhilfe Bedürftige zur Verfügung stehen. Der Träger der Sozialhilfe soll dementsprechend gerade nicht bis zu einer bestands- bzw. rechtskräftigen Entscheidung über die Wirksamkeit der Überleitung mit der Durchsetzung des übergeleiteten Anspruchs warten müssen. Damit lässt sich eine Aussetzung des Zivilrechtsstreits nach § 148 ZPO aber nur schwerlich vereinbaren. Sie würde

251 Eine Aufhebung der Überleitungsanzeige infolge einer erfolgreichen Anfechtung wirkt auf den Zeitpunkt ihres Erlasses zurück, so dass der Sozialhilfeträger rückwirkend zum Nichtberechtigten wird (siehe juris/PK SGB XII-Armbruster, § 93 Rn. 99; vgl. ferner Schenke, Rn. 950).

252 Siehe dazu und zum Folgenden schon Zeranski, FamRZ 1999, 824, 825.

253 Siehe dazu und zum Folgenden bereits Zeranski, FamRZ 1999, 824, 825 f. Dem zustimmend Oestreicher-Decker, § 93 Rn. 112; Hauck/Noftz-Falterbaum, § 93 Rn. 48; MAH SozR-Ehmann, § 37 Rn. 28.

254 Vgl. dazu auch schon Schultz, MDR 1983, 101, 102 (zu § 90 Abs.3 BSHG).

nämlich einer Durchsetzung des übergeleiteten Rechts bis zu einer bestands- bzw. rechtskräftigen Entscheidung über die Überleitungsanzeige entgegenstehen und damit mittelbar zu dem Suspensiveffekt führen, den § 93 Abs.3 SGB XII im Sinne einer zügigen Wiederherstellung des Nachrangs der Sozialhilfe gerade beseitigt hat. Die gesetzliche Wertung eben jenes § 93 Abs.3 SGB XII spricht somit entscheidend gegen eine Aussetzung des Zivilrechtsstreits. Das dem Zivilgericht nach § 148 ZPO zukommende Aussetzungsermessen reduziert sich angesichts dessen vielmehr zu einem Aussetzungsverbot.[255]

Etwas anderes gilt allerdings im Falle einer Anordnung der aufschiebenden Wirkung von Widerspruch bzw. Anfechtungsklage durch das im Wege einstweiligen Rechtschutzes angerufene Sozialgericht gemäß § 86b Abs.1 S.1 Nr.2 SGG.[256] Das steht in Einklang mit der gesetzlichen Wertung des § 93 Abs.3 SGB XII. Denn mit einer Anordnung nach § 86b Abs.1 S.1 Nr.2 SGG erhalten Widerspruch und Anfechtungsklage gerade die ihnen sonst nach § 93 Abs.3 SGB XII fehlende aufschiebende Wirkung. Unabhängig von dem Theorienstreit über die Wirkung des Suspensiveffekts – nach den Wirksamkeitstheorien wird die Wirksamkeit, nach der Vollziehbarkeitstheorie die Vollziehbarkeit des Verwaltungsaktes gehemmt[257] – besteht jedenfalls insoweit Einigkeit, dass die Behörde nach Eintritt der aufschiebenden Wirkung keine tatsächlichen und rechtlichen Folgerungen aus dem Verwaltungsakt mehr ziehen darf.[258] Mit Anordnung der aufschiebenden Wirkung des Widerspruchs bzw. der Anfechtungsklage gegen die Überleitungsanzeige hat demgemäß eine Klage des Sozialhilfeträgers aus übergeleitetem Recht zu unterbleiben, eine schon erhobene Klage darf nicht weiterverfolgt werden.[259] Dementsprechend ist der Zivilrechtstreit aus übergeleitetem Recht gemäß § 148 ZPO auszusetzen. Das dem Zivilgericht nach § 148 ZPO zukommende Aussetzungsermessen reduziert sich mit Anordnung der aufschiebenden

---

255 So auch schon Zeranski, FamRZ 1999, 824, 826. Ebenso Oestreicher-Decker, § 93 Rn. 112; Hauck/Noftz-Falterbaum, § 93 Rn. 48; MAH SozR-Ehmann, § 37 Rn. 28; Schultz, MDR 1983, 101, 102.

256 Die grundsätzlich gemäß § 86a Abs.1 SGG bestehende aufschiebende Wirkung von Widerspruch und Anfechtungsklage entfällt bei einer Überleitungsanzeige nach § 93 Abs.1 SGB XII gemäß § 86a Abs.2 Nr.4 SGG i.V.m. § 93 Abs.3 SGB XII. Das Sozialgericht kann aber in diesem Fall gemäß § 86b Abs.1 S.1 Nr.2 SGG auf Antrag die aufschiebende Wirkung der Rechtsbehelfe anordnen.

257 Vgl. dazu etwa Schenke, Rn. 948 f.; siehe ferner Löwer, VR 1986, 361, 364.

258 Siehe juris/PK SGB XII-Armbruster, § 93 Rn. 92. Vgl. ferner Schultz, MDR 1983, 101, 102.

259 Vgl. juris/PK SGB XII-Armbruster, § 93 Rn. 92; Schultz, MDR 1983, 101, 102.

Wirkung gemäß § 86b Abs.1 S.1 Nr.2 SGG durch das Sozialgericht somit zu einem Aussetzungsgebot.[260]

Diese Lösung wird nicht nur dem Sinn und Zweck des § 148 ZPO, sondern auch den widerstreitenden Interessen der Beteiligten gerecht.[261] Die Entscheidung des Sozialgerichts im einstweiligen Rechtsschutzverfahren gemäß § 86b Abs.1 S.1 Nr.2 SGG richtet sich maßgeblich nach den im Rahmen einer summarischen Prüfung zu ermittelnden Erfolgsaussichten im Hauptsacheverfahren.[262] Je größer diese Erfolgsaussichten sind, desto eher wird das Sozialgericht die aufschiebende Wirkung von Widerspruch bzw. Anfechtungsklage anordnen. Damit erweist sich aber auch die daran anknüpfende Aussetzungsentscheidung nach § 148 ZPO als sachgerecht. Denn im Falle einer überwiegenden Erfolgswahrscheinlichkeit der Anfechtung der Überleitungsanzeige im Hauptsacheverfahren bestehen nicht nur erhöhte Gefahren einer Störung der Entscheidungsharmonie, sondern auch gesteigerte Risiken einer mangelnden Prozesswirtschaftlichkeit der Verfahren. Sieht das Sozialgericht dagegen von der Anordnung der aufschiebenden Wirkung mangels hinreichender Erfolgsaussichten der Rechtsbehelfe im Überleitungsstreit ab, sind zugleich auch die entsprechenden Gefahren für Entscheidungsharmonie und Prozesswirtschaftlichkeit geringer, womit sich auch der Fortgang des Zivilrechtsstreits aus übergeleitetem Recht als sachgerecht erweist.

Das Sozialgericht berücksichtigt bei der im einstweiligen Rechtsschutzverfahren vorzunehmenden Interessenabwägung neben den Erfolgsaussichten im Hauptsacheverfahren aber auch besondere, den Beteiligten drohende Härten. Damit lassen sich schließlich auch mögliche Schadensrisiken des Beklagten, die ihm bei einer Durchsetzung des übergeleiteten Anspruchs drohen, angemessen begrenzen.[263] Besteht einerseits keine evidente Aussichtslosigkeit im Hauptsacheverfahren gegen die Überleitungsanzeige, führt andererseits die auf deren Grundlage erfolgende Durchsetzung des übergeleiteten Rechts aber zu schweren und irreparablen Nachteilen für den Anspruchsverpflichteten, wird das Sozialgericht die aufschiebende Wirkung gemäß § 86b Abs.1 S.1 Nr.2 SGG anordnen. Mit der daran anknüpfenden Aussetzungsentscheidung gemäß § 148 ZPO bleibt

---

260 So auch schon Zeranski, FamRZ 1999, 824, 828. Ebenso MAH SozR-Ehmann, § 37 Rn. 28; Schultz, MDR 1983, 101, 102 und wohl auch juris/PK SGB XII-Armbruster, § 93 Rn. 108; Zöller-Greger, § 148 Rn. 9; Thomas/Putzo-Reichold, § 148 Rn. 5. Ebenfalls für eine Aussetzung in diesem Fall, aber ohne eine Ermessensreduzierung auf Null, Oestreicher-Decker, § 93 Rn. 112; Hauck/Noftz-Falterbaum, § 93 Rn. 48; Mergler/Zink-Kiss, § 93 Rn. 44.

261 Siehe dazu und zum Folgenden schon Zeranski, FamRZ 1999, 824, 827.

262 Vgl. dazu auch Gühlstorf, ZfF 2006, 121, 123.

263 Auch dieser Aspekt wird zum Teil dem „Aufgabenkatalog" des § 148 ZPO zugerechnet. Vgl. Löwer, VR 1986, 361, 363, 365.

dem Sozialhilfeträger die Erlangung eines Vollstreckungstitels versagt und der beklagte Beschenkte von einer Zwangsvollstreckung verschont.

Überdies erscheint es durchaus angemessen, auch schon während eines schwebenden Rechtsschutzverfahrens gemäß § 86b Abs.1 S.1 Nr.2 SGG den Zivilrechtsstreit nach § 148 ZPO auszusetzen.[264] Zwar besteht in diesem Stadium des Verfahrens die Tatbestandswirkung der Überleitungsanzeige ebenso unverändert fort wie weiterhin die gesetzliche Wertung des § 93 Abs.3 SGB XII gilt, doch sollte nicht übersehen werden, dass in absehbarer Zeit mit einer Entscheidung über die Anordnung der aufschiebenden Wirkung von Widerspruch bzw. Anfechtungsklage zu rechnen ist, der für die gemäß § 148 ZPO zu treffende Aussetzungsentscheidung maßgebliche Bedeutung zukommt. Auch besteht bis zum Abschluss des einstweiligen Rechtschutzverfahrens noch eine höhere Schutzwürdigkeit des Beschenkten. Vor diesem Hintergrund erscheint es vertretbar, dass die mit der Wiederherstellung des Nachrangs der Sozialhilfe einhergehenden fiskalischen Interessen für die verhältnismäßig kurze Zeit bis zum Abschluss des einstweiligen Rechtsschutzverfahrens zurücktreten.

Im Ergebnis verbietet sich somit angesichts der gesetzlichen Wertung des § 93 Abs.3 SGB XII eine Aussetzung des Zivilrechtstreits aus übergeleitetem Recht bei Anfechtung der Überleitungsanzeige. Das zivilgerichtliche Verfahren ist jedoch gemäß § 148 ZPO auszusetzen, sofern eine Anordnung der aufschiebenden Wirkung von Widerspruch oder Anfechtungsklage gegen die Überleistungsanzeige nach § 86b Abs.1 S.1 Nr.2 SGG erfolgt ist. Darüber hinaus erscheint die Aussetzung des Zivilrechtstreits auch schon während eines schwebenden Rechtschutzverfahrens gemäß § 86b Abs.1 S.1 Nr.2 SGG opportun.

VI. Zusammenfassung der Ergebnisse

1. Der Zugriff des Sozialhilfeträgers auf den Schenkungsrückforderungsanspruchs aus § 528 Abs.1 BGB zur Wiederherstellung des Nachrangs der Sozialhilfe erfolgt gemäß § 93 SGB XII durch Überleitungsanzeige an den Beschenkten. Dabei handelt es sich um einen (privatrechtsgestaltenden) Verwaltungsakt, der der Kontrolle der Widerspruchsbehörde und der Sozialgerichte unterliegt. Die Überleitungsanzeige kann sowohl vom Schenker als auch vom Beschenkten durch Widerspruch und Anfechtungsklage angefochten werden.

264 Siehe dazu und zum Folgenden schon Zeranski, FamRZ 1999, 824, 828 sowie ansatzweise Schultz, MDR 1983, 101, 102.

2. Vor Erlass der Überleitungsanzeige sind sowohl der Schenker als auch der Beschenkte vom Sozialhilfeträger gemäß § 24 SGB X anzuhören. Eine unterbliebene bzw. nicht ordnungsgemäß erfolgte Anhörung kann nach Maßgabe des § 41 Abs.1 Nr.3, Abs.2 SGB X nachgeholt werden, womit der seinerzeitige Verfahrensverstoß geheilt wird. Die Unbeachtlichkeit eines nicht geheilten Anhörungsmangels gemäß § 42 S.1 SGB X kommt dagegen nicht in Betracht (§ 42 S.2 SGB X).
3. Die schriftliche Überleitungsanzeige ist gemäß § 35 Abs.1 SGB X zu begründen. Bei einer fehlenden oder unzureichenden Begründung sind sowohl eine Heilung gemäß § 41 Abs.1 Nr.2, Abs.2 SGB X wie auch eine Folgenlosigkeit des (nicht geheilten) Begründungsmangels gemäß § 42 S.1 SGB X möglich.
4. Die Rechtmäßigkeit der Überleitungsanzeige setzt allein die Bewilligung von Sozialhilfe voraus. Die tatsächliche Leistungserbringung ist nicht erforderlich. Die Rechtmäßigkeit der Sozialhilfegewährung an den Schenker ist keine Rechtmäßigkeitsvoraussetzung für die Überleitungsanzeige.
5. Die Rechtmäßigkeit der Überleitungsanzeige setzt allein das mögliche Bestehen eines durchsetzbaren Schenkungsrückforderungsanspruchs des Hilfeempfängers gegen den Beschenkten im Bewilligungszeitraum voraus. Nur im Falle einer sog. Negativevidenz, das heißt, wenn es daran offensichtlich fehlt, ist die Überleitungsanzeige rechtswidrig, aber nicht nichtig.
6. § 93 Abs.1 S.3 SGB XII steht der Überleitung eines Schenkungsrückforderungsanspruchs nicht entgegen.
7. Der Sozialhilfeträger hat über die Überleitung des Schenkungsrückforderungsanspruchs nach pflichtgemäßem Ermessen zu entscheiden. Angesichts des Nachrangs der Sozialhilfe und des damit in Zusammenhang stehenden Gebots der wirtschaftlichen Verwendung öffentlicher Mittel ist die Überleitung des Schenkungsrückforderungsanspruchs aber der Regelfall. Der Sozialhilfeträger prüft daher im Rahmen seiner Ermessensausübung allein, ob aufgrund besonderer Umstände des Einzelfalles von der Anspruchsüberleitung insgesamt oder zum Teil abzusehen ist. Dabei sind neben allgemeinen sozialhilferechtlichen Grundsätzen und den sozialhilferechtlichen Belangen des hilfeempfangenden Schenkers auch Umstände zu berücksichtigen, die in der Person des Beschenkten liegen.
8. Die Überleitung des Anspruchs aus § 528 Abs.1 S.1 BGB ist auch noch nach dem Tod des Schenkers möglich (sog. postmortale Überleitung).
9. Mit wirksamer Überleitung und Hilfeerbringung rückt der Sozialhilfeträger gemäß § 93 Abs.2 SGB XII in die Rechtsstellung des Schenkers, im Falle einer postmortalen Überleitung in die durch den Erbfall erlangte Rechtsstellung seines Erben, ein. Damit ist der Sozialhilfeträger in der Lage, den überge-

leiteten Schenkungsrückforderungsanspruch gegenüber dem Beschenkten geltend zu machen.

10. Der Erwerb des Schenkungsrückforderungsanspruchs durch den Sozialhilfeträger ist auch aufgrund einer Abtretung des Schenkers möglich, sofern sich der Sozialhilfeträger dadurch keine weitergehenden Erstattungsmöglichkeiten erschließt als sie im konkret durch § 93 SGB XII eröffnet sind.
11. In dem der Anspruchsüberleitung nachfolgenden Zivilprozess prüfen die Zivilgerichte nicht die Rechtmäßigkeit der Überleitungsanzeige. Diese Prüfung obliegt allein den Sozialgerichten bzw. im Widerspruchsverfahren der Widerspruchsbehörde. Die Zivilgerichte berücksichtigen allein die Nichtigkeit einer Überleitungsanzeige und weisen in einem solchen Fall die Klage des Sozialhilfeträgers ohne weiteres als unbegründet ab.
12. In dem Zivilprozess zwischen Sozialhilfeträger und Beschenktem ergeben sich, da sich die Wirkungen der Überleitung in dem Übergang des Schenkungsrückforderungsanspruch auf den Träger der Sozialhilfe erschöpfen, keine Unterschiede zu einer Geltendmachung des Schenkungsrückforderungsanspruchs durch den Schenker selbst, insbesondere bleiben dem Beschenkten in entsprechender Anwendung des § 412 BGB nach § 404 BGB sämtliche Einwendungen und Einreden erhalten. Ein Sonderverjährungsrecht zugunsten des Sozialhilfeträgers ist abzulehnen.
13. Der Schenkungsrückforderungsanspruch erlischt nach der Inanspruchnahme von Sozialhilfe durch den Schenker nicht mit dessen Tod und zwar unabhängig davon, ob noch zu dessen Lebzeiten eine Überleitung durch den Sozialhilfeträger erfolgt ist.
14. Sollte es mit dem Tod des Schenkers zu einer Vereinigung von Forderung und Schuld in der Person des Beschenkten kommen, weil dieser der Alleinerbe des Schenkers ist, tritt nach einer Inanspruchnahme von Sozialhilfe auch kein Erlöschen des Schenkungsrückforderungsanspruchs durch Konfusion ein.
15. Die Anfechtung der Überleitungsanzeige durch Widerspruch bzw. Anfechtungsklage rechtfertigt keine Aussetzung des Zivilrechtstreits zwischen dem Sozialhilfeträger und dem Beschenkten nach § 148 ZPO. Der Zivilrechtsstreit ist jedoch im Falle der Anordnung der aufschiebenden Wirkung von Widerspruch oder Anfechtungsklage durch das Sozialgericht gemäß § 86b Abs.1 S.1 Nr.2 SGG vom Zivilgericht nach § 148 ZPO auszusetzen. Darüber hinaus erscheint ist durchaus sachgerecht, den Zivilrechtstreit auch schon während eines schwebenden einstweiligen Rechtsschutzverfahrens nach § 86b Abs. 1 S.1 Nr.2 SGG auszusetzen.

Drittes Kapitel
Die Rückforderung der Schenkung durch unterhaltssichernde Leistungen erbringende private Dritte

I. Die Problematik

In der Praxis begegnen zunehmend Fälle, in denen der Sozialhilfeträger dem Schenker unter Berufung auf dessen Anspruch aus § 528 BGB gegen den Beschenkten die Sozialhilfe versagt. In diesen Fällen treten nicht selten private Pflegeeinrichtungen mit ihren Leistungen in Vorlage. Vereinzelt kommen auch Angehörige oder sonstige aus fürsorgerischen Gründen handelnde Dritte dem Schenker zur Hilfe. Da auch deren Leistungen den Beschenkten nicht entlasten sollen, stellt sich für sie gleichfalls die Frage eines Rückgriffs beim Beschenkten.

Da für Privatpersonen eine Ermächtigung zur Anspruchsüberleitung nicht in Betracht kommt sowie ferner zugunsten des in Rede stehenden Personenkreises kein gesetzlicher Forderungsübergang zum Zwecke des Rückgriffs existiert, kommt die Erlangung der Aktivlegitimation zur Durchsetzung des Anspruchs aus § 528 BGB gegenüber dem Beschenkten nur aufgrund einer Abtretung des Schenkers oder seines Erben sowie durch eine Pfändung und Überweisung des Rechts in Betracht.

II. Der Erwerb des Schenkungsrückforderungsanspruchs durch Abtretung

Bei dem Erwerb des Schenkungsrückforderungsanspruchs durch eine Abtretung gemäß § 398 BGB ist zwischen einer lebzeitigen Zession durch den Schenker selbst und einer postmortalen Abtretung durch dessen Erben, gegebenenfalls auch durch einen Nachlasspfleger,[1] zu unterscheiden.

1. Lebzeitige Zession durch den Schenker

Bei der Frage nach der Wirksamkeit einer Abtretung des Anspruchs aus § 528 Abs.1 S.1 BGB durch den Schenker an Dritte, die ihm unterhaltssichernde Leistungen erbringen, ist zunächst die Zweckbindung des Schenkungsrückforderungsanspruchs mit der daraus resultierenden Abtretungsbeschränkung gemäß § 399, 1. Fall BGB zu beachten. Ferner erscheinen Einschränkungen der Abtretbarkeit

1 So der Sachverhalt in BGHZ 147, 288 f.

nach den §§ 400 BGB, 852 Abs.2 ZPO denkbar. Schließlich könnten sich Hindernisse für eine wirksame Abtretung mitunter auch aus § 1365 BGB ergeben.

a) Beschränkung der Abtretbarkeit gemäß § 399, 1. Fall BGB

Bei dem Rückforderungsanspruch des verarmten Schenkers handelt es sich, wie schon wiederholt ausgeführt, um einen zweckgebundenen Anspruch.[2] Der Zweck des Anspruchs besteht darin, das vom Beschenkten zurück zu gewährende Geschenk zur Deckung des angemessenen Unterhalts des Schenkers bzw. zur Erfüllung seiner gesetzlichen Unterhaltspflichten zu verwenden und so die in § 528 Abs.1 S.1 BGB umschriebene Notbedarfslage zu beseitigen. Angesichts der prinzipiellen Schutzwürdigkeit des Beschenkten an der Erhaltung des Geschenks hat dieser das Geschenk allein zu diesem Zweck herauszugeben bzw. (Teil-)Wertersatz zu leisten.[3] Diese Zweckbindung hat bestimmenden Einfluss auf die Verwertbarkeit des Anspruchs. Sie steht einer uneingeschränkten Veräußerlichkeit des Rechts entgegen und führt zu einer Beschränkung der Abtretbarkeit gemäß § 399, 1. Fall BGB.[4]

Allerdings sind zweckgebundene Ansprüche nicht schlechthin unabtretbar. Da die Abtretungsbeschränkung allein aufgrund der vorhandenen Zweckgebundenheit des Rechts besteht, ist gegen eine Zession, bei der diese Zweckbindung gewahrt bleibt, nichts einzuwenden.[5] Das führt im Ergebnis zu einer relativen Abtretbarkeit[6] der Rechte. Anschaulich belegen dies beispielhaft die zweckgebundenen Ansprüche auf Befreiung von einer Verbindlichkeit und auf Bestellung einer Grunddienstbarkeit, die zwar nicht beliebig zessibel sind, wohl aber an den

---

2 Siehe dazu BGHZ 147, 288, 290 sowie aus dem Schrifttum MüKo-Koch, § 528 Rn. 17; Staudinger-Chiusi, § 528 Rn. 24; juris/PK-Sefrin, § 528 Rn. 34; Jauernig-Mansel, Anm. §§ 528, 529 Rn. 2; Wüllenkemper, JR 1988, 353, 357, 358; Kollhosser, ZEV 1995, 391, 392; Ruby, ZEV 2005, 102, 105 sowie auch schon Zeranski, S. 55 f., insbesondere S. 62 f.

3 Vgl. BGHZ 147, 288, 290. Siehe dazu auch schon Zeranski, S. 62.

4 So die heute ganz überwiegende Ansicht. Siehe etwa MüKo-Koch, § 528 Rn. 17; Staudinger-Chiusi, § 528 Rn. 33; Erman-Herrmann, § 528 Rn. 6; Palandt-Weidenkaff, § 528 Rn. 4; Jauernig-Mansel, Anm. §§ 528, 529 Rn. 2; Wüllenkemper, JR 1988, 353, 357 f.; Hörlbacher, ZEV 1995, 202, 203; Ruby, ZEV 2005, 102, 105 sowie auch schon Zeranski, S. 62 f.

5 Dazu anschaulich Kollhosser, ZEV 1995, 391, 392. Siehe ferner Bamberger/Roth-Rohe, § 399 Rn. 6; NK/BGB-Kreße/B. Eckardt, § 399 Rn. 5. Vgl. auch MüKo-Roth, § 399 Rn. 14; Erman-H.P. Westermann, § 399 Rn. 6; PWW-Müller, § 399 Rn. 4.

6 Siehe dazu Scheying/Nörr in Nörr/Scheying/Pöggeler, § 3 II. 5. (S. 24 f.); ausführlicher dazu freilich die Vorauflage (siehe Nörr/Scheying, § 3 IV. 2. (S. 35 f.)).

Gläubiger der Verbindlichkeit[7] bzw. an den Erwerber des herrschenden Grundstücks[8] abgetreten werden können.[9]

Bei dem Rückforderungsanspruch des verarmten Schenkers gilt es insofern zu berücksichtigen, dass die unterhaltssichernden Leistungen des Dritten an den Schenker – ebenso wie entsprechende Leistungen des Sozialhilfeträgers – nur in Vorlage für den an sich zur Bedarfsdeckung verpflichteten Beschenkten erfolgt sind. Daher bleibt auch nach einer Abtretung des Schenkungsrückforderungsanspruchs an jene Personen der Zweck des Anspruchs aus § 528 Abs.1 S.1 BGB, das Geschenk bzw. dessen wirtschaftlichen Wert für den Unterhalt des Schenkers zu verwenden, gewahrt.[10] Angesichts der im Rahmen der Zweckbindung des Anspruchs liegenden Zession des Schenkers an einen ihm Hilfe leistenden privaten Dritten ergeben sich somit keine Beschränkungen der Abtretbarkeit aus § 399, 1. Fall BGB.[11]

b) Beschränkung der Abtretbarkeit gemäß §§ 400 BGB, 852 Abs.2 ZPO

Nach § 400 BGB kann eine Forderung nicht abgetreten werden, soweit sie der Pfändung nicht unterworfen ist. Eine Forderung ist somit nur insoweit zessibel wie sie auch pfändbar ist. Der Schenkungsrückforderungsanspruch ist gemäß § 852 Abs.2 ZPO nur beschränkt pfändbar. Er unterliegt dem zwangsweisen Gläubigerzugriff nur, wenn er durch Vertrag anerkannt oder rechtshängig geworden ist.

Über die Auswirkungen der Pfändungsschranken des § 852 ZPO auf die Abtretbarkeit des Rückforderungsanspruchs des verarmten Schenkers gemäß § 400 BGB[12] bestehen unterschiedliche Auffassungen, die aber mehr in der Begründung als im Ergebnis divergieren. So wird vor allem im älteren zivilrechtli-

7 Vgl. BGHZ 12, 136, 141; 35, 317, 322; BGH WM 1975, 305; BGH WM 1975, 1226; BAG DB 1966, 825; MüKo-Roth, § 399 Rn. 15; Palandt-Grüneberg, § 399 Rn. 4, mit der Folge, dass sich der Schuldbefreiungsanspruch in den Händen des Zessionars zu einem Leistungsanspruch wandelt.

8 Vgl. etwa Nörr/Scheying, § 3 IV. 2. (S. 35) m.w.N.

9 Zu weiteren zweckgebundenen Ansprüchen, siehe Zeranski, S. 63 f.; 76 f.

10 Vgl. Eichenhofer, NDV 1999, 82, 86. Vgl. ferner zur Wahrung der Zweckbindung des Anspruchs aus § 528 Abs.1 S.1 BGB beim Regress des Sozialhilfeträgers zwecks Wiederherstellung des Nachrangs der Sozialhilfe, BGHZ 96, 380, 383.

11 Siehe MüKo-Koch, § 528 Rn. 17; Staudinger-Chiusi, § 528 Rn. 33; juris/PK-Sefrin, § 528 Rn. 34; Erman-Herrmann, § 528 Rn. 6; Palandt-Weidenkaff, § 528 Rn. 4; PWW-Hoppenz, § 528 Rn. 17; Bamberger/Roth-Gehrlein, § 528 Rn. 4; Jauernig-Mansel, Anm. §§ 528, 529 Rn. 2; Hörlbacher, ZEV 1995, 202, 203; Ruby, ZEV 2005, 102, 105. Vgl. ferner BGHZ 127, 354, 357 für eine Abtretung an den Träger der Sozialhilfe.

12 Bei den weiteren in § 852 ZPO geregelten Ansprüchen besteht die vorliegende Problematik

chen Schrifttum sowie von einem Teil der Rechtsprechung die Ansicht vertreten, der nur beschränkt pfändbare Anspruch aus § 528 BGB sei, anders als der Pflichtteilsanspruch und der Anspruch auf Ausgleich des Zugewinns, bei denen mit den §§ 2317 Abs.2, 1378 Abs.3 S.1 BGB Sonderregelungen zu § 400 BGB bestünden, in Ermangelung einer solchen Bestimmung aufgrund der zwingenden Regelung des § 400 BGB[13] auch nur beschränkt unter den Voraussetzungen des § 852 ZPO abtretbar.[14]

Nach einer anderen im Schrifttum vertretenen Ansicht verfolgt § 400 BGB vor allem sozialpolitischen Zwecke und sei im Zusammenhang mit den Pfändungsschutzvorschriften der §§ 850 ff. ZPO zu sehen, durch welche sichergestellt werde, dass dem Vollstreckungsschuldner das Existenzminimum erhalten bleibe und er nicht auf staatliche Grundsicherungsleistungen angewiesen sei.[15] § 400 BGB solle in diesem Zusammenhang gewährleisten, dass der Einzelne sich dieses Schutzes auch nicht über eine Abtretung seiner das Existenzminimum sichernden Rechte begeben könne. Sinn und Zweck des § 852 ZPO sei dagegen die Wahrung der Entscheidungsfreiheit des jeweiligen Anspruchsberechtigten, ob er den in einer persönlichen Beziehung fußenden Anspruch geltend machen wolle oder nicht. Damit verfolge § 852 ZPO keine sozialpolitische Zwecke, so dass auch ein ergänzender Schutz gemäß § 400 BGB entbehrlich sei. § 400 BGB bedürfe insofern vielmehr einer teleologischen Reduktion dahingehend, dass er für die Pfändungsbeschränkungen gemäß § 852 ZPO nicht gelte.[16]

Nach einer weiteren, vor allem im vollstreckungsrechtlichen Schrifttum vertretenen Auffassung erlaubt der Sinn der Zweck des § 852 ZPO eine erweiternde Auslegung der Vorschrift, so dass neben Rechtshängigkeit und vertraglicher Anerkennung auch bei weiteren Willensbekundungen des Schenkers, insbesondere bei einer Abtretung des Rechts, die Pfändungsschranken für den Schenkungsrückforderungsanspruch entfielen.[17]

---

nicht, da der Pflichtteils- und der Zugewinnausgleichsanspruch nach § 2317 Abs.2 BGB bzw. § 1378 Abs.3 S.1 BGB ausdrücklich abtretbar sind.

13 Vgl. dazu RGZ 146, 398, 401; BGHZ 4, 153, 155. Den Charakter des § 400 BGB als zwingendes Recht betonen im Zusammenhang mit § 852 Abs.2 ZPO insbesondere RGRK-Mezger, § 528 Rn. 6 sowie OLG Stuttgart, BWNotZ 1985, 70, 71.

14 Siehe etwa Soergel (11. Aufl.)-Mühl, § 528 Rn. 7; RGRK-Mezger, § 528 Rn. 6; OLG Stuttgart, BWNotZ 1985, 70, 71; OLG Frankfurt, NJW 1994, 1805, 1806.

15 Vgl. dazu und zum Folgenden, insbesondere Wüllenkemper, JR 1988, 353, 355 f. m.w.N.

16 Wüllenkemper, JR 1988, 353, 356.

17 Vgl. Stein/Jonas-Brehm, § 852 Rn. 5 mitsamt Fn. 15; Zöller-Stöber, § 852 Rn. 2; Musielak-Becker, § 852 Rn. 2; Prütting/Gehrlein-Ahrens, § 852 Rn. 4; Wieczorek/Schütze-Lüke, § 852 Rn. 3; Schuschke/Walker-Kessal-Wulf, § 852 Rn. 2 (mit dem weiteren Argument, dass zwischen Zessi-

Bei genauerer Betrachtung bedarf es indes weder einer teleologischen Reduktion des § 400 BGB noch einer erweiternden Auslegung des § 852 ZPO, um eine Abtretungsbeschränkung des Schenkungsrückforderungsanspruchs gemäß § 400 BGB zu verneinen. Dieses Ergebnis folgt vielmehr unmittelbar aus einer am Normzweck des § 852 ZPO orientierten, von historischen und systematischen Erwägungen gestützten und vom Gesetzeswortlaut gedeckten Interpretation des Begriffs der vertraglichen Anerkennung.[18] § 852 ZPO bezweckt – wie auch die Gesetzesmaterialien belegen[19] – den Schutz der Entscheidungsfreiheit des Anspruchsberechtigten zur Geltendmachung seines Rechts[20] und erlaubt dementsprechend den zwangsweisen Gläubigerzugriff auf die in der Vorschrift genannten Rechte nur, wenn sie durch Vertrag anerkannt oder rechtshängig geworden sind. Vor diesem Hintergrund vermag es nicht einzuleuchten, warum – wie im Schrifttum vielfach vertreten[21] – die auf die Geltendmachung der in § 852 ZPO genannten Rechte hindeutende Willensäußerung allein bei einer Vereinbarung des Anspruchsberechtigten mit dem Anspruchsverpflichteten gegeben sein soll. Nicht die Willensentschließung des Verpflichteten, die sich in der Anerkennung oder Nichtanerkennung der Ansprüche zeigt, sondern allein die des Berechtigten soll durch § 852 ZPO geschützt werden.

Dann muss für eine vertragliche Anerkennung im Sinne der Vorschrift aber jeder Vertrag des Anspruchsinhabers genügen, aus dem sein Wille zur Geltendmachung des Rechts hervorgeht.[22] Das kann neben einem Anerkennungsvertrag mit dem Verpflichteten aber auch eine Vereinbarung mit einem Dritten sein. Um einen solchen Vertrag handelt es sich bei einer Abtretung des Anspruchs.[23] Auch durch einen solchen Verfügungsvertrag gibt der Schenker, sofern dies nicht schon mit dem Abschluss des zugrunde liegenden Kausalgeschäfts erfolgt ist, in der von § 852 ZPO geforderten Art und Weise zu erkennen, dass er von seinem

---

onar und Drittschuldner nicht mehr jenes höchstpersönliche Verhältnis bestehe, das § 852 ZPO schützen wolle).

18 Siehe dazu schon Zeranski, NotBZ 2001, 19 ff.

19 Siehe dazu im Einzelnen Zeranski, NotBZ 2001, 19, 21 f. m.w.N.

20 Vgl. etwa BGHZ 127, 354, 356; Musielak-Becker, § 852 Rn. 1; Stein/Jonas-Brehm, § 852 Rn. 1; Prütting/Gehrlein-Ahrens, § 852 Rn. 1; HK/ZPO-Kemper, § 852 Rn. 1; Schuschke/Walker-Kessal-Wulf, § 852 Rn. 1.

21 Siehe etwa Zöller-Stöber, § 852 Rn. 2; Musielak-Becker, § 852 Rn. 2; Prütting/Gehrlein-Ahrens, § 852 Rn. 4; Wieczorek/Schütze-Lüke, § 852 Rn. 3; Schuschke/Walker-Kessal-Wulf, § 852 Rn. 2; Thomas/Putzo-Seiler, § 852 Rn. 2; Zimmermann, § 852; Stöber, Rn. 270.

22 Siehe dazu und zum Folgenden bereits Zeranski, NotBZ 2001, 19, 21 f.

23 Ebenso B/L/AH, § 852 Rn. 3; MüKo/ZPO-Smid, § 852 Rn. 3.

Recht Gebrauch machen will. Wenn in der Zession des Anspruchs aber eine vertragliche Anerkennung liegt, kann letztere keine Schranke für die Zession sein.

Dass § 852 ZPO allein auf eine Beschränkung der Pfändbarkeit des Schenkungsrückforderungsanspruchs und nicht auch auf eine solche der Abtretbarkeit des Rechts gerichtet ist, wird schließlich durch gesetzessystematische Erwägungen bestätigt.[24] Wäre dem Gesetz nämlich auch an einer Abtretungsbeschränkung gelegen – was, wie schon die teleologische und die historische Interpretation der Norm bestätigen, nicht der Fall ist – hätte es nahegelegen, diese Beschränkung unmittelbar in § 528 BGB zu normieren, zumal damit zugleich über § 851 Abs.1 ZPO auch die beabsichtigte Beschränkung der Pfändbarkeit erreicht worden wäre. Allein die Existenz des § 852 Abs.2 ZPO neben § 851 Abs.1 ZPO erlaubt somit die Schlussfolgerung, dass ausschließlich eine Beschränkung der Pfändbarkeit und nicht auch eine solche der Abtretbarkeit des Schenkungsrückforderungsanspruchs gewollt ist.[25]

Letztlich bedarf der Meinungsstreit aber keiner abschließenden Entscheidung. Vielmehr gelangen alle hier in Rede stehenden Ansichten zu dem übereinstimmenden Ergebnis, dass sich aus den §§ 400 BGB, 852 Abs.2 ZPO keine Beschränkungen für eine Zession des Schenkungsrückforderungsanspruch an einen dem Schenker unterhaltssichernde Leistungen erbringenden Dritten ergeben. Das folgt nach der hier vertretenen Ansicht unmittelbar aus § 852 ZPO, während die zuvor referierten Auffassungen dieses Ergebnis entweder über eine erweiternde Auslegung des § 852 ZPO oder eine teleologische Reduktion des § 400 BGB erzielen.

Aber auch die erstgenannte Ansicht, die weder die Voraussetzungen des § 852 ZPO mit einer Abtretung des Schenkungsrückforderungsanspruchs als erfüllt betrachtet noch eine teleologische Reduktion des § 400 BGB hinsichtlich der Pfändungsschranken des § 852 ZPO befürwortet, kommt vorliegend zu keinem anderen Ergebnis. Denn auch nach dieser Ansicht gelangt § 400 BGB angesichts seines Zwecks, das durch die Pfändungsschutzvorschriften gewährleistete Existenzminimum auch gegen den Willen des Geschützten zu erhalten, dann nicht zur Anwendung, wenn der Zedent vom Zessionar eine wirtschaftlich gleichwertige Leistung erhält.[26] Das trifft im Falle eines aus fürsorgerischen

---

24 Siehe dazu schon Zeranski, NotBZ 2001, 19, 22.

25 Vgl. dazu auch BGHZ 127, 354, 356; Ruby, ZEV 2005, 102, 105.

26 Siehe BGHZ 127, 354, 356 sowie ferner MüKo-Roth, § 400 Rn. 6; Palandt-Grüneberg, § 400 Rn. 3; PWW-Müller, § 400 Rn. 6; Bamberger/Roth-Rohe, § 400 Rn. 7. Vgl. ferner Staudinger-Chiusi, § 528 Rn. 32; Hörlbacher, ZEV 1995, 202, 203; Franzen, FamRZ 1997, 528, 534; Eichenhofer, NDV 1999, 82, 86.

Gründen Hilfe leistenden Dritten – ebenso wie einem Eintreten des Sozialhilfeträgers – geradezu mustergültig zu. Denn die Zession sowohl an den einen wie an den anderen beschränkt sich in ihrem Umfang stets auf die Höhe der dem Schenker (bereits) erbrachten Hilfeleistungen. Das folgt bei einer Abtretung an private Dritte aus der Zweckgebundenheit des Schenkungsrückforderungsanspruchs.[27] Dementsprechend steht eine solche Abtretung im Hinblick auf künftige Hilfeleistungen unter der aufschiebenden Bedingung ihrer tatsächlichen Erbringung.[28] Damit verliert der Schenker seinen Anspruch gegen den Beschenkten mit einer wirksamen Zession an einen ihm unterhaltssichernde Leistungen erbringenden Dritten immer nur insoweit, wie er auch entsprechende Hilfeleistungen zu seiner Bedarfsdeckung erhält. Das steht im Einklang mit dem Sinn und Zweck sowohl des § 399, 1. Fall BGB als auch mit dem des § 400 BGB.[29]

c) Beschränkung der Abtretbarkeit gemäß § 1365 BGB

Bislang weder von der Rechtsprechung noch, soweit ersichtlich, von der Literatur[30] erörtert wird die Frage, ob und inwieweit § 1365 BGB einer Abtretung des Schenkungsrückforderungsanspruchs entgegensteht. Dazu bestand freilich aus Sicht der Rechtsprechung bislang auch kein Anlass. Bei dem regelmäßig durch eine Überleitung erfolgenden Zugriff des Sozialhilfeträgers auf den Schenkungsrückforderungsanspruch stellt sich diese Frage schon im Hinblick auf § 93 Abs.1 S.4 SGB XII nicht und selbst im Falle einer Abtretung des Anspruchs an den Sozialhilfeträger gemäß § 398 BGB würde der BGH diese Wertung aus dem SGB XII bei der Beurteilung der Wirksamkeit der privatrechtlichen Zession übernehmen.[31] Über die Wirksamkeit einer Abtretung an einen privaten Dritten war bisher von der Rechtsprechung nur in Gestalt einer postmortalen Zession und damit außerhalb des Anwendungsbereichs des § 1365 BGB zu befinden.[32]

Gleichwohl ist die Frage nach einer Abtretungsbeschränkung gemäß § 1365 BGB im Falle einer lebzeitigen Zession des Schenkungsrückforderungsanspruchs

---

27 Bei einer Zession an den Träger der Sozialhilfe folgt dies zudem daraus, dass dieser sich durch eine privatrechtliche Zession nicht mehr verschaffen darf als er im Falle einer öffentlichrechtlichen Überleitung erhielte. Und dort ist der Anspruchsübergang ja an die jeweils erbrachten Sozialhilfeleistungen geknüpft. Siehe dazu schon oben Zweiter Teil, 2. Kap., II. 5. (S. 174).

28 Vgl. BGHZ 4, 153, 163 f.; 13, 360 für gemäß § 400 BGB unabtretbare Ansprüche.

29 So auch BGHZ 127, 354, 355 ff.

30 Allein bei Ruby, ZEV 2005, 102, 105 findet sich ein kurzer Hinweis auf die Geltung des § 1365 BGB bei verheirateten Pflegepersonen (gemeint ist wohl Pflegebedürftigen).

31 Vgl. BGHZ 127, 354, 357 f.

32 Vgl. BGHZ 147, 288 ff.

durch einen im gesetzlichen Güterstand der Zugewinngemeinschaft lebenden Schenker keineswegs fernliegend. Es liegt in der Natur des Anspruchs aus § 528 BGB, dass es sich dabei um den einzigen, dem Schenker verbliebenen nennenswerten Vermögenswert handelt, so dass auf der Grundlage der heute zu § 1365 BGB herrschenden subjektiven Einzeltheorie[33] die in Rede stehende Verfügungsbeschränkung durchaus ein Hindernis für die Abtretung des Anspruchs sein könnte.[34]

Letzten Endes wird dies aber nicht der Fall sein. So wird es in den meisten Fällen schon an den tatbestandlichen Voraussetzungen des § 1365 Abs.1 BGB fehlen. Die Vorschrift verlangt eine Verfügung über das Vermögen. Der Schenkungsrückforderungsanspruch richtet sich aber zumeist auf regelmäßig wiederkehrende Leistungen des Beschenkten in Höhe des beim Schenker zu deckenden Unterhaltsbedarfs, so dass es sich dabei um Einkommen handelt.[35] Das gilt auch, sofern der Schenker den Beschenkten nicht zur Deckung des eigenen Unterhalts, sondern zur Erfüllung seiner gleichfalls periodisch zu erfüllenden gesetzlichen Unterhaltspflichten in Anspruch nimmt. Allein in den (seltenen) Fällen eines auf Herausgabe des Geschenks als solchem gerichteten und damit als Vermögen zu klassifizierenden Anspruchs[36] kommt die Verfügungsbeschränkung des § 1365 BGB in Betracht.

Ob hier angesichts der fürsorgerisch erbrachten unterhaltssichernden Leistungen des Dritten die Zustimmung des anderen Ehegatten[37] gemäß § 242 BGB entbehrlich ist, wie dies in der Literatur im Falle eines Regresses des Sozialhilfeträgers vorgeschlagen wird,[38] erscheint indes zweifelhaft.[39] Jedenfalls ist die Zustimmung des anderen Ehegatten, sofern sie nicht ohnehin erteilt wird, nach § 1365 Abs.2 BGB durch das Familiengericht ersetzbar.[40] Der Einsatz des dem Schenker verbliebenen Restvermögens in Gestalt seines Herausgabeanspruchs

33 Vgl. dazu BGHZ 43, 174 sowie Medicus/Petersen, Rn. 537 m.w.N.

34 Die Vorschrift, deren Hauptanwendungsgebiet im Bereich von Grundstücksveräußerungen liegt, ist ja keineswegs auf Sachverfügungen beschränkt.

35 Siehe dazu schon oben Zweiter Teil, 2. Kap. II. 4. b) ee) (S. 165). Zur Abgrenzung Vermögen/Einkommen bei § 1365 Abs.1 BGB, vgl. Muscheler, Rn. 345 sowie Gernhuber/Coester-Waltjen, § 35 Rn. 35, jew. m.w.N.

36 Dazu gleichfalls schon oben Zweiter Teil, 2. Kap. II. 4. b) ee) (S. 166).

37 Siehe ferner § 6 LPartG für in Zugewinngemeinschaft lebende Lebenspartnerschaften.

38 Vgl. dazu MüKo-Koch, § 1365 Rn. 83.

39 Ablehnend auch Ruby, ZEV 2005, 102, 105.

40 Siehe allgemein zur Ersetzung der Zustimmung gemäß § 1365 Abs.2 BGB, etwa MüKo-Koch, § 1365 Rn. 91 ff.

aus § 528 Abs.1 S.1 BGB zur Sicherstellung erforderlicher Unterhaltsleistungen entspricht gewiss den Grundsätzen einer ordnungsgemäßen Verwaltung.[41]

Nach einer wirksam erfolgten Abtretung bleibt der Schenkungsrückforderungsanspruchs wegen der lebzeitig dem Schenker erbrachten unterhaltssichernder Leistungen auch beim Tod des Schenkers bestehen.[42] Der Zweck des Anspruchs, das Geschenk bzw. dessen wirtschaftlichen Wert für den Unterhalt des Schenkers zu verwenden, kann angesichts der nur in Vorlage für den Beschenkten dem Schenker erbrachten Leistungen des Dritten auch nach dessen Tod noch erreicht werden. Ein Erlöschen des Anspruchs aufgrund einer erbfallbedingten Konfusion kommt in der vorliegenden Fallgestaltung angesichts des noch zu Lebzeiten des Schenkers erfolgten Ausscheidens des Schenkungsrückforderungsanspruchs aus seinem Vermögen nicht in Betracht.

2. Postmortale Zession durch den Erben des Schenkers

Während einer lebzeitigen Abtretung des Anspruchs gemäß § 528 Abs.1 S.1 BGB von dem Schenker an einen ihm Hilfe leistenden Dritten letztlich keine Hindernisse entgegenstehen, gestaltet sich die Beantwortung der Frage nach der Wirksamkeit einer postmortalen Zession des Rechts an den in Rede stehenden Personenkreis deutlich schwieriger. Eine solche Abtretung kann durch den Erben des Schenkers, aber auch – wie in der grundlegenden Entscheidung des BGH zu der Problematik geschehen – durch einen Nachlasspfleger erfolgen.[43] Deren Wirksamkeit setzt jedoch den Fortbestand des Rechts über den Tod des Schenkers hinaus voraus. Zweifel daran ergeben sich vor allem im Hinblick auf § 852 ZPO.

a) Erlöschen des Schenkungsrückforderungsanspruchs durch Zweckfortfall mit dem Tod des Schenkers

Auch im Falle einer erst nach dem Tode des Schenkers erfolgenden Zession des Schenkungsrückforderungsanspruchs an einen lebzeitig dem Schenker Hilfe gewährenden Dritten fände das Geschenk bzw. dessen wirtschaftlicher Wert mit der Durchsetzung des Anspruchs gegenüber dem (vorrangig verpflichteten) Beschenkten im Nachhinein für den Unterhalt des Schenkers Verwendung. Damit

---

41 Vgl. zu den Grundsätzen einer ordnungsgemäßen Verwaltung, MüKo-Koch, § 1365 Rn. 92.

42 Vgl. etwa MüKo-Koch, § 528 Rn. 12, 17; Staudinger (2005)-Wimmer-Leonhardt, § 528 Rn. 26; Palandt-Weidenkaff, § 528 Rn. 4; PWW-Hoppenz, § 528 Rn. 19; Ruby, ZEV 2005, 102, 105. Vgl. auch BGHZ 127, 354, 358 für den Fall der lebzeitigen Abtretung an den Sozialhilfeträger.

43 Siehe BGHZ 147, 288 f.

wäre der Anspruchszweck weiterhin gewahrt, so dass sich aus § 399, 1. Fall BGB keine Beschränkungen für eine postmortale Zession des Schenkungsrückforderungsanspruchs an den in Rede stehenden Personenkreis ergeben.

b) Die Problematik einer fehlenden Willensbekundung des Schenkers im Sinne des § 852 ZPO

Problematisch ist jedoch, dass es bei einer bloßen Inanspruchnahme unterhaltssichernder Leistungen durch den Schenker an einer Willensbekundung im Sinne des § 852 ZPO fehlt.[44] Das hat nichts mit einer Gleichsetzung von Pfändbarkeit und Vererblichkeit zu tun.[45] Dem liegt vielmehr die zutreffende Erkenntnis zugrunde, dass es grundsätzlich in der persönlichen Entscheidungsfreiheit des Schenkers liegt, ob er seinen Anspruch geltend machen will oder nicht.[46] Solange es an einer solchen Willensbekundung des Schenkers fehlt, bleibt daher dessen Gläubigern der Zugriff auf den Anspruch aus § 528 Abs.1 S.1 BGB verwehrt und der Beschenkte folglich von einer Inanspruchnahme verschont. Bleibt die entsprechende Willensbekundung des Schenkers bis zu seinem Ableben aus, scheint damit der Bestand der Schenkung endgültig gesichert. In diese Richtung weisend führt auch der BGH zunächst noch aus, dass es für die Vererblichkeit des Anspruchs aus § 528 BGB nicht nur darauf ankomme, inwieweit sie mit der Zweckbindung des Anspruchs vereinbar sei – das wäre sie, wie gerade festgestellt – sondern auch, ob sie mit dem Schutz in Einklang zu bringen sei, den das Gesetz der Entscheidungsfreiheit des Schenkers gewähre.[47]

Dass jene Entscheidungsfreiheit bisher keine Bedeutung erlangte, hat seinen Grund schlicht darin, dass sie bei dem bislang allein erörterten Regress des Sozialhilfeträgers ausweislich § 93 Abs.1 S.4 SGB XII nicht geschützt ist.[48] Ein solches Privileg genießt indes nur die öffentliche Hand. Für private Dritte, die dem Schenker unterhaltssichernde Leistungen erbringen, existiert dagegen keine dem § 93 Abs.1 S.4 SGB XII entsprechende Regelung, die über die Hürde des § 852 ZPO hinweg hülfe.

Der BGH meint indes, dass es nicht ohne Einfluss auf die Vererblichkeit des Schenkungsrückforderungsanspruchs bleiben könne, wenn der Schenker sich

44 So zutreffend BGHZ 147, 288, 290 ff. Dagegen ohne das nötige Problembewusstsein, Kollhosser, ZEV 2001, 289, 291 f.; Staudinger (2005)-Wimmer-Leonhardt, § 528 Rn. 27.

45 So aber Kollhosser, ZEV 2001, 289, 291 und Staudinger (2005)-Wimmer-Leonhardt, § 528 Rn. 27.

46 Vgl. BGHZ 147, 288, 290.

47 Vgl. BGHZ 147, 288, 291 f.

48 Vgl. dazu BGHZ 147, 288, 292 f.; BGH NJW 1995, 2287, 2288 (zu § 90 Abs.1 S.4 BSHG).

nicht im Interesse des Beschenkten eingeschränkt und mit weniger als dem angemessenen Unterhalt zufrieden gegeben, sondern fremde Hilfe in Anspruch genommen habe.[49] Sei der Schenker nicht in der Lage, sich mit den ihm unterhalb des Niveaus eines angemessenen Unterhalts verbliebenen Mitteln zu bescheiden, stehe es gerade nicht mehr in seinem Belieben, ob er auf den ihm noch zur Verfügung stehenden Anspruch aus § 528 BGB zurückgreife, seine Entscheidung über die Rückforderung des Geschenks sei vielmehr vorgezeichnet.[50] Der Schenker verhielte sich widersprüchlich, wenn er einerseits notwendige unterhaltssichernde Leistungen Dritter entgegennähme, es andererseits aber ablehnte, gegenüber dem Beschenkten den Anspruch geltend zu machen, den ihm das Gesetz gerade für den Fall einräume, dass er außerstande sei, diese Leistungen anderweitig zu vergüten.[51] Daher sei für die Vererblichkeit des Anspruchs nach § 528 BGB die Inanspruchnahme solcher Leistungen Dritter der Bekundung des Willens des Schenkers zur Geltendmachung des Rückforderungsanspruchs gleichzustellen.[52]

Die Ausführungen des BGH sind nicht dahingehend zu verstehen, dass in der tatsächlichen Inanspruchnahme unterhaltssichernder Leistungen Dritter durch den Schenker eine der vertraglichen Anerkennung bzw. Klageerhebung entsprechende Willensbekundung im Sinne des § 852 ZPO zur Geltendmachung seines Rechts liegt. Das wäre eine reine Fiktion, die zudem typischerweise der Lebenswirklichkeit zuwiderliefe. Obschon der Schenker unterhaltssichernder Leistungen bedarf, will er den Beschenkten nicht in Anspruch nehmen.

Der BGH stützt seine Ansicht der Sache nach vielmehr auf ein widersprüchliches Verhalten des Schenkers. Doch auch ein solches erscheint zweifelhaft. So können nämlich die Gründe, warum der Schenker trotz seiner Notlage nicht willens ist, den Beschenkten in Anspruch zu nehmen, nur allzu verständlich sein.[53] Dass ein Schenker nach langjähriger fürsorglicher Betreuung und Pflege durch den Beschenkten bestrebt ist, seine Notlage ohne eine Rückforderung des Geschenks

49 Vgl. BGHZ 147, 288, 293 sowie auch schon BGH NJW 1995, 2287, 2288.

50 Vgl. BGHZ 147, 288, 293.

51 Siehe BGHZ 147, 288, 293.

52 Siehe BGHZ 147, 288, 293. Dem ist das Schrifttum nahezu vollständig gefolgt. Siehe etwa MüKo-Koch, § 528 Rn. 14 f.; Staudinger-Chiusi, § 528 Rn. 29 (ebenso schon Staudinger (2005)-Wimmer-Leonhardt, § 528 Rn. 27); juris/PK-Sefrin, § 528 Rn. 31; Palandt-Weidenkaff, § 528 Rn. 4; PWW-Hoppenz, § 528 Rn. 19; Bamberger/Roth-Gehrlein, § 528 Rn. 4; NK/BGB-Dendorfer, § 528 Rn. 22; Jauernig-Mansel, Anm. §§ 528, 529 Rn. 2; Kollhosser, ZEV 2001, 289, 291; Neuner, LM 2001, 1673 f.; Ruby, ZEV 2005, 102, 105; MAH SozR-Ehmann, § 37 Rn. 41. Anderer Ansicht nur Erman-Herrmann, § 528 Rn. 6.

53 Das konzediert freilich auch der BGH (siehe BGHZ 147, 288, 291).

zu beheben und damit den Beschenkten zu verschonen, ist nicht rechtsmissbräuchlich.[54] In vielen dieser Fälle wäre einem Sozialhilfeträger bei pflichtgemäßer Ermessenausübung ein Rückgriff gegen den Beschenkten verwehrt.

Dabei ist bei der gebotenen Betrachtung der Gesamtumstände maßgeblich mit zu berücksichtigten, dass es sich bei den in Rede stehenden Zuwendungen um freiwillige Leistungen handelt,[55] hinsichtlich derer es dem Hilfe gewährenden Dritten zudem ohne Schwierigkeiten möglich wäre, selbst für einen angemessenen Schutz seiner Interessen Sorge zu tragen. So steht es ihm frei, die unterhaltssichernden Leistungen an den Schenker von einer Abtretung des Schenkungsrückforderungsanspruchs abhängig zu machen. Kommt der Schenker diesem Ansinnen nach, liegt eine vertragliche Anerkennung im Sinne des § 852 ZPO vor. Der Sachverhalt entspricht dann der zuvor erörterten Fallkonstellation eines lebzeitig vom Schenker zedierten Schenkungsrückforderungsanspruchs. Hier bleibt der beim Tod des Schenkers in den Händen des Dritten befindliche Anspruch bestehen und kann im Weiteren gegen den Beschenkten durchgesetzt werden.

Lehnt der Schenker das Verlangen des Dritten nach einer (Sicherungs-) Zession des Schenkungsrückforderungsanspruchs hingegen ab, bestehen zwei Möglichkeiten des weiteren Fortgangs des Geschehens. Zum einen kann der Dritte von seinen unterhaltssichernden Leistungen Abstand nehmen. Das wird typischerweise zu einem Eintreten des Sozialhilfeträgers führen, der dann aufgrund des der öffentlichen Hand zukommenden Privilegs des § 93 Abs.1 S.4 SGB XII ungeachtet des Fehlens einer Willensbekundung des Schenkers zur Geltendmachung seines Rechts beim Beschenkten in Höhe seiner Aufwendungen Rückgriff nehmen kann. Zum anderen kann der Dritte aber auch ohne die Abtretung des Schenkungsrückforderungsanspruchs bereit sein, dem Schenker unterhaltssichernde Leistungen zu erbringen. Dann respektiert er jedoch stillschweigend die Entscheidung des Schenkers, bei der Behebung seiner Notlage von einer Inanspruchnahme des Beschenkten abzusehen und verzichtet damit auf den Anspruch aus § 528 BGB als Mittel zur Rückerlangung der dem Schenker

---

54 Möglicherweise vertraut der Schenker darauf, anderweitig an die Mittel zu gelangen, derer es zur Vergütung der unterhaltssichernden Leistungen bedarf. Auch wenn dies in der bestehenden Situation eher unwahrscheinlich ist, macht das sein Handeln nicht per se treuwidrig.

55 Das gilt selbst dann, wenn der Leistungserbringung ein Vertrag (mit dem Schenker) zugrunde liegt und die unterhaltssichernden Leistungen damit vertraglich geschuldet sind, da der Abschluss des entsprechenden Vertrages freiwillig erfolgte. Das ist ein signifikanter Unterschied zur Erbringung entsprechender Leistungen durch einen Unterhaltspflichtigen.

erbrachten Leistungen. In allen denkbaren Fällen tritt somit letztlich ein durchaus sachgerechtes Ergebnis ein.[56]

Aus genannten Gründen vermag auch der vom BGH ergänzend zur Begründung herangezogene Rechtsgedanke des § 843 Abs.4 BGB ebenso wenig wie die gleichfalls vom BGH bemühte gesetzliche Wertung der §§ 1607 Abs.2 S.2, 1608 S.3, 1584 S.3 BGB zu überzeugen.[57] Denn bei diesen Vorschriften handelt es sämtlich um Bestimmungen, bei denen es nicht um das freiwillige Eintreten eines Dritten geht, sondern bei denen der jeweiligen Leistung eine – wenn auch nachrangige – Rechtspflicht zugrunde liegt. Insofern verfängt letztlich auch der damit im Zusammenhang stehende, vom BGH ins Feld geführte Vergleich mit einem dem Schenker Unterhaltspflichtigen nicht. So meint der BGH, wenn bereits derjenige, der dem Schenker zum Unterhalt verpflichtet sei, es nicht hinnehmen müsse, dass der Schenker davon absehe, das Geschenk zurückzufordern, müsse dies erst recht für denjenigen gelten, der den Unterhalt des Schenkers sicherstelle, ohne ihm unterhaltspflichtig zu sein.[58] Doch ist dies anders betrachtet nicht weniger überzeugend: Derjenige, der nicht von Rechts wegen zur Unterhaltsdeckung verpflichtet ist, mit anderen Worten, berechtigt ist, sich herauszuhalten, ist nicht in gleicher Weise schutzwürdig, wie derjenige, dem angesichts einer bestehenden Rechtspflicht zur Alimentation diese Handlungsalternative fehlt.

Schließlich gilt es neben alledem nicht zu übersehen, dass die Ansicht des BGH nicht nur zu einer Gleichbehandlung fürsorgerisch handelnder privater Dritter mit der öffentlichen Hand führt, wie es der BGH für interessengerecht hält,[59] sondern den Privaten weitergehende Zu- und Rückgriffsmöglichkeiten verschafft als einem Hilfe gewährenden Sozialhilfeträger. Besonders deutlich wird dies – obschon auch die vorliegende Fallgestaltung einer freiwillig erfolgenden postmortalen Zession dies darzutun vermag – bei einem gegen den Willen des Schenkers bzw. dessen Erben erfolgenden Zugriff der fürsorgerisch handelnden privaten Dritten auf den Schenkungsrückforderungsanspruch durch dessen Pfändung und Überweisung im Wege der Zwangsvollstreckung.[60] Hier führt der nach der Rechtsprechung des BGH mit der Inanspruchnahme unterhaltssichernder Leistungen einhergehende Fortfall der Pfändungsschranken des § 852 ZPO zu einer unbegrenzten Zugriffsmöglichkeit privater Rückgriffsgläubiger. Der Sozialhilfeträger, für den gemäß § 93 Abs.1

---

56 Vgl. dazu auch schon Zeranski, S. 94 f. – „Untragbare Ergebnisse", wie von Staudinger (2005)-Wimmer-Leonhardt, § 528 Rn. 27 angenommen, sind jedenfalls nicht zu befürchten.

57 Vgl. dazu BGHZ 147, 288, 294 f.

58 Siehe BGHZ 147, 288, 294.

59 Vgl. dazu BGHZ 147, 288, 294 f.

60 Siehe dazu auch sogleich III. (S. 214 ff.).

S.4 SGB XII im Sinne eines Rückgriffsprivilegs die Pfändungsschranken des § 852 ZPO per se nicht gelten, ist dem gegenüber aufgrund seiner nach pflichtgemäßem Ermessen zu treffenden Überleitungsentscheidung mitunter aber an einem Zugriff auf den Anspruch aus § 528 BGB gehindert.

Dabei können insbesondere in der Person des Beschenkten liegende Umstände dazu führen, dass der Sozialhilfeträger von einer Überleitung des Schenkungsrückforderungsanspruchs abzusehen hat. Eine solche Rücksichtnahme kennt das Privatrecht nicht. Hier existiert allein die Grenze einer unzulässigen Rechtsausübung, die sich aber spürbar zulasten des Beschenkten von der einer pflichtgemäßen Ermessensausübung durch den Sozialhilfeträger unterscheidet. Damit werden private Dritte, die anstelle des Sozialhilfeträgers dem Schenker freiwillig unterhaltssichernde Leistungen erbringen, bei einem Rückgriff nicht nur besser gestellt als die öffentliche Hand, was hinsichtlich des als Privileg des Sozialhilfeträgers gedachten § 93 Abs.1 S.4 SGB XII bedenklich erscheint, es droht überdies dem Beschenkten auch dort eine Inanspruchnahme, wo er sie bei einem Eintreten des Sozialhilfeträgers – aus guten Gründen, die auch den Schenker nicht selten dazu bewogen haben werden, auf eine Geltendmachung seines Anspruchs zu verzichten – nicht zu befürchten hätte.

Unter Berücksichtigung der gesetzlichen Wertungen sowohl des § 93 Abs.1 S.4 SGB XII als auch des § 852 Abs.2 ZPO sowie nach Abwägung der widerstreitenden Interessen der Beteiligten im Falle des freiwilligen Eintretens eines privaten Dritten für den verarmten Schenker verdient die Rechtsprechung des BGH keine Zustimmung. Eine postmortale Zession des Anspruchs aus § 528 Abs.1 S.1 BGB durch den Erben des Schenkers bzw. durch einen Nachlasspfleger an einen privaten Dritten, der dem Schenker aus fürsorgerischen Gründen unterhaltssichernde Leistungen erbracht hat, scheidet vielmehr ohne eine lebzeitige Willensbekundung des Schenkers im Sinne des § 852 ZPO mangels Fortbestands des Rechts über den Tod des Schenkers hinaus aus.

Etwas anderes gilt allerdings, sofern sich der Beschenkte zum Zeitpunkt des Todes des Schenkers mit der von ihm gemäß § 528 Abs.1 S.1 BGB geschuldeten Leistung in Verzug befand. Hier steht bereits – unabhängig von der Erbringung unterhaltssichernder Leistungen Dritter – seine Leistungsverzögerung einem Erlöschen des Schenkungsrückforderungsanspruchs mit dem Tod des Schenkers entgegen.[61] Damit kann der Anspruch von den Erben des Schenkers geltend gemacht werden und zwar nach einer Erbringung unterhaltssichernder Leistungen Dritter auch durch eine postmortale Zession an eben jene Personen.[62] Da der

---

61 Siehe dazu schon oben Zweiter Teil, 1. Kap., VI. 2. (S. 113 f.).

62 Wenn es dem Erben möglich ist, den Schenkungsrückforderungsanspruch gegen den Be-

Verzugseintritt des Beschenkten gemäß § 286 Abs.1 S.1 BGB eine Mahnung des Schenkers voraussetzt,[63] ist – obschon die Mahnung als einseitige (geschäftsähnliche) Handlung nicht den Erfordernissen des § 852 ZPO genügt – auch hier gewährleistet, dass eine Inanspruchnahme des Beschenkten nicht gegen den Willen des Schenkers erfolgt. Bei dieser durch die Leistungsverzögerung des Beschenkten geprägten Interessenlage ist letztlich gegen einen Regress zu seinen Lasten nichts einzuwenden.

Ferner ist – neben dem Fall einer Leistungsverzögerung des Beschenkten – auch nach einer lebzeitigen Geltendmachung des Anspruchs aus § 528 Abs.1 S.1 BGB durch den Schenker nach Maßgabe des § 852 ZPO[64] eine postmortale Abtretung des Rechts[65] von dem Erben an einen Dritten, der dem Schenker lebzeitig unterhaltssichernde Leistungen erbracht hat, zur Erfüllung des dem Dritten nun gegen den Erben des Schenkers zustehenden Ausgleichsanspruchs möglich.[66]

Allerdings scheidet auch in diesen Fällen eine postmortale Zession des Anspruchs aus § 528 BGB bei einer mit dem Tod des Schenkers eintretenden Konfusion aus. Ist der Beschenkte der Alleinerbe des Schenkers kommt es trotz Vorliegens der Voraussetzungen des § 852 ZPO bzw. trotz einer bestehenden Leistungsverzögerung des Beschenkten und ungeachtet der dem Schenker erbrachten unterhaltssichernden Leistungen des Dritten zu einem Erlöschen des Rechts aus § 528 Abs.1 S.1 BGB,[67] da der Dritte, wie sogleich näher erläutert wird, keinen Anspruch auf Abtretung (gerade) des Schenkungsrückforderungsanspruchs selbst hat.[68] Mit dem

---

schenkten zu realisieren und die so erlangten Mittel den Dritten zwecks Erfüllung ihres Ausgleichanspruchs zukommen zu lassen, ist gegen eine Abtretung des Anspruchs aus § 528 Abs.1 S.1 BGB an und eine Durchsetzung des Rechts durch diese Dritten nichts einzuwenden.

63 § 286 Abs.2 und Abs.3 BGB sind vorliegend nicht einschlägig.

64 Eine vertragliche Anerkennung im Sinne des § 852 ZPO kann auch dergestalt erfolgen, dass der Anspruch in den Händen des Schenkers verbleibt, so etwa wenn der Schenker zur Absicherung seines Anspruchs einen Anerkennungsvertrag mit dem Beschenkten abschließt. Im Falle der Rechtshängigkeit des Anspruchs gilt dies ohnehin.

65 Siehe zum Fortbestand des Anspruchs über den Tod des Schenkers hinaus bei Vorliegen der Voraussetzungen des § 852 ZPO oben Zweiter Teil, 1. Kap., VI. 3. (S. 114 ff.).

66 Die Abtretung kann erfüllungshalber oder an Erfüllungs statt erfolgen, wobei erstere in der Praxis die Regel ist. Hier bleibt nämlich der Ausgangsanspruch zunächst bestehen (vgl. demgegenüber § 364 Abs.1 BGB bei einer Abtretung an Erfüllungs statt).

67 Zum Erlöschen des Schenkungsrückforderungsanspruchs durch erbfallbedingte Konfusion trotz Vorliegens der Voraussetzungen des § 852 ZPO bzw. ungeachtet einer bestehenden Leistungsverzögerung des Beschenkten, siehe im Einzelnen schon oben Zweiter Teil, 1. Kap., VI. 4. (S. 116 f.).

68 Anderer Ansicht Kollhosser, ZEV 2001, 289, 290 f. (siehe auch schon Kollhosser, ZEV 1995, 391, 393); MüKo-Koch, § 528 Rn. 15; Staudinger (2005)-Wimmer-Leonhardt, § 528 Rn. 27.

todesbedingten Fortfall des Anspruchs aus § 528 BGB fehlt es folglich an einem Recht, dass von dem Erben abgetreten werden könnte.[69] Hier lassen sich die berechtigten Interessen des Dritten auf Ausgleich seiner dem Schenker lebzeitig erbrachten Hilfeleistungen nur im Rahmen der Erbenhaftung, gegebenenfalls unter Berücksichtigung der §§ 1976, 1990 Abs.2 BGB, verwirklichen.[70]

III. Die Erlangung der Aktivlegitimation durch Pfändung und Überweisung des Schenkungsrückforderungsanspruchs

Der Dritte erwirbt mit Erbringung der unterhaltssichernden Leistungen an den Schenker gegen diesen einen Ausgleichsanspruch. Rechtsgrundlage dafür kann ein Vertrag mit dem Schenker sein, wie etwa der entgeltliche Heimvertrag mit dem Träger des Alten- und Pflegeheims oder ein Darlehensvertrag, wenn der Dritte nach entsprechender Absprache mit dem Schenker dessen Verbindlichkeiten gegenüber dem Pflegeheim begleicht.[71] In Betracht kommen aber auch ein Aufwendungsersatzanspruch aus Auftrag bzw. aus Geschäftsführung ohne Auftrag oder eine Aufwendungskondiktion nach Bereicherungsrecht.

Ein Anspruch des Dritten gegen den Schenker auf Abtretung des Anspruchs aus § 528 Abs.1 S.1 BGB besteht dagegen nicht. Dafür fehlt die Anspruchsgrundlage.[72] Dass der auf Unterhaltssicherung gerichtete, zweckgebundene Schenkungsrückforderungsanspruch mit in Vorlage für den Beschenkten erfolgenden Leistungen Dritter einschließlich des Sozialhilfeträgers in Änderung seines bisherigen Zwecks zu einem Regressmittel mutiert, impliziert nicht die Entstehung eines Anspruchs des Rückgriffsberechtigten gegen den Schenker auf Abtretung eben dieses Rechts selbst. Will der Dritte den Schenkungsrückforderungsanspruch erlangen, muss er seine unterhaltssichernden Leistungen von einer Zession des Anspruchs abhängig machen. Sofern es seitens des Schenkers an

69 Bestünde dagegen ein Recht des Dritten auf Abtretung des Schenkungsrückforderungsanspruchs, bliebe dieser in (einfacher) Analogie zu § 2175 BGB bestehen. Vgl. Zweiter Teil, 2. Kap., IV. 3. c) (S. 187).

70 Siehe dazu näher unten 2. (S. 217 f.).

71 Dazu, dass dies der Freiwilligkeit der Erbringung der unterhaltssichernden Leistungen nicht entgegensteht, schon oben Fn. 55.

72 Anders aber Kollhosser, ZEV 2001, 289, 291, der § 242 BGB als Anspruchsgrundlage nennt. Für einen Anspruch des Dritten auf Abtretung des Schenkungsrückforderungsanspruchs, allerdings ohne Nennung einer Anspruchsgrundlage, auch MüKo-Koch, § 528 Rn. 15; Staudinger (2005)-Wimmer-Leonhardt, § 528 Rn. 27.

der Bereitschaft zur Abtretung des Rechts fehlt, kann der Dritte die notwendige Aktivlegitimation für ein Vorgehen gegen den Beschenkten aus § 528 BGB nur im Wege der Zwangsvollstreckung durch eine Pfändung und Überweisung des Schenkungsrückforderungsanspruchs zur Durchsetzung seines Ausgleichsanspruchs gegen den Schenker erlangen.

1. Pfändbarkeit des Schenkungsrückforderungsanspruchs gemäß § 851 Abs.1 ZPO

Nach § 851 Abs.1 ZPO ist eine Forderung der Pfändung nur insoweit unterworfen, als sie übertragbar ist. Der aufgrund seiner Zweckbindung nur an bestimmte Personen abtretbare Schenkungsrückforderungsanspruch ist daher prinzipiell auch nur durch diese Personen pfändbar. Da eine Abtretung an fürsorgerisch handelnde Dritte im Rahmen der Zweckbindung des Anspruchs aus § 528 Abs.1 S.1 BGB liegt, ist auch dessen Pfändbarkeit gemäß § 851 Abs.1 BGB durch eben jene Personen wegen ihres auf Ausgleich der dem Schenker erbrachten unterhaltssichernden Leistungen gerichteten Anspruchs zu bejahen.[73]

2. Die Vollstreckungsschranken des § 852 Abs.2 ZPO

Das eigentliche Problem liegt auch hier bei den Vollstreckungsschranken des § 852 ZPO. Bei § 852 ZPO handelt es sich um eine besondere Vorschrift im Sinne des § 851 Abs.1 ZPO, so dass der zwangsweise Zugriff der nach § 851 Abs.1 ZPO grundsätzlich zur Pfändung des Anspruchs berechtigten Gläubiger nur unter Beachtung der Voraussetzungen des § 852 ZPO zulässig ist.

Daran fehlt es nach der hier vertretenen Ansicht bei einer bloßen Inanspruchnahme unterhaltssichernder Leistungen privater Dritter durch den Schenker. Eine solche Inanspruchnahme ist weder eine Willensbekundung im Sinne des § 852 ZPO noch rechtfertigt sie den Fortfall der dort normierten Pfändungsschranken. Damit scheidet in der Folge auch eine Pfändung des Schenkungsrückforderungsanspruchs durch den in Rede stehenden Personenkreis aus.[74] Wenn

73 Zu der nur relativen Pfändbarkeit einer Forderung als Folge ihrer nur relativen Abtretbarkeit, siehe etwa BGH Rpfleger 1978, 248, 249; Stein/Jonas-Brehm, § 851 Rn. 23; B/L/A/H, § 851 Rn. 4; MüKo/ZPO-Smid, § 851 Rn. 8; Musielak-Becker, § 851 Rn. 6; Schuschke/Walker-Kessal-Wulf, § 851 Rn. 5; Thomas/Putzo-Seiler, § 851 Rn. 3.

74 Zur Möglichkeit der Pfändung der in § 852 ZPO genannten Rechte vor vertraglicher Anerkennung bzw. Rechtshängigkeit als in ihrer zwangsweisen Verwertbarkeit aufschiebend bedingte Ansprüche, siehe sogleich im weiteren Text.

ein fürsorgerisch handelnder Dritter den Anspruch ohne eine Willensbekundung des Schenkers im Sinne des § 852 ZPO nicht auf rechtsgeschäftlichem Wege zu erlangen vermag, ist es nur konsequent, wenn ihm diese Möglichkeit auch nicht im Wege der Zwangsvollstreckung eröffnet ist.

Das wird der BGH freilich anders beurteilen (müssen). Da nach seiner Auffassung § 852 ZPO schon mit der bloßen Inanspruchnahme unterhaltssichernder Leistungen Dritter durch den Schenker gegenstandlos wird, vermag die Bestimmung einer Pfändung des Schenkungsrückforderungsrechts durch fürsorgerisch handelnde private Dritte nicht entgegenzustehen. Auch das ist aus Sicht des BGH nur konsequent. Es wäre unstimmig, wenn der Dritte den Schenkungsrückforderungsanspruch zum Zwecke des Rückgriffs ohne den Willen des Schenkers durch eine Abtretung seines Erben oder eines Nachlasspflegers erlangen könnte, ihm ein zwangsweiser Zugriff auf das Recht zu jenem Zweck aber verwehrt bliebe.[75]

Sind die Voraussetzungen des § 852 ZPO aufgrund einer lebzeitigen Willensbekundung des Schenkers erfüllt, steht einer Pfändung des Schenkungsrückforderungsanspruchs durch fürsorgerisch handelnde Dritte freilich auch nach der hier vertretenen Ansicht nichts (mehr) im Wege. Da das Recht aus § 528 Abs.1 S.1 BGB bei Vorliegen dieser Voraussetzungen – außer im Falle einer erbfallbedingten Konfusion – nicht mit dem Tod des Schenkers erlischt,[76] kann eine solche Pfändung auch noch post mortem erfolgen.

Konsequenterweise wird man den zwangsweisen Gläubigerzugriff zudem im Falle des Schuldnerverzugs des Beschenkten zulassen müssen. Da sich der Beschenkte hier angesichts seiner Leistungsverzögerung nicht als vor einer Inanspruchnahme schutzwürdig erweist, ist auch gegen einen mittels Pfändung (und Überweisung) erfolgenden Regress eines fürsorgerisch handelnden privaten Dritten nichts einzuwenden,[77] zumal der Schenker mit seiner verzugsbegrün-

---

75 Ungeachtet der hier gegen die Rechtsprechung des BGH geäußerten Bedenken, sollte nicht aus dem Blick geraten, dass höchstrichterliche Entscheidungen zu § 528 BGB über den Einzelfall hinaus auch erhebliche gesellschaftliche Auswirkungen haben. So war und ist die insgesamt sehr sozialhilfeträgerfreundliche Rechtsprechung der Bereitschaft zur Aufnahme und Versorgung älterer Menschen durch ihre Familien sicherlich nicht abträglich. Auch mit der vorliegenden Entscheidung setzt der BGH gesellschaftspolitische Akzente. Sie fördert die Bereitschaft privater Dritter zur Hilfeleistung und hat insofern Signalwirkung. Allein schon deshalb erscheint eine Änderung der in Rede stehenden Rechtsprechung unwahrscheinlich.

76 Siehe dazu schon oben Zweiter Teil, 1. Kap., VI. 3. (S. 114 ff.).

77 Wie gerade festgestellt, kann im Falle einer Leistungsverzögerung des Beschenkten der über den Tod des Schenkers hinaus fortbestehende Schenkungsrückforderungsanspruch von dessen Erben an einen fürsorgerisch handelnden privaten Dritten abgetreten werden.

denden Mahnung – wenn auch nicht „formvollendet“ im Sinne des § 852 ZPO – seinen Willen zur Geltendmachung des Schenkungsrückforderungsanspruchs zum Ausdruck gebracht hat. Eine solche Pfändung kann auch noch nach dem Tod des Schenkers erfolgen, sofern der Anspruch aus § 528 Abs.1 S.1 BGB nicht mit dem Tod des Schenkers durch Konfusion erloschen ist.

Im Falle eines solchen Anspruchserlöschens durch Konfusion – namentlich in dem Fall, dass es ungeachtet des Vorliegens der Voraussetzungen des § 852 ZPO an einer lebzeitigen Pfändung des Schenkungsrückforderungsanspruchs fehlt und der Beschenkte der Alleinerbe des Schenkers ist – ist der über den Tod des Schenkers hinaus fortbestehende und nunmehr gegen dessen Erben gerichtete Ausgleichsanspruch des fürsorgerisch handelnden Dritten aus dem Vermögen des Erben zu befriedigen, das aus dem Nachlass und seinem Eigenvermögen besteht.[78] Kommt es zu einer Beschränkung der Erbenhaftung gemäß §§ 1975, 1990 BGB[79] und damit zu einer verwaltungsmäßigen Trennung der Vermögensmassen,[80] ordnen die §§ 1976, 1991 Abs.2 BGB[81] den Fortbestand der durch Konfusion erloschenen Rechte zugunsten der Nachlassgläubiger an. Damit wäre dem Dritten (wieder) eine Pfändung (und Überweisung) des zu seinen Gunsten als fortbestehend geltenden Rechts aus § 528 Abs.1 S.1 BGB zum Zwecke der Befriedigung seines Ausgleichsanspruchs möglich.

Ist noch zu Lebzeiten des Schenkers unter Beachtung des § 852 ZPO eine Pfändung des Schenkungsrückforderungsanspruchs erfolgt, bleibt der Anspruch auch bei einer mit dem Tod des Schenkers eintretenden Vereinigung von Forderung und Schuld in der Person des Beschenkten bestehen. Eine Konfusion führt nämlich nicht zum Erlöschen von Rechten, an denen ein (Pfändungs-)Pfandrecht besteht.[82]

Darüber hinaus erlaubt der BGH seit einiger Zeit auch eine Pfändung der in § 852 ZPO genannten Rechte vor vertraglicher Anerkennung und Rechtshängigkeit als in ihrer zwangsweisen Verwertbarkeit aufschiebend bedingte Ansprü-

---

78 Bei der Erbenhaftung des BGB handelt es um eine unbeschränkte, aber beschränkbare Haftung (siehe statt aller Leipold, Rn. 697).

79 Im Hinblick auf die bei einer Verarmung des Schenkers im Sinne des § 528 Abs.1 S.1 BGB typischerweise nicht kostendeckend vorhandenen Nachlassaktiva scheiden die Nachlassverwaltung und ein Nachlassinsolvenzverfahren regelmäßig aus, so dass die Haftungsbeschränkung des Erben gewöhnlich über die Dürftigkeitseinrede gemäß § 1990 BGB erfolgen wird.

80 Siehe dazu im Einzelnen Leipold, Rn. 697.

81 Aus den in Fn. 79 genannten Gründen wird zumeist § 1991 Abs.2 BGB einschlägig sein.

82 Vgl. etwa Palandt-Grüneberg, Überbl. v. § 362 Rn. 4; Gernhuber, § 19, 6.c (S. 424); Kollhosser/Jansen, JA 1988, 305, 306 sowie ferner BGH NJW 1995, 2287, 2288.

che.[83] Die Pfändung als solche erfolgt somit unbedingt, so dass sich der Rang des Pfändungspfandrechts nach deren Zeitpunkt bestimmt.[84] Die Verwertung kann allerdings erst nach Eintritt der Voraussetzungen des § 852 ZPO erfolgen.[85] Kommt es bis zum Tod des Schenkers nicht zum Eintritt dieser Voraussetzungen, erlischt der Schenkungsrückforderungsanspruch und mit ihm auch das Pfändungspfandrecht.[86]

IV. Zusammenfassung der Ergebnisse

1. Der Schenkungsrückforderungsanspruch kann von dem Schenker wirksam an einen ihm unterhaltssichernde Leistungen erbringenden privaten Dritten abgetreten werden. Weder § 399, 1. Fall BGB noch die §§ 400 BGB, 852 Abs.2 ZPO stehen einer solchen Abtretung entgegen. Nach einer wirksamen Abtretung des Rechts durch den Schenker erlischt der Anspruch nicht mit dessen Tod.
2. Eine postmortale Zession des Schenkungsrückforderungsanspruchs an einen fürsorgerisch handelnden privaten Dritten durch den Erben des Schenkers oder einen Nachlasspfleger ist, sofern keine Leistungsverzögerung des Beschenkten vorliegt, entgegen der Rechtsprechung des BGH, ohne eine lebzeitige Willensbekundung des Schenkers im Sinne des § 852 ZPO nicht

---

83 Grundlegend BGHZ 123, 183 ff. (dazu Kuchinke, NJW 1994, 1769 ff.); bestätigt durch BGH NJW-RR 2009, 997, 998. Zur Geltung dieser Rechtsprechung auch für den Rückforderungsanspruch des verarmten Schenkers, etwa Zöller-Stöber, § 852 Rn. 5 i.V.m. Rn. 3; Stein/Jonas-Brehm, § 852 Rn. 4. Mit der in Rede stehenden Rechtsprechung hat der BGH seinerzeit die Rechtsstellung der Vollstreckungsgläubiger maßgeblich gestärkt. Jene konnten bis dahin vor vertraglicher Anerkennung bzw. Rechtshängigkeit auf die dem § 852 ZPO unterfallenden Ansprüche keinen Zugriff nehmen. Mit einer Veräußerung der Rechte durch den Anspruchsberechtigten erfolgte zwar eine vertragliche Anerkennung im Sinne der Vorschrift, der Anspruch gehörte fortan aber nicht mehr zum Vermögen des Vollstreckungsschuldners. Da § 852 ZPO aber allein dazu dient, die persönliche Entscheidungsfreiheit des Anspruchsberechtigten zur Geltendmachung seines Rechts zu wahren, es aber nicht beabsichtigt ist, es dem Anspruchsinhaber zu ermöglichen, den Anspruch seinen Gläubigern zum Vorteil eines Zessionars oder dessen Gläubigern zu entziehen, hat der BGH die Pfändbarkeit der Rechte als in ihrer zwangsweisen Verwertbarkeit aufschiebend bedingte Ansprüche bejaht.

84 Vgl. etwa Prütting/Gehrlein-Ahrens, § 852 Rn. 7; MüKo/ZPO-Smid, § 852 Rn. 2; Musielak-Becker, § 852 Rn. 3.

85 Vgl. BGH NJW-RR 2009, 997; Zöller-Stöber, § 852 Rn. 3; Prütting/Gehrlein-Ahrens, § 852 Rn. 7; MüKo/ZPO-Smid, § 852 Rn. 2.

86 Siehe dazu schon Zeranski, S. 134.

möglich. Allein die Inanspruchnahme unterhaltssichernder Leistungen durch den Schenker ist weder eine solche Willensbekundung noch rechtfertigt sie den Fortfall der Pfändungsschranken des § 852 ZPO.

3. Im Falle einer lebzeitigen Geltendmachung des Schenkungsrückforderungsanspruchs durch den Schenker nach Maßgabe des § 852 ZPO sowie im Falle einer Leistungsverzögerung des Beschenkten kann eine Abtretung des Anspruchs aus § 528 Abs.1 S.1 BGB auch noch nach dem Tod des Schenkers durch dessen Erben oder einen Nachlasspfleger an einen fürsorgerisch handelnden privaten Dritten erfolgen, der dem Schenker zu dessen Lebzeiten unterhaltssichernde Leistungen erbracht hat, sofern der Schenkungsrückforderungsanspruch nicht mit dem Tod des Schenkers durch Konfusion erloschen ist.[87]
4. Eine Pfändung des Anspruchs aus § 528 Abs.1 S.1 BGB durch private Dritte, die dem Schenker unterhaltssichernde Leistungen erbracht haben, ist nur unter Beachtung der Voraussetzungen des § 852 ZPO sowie im Falle eines Schuldnerverzugs des Beschenkten zulässig. Die Voraussetzungen des § 852 ZPO sind mit der bloßen Inanspruchnahme unterhaltssichernder Leistungen durch den Schenker nicht erfüllt.
5. Bei Vorliegen der Voraussetzungen des § 852 ZPO sowie im Falle einer Leistungsverzögerung des Beschenkten kann eine Pfändung auch noch nach dem Tod des Schenkers erfolgen, sofern der Schenkungsrückforderungsanspruchs nicht durch Konfusion erloschen ist. Im Falle eines Anspruchserlöschens durch Konfusion ist eine Pfändung des Anspruchs aus § 528 Abs.1 S.1 BGB als Folge einer Beschränkung der Erbenhaftung möglich. Ist eine Pfändung noch zu Lebzeiten des Schenkers unter Beachtung der Voraussetzungen des § 852 ZPO erfolgt, erlischt der Schenkungsrückforderungsanspruchs nicht bei einer mit dem Tod des Schenkers eintretenden Konfusion.
6. Der Schenkungsrückforderungsanspruch kann auch schon vor Eintritt der Voraussetzungen des § 852 ZPO als ein in seiner zwangsweisen Verwertbarkeit aufschiebend bedingter Anspruch gepfändet werden. Treten die Voraussetzungen des § 852 ZPO bis zum Tod des Schenkers nicht ein, erlischt der Schenkungsrückforderungsanspruch und mit ihm das mit der Pfändung entstandene Pfändungspfandrecht.

---

87 Ein Anspruchserlöschen durch Konfusion tritt nicht bei einer lebzeitig unter Beachtung der Voraussetzungen des § 852 ZPO erfolgten Pfändung des Schenkungsrückforderungsanspruchs durch einen unterhaltssichernde Leistungen erbringenden Dritten ein (siehe dazu oben III. 2. (S. 217)). In einem solchen Fall erübrigt sich freilich eine Abtretung an ihn zu Rückgriffszwecken.

Viertes Kapitel
Die Rückforderung der Schenkung durch gesetzliche Unterhaltsgläubiger des Schenkers

I. Die Problematik

§ 528 Abs.1 S.1 BGB gestattet dem Schenker eine Rückforderung des Geschenks nicht nur um seiner selbst willen zur Deckung des eigenen Unterhaltsbedarfs, sondern auch zur Erfüllung seiner gesetzlichen Unterhaltspflichten gegenüber den in der Vorschrift genannten Personen. Das Gesetz bezieht folglich die gesetzlichen Unterhaltsgläubiger des Schenkers in den Schutzbereich der Norm mit ein und erlaubt eine Rückforderung der Schenkung damit auch zur Befriedigung ihres Unterhaltsbedarfs. Wenn somit aber das Geschenk bzw. dessen wirtschaftlicher Wert bei Bestehen einer entsprechenden Unterhaltspflicht nach einer Realisierung des Anspruchs aus § 528 Abs.1 S.1 BGB durch den Schenker letztlich ohnehin seinen gesetzlichen Unterhaltsgläubigern zu Gute kommt, erscheint gegen eine Geltendmachung des Schenkungsrückforderungsanspruchs durch eben diese Unterhaltsgläubiger selbst nichts einzuwenden. Die Erlangung der Aktivlegitimation ist hier aufgrund einer Abtretung des Rechts sowie mittels Pfändung und Überweisung des Schenkungsrückforderungsanspruchs zur Durchsetzung der entsprechenden Unterhaltsansprüche im Wege der Zwangsvollstreckung denkbar.

II. Der Erwerb des Schenkungsrückforderungsanspruchs durch Abtretung

Bei dem Erwerb des Anspruchs aus § 528 Abs.1 S.1 BGB durch die gesetzlichen Unterhaltsgläubiger des Schenkers aufgrund einer Abtretung empfiehlt es sich einmal mehr, zwischen einer lebzeitigen Zession durch den Schenker selbst und einer postmortalen Abtretung durch dessen Erben zu differenzieren.

1. Lebzeitige Zession durch den Schenker

a) Erwerb des Schenkungsrückforderungsanspruchs

Zweckgebundene Ansprüche sind im Rahmen und in den Grenzen ihrer Zweckbindung abtretbar.[1] Demgemäß wurde die Abtretbarkeit des Anspruchs aus

---

1 Siehe dazu schon oben Zweiter Teil, 3. Kap., II. 1. a) (S. 200 f.)

§ 528 Abs.1 S.1 BGB sowohl an den Sozialhilfeträger als auch an sonstige Dritte, die dem Schenker aus fürsorgerischen Gründen unterhaltssichernde Leistungen erbracht haben, bejaht.[2] In der vorliegenden Fallgestaltung ist zwar niemand für den Unterhalt des Schenkers in Vorlage getreten, allerdings gestattet das Gesetz die Rückforderung der Schenkung gerade auch zur Befriedigung des Unterhaltsbedarfs der gesetzlichen Unterhaltsgläubiger des Schenkers. Dem entsprechend liegt die Erfüllung der gesetzlichen Unterhaltsansprüche der in § 528 Abs.1 S.1 BGB genannten Personen mittels einer Rückforderung der Schenkung im Rahmen der Zweckbindung des Anspruchs.

Angesichts dessen bestehen keine Bedenken, wenn der Schenker seinen Rückforderungsanspruch gegen den Beschenkten zur Erfüllung seiner gesetzlichen Unterhaltspflichten, das heißt, erfüllungshalber oder an Erfüllungs statt,[3] an einen Unterhaltsberechtigten im Sinne des § 528 Abs.1 S.1 BGB abtritt[4] und dieser sodann selbst die Durchsetzung des Anspruchs gegenüber dem Beschenkten betreibt. § 852 ZPO bietet auch hier keine Probleme, da mit der Zession des Rückforderungsanspruchs durch den Schenker eine vertragliche Anerkennung im Sinne der Vorschrift erfolgt ist.[5]

b) Erlöschen des Schenkungsrückforderungsanspruchs durch den Tod des Schenkers

Fraglich ist, ob der vom Schenker an einen gesetzlichen Unterhaltsgläubiger zedierte Schenkungsrückforderungsanspruch mit dem Tod des Schenkers erlischt. Da der Anspruch der Erfüllung einer gesetzlichen Unterhaltspflicht des Schenkers gegenüber dem Zessionar dient, hat deren Fortbestand bzw. Erlöschen maßgebliche Bedeutung für das rechtliche Schicksal des Anspruchs aus § 528

---

2 Siehe dazu Zweiter Teil, 2. Kap., III. (S. 175 ff.) einerseits sowie Zweiter Teil, 3. Kap., II. 1. (S. 199 ff.) andererseits.

3 In der Praxis ist die erfüllungshalber erfolgende Abtretung die Regel, da hier der Ausgangsanspruch zunächst bestehen bleibt (vgl. demgegenüber § 364 Abs.1 BGB bei einer Abtretung an Erfüllungs statt).

4 Vgl. BGHZ 127, 354, 357. Siehe ferner MüKo-Koch, § 528 Rn. 17; Staudinger (2005)-Wimmer-Leonhardt, § 528 Rn. 36; Erman-Herrmann, § 528 Rn. 6; Palandt-Weidenkaff, § 528 Rn. 4; PWW-Hoppenz, § 528 Rn. 17; Bamberger/Roth-Gehrlein, § 528 Rn. 4; Soergel-Mühl/Teichmann, § 528 Rn. 7; Wüllenkemper, JR 1988, 353, 357; Kollhosser, ZEV 1995, 391, 392; Ruby, ZEV 2005, 102, 105; Zeranski, S. 64.

5 Siehe dazu im Einzelnen schon oben Zweiter Teil, 3. Kap., II. 1. b) (S. 203 f.) sowie Zeranski, NotBZ 2001, 19 ff. m.w.N. – Zur Bedeutung des § 1365 BGB bei einer Zession des Schenkungsrückforderungsanspruchs durch einen im gesetzlichen Güterstand lebenden Schenker, siehe oben Zweiter Teil, 3. Kap., II. 1. c) (S. 205 ff.).

Abs.1 S.1 BGB. Sollte nach dem Tod des Schenkers keine, nunmehr von dessen Erben zu erfüllende Unterhaltspflicht mehr bestehen, bedürfte es auch nicht mehr des Rückforderungsrechts aus § 528 Abs.1 S.1 BGB. Der Anspruch würde dann mit dem Tod des Schenkers erlöschen.

Bei der Frage nach Fortbestand oder Erlöschen bislang den Schenker treffender gesetzlicher Unterhaltspflichten gegenüber den in § 528 Abs.1 S.1 BGB genannten Personen ist zwischen zu gewährendem Unterhalt für die Vergangenheit und solchem für die Zukunft zu unterscheiden.[6]

aa) Unterhalt für die Vergangenheit

Unterhaltsleistungen sollen nach Vorstellung des Gesetzes der gegenwärtigen Deckung des Lebensbedarfs des Unterhaltsberechtigten dienen und aus dem laufenden Einkommen des Unterhaltspflichtigen erbracht werden, insbesondere soll letzterer möglichst nicht durch hohe Nachzahlungen rückständigen Unterhalts belastet werden. Aus diesen Gründen gewährt das Gesetz Unterhalt für die Vergangenheit nur unter erschwerten Voraussetzungen. Nach § 1613 Abs.1 S.1 BGB besteht ein solcher Anspruch nur von dem Zeitpunkt an, zu welchem der Verpflichtete zum Zwecke der Geltendmachung des Unterhaltsanspruchs aufgefordert worden ist, über seine Einkünfte und sein Vermögen Auskunft zu erteilen, zu welchem der Verpflichtete in Verzug gekommen oder der Unterhaltsanspruch rechtshängig geworden ist.[7] Diese für den Verwandtenunterhalt geltende Regelung gilt kraft Verweisung für alle in Rede stehenden Unterhaltsrechtsverhältnisse (siehe §§ 1360a Abs.3, 1361 Abs.4 S.4 BGB, 1585 b Abs.2 BGB, 5 S.2, 12 S.2, 16 S.2 LPartG).

Bei Vorliegen der genannten Voraussetzungen gehen die Unterhaltspflichten des Schenkers gegenüber seinen gesetzlichen Unterhaltsgläubigern mit seinem Tod auf seinen Erben über. Das ergibt sich für den Verwandtenunterhalt aus § 1615 Abs.1 i.V.m. § 1613 Abs.1 BGB, für den Ehegatten- und Lebenspartnerschaftsunterhalt folgt dies aus den §§ 1360 a Abs.3, 1361 Abs.4 S.4, 1585 b Abs.2, 1586 b Abs.1 S.1 BGB, 5 S.2, 12 S.2, 16 S.2 LPartG. Da auch die Erfüllung der auf die Zahlung von Unterhalt für die Vergangenheit gerichteten, über den Tod des Schenkers hinaus fortbestehenden gesetzlichen Unterhaltsansprüche der in § 528 Abs.1 S.1 BGB genannten Unterhaltsgläubiger im Rahmen der Zweckbindung des Schenkungs-

---

6 Bezüglich des (laufenden) Unterhalts für die Gegenwart, siehe §§ 1612 Abs.3, 1615 Abs.1, 1360a Abs.2 und Abs.3, 1361 Abs.4. S.1 bis 3, 1585 Abs.1 BGB, 5 S.2, 12 S.2, 16 S.2 LPartG.

7 Siehe aber auch § 1613 Abs.2 BGB sowie – wiederum einschränkend – § 1613 Abs.3 BGB.

rückforderungsanspruch liegt, bleibt dieser insoweit auch nach dem Tode des Schenkers bestehen.

bb) Unterhalt für die Zukunft

Gesetzliche Unterhaltsansprüche, die auf Unterhaltsleistungen für die Zukunft gerichtet sind, erlöschen grundsätzlich mit dem Tod des Verpflichteten. Dies folgt für den Verwandtenunterhalt aus § 1615 Abs.1 BGB, gilt kraft Verweisung gemäß §§ 1360 a Abs.3, 1361 Abs.4 S.4 BGB, 5 S.2, 12 S.2 LPartG aber auch für den Ehegatten- und den Lebenspartnerschaftsunterhalt. Für den nachehelichen bzw. nachpartnerschaftlichen Unterhalt ordnet das Gesetz in den §§ 1586 b Abs.1 S.1 BGB, 16 S.2 LPartG hingegen den Übergang der gesetzlichen Unterhaltspflichten auf den Erben des vormaligen Unterhaltschuldners als Nachlassverbindlichkeit an.

Diese Regelung ist auf den ersten Blick überraschend. Denn damit wird für die Rechtsverhältnisse, bei denen die Solidargemeinschaft schon lebzeitig ihr Ende gefunden hatte, der Fortbestand der Unterhaltsansprüche normiert, während in den Fällen einer bis zum Tode des Unterhaltsverpflichteten fortbestehenden Solidargemeinschaft die Unterhaltsansprüche entfallen. Sie erklärt sich indes daraus, dass Ehegatten und Lebenspartner(innen) nach Scheidung der Ehe bzw. Aufhebung der Lebenspartnerschaft in keiner Form mehr am Nachlass des anderen partizipieren, ihnen insbesondere auch kein Pflichtteil mehr zusteht.[8] Als Ausgleich dafür gewährt das Gesetz ihnen über den Tod des Unterhaltsverpflichteten hinaus Unterhaltsansprüche gegen dessen Erben,[9] beschränkt diese aber folgerichtig in den §§ 1586 b Abs.1 S.3 BGB, 16 S.2 LPartG der Höhe nach auf den Pflichtteil, den der Unterhaltsberechtigte ohne eine Scheidung bzw. Aufhebung der Lebenspartnerschaft hätte fordern können.[10]

Die Existenz dieser über den Tod des Schenkers hinaus fortbestehenden Unterhaltsansprüche darf nun aber nicht vorschnell zu der Annahme verleiten, dass damit auch der den besagten Unterhaltsberechtigten vom Schenker zur Erfüllung seiner lebzeitigen Unterhaltspflichten zedierte Schenkungsrückforderungsanspruch bestehen bleibe.[11] Es erscheint zwar auf den ersten Blick einleuchtend, dass sich die Unterhaltsgläubiger mit der Durchsetzung des

8 Das gilt im Übrigen nicht erst nach Scheidung der Ehe bzw. Aufhebung der Lebenspartnerschaft, sondern auch schon in den Fällen der §§ 1933 BGB, 10 Abs.3 LPartG. Vgl. aber auch zu den (verbliebenen) Unterschieden zwischen den §§ 1933 BGB, 10 Abs.3 LPartG, Muscheler, Rn. 853.

9 Siehe etwa Palandt-Brudermüller, § 1586 b Rn. 1; PWW-Kleffman, § 1586 b Rn. 1; Bamberger/Roth-Beutler, § 1586 b Rn. 1.

10 Siehe insofern auch §§ 1933 S.3 BGB, 10 Abs.3 S.2 LPartG.

11 Siehe dazu und zum Folgenden schon Zeranski, S. 130 ff.

Schenkungsrückforderungsanspruchs gegenüber dem Beschenkten einen ihnen gemäß §§ 1586 b Abs.1 S.1 BGB, 16 S.2 LPartG zustehenden Unterhalt verschaffen. Bedenken wirft aber sogleich die Frage auf, wie einem entsprechenden Unterhaltsbedarf von Ehegatten und Lebenspartnern einer bis zum Tode des Schenkers fortbestehenden Ehe bzw. Lebenspartnerschaft Rechnung zu tragen wäre. Diese Personen sollen ja keinesfalls schlechter stehen als geschiedene Ehegatten bzw. Lebenspartner(innen) nach lebzeitiger Aufhebung der Lebenspartnerschaft.

Nach der gesetzlichen Grundkonzeption soll die Deckung des Lebensbedarfs von Ehegatten und Lebenspartnern, bei denen die Lebensgemeinschaft mit dem Schenker bis zu dessen Tod bestand, über den Pflichtteil erfolgen. Fraglich ist aber, ob ein lebzeitig bestehender Anspruch des verstorbenen Ehebzw. Lebenspartners gegen den Beschenkten aus § 528 Abs.1 S.1 BGB überhaupt in seinen Nachlass fällt und damit in die Pflichtteilsberechnung miteinfließt. Dagegen spricht ein Vergleich mit der Rechtslage nach einer zu Lebzeiten des Schenkers erfolgten Ausübung der Ersetzungsbefugnis des Beschenkten gemäß § 528 Abs.1 S.2 BGB. Hätte der Beschenkte vor dem Tod des Schenkers von seiner facultas alternativa Gebrauch gemacht, wäre der damit entstandene Alimentationsanspruch des Schenkers aus den §§ 528 Abs.1 S.3, 760 BGB mit dessen Tod gemäß §§ 528 Abs.1 S.3, 1615 Abs.1 BGB erloschen und könnte damit nicht als ein in den Nachlass des Schenkers fallender Vermögenswert Gegenstand der Pflichtteilsberechnung sein.

Die Ersetzungsbefugnis nach § 528 Abs.1 S.2 BGB verfolgt indes allein den Zweck, es dem Beschenkten zu ermöglichen, dass Geschenk in natura zu behalten.[12] Im Übrigen soll sich seine Rechtsstellung mit Ausübung der Ersetzungsbefugnis nicht ändern.[13] Damit rechtfertigt die Feststellung, dass ein mit Ausübung der Ersetzungsbefugnis des Beschenkten entstandener Rentenzahlungsanspruch des Schenkers mit dessen Tod gemäß §§ 528 Abs.1 S.3, 1615 Abs.1 BGB für die Zukunft erlischt und damit auch nicht mittelbar über den Pflichtteil dem zukünftigen Alimentationsbedürfnis eines Angehörigen des Schenkers im Sinne des § 528 Abs.1 S.1 BGB dient, die Annahme, dass das Gleiche auch für den Schenkungsrückforderungsanspruch aus § 528 Abs.1 S.1 BGB gilt.[14]

---

12 Siehe etwa MüKo-Koch, § 528 Rn. 21; Staudinger (2005)-Wimmer-Leonhardt, § 528 Rn. 28. Siehe zur Ersetzungsbefugnis des Beschenkten gemäß § 528 Abs.1 S.2 BGB bereits oben Zweiter Teil, 1. Kap., VIII. (S. 120 ff.).

13 Siehe dazu Franzen, FamRZ 1997, 528, 530 sowie schon oben Zweiter Teil, 1. Kap. VIII. 2. (S. 123).

14 Siehe ferner zu den „gesetzestechnischen Schwierigkeiten" der Einbeziehung des Schenkungsrückforderungsanspruchs in die Pflichtteilsberechnung, Zeranski, S. 130 f.

Dies wiederum erlaubt nun Folgerungen im Hinblick auf den Fortbestand des Anspruchs aus § 528 Abs.1 S.1 BGB über den Tod des Schenkers hinaus als Mittel zur Befriedigung von Unterhaltsansprüchen eines geschiedenen Ehegatten gemäß § 1586 b Abs.1 BGB bzw. eines Lebenspartners oder einer Lebenspartnerin nach Aufhebung der Lebenspartnerschaft gemäß § 16 S.2 LPartG. Dabei ist von maßgeblicher Bedeutung, dass nach der Konzeption des Gesetzes die Gewährung eines über den Tod des bisherigen Unterhaltsschuldners hinaus fortbestehenden, nunmehr von dessen Erben zu erfüllenden Unterhaltsanspruchs einen Ausgleich für die fehlende Teilhabe jener Personen am Nachlass des ihnen bislang Unterhaltsverpflichteten bieten soll.[15] Folglich hat sich die Rechtslage am Pflichtteilsrecht zu orientieren. Nur dasjenige, was über den Pflichtteil Ehegatten und Lebenspartnern zu Gute kommt, kann auch zur Alimentation im Rahmen von Unterhaltsansprüchen nicht pflichtteilsberechtigter früherer Ehegatten und Lebenspartner dienen. Da der Schenkungsrückforderungsanspruch jedoch, wie gerade dargelegt, in die Pflichtteilsberechnung nicht miteinfließt, steht er folglich auch nicht als Mittel zur Befriedigung der über den Tod des Schenkers hinaus fortbestehenden Unterhaltsansprüche gemäß §§ 1586b Abs.1 S.1 BGB, 16 S.2 LPartG zur Verfügung. Er erlischt vielmehr auch hier mit dem Tod des Schenkers.

Der Schenkungsrückforderungsanspruch gemäß § 528 Abs.1 S.1 BGB dient somit nach dem Tod des Schenkers allein noch der Erfüllung einer auf seinen Erben übergegangenen Verpflichtung zur Zahlung von Unterhalt für die Vergangenheit gegenüber den in § 528 Abs.1 S.1 genannten Unterhaltsberechtigten. Nur insoweit bleibt daher auch der lebzeitig vom Schenker an einen solchen Unterhaltsgläubiger abgetretene Schenkungsrückforderungsanspruch bestehen. Im Übrigen erlischt er mit dem Tod des Schenkers.

2. Postmortale Zession durch den Erben des Schenkers

Eine wirksame postmortale Zession des Schenkungsrückforderungsanspruchs an einen Unterhaltsgläubiger im Sinne des § 528 Abs.1 S.1 BGB durch den Erben des Schenkers verlangt den Fortbestand des Rechts über den Tod des Schenkers hinaus. Dazu ist zunächst erforderlich, dass der Zweck des Anspruchs aus § 528 Abs.1 S.1 BGB auch nach dem Tod des Schenkers noch erreicht werden kann. Darüberhinaus gilt es aber zwei weitere Fragen zu klären, die sich bei einer lebzeitigen

15 Siehe Palandt-Brudermüller, § 1586 b Rn. 1; PWW-Kleffman, § 1586 b Rn. 1; Bamberger/Roth-Beutler, § 1586 b Rn. 1. Siehe ferner BT-Drucks. 7/650 S. 151 („ ...da der geschiedene Ehegatte von solchen gesetzlichen Ansprüchen (scil. am Nachlass) ausgeschlossen ist, muss als *Ersatz* die passive Vererblichkeit seines Unterhaltsanspruchs anerkannt werden.“).

Zession des Anspruchs durch den Schenker nicht stellen. Die erste Frage betrifft ein Erlöschen des Anspruchs durch Konfusion, sofern der Beschenkte zugleich der Alleinerbe des Schenkers ist. Die zweite Frage richtet sich einmal mehr auf die Bedeutung einer fehlenden lebzeitigen Willensbekundung des Schenkers im Sinne des § 852 ZPO für die Wirksamkeit einer postmortalen Zession des Schenkungsrückforderungsanspruchs durch den Erben des Schenkers.

a) Erlöschen des Schenkungsrückforderungsanspruchs durch Zweckfortfall mit dem Tod des Schenkers

Wie gerade festgestellt, liegt die Erfüllung der über den Tod des Schenkers hinaus fortbestehenden und nunmehr von seinem Erben zu erfüllenden Ansprüche auf Unterhalt für die Vergangenheit der in § 528 Abs.1 S.1 BGB genannten Unterhaltsgläubiger im Rahmen der Zweckbindung des Schenkungsrückforderungsanspruchs. Zur Erfüllung solcher Unterhaltsansprüche – aber auch nur dieser – kommt folglich auch eine postmortale Zession des Anspruchs aus § 528 Abs.1 S.1 BGB durch den Erben des Schenkers an die entsprechenden Unterhaltsgläubiger in Betracht.

b) Erlöschen des Schenkungsrückforderungsanspruchs durch Konfusion

Kommt es mit dem Tod des Schenkers zu einer Vereinigung von Forderung und Schuld in der Person des Beschenkten, erlischt der Schenkungsrückforderungsanspruch durch Konfusion. Denn auch die in Rede stehenden Unterhaltsgläubiger haben kein Recht auf Erwerb gerade des Schenkungsrückforderungsanspruchs selbst. Ihre über den Tod des Schenkers hinaus fortbestehenden Unterhaltsansprüche sind vom Erben des Schenkers vielmehr aus dessen Gesamtvermögen zu erfüllen. Allein im Falle einer Beschränkung der Erbenhaftung nach den §§ 1975, 1990 BGB[16] wird gemäß §§ 1976, 1991 Abs.2 BGB der Fortbestand des durch Konfusion erloschenen Schenkungsrückforderungsanspruchs zu ihren Gunsten fingiert, um so eine Befriedigung ihrer Unterhaltsansprüche erreichen zu können.

---

16 Im Hinblick auf die bei einer Verarmung des Schenkers im Sinne des § 528 Abs.1 S.1 BGB typischerweise nicht kostendeckend vorhandenen Nachlassaktiva scheiden die Nachlassverwaltung und ein Nachlassinsolvenzverfahren regelmäßig aus, so dass die Haftungsbeschränkung des Erben gewöhnlich über die Dürftigkeitseinrede gemäß § 1990 BGB erfolgen wird.

c) Erlöschen des Schenkungsrückforderungsanspruchs in Ermangelung der Voraussetzungen des § 852 ZPO beim Tod des Schenkers

Fraglich bleibt, ob eine fehlende lebzeitige Willensbekundung des Schenkers im Sinne des § 852 ZPO der Vererblichkeit des Schenkungsrückforderungsanspruchs zum Zwecke der Erfüllung der für die Vergangenheit fortbestehenden gesetzlichen Unterhaltsansprüche der in § 528 Abs.1 S.1 BGB genannten Unterhaltsgläubiger entgegensteht. Wie sich indes sogleich zeigen wird, findet § 852 Abs.2 ZPO bei einer Zwangsvollstreckung der gesetzlichen Unterhaltsgläubiger des Schenkers in den Anspruch aus § 528 Abs.1 S.1 BGB keine Anwendung.[17] § 852 Abs.2 ZPO ist mithin für die gesetzlichen Unterhaltsgläubiger des Schenkers ohne Bedeutung, so dass ein lebzeitiges Fehlen von vertraglicher Anerkennung und Rechtshängigkeit des Schenkungsrückforderungsanspruchs für dessen Fortbestand über den Tod des Schenkers hinaus zum Zwecke der Befriedigung der in Rede stehenden Unterhaltsansprüche irrelevant ist.

III. Die Erlangung der Aktivlegitimation durch Pfändung und Überweisung des Schenkungsrückforderungsanspruchs

1. Pfändbarkeit des Schenkungsrückforderungsanspruchs gemäß § 851 Abs.1 ZPO

Nach § 851 Abs.1 ZPO ist eine Forderung der Pfändung nur insoweit unterworfen, als sie übertragbar ist. Der im Rahmen seiner Zweckbindung abtretbare Schenkungsrückforderungsanspruch aus § 528 BGB ist damit auch im Rahmen seiner Zweckbindung pfändbar. Da die Abtretung des Rechts an einen gesetzlichen Unterhaltsgläubiger zur Erfüllung bestehender Unterhaltspflichten des Schenkers innerhalb der Zweckbindung des Anspruchs liegt, ist folglich auch eine Pfändbarkeit des Anspruchs durch die gesetzlichen Unterhaltsgläubiger des Schenkers zur Durchsetzung ihrer gesetzlichen Unterhaltsansprüche gemäß § 851 Abs.1 ZPO zu bejahen.[18]

---

17 Siehe dazu im Einzelnen sogleich unter III. 2. (S. 228 ff.).

18 Siehe dazu auch schon Zeranski, S. 86. Siehe ferner zur nur relativen Pfändbarkeit einer Forderung als Folge ihrer nur relativen Abtretbarkeit BGH Rpfleger 1978, 248, 249; Stein/Jonas-Brehm, § 851 Rn. 23; B/L/A/H, § 851 Rn. 4; MüKo/ZPO-Smid, § 851 Rn. 8; Musielak-Becker, § 851 Rn. 6; Schuschke/Walker-Kessal-Wulf, § 851 Rn. 5; Thomas/Putzo-Seiler, § 851 Rn. 3.

2. Die Vollstreckungsschranken gemäß § 852 ZPO

Die Pfändbarkeit einer Forderung nach § 851 Abs.1 ZPO besteht nur in Ermangelung besonderer Vorschriften. Damit stellt sich auch hier die Frage nach der Bedeutung des § 852 Abs.2 ZPO bei einem Zugriff der gesetzlichen Unterhaltsgläubiger des Schenkers auf dessen Anspruch aus § 528 Abs.1 S.1 BGB. Es fragt sich, ob zugunsten dieser Personen eine restriktive Interpretation des § 852 Abs.2 ZPO geboten ist, so dass die dort normierten Vollstreckungsschranken bei einer Pfändung des Schenkungsrückforderungsanspruchs zur Durchsetzung gesetzlicher Unterhaltsansprüche der in § 528 Abs.1 S.1 BGB genannten Unterhaltsgläubiger nicht gelten.[19]

Die gesetzlichen Unterhaltsgläubiger des Schenkers haben zwar zu dessen Unterhaltssicherung nichts beigetragen, die Erfüllung ihrer Unterhaltsansprüche über eine Rückforderung der Schenkung gemäß § 528 Abs.1 BGB liegt jedoch im Schutzbereich der Norm und somit im Rahmen der Zweckbindung des Schenkungsrückforderungsanspruchs. Damit begegnet auch hier ein an zahlreichen Stellen der Rechtsordnung zu beobachtendes Phänomen, nämlich die privilegierte Behandlung gesetzlicher Unterhaltsansprüche. Ganz offenbar hat das Gesetz ein gesteigertes Interesse an der Erfüllung solcher Ansprüche, was angesichts der mit ihrem Ausfall drohenden Verpflichtung der öffentlichen Hand zur Erbringung von Grundsicherungs- bzw. Sozialhilfeleistungen nicht überrascht.

Dieses gesteigerte gesetzliche Interesse an der Erfüllung gesetzlicher Unterhaltsansprüche zeigt sich zunächst im Unterhaltsrecht selbst mit den §§ 1607 Abs.2 S.2, 1608 S.3, 1615 l Abs.3 S.1, 1584 S.3 BGB. Danach erfolgt bei einer Unterhaltsgewährung durch einen nachrangig verpflichteten Unterhaltsschuldner ein gesetzlicher Übergang des gegen den vorrangig Unterhaltspflichtigen bestehenden Unterhaltsanspruchs. Die Rechtsordnung ist hier an dem Eintritt des Leistenden interessiert.[20] Er soll daher durch einen mittels cessio legis erfolgenden Rückgriff schadlos gehalten werden.[21] Von dem gleichen Gedanken getragen, wenn auch im Schutz des Eintretenden unterschiedlich verwirklicht, wird § 679 BGB, wonach ein der Geschäftsführung entgegenstehender Wille des Geschäftsherrn unbeachtlich ist und womit eine gleichwohl zum vollumfänglichen Regress gereichende berechtigte Geschäftsführung ohne Auftrag vorliegt,[22] wenn ohne die Geschäftsführung eine gesetzliche Unterhaltspflicht des Geschäftsherrn nicht rechtzeitig erfüllt werden würde.

19 Dazu schon eingehend Zeranski, S. 95 ff.
20 Darin liegt das gemeinsame Merkmal dieser Vorschriften. Vgl. Medicus/Petersen, Rn. 914.
21 Siehe Medicus/Petersen, Rn. 914.
22 Vgl. insofern einmal mehr Medicus/Petersen, Rn. 914.

In anderen Fällen schützt das Gesetz bestehende Unterhaltsinteressen dadurch, dass es an sich bestehende Verpflichtungen einschränkt. So ist ein Schenker gemäß § 519 Abs.1 BGB bei einer Gefährdung seines eigenen angemessenen Unterhalts sowie der Erfüllung seiner gesetzlichen Unterhaltspflichten berechtigt, die Erfüllung seines Schenkungsversprechens zu verweigern.[23] Nach § 829 BGB tritt die deliktische Billigkeitshaftung hinter die Sicherung des eigenen angemessenen Unterhalts des Haftenden und die Erfüllung seiner gesetzlichen Unterhaltspflichten zurück.

Auch im Vollstreckungsrecht genießen Unterhaltsgläubiger nicht unerhebliche Privilegien. Das zeigt sich insbesondere bei der Pfändung von Arbeitseinkommen und zwar in zwei Richtungen. So gewährt einerseits § 850 d Abs.1 S.1 ZPO bei einer Zwangsvollstreckung wegen eines gesetzlichen Unterhaltsanspruchs den Unterhaltsberechtigten im Vergleich zu sonstigen Vollstreckungsgläubigern weitergehende Zugriffsmöglichkeiten auf das Arbeitseinkommen des unterhaltspflichtigen Vollstreckungsschuldners.[24] Andererseits erhöhen sich bei der Zwangsvollstreckung in das Arbeitseinkommen die Pfändungsfreigrenzen nach Maßgabe des § 850 c Abs.1 S.2 ZPO bei bestehenden Unterhaltspflichten des Vollstreckungsschuldners. Auch damit will das Gesetz die Erfüllung gesetzlicher Unterhaltsansprüche sichern.

§ 528 BGB schließlich ist eine weitere, besondere Ausprägung dieser gesetzlichen Zielsetzung. Das Gesetz gewährt dem Schenker eine Rückforderung des Geschenks nicht nur zur Behebung einer in selbst treffenden Notlage, sondern eben auch, um ihn in die Lage zu versetzen, seine gesetzlichen Unterhaltspflichten zu erfüllen. Es bezieht insofern seine gesetzlichen Unterhaltsgläubiger in den Schutzbereich des § 528 BGB mit ein und lässt damit das Interesse des Beschenkten an der Erhaltung des Geschenks hinter die Interessen der gesetzlichen Unterhaltsberechtigten des Schenkers an der Erfüllung ihrer Unterhaltsansprüche zurücktreten.

Dabei entspricht es allgemeiner Ansicht, bei der Beurteilung der für die Unterhaltspflicht erforderlichen Leistungsfähigkeit des Schenkers grundsätzlich einen ihm zustehenden Anspruch aus § 528 Abs.1 S.1 BGB zu berücksichtigen und zwar bei allen in Rede stehenden Unterhaltsrechtsverhältnissen.[25]

Das leuchtet für die Unterhaltspflichten der Ehegatten untereinander gemäß §§ 1360 f. BGB und die Unterhaltspflicht der Eltern gegenüber ihren minderjähri-

---

23 Siehe dazu näher Erster Teil, Einführung, III. 1. (S. 7 ff.).

24 Zu den Einzelheiten anschaulich Brox/Walker ZvR, Rn. 568 ff. Siehe insofern aber auch – dem in Rede stehenden Grundgedanken entsprechend – § 850 d Abs.1 S.2 ZPO.

25 Dazu im Einzelnen schon Zeranski, S. 96 f.

gen unverheirateten Kindern gemäß §§ 1601 ff. BGB ohne weiteres ein. Dieser Personenkreis bildet die Familie im engeren Sinne und damit eine Solidargemeinschaft von besonderer Intensität. Die Ehegatten sind dementsprechend gehalten, zur Deckung des Unterhaltsbedarfs der Familie alle Einkünfte und sämtliches Vermögen zu verwenden.[26] Es obliegt ihnen, in Notfällen alle verfügbaren Mittel miteinander und mit ihren Kindern zu teilen (vgl. § 1603 Abs.2 S.1 BGB).

Aber auch im weiteren Bereich des Verwandtenunterhalts gemäß §§ 1601 ff. BGB und damit in Rechtsbeziehungen von weit geringerer Intensität als im Verhältnis zwischen Eltern und (minderjährigen) Kindern ist bei der Beurteilung der Leistungsfähigkeit des auf Zahlung von Unterhalt in Anspruch genommenen Schenkers im Sinne des § 1603 Abs.1 BGB ein ihm zustehender Rückforderungsanspruch aus § 528 Abs.1 S.1 BGB zu berücksichtigen.[27]

Beim nachehelichen Unterhalt gemäß §§ 1569 ff. BGB gelten bei der Feststellung der unterhaltsrechtlichen Leistungsfähigkeit des geschiedenen Ehegatten aufgrund der in § 1581 BGB geforderten Billigkeitsprüfung strengere Maßstäbe als beim allgemeinen Verwandtenunterhalt gemäß § 1603 Abs.1 BGB. Auch hier wird folglich ein Schenkungsrückforderungsanspruch dem Vermögen des auf Zahlung von Unterhalt in Anspruch genommenen geschiedenen Ehegatten hinzugerechnet. Gleiches gilt beim Trennungsunterhalt gemäß § 1361 BGB. Das Getrenntleben gemäß § 1567 Abs.1 BGB bildet das notwendige Durchgangsstadium zwischen ehelicher Lebensgemeinschaft und Scheidung (vgl. §§ 1565 f. BGB), steht aber angesichts der Aufhebung der ehelichen Lebensgemeinschaft letzterer deutlich näher. Die Rechtsprechung zum Trennungsunterhalt und zum nachehelichen Unterhalt verläuft daher weitgehend parallel, wobei auch § 1581 BGB entsprechende Anwendung findet.[28]

Bei einer Lebenspartnerschaft schließlich folgen die Verpflichtungen der Lebenspartner bzw. Lebenspartnerinnen zum Lebenspartnerschafts-, zum Trennungs- und zum nachpartnerschaftlichen Unterhalt gemäß §§ 5, 12, 16 LPartG den für Ehegatten geltenden gesetzlichen Regelungen. Auch hier wird folglich bei der Ermittlung der Leistungsfähigkeit eines auf Unterhalt in Anspruch genomme-

26 Ständige Rechtsprechung: Siehe BGH NJW 1982, 2771, 2772 m.w.N. Siehe ferner etwa Gernhuber/Coester-Waltjen, § 21 Rn. 7.

27 Siehe RG SeuffA 70 (1915) Nr. 222 = LZ 1915, 1096 f.; OLG Dresden, OLG Rspr. 33, 345 f.; Erman-Hammermann, § 1603 Rn. 105; Gernhuber/Coester-Waltjen, § 45 Rn. 26. Anders aber wohl Wendl/Dose-Wönne, § 2 Rn. 934.

28 Siehe etwa Schwab, Rn. 359 sowie Erman-Graba, § 1581 Rn. 5, jew. m.w.N.

nen Lebenspartners ein ihm zustehender Schenkungsrückforderungsanspruch berücksichtigt.[29]

Die Vollstreckungsschranken des § 852 ZPO sollen bei der Ermittlung der Leistungsfähigkeit des Schenkers dagegen unberücksichtigt bleiben. Demgemäß wird der Anspruch aus § 528 Abs.1 S.1 BGB dem Vermögen des Schenkers bei der Prüfung seiner unterhaltsrechtlichen Leistungsfähigkeit auch dann hinzugerechnet, wenn die Voraussetzungen des § 852 ZPO nicht erfüllt sind.[30] Andererseits soll es trotz der Berücksichtigung des Anspruchs aus § 528 Abs.1 S.1 BGB bei der Beurteilung der Leistungsfähigkeit des auf Unterhalt in Anspruch genommenen Schenkers vollstreckungsrechtlich bei den Schranken des § 852 ZPO verbleiben.[31]

Damit kommt es aber letztlich zu einer nicht hinnehmbaren Disharmonie von Erkenntnisverfahren einerseits und Zwangsvollstreckungsverfahren andererseits mit inakzeptablen Ergebnissen für die klageweise obsiegenden gesetzlichen Unterhaltsgläubiger des Schenkers.[32] Denn anders als etwa bei einer Verurteilung zur Zahlung eines ausstehenden Kaufpreises oder Mietzinses, bei der die vom Gericht zu prüfenden klagebegründenden Voraussetzungen unabhängig sind von den finanziellen Verhältnissen des Beklagten, ergeht ein stattgebendes Unterhaltsurteil angesichts der insofern erforderlichen Leistungsfähigkeit des Beklagten stets mit Blick auf dessen Vermögensverhältnisse. Diese für Unterhaltsansprüche eigentümliche Verbindung von stattgebendem zivilgerichtlichem Urteil einerseits und sich daran anschließender Zwangsvollstreckung andererseits erfährt im Falle des § 528 BGB eine besondere Zuspitzung. Denn bei dem letztlich die erfolgreiche Unterhaltsklage tragenden Anspruch aus § 528 Abs.1 S.1 BGB handelt es sich um ein Notrecht des Schenkers, das erst bei dessen Verarmung eingreift. Der Schenker kann somit den Beschenkten aus § 528 Abs.1 S.1 BGB erst dann in Anspruch nehmen, wenn er über keine anderen Mittel und Möglichkeiten mehr verfügt, seine gesetzlichen Unterhaltspflichten zu erfüllen. Mit anderen Worten: Der Schenkungsrückforderungsanspruch aus § 528 BGB besteht nur und kann folglich auch erst dann bei der Prüfung der Leistungsfähigkeit des Schenkers zur Unterhaltszahlung berücksichtigt werden, wenn der Schenker ohne diesen Anspruch zu entsprechenden Unterhaltsleistungen außerstande ist. Damit ist es im Ergebnis aber allein der Anspruch aus § 528 Abs.1 S.1 BGB, der

---

29 Mit Einführung des LPartG wurden die in Rede stehenden Personen in den Schutzbereich des § 528 Abs.1 S.1 BGB mit aufgenommen (siehe dazu statt aller MüKo-Koch, § 528 Rn.1).

30 Siehe RG SeuffA 70 (1915) Nr. 222 = LZ 1915, 1096 f.; OLG Dresden, OLG Rspr. 33, 345, 346; Wüllenkemper, JR 1988, 353 f.

31 Siehe RG SeuffA 70 (1915) Nr. 222 = LZ 1915, 1096 f.; Wüllenkemper, JR 1988, 353, 354.

32 Dazu schon eingehend Zeranski, S. 98 ff.

die Leistungsfähigkeit des Schenkers zur Erbringung von Unterhaltsleistungen begründet. Der Unterhaltskläger obsiegt in dem Unterhaltsrechtsstreit mit dem Schenker somit nur deshalb, weil dessen Schenkungsrückforderungsanspruch gegen den Beschenkten Berücksichtigung findet. Die Vollstreckung in diesen allein die Leistungsfähigkeit des unterhaltspflichtigen Schenkers tragenden Vermögenswert soll dem obsiegenden Unterhaltsgläubiger jedoch im Hinblick auf § 852 Abs.2 ZPO verwehrt bleiben.[33]

Ein solches Ergebnis wäre allenfalls dann annehmbar, wenn es sich bei dem auf § 528 Abs.1 S.1 BGB gründenden, den Schenker zur Zahlung von Unterhalt verpflichtenden Erkenntnis um ein Urteil mit bloßem Appellcharakter handeln würde. Derartige Urteile sind, wenngleich sehr selten, der Rechtsordnung keineswegs fremd. Dabei handelt es sich zwar typischerweise um Urteile, deren Vollstreckung einen unzumutbaren Eingriff in die Persönlichkeitssphäre des Vollstreckungsschuldners bedeuten würde,[34] was für eine Verurteilung des Schenkers zur Zahlung von Unterhalt ganz offensichtlich nicht zutrifft. Der Charakter des in Rede stehenden, letztlich allein auf § 528 Abs.1 S.1 BGB gründenden Unterhaltsurteils als ein solches mit bloßem Appellcharakter könnte sich gleichwohl aus folgender Überlegung ergeben:[35] Verwandtenunterhalt wird nach geltendem Recht nicht nur von Generation zu Generation geschuldet. Gemäß § 1601 BGB sind vielmehr alle Verwandten in gerader Linie einander unterhaltspflichtig. Damit schulden Eltern nicht nur ihren Kindern, sondern auch ihren Enkeln und Urenkeln Unterhalt, genauso wie auch Kinder nicht nur ihren Eltern, sondern gegebenenfalls auch ihren Großeltern und Urgroßeltern unterhaltspflichtig sind. Je entfernter der Verwandtschaftsgrad, desto weniger ausgeprägt ist erfahrungsgemäß aber auch der familiäre Zusammenhalt. Die gesellschaftliche Entwicklung weg von der Großfamilie hin zur Kleinfamilie hat dazu geführt, dass verwandtschaftliche Beziehungen, die über den ersten Grad hinausreichen, oftmals nur noch von oberflächlicher Natur sind und allenfalls eine geringe Verbundenheit zwischen den Verwandten aufweisen.[36] Der gleiche Befund ergibt sich typischerweise in den anderen gesetzlichen Unterhaltsrechtsverhältnissen bei bevorstehender bzw. schon erfolgter Beendigung der Solidargemeinschaft, mithin bei getrennt lebenden und geschiedenen Ehegatten und Lebenspartnern/Lebenspartnerinnen.

---

33 Siehe RG SeuffA 70 (1915) Nr. 222 = LZ 1915, 1096 f.; Wüllenkemper, JR 1988, 353, 354.

34 Heute geht es dabei im Wesentlichen um die Fälle des § 888 Abs.3 ZPO, also um Verurteilungen zur Leistung von Diensten aus einem Dienstvertrag. Früher, wenngleich auch seinerzeit schon selten, gehörte eine Verurteilung zur Herstellung der ehelichen Lebensgemeinschaft noch dazu (vgl. insofern auch § 888 Abs.2 ZPO a.F.).

35 Dazu auch schon Zeranski, S. 99 f.

36 Vgl. dazu auch Gernhuber/Coester-Waltjen, § 45 Rn. 1 f.; Rauscher, Rn. 825.

Die Beziehung des Schenkers zum Beschenkten kann demgegenüber wesentlich inhaltsreicher und ausgeprägter sein. Es kann hier aufgrund der Dauer der Beziehung und der während dieser Zeit gegenseitig gewährten Unterstützung und einander erwiesenen Solidarität eine Verbundenheit unter den Beteiligten entstanden sein, die weit über ein familiäres Verhältnis hinausreicht. Insofern kann es in der Tat unbillig anmuten, wenn der Schenker dem Beschenkten das Geschenk zugunsten eines Unterhalt begehrenden (ehemaligen) Angehörigen entziehen müsste. Mit Fortbestehen der Vollstreckungsschranken des § 852 ZPO trotz Einbeziehung des Anspruchs aus § 528 Abs.1 S.1 BGB in das Vermögen des Schenkers bei Beurteilung seiner unterhaltsrechtlichen Leistungsfähigkeit könnte diesen Umständen Rechnung getragen sein. Das entsprechende, auf § 528 Abs.1 S.1 BGB gründende Unterhaltsurteil enthielte dann lediglich den an den Schenker gerichteten Appell, den Anspruch zugunsten seines obsiegenden gesetzlichen Unterhaltsgläubigers geltend zu machen, die abschließende Entscheidung über eine Inanspruchnahme des Beschenkten wäre aber über § 852 Abs.2 ZPO letztlich dem – mit den Einzelheiten der maßgeblichen Verhältnisse vertrauten – Schenker überlassen. Auch im Wortlaut des § 528 Abs.1 S.1 BGB heißt es ja lediglich, dass der Schenker die Herausgabe des Geschenks fordern *kann*.

Der entscheidende Nachteil dieser Deutung der Zusammenhänge besteht indes darin, dass dem Schenker damit über § 852 ZPO eine unbegrenzte Entscheidungsfreiheit zur Geltendmachung seines Rechts zukommt. Er könnte damit in allen Fällen frei entscheiden, ob er den Rückforderungsanspruch geltend machen will oder nicht. Das geht jedoch zu weit. Denn gerade im Unterhaltsrecht verdient – von Ausnahmefällen abgesehen – die Entscheidungsfreiheit des Schenkers zur Geltendmachung seines Anspruchs angesichts der in den eingangs genannten Vorschriften im Allgemeinen sowie der in § 528 BGB im Besonderen zum Ausdruck kommenden Privilegierung gesetzlicher Unterhaltsansprüche keinen Schutz. Zu Recht hat der BGH daher für Pflichtteilsansprüche ausgeführt, dass die dem Berechtigten im allgemeinen Rechtsverkehr zukommende Entscheidungsfreiheit zur Geltendmachung seines Rechts gemäß § 852 ZPO im Unterhaltsrecht keineswegs dieselbe sein muss.[37]

Der Wortlaut des § 528 Abs.1 S.1 BGB bietet demgegenüber kein tragfähiges Argument. Insofern gilt es nämlich zu berücksichtigen, dass die vom Gesetzgeber getroffene Wortwahl stets in dem Bestreben erfolgt, sämtliche dem Regelungsbereich der Vorschrift unterfallende Sachverhalte zu erfassen. Die Geltendmachung des Schenkungsrückforderungsanspruchs um seiner selbst willen fällt aber in der

37 Siehe BGH NJW 1982, 2771, 2772.

Tat in die Entscheidungsfreiheit des Schenkers, so dass das vom Gesetz gewählte „kann ... fordern" die Rechtslage zutreffend beschreibt.

Im Kontext des Unterhaltsrechts gelten insofern aber andere Maßstäbe. Hier ist der Schenker grundsätzlich gehalten, den Schenkungsrückforderungsanspruch gegenüber dem Beschenkten zugunsten seiner gesetzlichen Unterhaltsgläubiger geltend zu machen. Das „kann" in § 528 Abs.1 S.1 BGB wird insoweit zu einem „muss". Damit erscheint aber ein Festhalten an den Vollstreckungsschranken des § 852 Abs.2 ZPO nicht angängig. Denn die Feststellung, dass der Schenker seinen Anspruch aus § 528 Abs.1 S.1 BGB zugunsten seiner gesetzlichen Unterhaltsgläubiger geltend machen muss, impliziert das Zurücktreten der ihm durch § 852 Abs.2 ZPO prinzipiell gewährten Entscheidungsfreiheit hinter die Interessen seiner gesetzlichen Unterhaltsgläubiger.

Die Fälle, in denen dem Schenker die Geltendmachung des Schenkungsrückforderungsanspruchs zugunsten eines Unterhaltsberechtigten ausnahmsweise einmal nicht zuzumuten ist, lassen sich indes schon im Rahmen des Erkenntnisverfahrens über § 242 BGB lösen.[38] Denn wie jede Rechtsausübung steht auch die Geltendmachung von Unterhaltsansprüchen unter dem Gebot von Treu und Glauben. Den entsprechenden Weg hat hier der BGH in der schon erwähnten Entscheidung zum Pflichtteilsrecht gewiesen. Er hat darin bei der Beurteilung der nachehelichen Unterhaltspflicht eines Ehegatten gegenüber dem anderen die Berücksichtigungsfähigkeit eines Pflichtteilsanspruchs unter Zumutbarkeitsgesichtspunkten verneint.[39]

Ist somit nach den Umständen des Einzelfalles dem Schenker die Geltendmachung des Schenkungsrückforderungsanspruchs gegen den Beschenkten ausnahmsweise nicht zuzumuten, ist dieser Anspruch seinem Vermögen auch nicht hinzuzurechnen. Damit entfällt die Leistungsfähigkeit des Schenkers zur Unterhaltsgewährung und mit ihr auch seine gesetzliche Unterhaltspflicht. Der Unterhaltskläger unterliegt im Erkenntnisverfahren, zu einer Zwangsvollstreckung kommt es nicht.

Ist dagegen, wie im Regelfall, der Anspruch des Schenkers aus § 528 Abs.1 S.1 BGB bei Beurteilung seiner unterhaltsrechtlichen Leistungsfähigkeit zu berücksichtigen und obsiegt demzufolge der Unterhaltskläger in dem Unterhaltsrechtsstreit mit dem Schenker, so sind bei einer sich daran anschließenden Zwangsvoll-

38 Dazu auch schon Zeranski, S. 101 f.

39 Siehe BGH NJW 1982, 2771, 2772. Im konkreten Fall hielt der BGH die Geltendmachung des Pflichtteilsanspruchs aus moralischen und wirtschaftlichen Gründen – es existierte zu Lasten des pflichtteilsberechtigten Ehegatten eine testamentarische Verfallklausel – für nicht zumutbar.

streckung des Unterhaltsberechtigten in den Anspruch aus § 528 Abs.1 S.1 BGB die Vollstreckungsschranken des § 852 ZPO gegenstandslos. Die gesetzlichen Unterhaltsgläubiger des Schenkers können den Schenkungsrückforderungsanspruch gegen den Beschenkten damit auch ohne vertragliche Anerkennung und Rechtshängigkeit pfänden. Denn die in dem stattgebenden Unterhaltsurteil mit der Bejahung der Leistungsfähigkeit des Schenkers getroffene Feststellung, dass dieser seinen Anspruch aus § 528 Abs.1 S.1 BGB zugunsten seiner gesetzlichen Unterhaltsgläubiger geltend machen muss, impliziert den Vorrang des Interesses der Unterhaltskläger an der Erfüllung ihrer Unterhaltsansprüche vor der persönlichen Entscheidungsfreiheit des Schenkers zur Geltendmachung seines Rechts aus § 528 BGB. Es wäre nicht akzeptabel, einem Unterhaltskläger in Gestalt eines stattgebenden Urteils einen Vollstreckungstitel zu gewähren, der allein auf § 528 Abs.1 S.1 BGB basiert, ihm eine Vollstreckung in diesen Anspruch dann jedoch zu versagen. Ein solches Unterhaltsurteil[40] gäbe dem Unterhaltsberechtigten Steine statt Brot.

Die anderslautende Aussage in der Entscheidung des BGH vom 28.11.2012,[41] die sich auf den Wortlaut des § 852 ZPO und das Fehlen einer planwidrigen Gesetzeslücke stützt, wird den gesetzlichen Wertungen und der Interessenlage einer Schenkungsrückforderung zur Erfüllung gesetzlicher Unterhaltspflichten des Schenkers nicht ausreichend gerecht und ignoriert zudem, dass der BGH auch in anderen Zusammenhängen, namentlich zum Zwecke des Rückgriffs fürsorgerisch handelnder privater Dritter, die Vollstreckungsschranken des § 852 ZPO über den Gesetzeswortlaut hinaus außer Kraft setzt.[42] Dass jene freiwillig eintretenden Dritten in einem höheren Maße schutzwürdig seien als die mittels einer Schenkungsrückforderung auf die Deckung ihres Lebensbedarfs angewiesenen gesetzlichen Unterhaltsgläubiger des Schenkers, wird man indes schwerlich behaupten können.[43]

---

40 Zu dem Fall, dass bei bestehender Unzumutbarkeit zur Geltendmachung des Schenkungsrückforderungsanspruchs das Unterhaltsurteil auf anderen finanziellen Mitteln des Schenkers basiert und dessen Verarmung im Sinne des § 528 Abs.1 S.1 BGB erst später eintritt, siehe Zeranski, S. 102 f. Zu dem Fall, dass die Zwangsvollstreckung in den Anspruch aus § 528 Abs.1 S.1 BGB auf einem Unterhaltsvergleich beruht, Zeranski, S. 103.

41 Siehe BGH NJW 2013, 530, 531 (Rn. 16), wo es allerdings letztlich um die Durchsetzung eines Pflichtteilanspruchs zugunsten der Unterhaltsberechtigten geht (vgl. dazu auch BGH NJW 1982, 2771, 2772).

42 Vgl. dazu Zweiter Teil, 3. Kap., II. 2. b) (S. 208 ff.) sowie III. 2 (S. 215 f.).

43 Nach der hier vertretenen Ansicht, die allein eine restriktive Interpretation des § 852 ZPO zugunsten der gesetzlichen Unterhaltsgläubiger des Schenkers bejaht und eine solche zugunsten fürsorgerisch handelnder privater Dritter gerade verneint, ist vielmehr das Gegenteil der Fall.

§ 852 Abs.2 ZPO findet somit bei der Zwangsvollstreckung eines Unterhaltsgläubigers im Sinne des § 528 Abs.1 S.1 BGB in den Schenkungsrückforderungsanspruch zur Durchsetzung seines gesetzlichen Unterhaltsanspruchs gegenüber dem Schenker keine Anwendung.[44] Die Pfändung (und Überweisung) des Anspruchs aus § 528 Abs.1 S.1 BGB durch gesetzliche Unterhaltsgläubiger des Schenkers ist somit auch ohne eine vertragliche Anerkennung und ohne die Rechtshängigkeit des Anspruchs möglich. Dabei ist es ohne Belang, ob der Schenkungsrückforderungsanspruch bei der Pfändung der gesetzlichen Unterhaltsgläubiger dem Schenker oder nach dessen Tod seinem Erben zusteht.[45]

IV. Zusammenfassung der Ergebnisse

1. Der Schenkungsrückforderungsanspruch kann vom dem Schenker zur Erfüllung seiner gesetzlichen Unterhaltspflichten an einen Unterhaltsgläubiger im Sinne des § 528 Abs.1 S.1 BGB abgetreten werden. Ein solchermaßen vom Schenker abgetretener Anspruch erlischt mit dessen Tod, sofern nicht über seinen Tod hinaus, nunmehr von seinem Erben zu erfüllende gesetzliche Unterhaltsansprüche für die Vergangenheit bestehen.

---

44 Anders aber die ganz überwiegende Ansicht in Rspr. und Schrifttum: Siehe RG SeuffA 70 (1915) Nr. 222 = LZ 1915, 1096 f. sowie nun auch BGH NJW 2013, 530, 531 (Rn. 16), dort allerdings letztlich mit dem Ziel der Durchsetzung eines Pflichtteilanspruchs; Prütting/Gehrlein-Ahrens, § 852 Rn. 2; Musielak-Becker, § 852 Rn. 1; Wüllenkemper, JR 1988, 353, 354. Vgl. ferner Zöller-Stöber, § 852 Rn. 5; B/L/A/H, § 852 Rn. 1; MüKo/ZPO-Smid, § 852 Rn. 1, 10; Stein/Jonas-Brehm, § 852 Rn. 2; Schuschke/Walker-Kessal-Wulf, § 852 Rn. 1; Thomas/Putzo-Seiler, § 852 Rn. 1; Zimmermann, § 852; HK/ZPO-Kemper, § 852 Rn. 1; Stöber, Rn. 324; Brox/Walker ZvR, Rn. 530; Gaul/Schilken/Becker-Eberhard, § 54 Rn. 23; Baur/Stürner/Bruns, Rn. 25.11; Jauernig/Berger, § 20 Rn. 17; MüKo-Koch, § 528 Rn. 20; Erman-Herrmann, § 528 Rn. 6; Palandt-Weidenkaff, § 528 Rn. 5; PWW-Hoppenz, § 528 Rn. 16; Bamberger/Roth-Gehrlein, § 528 Rn. 4; NK/BGB-Dendorfer, § 528 Rn. 18; Jauernig-Mansel, Anm. §§ 528, 529 Rn. 2, die sämtlich keine Einschränkung des § 852 Abs.2 ZPO zugunsten der gesetzlichen Unterhaltsgläubiger des Schenkers vorsehen. Siehe demgegenüber allein Wieczorek/Schütze-Lüke, § 852 Rn. 2.

45 Bereits oben wurde ja festgestellt, dass der Rückforderungsanspruch des verarmten Schenkers nicht mit dessen Tod erlischt, sofern er der Erfüllung eines über den Tod des Schenkers hinaus fortbestehenden gesetzlichen Unterhaltsanspruchs eines Unterhaltsgläubigers im Sinne des § 528 Abs.1 S.1 BGB dient (siehe oben II. 1.b) (S. 221 ff.) und II. 2.a) (S. 226)). Insofern ist es für den Fortbestand des Schenkungsrückforderungsanspruchs über den Tod des Schenkers hinaus unerheblich, ob er lebzeitig vom Schenker abgetreten wurde oder ob eine lebzeitige Pfändung des Anspruchs durch die gesetzlichen Unterhaltsgläubiger im Sinne des § 528 Abs.1 S.1 BGB erfolgt ist. Etwas anderes gilt freilich im Falle einer erbfallbedingten Konfusion (siehe dazu oben II. 2.b) (S. 226)).

2. Sofern über den Tod des Schenkers hinaus, nunmehr von seinem Erben zu erfüllende Unterhaltsansprüche der in § 528 Abs.1 S.1 BGB genannten Unterhaltsgläubiger für die Vergangenheit bestehen, erlischt der Schenkungsrückforderungsanspruch auch dann nicht mit dem Tod des Schenkers, wenn es an einer lebzeitigen Zession des Anspruchs durch den Schenker fehlt. Der Schenkungsrückforderungsanspruch geht in diesem Fall auf den Erben des Schenkers über, der ihn zur Erfüllung der nun gegen ihn gerichteten Unterhaltsansprüche an die in § 528 Abs.1 S.1 BGB genannten Unterhaltsgläubiger abtreten kann. Auf eine lebzeitig erfolgte Willensbekundung des Schenkers im Sinne des § 852 ZPO kommt es dabei nicht an.
3. Ist der Beschenkte zugleich der Alleinerbe des Schenkers erlischt der Schenkungsrückforderungsanspruch durch Konfusion. Kommt es zu einer Beschränkung der Erbenhaftung, finden zugunsten der gesetzlichen Unterhaltsgläubiger im Sinne des § 528 Abs.1 S.1 BGB und im Hinblick auf ihre auch über den Tod des Schenkers hinaus fortbestehenden Unterhaltsansprüche für die Vergangenheit die §§ 1976, 1991 Abs.2 BGB Anwendung.
4. Der Schenkungsrückforderungsanspruch unterliegt gemäß § 851 Abs.1 ZPO der Pfändung der in § 528 Abs.1 S.1 BGB genannten Unterhaltsgläubiger zur Durchsetzung ihrer Unterhaltsansprüche gegenüber dem Schenker oder dessen Erben. § 852 Abs.2 ZPO findet bei einer Pfändung durch die gesetzlichen Unterhaltsgläubiger des Schenkers keine Anwendung.

Fünftes Kapitel
Die Rückforderung der Schenkung durch sonstige Gläubiger des Schenkers

I. Die Problematik

Zu erörtern bleibt, ob auch sonstige Gläubiger des Schenkers, das heißt andere als seine gesetzlichen Unterhaltsgläubiger und diejenigen, die ihm unterhaltssichernde Leistungen erbracht haben, als mögliche Anspruchsteller einer Schenkungsrückforderung gegenüber dem Beschenkten in Betracht kommen. Diese Personen können die Aktivlegitimation zur Geltendmachung des in Rede stehenden Rechts nur aufgrund einer Abtretung oder durch eine Pfändung und Überweisung des Schenkungsrückforderungsanspruchs im Wege der Zwangsvollstreckung erlangen.

II. Die Abtretbarkeit des Schenkungsrückforderungsanspruchs an sonstige Gläubiger des Schenkers

Wie bereits festgestellt, sind zweckgebundene Ansprüche im Sinne des § 399, 1. Fall BGB nur im Rahmen ihrer Zweckbindung zessibel.[1] Dementsprechend konnte eine Abtretbarkeit des Schenkungsrückforderungsanspruchs an den Sozialhilfeträger, an aus fürsorgerischen Gründen dem Schenker Hilfe leistende private Dritte und an Unterhaltsgläubiger im Sinne des § 528 Abs.1 S.1 BGB bejaht werden.[2]

Eine Abtretbarkeit zweckgebundener Ansprüche außerhalb der bestehenden Zweckbindung ist dagegen nicht zulässig. Demzufolge scheidet eine Zession des Schenkungsrückforderungsanspruchs andere als die oben genannten Rechtssubjekte aus. Die Abtretung an einen beliebigen Zessionar wäre mit der bestehenden Zweckbindung des Anspruchs aus § 528 Abs.1 S.1 BGB nicht zu vereinbaren.[3]

---

1 Siehe dazu schon Zweiter Teil, 3. Kap., II. 1. a) (S. 200 f.) m.w.N.

2 Siehe dazu im Einzelnen Zweiter Teil, 2. Kap., III. (S. 175 ff.); Zweiter Teil, 3. Kap., II. (S. 199 ff.) und Zweiter Teil, 4. Kap., II. (S. 220 ff.).

3 Vgl. dazu MüKo-Koch, § 528 Rn. 17; Staudinger(2005)-Wimmer-Leonhardt, § 528 Rn. 36; juris/PK-Sefrin, § 528 Rn. 34; Erman-Herrmann, § 528 Rn. 6; Palandt-Weidenkaff, § 528 Rn. 4; PWW-Hoppenz, § 528 Rn. 17; Bamberger/Roth-Gehrlein, § 528 Rn. 4; Jauernig-Mansel, Anm. zu §§ 528, 529 Rn. 2; Wüllenkemper, JR 1988, 353, 357, 359; Kollhosser, ZEV 1995, 391, 392; Hörlbacher, ZEV 1995, 202, 203; Krauß, ZEV 2001, 417, 418; Ruby, ZEV 2005, 102, 105; Zeranski, S. 65. Die höchst-

Das Geschenk würde dann nicht zur Deckung des Unterhaltsbedarfs des Schenkers bzw. zur Befriedigung seiner gesetzlichen Unterhaltsgläubiger verwendet, es würde vielmehr der Erfüllung eines anderen gegenüber dem Schenker bestehenden Anspruchs dienen. Das Gesetz mutet dem Beschenkten aber allein eine Herausgabe zur Beseitigung der in § 528 Abs.1 S.1 BGB umschriebenen Notbedarfslage zu. Eine Rückabwicklung der Schenkung zur Befriedigung anderer als der in der Vorschrift genannten Unterhaltsinteressen sieht das Gesetz bewusst nicht vor.

Die Abtretbarkeit des Schenkungsrückforderungsanspruchs an beliebige Gläubiger des Schenkers würde auch das durch die §§ 519, 528 BGB zum Ausdruck kommende Rangverhältnis zwischen den Gläubigern des Schenkers einerseits und dem Beschenkten andererseits außer Acht lassen.[4] So ist der Schenker vor dem Vollzug der Schenkung nach § 519 Abs.1 BGB berechtigt, die Erfüllung des Schenkungsversprechens zu verweigern, soweit er bei *Berücksichtigung seiner sonstigen Verpflichtungen* außerstande ist, das Versprechen zu erfüllen, ohne dass sein angemessener Unterhalt oder die Erfüllung der ihm kraft Gesetzes obliegenden Unterhaltspflichten gefährdet wird. Vor dem Vollzug der Schenkung genießen mithin die Gläubiger des Schenkers den Vorrang vor dem Beschenkten.[5] Der Schenker kann dem Erfüllungsverlangen des Beschenkten entgegenhalten, er bedürfe des Geschenks, um seine Verbindlichkeiten gegenüber seinen sonstigen Gläubigern zu erfüllen. Mit dem Vollzug der Schenkung endet indes dieser Befriedigungsvorrang.[6] Nunmehr kann der Schenker das Geschenk gemäß § 528 Abs.1 S.1 BGB allein zur Deckung seines eigenen angemessen Unterhalts sowie zur Erfüllung seiner gesetzlichen Unterhaltspflichten und damit zur Befriedigung seiner Unterhaltsgläubiger herausverlangen. Eine Rückforderung des Geschenks zum Zwecke der Befriedigung seiner sonstigen Gläubiger ist ihm dagegen verwehrt.[7]

---

richterliche Rspr. hat diese Frage bislang ausdrücklich offen gelassen (siehe zuletzt BGHZ 169, 320, 327 f. (Rn. 26)).

4 So auch schon Wüllenkemper, JR 1988, 353, 358. Dazu auch schon Zeranski, S. 65.

5 Siehe Wüllenkemper, JR 1988, 353, 358. Vgl. ferner etwa MüKo-Koch, § 519 Rn. 2; Staudinger (2005)-Wimmer-Leonhardt, § 519 Rn. 6.

6 Siehe Wüllenkemper, JR 1988, 353, 358; MüKo-Koch, § 528 Rn. 3; Staudinger(2005)-Wimmer-Leonhardt, § 528 Rn. 10; juris/PK-Sefrin, § 528 Rn. 17; Erman-Herrmann, § 528 Rn. 2.

7 Gleichfalls ausgeschlossen ist angesichts der bestehenden Zweckbindung des Schenkungsrückforderungsanspruchs die Abtretbarkeit an sonstige Dritte, die nicht einmal Gläubiger des Schenkers sind. Einer solchen Zession könnte allenfalls eine Schenkung des Rückforderungsanspruchs zugrunde liegen. § 528 Abs.1 S.1 BGB soll indes keine neuen Schenkungen auf Kosten des zuvor Beschenkten ermöglichen, sondern allein der Erfüllung der in der Vorschrift genannten

Im Ergebnis scheidet somit eine Abtretung des Rückforderungsanspruchs des verarmten Schenkers an andere als den Sozialhilfeträger, an einen dem Schenker aus fürsorgerischen Gründen hilfeleistenden privaten Dritten sowie an einen Unterhaltsgläubiger im Sinne des § 528 Abs.1 S.1 BGB aus.

III. Die Pfändbarkeit des Schenkungsrückforderungsanspruchs durch sonstige Gläubiger des Schenkers

Eine Forderung ist der Pfändung gemäß § 851 Abs.1 ZPO nur insoweit unterworfen, als sie übertragbar ist. Der nur relativ abtretbare Rückforderungsanspruch aus § 528 Abs.1 S.1 BGB wäre danach auch nur relativ pfändbar.[8] Er unterläge nur dem zwangsweisen Zugriff jener Personen, an die er auch zessibel ist. Da die sonstigen Gläubiger des Schenkers, wie gerade festgestellt, nicht zu diesem Personenkreis zählen, wäre auch keine Pfändung des Schenkungsrückforderungsanspruchs durch sie möglich.

Der in § 851 Abs.1 ZPO normierte Gleichlauf von Pfändbarkeit und Abtretbarkeit gilt aber nur in Ermangelung besonderer Vorschriften. Insofern gilt es vorliegend zwei Vorschriften zu beachten. Zum einen die den zwangsweisen Gläubigerzugriff erweiternde Regelung des § 851 Abs.2 ZPO und zum anderen einmal mehr die an sich die Pfändbarkeit (weiter) einschränkende Bestimmung des § 852 Abs.2 ZPO, in der der BGH nunmehr aber eine Sonderregelung zu § 851 Abs.1 ZPO erblickt.[9]

1. Erweiterung der Pfändbarkeit gemäß § 851 Abs.2 ZPO

Nach § 851 Abs.2 ZPO kann eine nach § 399 BGB nicht übertragbare Forderung insoweit gepfändet und zur Einziehung überwiesen werden, als der geschuldete Gegenstand der Pfändung unterworfen ist. Abtretbarkeit und Pfändbarkeit eines Rechts fallen hier auseinander. Die Zugriffsmöglichkeit der Vollstreckungsgläu-

---

Unterhaltsinteressen dienen (vgl. Wüllenkemper, JR 1988, 353, 358; Kollhosser, ZEV 1995, 391, 392).

8 Zu der nur relativen Pfändbarkeit einer Forderung als Folge ihrer nur relativen Abtretbarkeit, siehe etwa BGH Rpfleger 1978, 248, 249; Stein/Jonas-Brehm, § 851 Rn. 23; B/L/A/H, § 851 Rn. 4; MüKo/ZPO-Smid, § 851 Rn. 8; Musielak-Becker, § 851 Rn. 6; Schuschke/Walker-Kessal-Wulf, § 851 Rn. 5; Thomas/Putzo-Seiler, § 851 Rn. 3. – Zur relativen Pfändbarkeit des Anspruchs aus § 528 Abs.1 S.1 BGB siehe bereits Zweiter Teil, 3. Kap., III. 1. (S. 215) und Zweiter Teil, 4. Kap. III. 1. (S. 227).

9 Siehe BGHZ 169, 320 (Leitsatz c), 327 f. (Rn. 25 f.).

biger reicht weiter als die rechtsgeschäftliche Dispositionsbefugnis des Forderungsinhabers. Obwohl die Forderung nicht abtretbar ist, ist sie abhängig von ihrem Gegenstand und dessen Pfändbarkeit dem zwangsweisen Gläubigerzugriff ausgesetzt.

Hinsichtlich des geschuldeten Gegenstandes böte der Rückforderungsanspruch des verarmten Schenkers keine vollstreckungsrechtlichen Hindernisse und zwar auch dann nicht, wenn das im Wege einer Naturalrückgabe herauszugebende Geschenk zu den nach § 811 ZPO unpfändbaren Sachen zählen sollte.[10] Dieses auch im Kontext des § 851 Abs.2 ZPO zu beachtende Pfändungsverbot[11] verfolgt den Zweck, dem Vollstreckungsschuldner die eigenverantwortliche Führung eines menschenwürdigen Lebens durch die Erhaltung einiger persönlicher und für die Fortsetzung seiner Erwerbstätigkeit notwendiger Gegenstände zu ermöglichen.[12] Die Vorschrift greift folglich ihrem Schutzzweck nach nur dann ein, wenn es darum geht, die in § 811 ZPO genannten Sachen im Vermögen des Vollstreckungsschuldners zu bewahren. Das trifft im Falle einer Rückforderung des Geschenks gemäß § 528 Abs.1 S.1 BGB aber gerade nicht zu. Denn auch eine Naturalrückgabe dient allein dazu, es dem Schenker zu ermöglichen, seinen angemessenen Unterhalt zu bestreiten und seine gesetzlichen Unterhaltspflichten zu erfüllen. Insofern erstrebt der Schenker das Geschenk nicht, um es zu behalten, sondern um mit dessen Verwertung seinen Lebensbedarf zu bestreiten bzw. seinen gesetzlichen Unterhaltspflichten zu genügen. Damit dient die Rückerlangung des Geschenks nach § 528 Abs.1 S.1 BGB nicht der Erlangung der Sache zwecks Bewahrung, sondern zwecks Verwertung.

Dass es auch bei einer Verpflichtung des Beschenkten zur Naturalrückgabe nicht um die Sache als solche, sondern allein um deren wirtschaftlichen Wert geht, wird auch durch die dem Beschenkten eingeräumte Ersetzungsbefugnis bestätigt. So kann der Beschenkte gemäß § 528 Abs.1 S.2 BGB die Herausgabe des Geschenks durch Zahlung des für den Unterhalt erforderlichen Betrags abwenden. Das Gesetz schützt somit nicht das Interesse des Schenkers an der Erlangung der Sache selbst, es gewährt folgerichtig auch keinen Schutz an ihrer Erhaltung.

§ 851 Abs.2 ZPO erfasst seinem Wortlaut nach beide Fälle des § 399 BGB und damit auch den hier einschlägigen ersten Fall eines zweckgebundenen Anspruchs.

---

10 Sofern der Anspruch aus § 528 Abs.1 S.1 BGB auf die Zahlung von Geld gerichtet ist, etwa weil ein Geldgeschenk vorliegt oder weil gemäß § 818 Abs.2 BGB (Teil-)Wertersatz in Geld geschuldet wird, ergeben sich vollstreckungsrechtlich ohnehin keine Probleme (siehe statt aller etwa Gaul/Schilken/Becker-Eberhard, § 54 Rn. 33 m.w.N.).

11 Siehe etwa Zöller-Stöber, § 851 Rn. 6; Musielak-Becker, § 851 Rn. 8; Schuschke/Walker-Kessal-Wulf, § 851 Rn. 13; Thomas/Putzo-Seiler, § 851 Rn. 4; Gaul/Schilken/Becker-Eberhard, § 54 Rn. 33.

12 Vgl. etwa Zöller-Stöber, § 811 Rn. 1; Prütting/Gehrlein-Flury, § 811 Rn. 1.

Damit erscheint eine Pfändung des Schenkungsrückforderungsanspruchs über die Grenzen des § 851 Abs.1 ZPO hinaus auch durch sonstige Gläubiger des Schenkers möglich. Es ist jedoch seit langem umstritten, ob § 851 Abs.2 ZPO seinem Wortlaut entsprechend anzuwenden ist oder ob die Bestimmung nicht vielmehr einer restriktiven Interpretation bedarf und auf den Fall des rechtsgeschäftlichen Abtretungsausschlusses gemäß § 399, 2. Fall BGB zu beschränken ist.[13] Im Falle einer wortgetreuen Anwendung der Vorschrift würde sich der Kreis der potentiellen Vollstreckungsgläubiger erheblich erweitern, während es im Falle einer einschränkenden Auslegung des § 851 Abs.2 ZPO dabei verbliebe, dass allein gesetzlichen Unterhaltsgläubigern sowie unterhaltssichernde Leistungen erbringenden Dritten der zwangsweise Zugriff auf den Rückforderungsanspruch des verarmten Schenkers eröffnet wäre.

Der erste Entwurf zum Bürgerlichen Gesetzbuch erteilte der Zulässigkeit eines auch Dritten gegenüber wirkenden rechtsgeschäftlichen Abtretungsausschlusses eine klare Absage. Nach § 295 Abs.2 des ersten Entwurfs konnte die Übertragbarkeit einer Forderung mit Wirkung gegen Dritte durch Rechtsgeschäft nicht ausgeschlossen werden.[14] Die Kommission ließ sich bei dieser Regelung neben allgemeinen Erwägungen des Verkehrsschutzes vornehmlich von vollstreckungsrechtlichen Überlegungen leiten.[15] Ausgehend von der Prämisse, dass sich die Pfändbarkeit eines Rechts nach seiner Übertragbarkeit richte, befürchtete die Kommission mit der Zulassung eines rechtsgeschäftlichen Abtretungsausschlusses einen nicht zu rechtfertigenden Entzug von Vollstreckungsobjekten zu Lasten der Vollstreckungsgläubiger. So heißt es in den Motiven zu § 295 Abs.2 des ersten Entwurfs wörtlich:[16] „Eine solche Wirksamkeit (scil. des rechtsgeschäftlichen Abtretungsausschlusses) würde zur Folge haben, dass die Forderung auch im Wege des Exekution nicht übertragbar wäre. Somit würde sie den Schuldnern in vielen Fällen den Weg eröffnen, in einfacher Weise ihr Vermögen den Angriffen der Gläubiger ganz zu entziehen. Nichts wäre bedenklicher, als den Schuldnern

13 Für eine restriktive Interpretation des § 851 Abs.2 ZPO: BGH WM 1978, 553; Zöller-Stöber, § 851 Rn.3; Stein/Jonas-Brehm, § 851 Rn. 28; Schuschke/Walker-Kessal-Wulf, § 851 Rn. 12; Prütting/Gehrlein-Ahrens, § 851 Rn. 19; Musielak-Becker, § 851 Rn. 8; Zimmermann, § 851 Rn. 7; HK/ZPO-Kemper, § 851 Rn. 8; Stöber, Rn. 14; Brox/Walker ZvR, Rn. 524; Gaul/Schilken/Becker-Eberhard, § 54 Rn. 31; Baur/Stürner/Bruns, Rn. 25.8; Jauernig/Berger, § 19 Rn. 7; wohl auch Thomas/Putzo-Seiler, § 851 Rn. 1. Differenzierend, aber für zweckgebundene Ansprüche im Ergebnis ebenso MüKo/ZPO-Smid, § 851 Rn. 8; B/L/A/H, § 851 Rn.16. Vom Grundansatz her für eine wortgetreue Anwendung des § 851 dagegen Wieczorek/Schütze-Lüke, § 851 Rn. 35.

14 Siehe die entsprechende Bestimmung bei Mugdan II, S. XX.

15 Dazu und zum Folgenden Mugdan II, S. 67 (Motive II, S. 122 f.).

16 Siehe Mugdan II, S. 67 (Motive II, S. 123).

das Bestreben, ihr Vermögen vor den Angriffen der Gläubiger zu sichern, zu erleichtern."

Der zweite Entwurf zum Bürgerlichen Gesetzbuch führte dann jedoch in § 343 zu der heute geltenden Fassung des § 399 BGB mit der Möglichkeit eines pactum de non cedendo.[17] Die zweite Kommission sah das Verkehrsinteresse durch die Möglichkeit eines rechtsgeschäftlichen Abtretungsausschlusses nicht über Gebühr beeinträchtigt und erkannte andererseits für bestimmte Fälle ein berechtigtes Interesse des Schuldners daran an, dass ein Wechsel in der Person des Gläubigers unterbleibt.[18] Den in den Motiven im Hinblick auf die vollstreckungsrechtlichen Auswirkungen geäußerten Bedenken gegen die Zulässigkeit eines rechtsgeschäftlichen Abtretungsausschlusses, namentlich den Entzug von Haftungsmasse zu Lasten der Vollstreckungsgläubiger, gedachte die Kommission durch die Einführung einer dem heutigen § 851 Abs.2 ZPO entsprechenden Regelung zu begegnen. Dazu heißt es in den Protokollen:[19] „Das Bedenken der Motive, dass man den Schuldnern nicht einen Weg eröffnen dürfe, auf die einfachste Weise ihr Vermögen dem Zugriff der Gläubiger zu entziehen, werde beseitigt, wenn man bei nicht übertragbaren Forderungen die Pfändung und Überweisung zur Einziehung zulasse, falls der geschuldete Gegenstand der Pfändung unterliegt." Auch in der weiteren Begründung wird die besondere Bedeutung der in Rede stehenden vollstreckungsrechtlichen Regelung im Hinblick auf das nunmehr für statthaft erachtete pactum de non cedendo betont.[20] Dieses Verhältnis erfährt schließlich auch in der Begründung zu § 749 a Abs.2 des Entwurfs zur ZPO, dem heutigen § 851 Abs.2 ZPO, noch einmal eine besondere Hervorhebung. Dort heißt es, die Regelung des heutigen § 851 Abs.2 ZPO beuge namentlich der Gefahr vor, dass der Schuldner durch vertragsmäßigen Ausschluss der Übertragbarkeit die ihm zustehende Forderung dem Zugriff seiner Gläubiger entziehe.[21]

Die Gesetzesmaterialien zu § 399 BGB und § 851 Abs.2 ZPO belegen somit, dass § 851 Abs.2 ZPO gerade und vor allem im Hinblick auf die Möglichkeit eines rechtsgeschäftlichen Abtretungsausschlusses gemäß § 399, 2. Fall BGB geschaffen wurde. Der Zweck des § 851 Abs.2 ZPO liegt darin, zu verhindern, dass ein Schuldner durch einfache Absprache mit dem Drittschuldner den Vollstreckungszugriff seiner Gläubiger auf die entsprechende Forderung vereitelt.[22] Dagegen geht der

17 Siehe die entsprechende Bestimmung bei Mugdan II, S. XX.

18 Siehe Mugdan II, S. 573 (Protokolle II, S. 772).

19 Siehe Mugdan II, S. 573 (Protokolle II, S. 772).

20 Siehe Mugdan II, S. 574 (Protokolle II, S. 774).

21 Vgl. Hahn/Mugdan, S. 158.

22 Siehe BGHZ 56, 228, 232; BGH WM 1978, 611, 612. Vgl. aus dem Schrifttum etwa Stein/Jonas-Brehm, § 851 Rn. 28; Musielak-Becker, § 851 Rn. 8; Thomas/Putzo-Seiler, § 851 Rn. 1; Zimmer-

Zweck der Vorschrift nicht dahin, eine Forderung, die an sich von Gesetzes wegen oder aufgrund ihrer Rechtsnatur einer Verwertung nicht zugänglich ist, nunmehr einer solchen im Wege der Zwangsvollstreckung zugänglich zu machen.

Dies ließe sich auch mit dem Wesen zweckgebundener Ansprüche nicht in Einklang bringen. Die Zweckbindung eines solchen Anspruchs hat bestimmenden Einfluss auf seine Verwertbarkeit. Diese ist, in welcher Form auch immer, nur im Rahmen und in den Grenzen der bestehenden Zweckbindung zulässig.[23] So liegt der Zweck des Anspruchs aus § 528 Abs.1 S.1 BGB allein darin, einen bestehenden Unterhaltsbedarf beim Schenker bzw. bei seinen gesetzlichen Unterhaltsgläubigern zu decken. Würde man über § 851 Abs.2 ZPO auch sonstigen Gläubigern des Schenkers den zwangsweisen Zugriff auf den Schenkungsrückforderungsanspruch gestatten, würde das Geschenk aber gerade nicht dem Schenker bzw. seinen Unterhaltsberechtigten zu Gute kommen, sondern den Vollstreckungsgläubigern zur Befriedigung ihrer gegenüber dem Schenker bestehenden Forderungen dienen.[24]

Das liefe schließlich auch dem schon beschriebenen, aus den §§ 519, 528 BGB folgenden Rangverhältnis zwischen dem Beschenkten und den sonstigen Gläubigern des Schenkers zuwider.[25] Denn nach dem Vollzug der Schenkung genießen diese Gläubiger, anders als im Kontext des § 519 Abs.1 BGB vor dem Vollzug der Schenkung, keinen Befriedigungsvorrang mehr vor dem Beschenkten, was dadurch zum Ausdruck kommt, dass der Beschenkte das Geschenk nach § 528 Abs.1 S.1 BGB nunmehr allein noch zur Befriedigung des Unterhaltsbedarfs des Schenkers bzw. seiner gesetzlichen Unterhaltsgläubiger herausgeben muss. Eine Rückgewähr des Geschenks zum Zwecke der Befriedigung sonstiger Gläubiger des Schenkers sieht das Gesetz dagegen zum Schutze des Beschenkten bewusst nicht vor. Diese Wertung des Gesetzes würde unterlaufen, wenn über § 851 Abs.2

---

mann, § 851 Rn. 7; HK/ZPO-Kemper, § 851 Rn. 8; Brox/Walker ZvR, Rn. 524; Gaul/Schilken/Becker-Eberhard, § 54 Rn. 31; Baur/Stürner/Bruns, Rn. 25.8; Jauernig/Berger, § 19 Rn. 7.

23 Vgl. dazu etwa BGH WM 1978, 553; Stein/Jonas-Brehm, § 851 Rn. 23; Schuschke/Walker-Kessal-Wulf, § 851 Rn. 5; Zöller-Stöber, § 851 Rn. 3; Prütting/Gehrlein-Ahrens, § 851 Rn. 12; MüKo/ZPO-Smid, § 851 Rn. 8; Musielak-Becker, § 851 Rn. 6; Baur/Stürner/Bruns, Rn. 25.6 sowie zur „quasi treuhänderischen" Zweckbindung des § 528 Abs.1 S.1 BGB, Zeranski, S. 61 f.

24 Konsequenterweise verneint daher das OLG Celle einen Anspruch aus § 528 Abs.1 S.1 BGB, wenn der zurückverlangte Gegenstand vom Schenker an Dritte weitergegeben werden müsste (siehe OLG Celle NJW-RR 1999, 197 f.) und in diesem Sinne gewährt eine verbreitete Ansicht dem Beschenkten einen Kondiktionsanspruch gegen den Schenker, sofern dieser das zurückgewährte Geschenk zweckwidrig verwendet hat (siehe etwa Staudinger(2005)-Wimmer-Leonhardt, § 528 Rn. 55; RGRK-Mezger, § 528 Rn. 5; Wüllenkemper, JR 1988, 353, 357).

25 Siehe dazu einmal mehr Wüllenkemper, JR 1988, 353, 358; Zeranski, S. 65.

ZPO auch sonstigen Gläubigern des Schenkers der zwangsweise Zugriff auf den Schenkungsrückforderungsanspruch gestattet wäre und mit der Verwertung des Rechts die Erfüllung ihrer gegenüber dem Schenker bestehenden Forderungen im Wege der Zwangsvollstreckung auf Kosten des Beschenkten erfolgen würde.

Im Ergebnis sprechen somit stichhaltige Gründe für eine restriktive Interpretation des § 851 Abs.2 ZPO dahingehend, dass die Bestimmung nicht für zweckgebundene Ansprüche im Sinne des § 399, 1. Fall BGB gilt.[26] § 851 Abs.2 ZPO findet somit auf den Rückforderungsanspruch des verarmten Schenkers keine Anwendung und eröffnet folglich den sonstigen Gläubigern des Schenkers keine vollstreckungsrechtliche Zugriffmöglichkeit auf den Anspruch aus § 528 Abs.1 S.1 BGB zur Durchsetzung ihrer gegenüber dem Schenker bestehenden Forderungen.

2. § 852 Abs.2 ZPO als Sonderregelung zu § 851 Abs.1 ZPO

Da § 851 Abs.2 ZPO somit auf den Schenkungsrückforderungsanspruch keine Anwendung findet und den gemäß § 851 Abs.1 ZPO begrenzten Kreis potentieller Vollstreckungsgläubiger folglich nicht zu erweitern vermag, steht für den Beschenkten eine Inanspruchnahme aus § 528 BGB durch andere als den Sozialhilfeträger, durch unterhaltssichernde Leistungen erbringende private Dritte sowie durch die gesetzlichen Unterhaltsgläubiger des Schenkers nicht zu befürchten.[27]

Diese Konsequenz wird indes vom BGH und dem ihm durchgängig folgenden Schrifttum nicht gezogen. Der BGH betrachtet § 852 Abs.2 ZPO vielmehr als eine von § 851 Abs.1 ZPO abweichende Sonderregelung, aus der allein Vollstreckungs-

---

26 So auch BGH WM 1978, 553; Zöller-Stöber, § 851 Rn. 3; B/L/A/H, § 851 Rn. 16; Stein/Jonas-Brehm, § 851 Rn. 28; MüKo/ ZPO-Smid, § 851 Rn. 8; Schuschke/Walker-Kessal-Wulf, § 851 Rn. 12; Prütting/Gehrlein-Ahrens, § 851 Rn. 19; Musielak-Becker, § 851 Rn. 8; Zimmermann, § 851 Rn. 7; Thomas/Putzo-Seiler, § 851 Rn. 3; HK/ZPO-Kemper, § 851 Rn. 8; Brox/Walker ZvR, Rn. 524; Gaul/Schilken/Becker-Eberhard, § 54 Rn. 31; Baur/Stürner/Bruns, Rn. 25.8; Jauernig/Berger, § 19 Rn. 7.

27 So (zunächst) richtig Kollhosser, ZEV 2001, 289, 292, der zutreffend erkennt, dass der Anspruch aus § 528 Abs.1 S.1 BGB zur Wahrung des ihm zugedachten Zwecks „für die allgemeinen Gläubiger (gemeint sind die Gläubiger des Schenkers, die zu dessen Unterhaltssicherung nichts beigetragen haben, vgl. Kollhosser a.a.O.) uneingeschränkt unpfändbar sein müsste wie andere zweckgebundene Ansprüche auch“. Diese Konsequenz zieht Kollhosser aber gerade nicht, wie seine weiteren Ausführungen belegen (siehe ebenda: § 852 Abs.2 ZPO gelte nur für Pfändungen durch solche Gläubiger, die für die Sicherung seines Notbedarfs nichts geleistet hätten). Ebenso MüKo-Koch, § 528 Rn. 20; Staudinger-Chiusi, § 528 Rn. 62 (ebenso schon Staudinger (2005)-Wimmer-Leonhardt, § 528 Rn. 58); juris/PK-Sefrin, § 528 Rn. 35. Dagegen konsequent und zutreffend OLG Celle NJW-RR 1999, 197 f., das einen Anspruch gemäß § 528 Abs.1 S.1 BGB verneint, wenn der zurückgeforderte Gegenstand vom Schenker an Dritte weitergegeben werden müsste.

schranken für den Schenkungsrückforderungsanspruch resultieren. Ein weitergehendes Pfändungsverbot aus § 851 Abs.1 ZPO bestehe dagegen nicht.[28]

Dieser Ansicht kann nicht gefolgt werden. Mit der Annahme eines § 851 Abs.1 ZPO verdrängenden Spezialitätsverhältnisses zwischen § 852 Abs.2 ZPO und § 851 Abs.1 ZPO verkennt der BGH, dass beim Rückforderungsanspruch des verarmten Schenkers Pfändungsschranken nicht nur zum Schutze des Schenkers, sondern auch zum Schutz des Beschenkten bestehen. Der Schenker wird durch § 852 Abs.2 ZPO geschützt, in dem es grundsätzlich seiner persönlichen Entscheidung überlassen bleibt, ob er seinen Anspruch geltend machen will oder nicht. Daher gibt das Gesetz den zwangsweisen Gläubigerzugriff auf den Anspruch erst nach einer entsprechenden Willensbekundung des Schenkers frei.

Daneben existiert aber auch ein Pfändungsschutz zugunsten des Beschenkten, der seine Rechtfertigung in dessen prinzipieller Schutzwürdigkeit an der Erhaltung des Geschenks und der daraus folgenden Zweckbindung des Schenkungsrückforderungsanspruchs findet und der über die §§ 851 Abs.1 ZPO, 399, 1. Fall BGB verwirklicht wird. Folglich ist § 852 Abs.2 ZPO keine vom Grundsatz des § 851 Abs.1 ZPO abweichende, diese verdrängende Sonderregelung, es kommen vielmehr beide Vorschriften zur Anwendung. Das bedeutet, dass der Schenkungsrückforderungsanspruch der Pfändung durch den gemäß § 851 Abs.1 ZPO (i.V.m. § 399, 1. Fall BGB) begrenzten Kreis potentieller Vollstreckungsgläubiger erst dann unterliegt, wenn auch die Voraussetzungen des § 852 ZPO erfüllt sind. Die zwangsweise Durchsetzung des Anspruchs aus § 528 Abs.1 S.1 BGB durch Vollstreckungsgläubiger des Schenkers ist damit nur im Rahmen seiner Zweckbindung *und* nach einer ausreichenden Willensbekundung des Schenkers

---

28 Siehe BGHZ 169, 320, 327 (Rn. 25 f.). Dem BGH folgend Zöller-Stöber, § 852 Rn. 5; B/L/A/H, § 852 Rn. 1; MüKo/ZPO-Smid, § 852 Rn. 10; Musielak-Becker, § 852 Rn. 4 u. § 851 Rn. 6; Prütting/Gehrlein-Ahrens, § 852 Rn. 1; Zimmermann, § 852; HK/ZPO-Kemper, § 852 Rn. 1; Stöber, Rn. 324; PWW-Hoppenz, § 528 Rn. 16; Bamberger/Roth-Gehrlein, § 528 Rn. 4; Jauernig-Mansel, Anm. §§ 528, 529 Rn. 2; Wimmer-Leonhardt, ZEV 2007, 136, 137 und wohl auch Schuschke/Walker-Kessal-Wulf, § 852 Rn. 1, allerdings in Verkennung, dass es sich bei dem Anspruch aus § 528 Abs.1 S.1 BGB nicht um ein höchstpersönliches Recht handelt und dieser Anspruch auch nicht unbeschränkt übertragbar ist. Da sich unter der (unzutreffenden) Annahme, dass der Schenkungsrückforderungsanspruch unbeschränkt übertragbar sei (was mit der Annahme der Höchstpersönlichkeit des Rechts freilich nicht zusammenpasst) ohnehin keine Pfändungsbeschränkungen gemäß § 851 Abs.1 ZPO ergeben, gelangt Kessal-Wulf a.a.O. gewissermaßen zwangsläufig auf den „Pfad“ der in Rede stehenden BGH-Rechtsprechung. So auch Gaul/Schilken/Becker-Eberhard, § 54 Rn. 23.

zur Geltendmachung des Rechts möglich.[29] Damit – und nur so – werden die schutzwürdigen Belange aller Beteiligten gewahrt.

Es ist auch nicht nachvollziehbar, warum die schutzwürdigen Interessen des Beschenkten, das Geschenk allein zur Befriedigung des Unterhaltsbedarfs des Schenkers und seiner gesetzlichen Unterhaltsgläubiger herausgeben zu müssen, mit anderen Worten, es in Übrigen behalten zu dürfen, mit der Entscheidung des Schenkers zur Geltendmachung des Anspruchs entfallen sollen und fortan das Geschenk auch zur Befriedigung aller sonstigen Gläubiger des Schenkers herhalten soll. Die Schutzwürdigkeit des Beschenkten steht weder zur Disposition des Schenkers noch ändert sie sich mit einer Willensbekundung im Sinne des § 852 ZPO. Sie ist vielmehr vor und nach vertraglicher Anerkennung bzw. Rechtshängigkeit des Schenkungsrückforderungsanspruchs identisch.

Indem der BGH die Pfändbarkeit des Rückforderungsanspruchs des verarmten Schenkers allein an die Beachtung der Voraussetzungen des § 852 Abs.2 ZPO knüpft, missachtet er die gerade dargestellten Wertungen des Gesetzes und den mit der Zweckbindung des Anspruchs verbundenen Schutz des Beschenkten. Daher geht auch die Begründung des BGH – der die Frage nach einer aus der Zweckbindung des Anspruchs folgenden Abtretungsbeschränkung ausdrücklich offen lässt[30] – fehl, das zurückgewährte Geschenk sei nicht wegen des Unterhaltssicherungszwecks der Rückgewähr der Pfändung entzogen und die Ansprüche Unterhaltsberechtigter genössen keinen allgemeinen Vorrang vor anderen Verbindlichkeiten des Unterhaltspflichtigen.[31] Damit wird verkannt, dass die hier in Rede stehenden, aus den §§ 851 Abs.1 ZPO, 399, 1. Fall BGB folgenden Pfändungsschranken nicht zugunsten des Schenkers bestehen, sondern ihre Rechtfertigung im Schutz des Beschenkten finden. Allein im Hinblick auf dessen prinzipielle Schutzwürdigkeit an der Erhaltung der unentgeltlichen Zuwendung und seiner daraus folgenden Verpflichtung zur Rückgewähr des Geschenks allein zum Zwecke der Unterhaltssicherung des Schenkers und seiner gesetzlichen Unterhaltsgläubiger folgt, dass den sonstigen Gläubigern des Schenkers die Verwertung des Rechts aus § 528 Abs.1 S.1 BGB verwehrt ist. Soweit der BGH eine Beeinträchtigung der sonstigen Gläubiger des Schenkers durch die unentgeltliche Zuwendung an den Beschenkten befürchten sollte, rechtfertigt auch dies keine Erweiterung des vollstreckungsberechtigten Personenkreises über die Zweckbindung des Anspruchs hinaus. Diese Problematik erfährt vielmehr – losgelöst von

29 Interessanterweise erkennt und betont der BGH diese Aspekte bei der Frage der Vererblichkeit des Schenkungsrückforderungsanspruchs (siehe BGHZ 147, 288, 291 f.).

30 Siehe BGHZ 169, 320, 327 f. (Rn. 26).

31 Siehe BGHZ 169, 320, 328 (Rn. 26).

der anspruchsbegründenden Situation des § 528 Abs.1 S.1 BGB – durch die §§ 4, 11 Abs.2 AnfG, 134, 143 Abs.2 InsO eine angemessene Lösung.

Die Ansicht des BGH bietet zudem Raum für Ergebnisse, die mitunter sämtlichen bei einer Schenkungsrückforderung wegen Verarmung zu schützenden Interessen zuwiderlaufen. Das gilt namentlich für den Fall, dass der Schenker nach dem Bezug von Sozialhilfe, aber vor Überleitung seines Anspruchs aus § 528 Abs.1 S.1 BGB durch den Sozialhilfeträger sein Rückforderungsrecht durch eine Vereinbarung mit dem Beschenkten absichert und es dadurch im Sinne des § 852 ZPO vertraglich anerkennt. Nach Auffassung des BGH könnte nun jeder beliebige Gläubiger des Schenkers im Wege der Zwangsvollstreckung auf den Schenkungsrückforderungsanspruch zugreifen und diesen pfänden. Mit der Durchsetzung des Rechts durch einen solchen Vollstreckungsgläubiger fände das Geschenk bzw. dessen wirtschaftlicher Wert aber weder Verwendung für den Unterhalt des Schenkers noch erhielte der Sozialhilfeträger die Erstattung seiner Sozialhilfeaufwendungen – ein offensichtlich interessenwidriges Ergebnis, das sowohl die Zweckbindung des Schenkungsrückforderungsanspruchs mit den zu schützenden Interessen des Beschenkten missachtet als auch die gebotene Verwirklichung des Nachrangs der Sozialhilfe durch den Sozialhilfeträger aus den Augen verliert.

Gleichwohl erweist sich das konkret in Rede stehende Urteil des BGH, bei dem sich die Pfändungsproblematik als Folge einer von dem Beschenkten (hilfsweise) erklärten Aufrechnung gegen den Schenkungsrückforderungsanspruch ergab,[32] im Ergebnis aber als zutreffend. Denn würden hier die aus den §§ 851 Abs.1 ZPO, 399 Abs.1, 1. Fall BGB folgenden Pfändungsschranken einer Aufrechnung des Beschenkten gemäß § 394 S.1 BGB entgegenstehen, würde sich der Pfändungsschutz letztlich durch den Ausschluss der Aufrechnung gerade gegen den richten, zu dessen Gunsten er besteht.[33]

---

32 Siehe BGHZ 169, 320, 325 ff. (Rn. 20 ff.). In der Entscheidung kam angesichts einer Anspruchsüberleitung auf die öffentliche Hand zudem die Problematik des § 406 BGB hinzu (siehe BGH a.a.O., S. 327 (Rn. 24)).

33 § 394 S.1 BGB bezweckt vielmehr (vor allem in Verbindung mit den §§ 850 ff. ZPO) allein den Schutz des (Vollstreckungs-)Schuldners vor dem Verlust seines Existenzminimums aufgrund einer „Privatvollstreckung“ mittels Aufrechnung und vermochte folglich hier, wo der einschlägige Pfändungsschutz nicht dem Schenker und Vollstreckungsschuldner diente, einer Aufrechnung nicht entgegenzustehen.

3. Die Bedeutung des § 852 Abs.2 ZPO bei einer Pfändung des Schenkungsrückforderungsanspruchs

Nach der hier vertretenen Ansicht handelt es sich bei § 852 Abs.2 ZPO – im Gegensatz zum BGH – nicht um eine den § 851 Abs.1 ZPO verdrängende Sonderregelung. Beide Vorschriften sind vielmehr nebeneinander – oder besser gesagt nacheinander – anwendbar. § 851 Abs.1 ZPO bestimmt zunächst den Kreis der potentiellen Vollstreckungsgläubiger und diesem Personenkreis setzt § 852 Abs.2 ZPO sodann die dort normierten Vollstreckungsschranken. Damit werden die schutzwürdigen Belange sowohl des Beschenkten (über § 851 Abs.1 ZPO) als auch des Schenkers (über § 852 Abs.2 ZPO) gewahrt.[34]

Dies gilt allerdings nach der hier vertretenen Ansicht nur für die Gläubiger des Schenkers, die ihm aus fürsorgerischen Gründen unterhaltssichernde Leistungen erbracht haben und nun zur Durchsetzung ihres Ausgleichanspruchs im Wege der Zwangsvollstreckung auf den Schenkungsrückforderungsanspruch Zugriff nehmen wollen. Bei einer Pfändung des Schenkungsrückforderungsanspruchs durch gesetzliche Unterhaltsgläubiger des Schenkers gelten nach hiesiger Auffassung die Pfändungsschranken des § 852 ZPO dagegen nicht. Das steht in Einklang mit oben skizziertem Wertungsmodell, wurden doch die Interessen der gesetzlichen Unterhaltsgläubiger des Schenkers an der Erfüllung ihrer Unterhaltsansprüche mittels einer Schenkungsrückforderung gemäß § 528 BGB höher bewertet als die Entscheidungsfreiheit des Schenkers zur Geltendmachung seines Anspruchs aus § 528 Abs.1 S.1 BGB.

IV. Zusammenfassung der Ergebnisse

1. Eine Abtretung des Schenkungsrückforderungsanspruchs an andere als Unterhaltsgläubiger im Sinne des § 528 Abs.1 S.1 BGB sowie dem Schenker unterhaltsichernde Leistungen erbringende Dritte unter Einschluss des Sozialhilfeträgers ist aufgrund der Zweckgebundenheit des Schenkungsrückforderungsanspruchs gemäß § 399, 1. Fall BGB ausgeschlossen.

34 Dies verkennen Kollhosser, ZEV 2001, 289, 292 und die ihm folgenden MüKo-Koch, § 528 Rn. 20; Staudinger-Chiusi, § 528 Rn. 62; Staudinger (2005)-Wimmer-Leonhardt, § 528 Rn. 58; juris/PK-Sefrin, § 528 Rn. 35, nach deren Ansicht § 852 Abs.2 ZPO nur für solche Gläubiger des Schenkers gilt, die für die Sicherung seines Notbedarfs nichts geleistet haben. Das impliziert die prinzipielle Pfändbarkeit des Schenkungsrückforderungsanspruchs durch eben jene (sonstigen) Gläubiger des Schenkers und damit die Missachtung der schutzwürdigen – über die §§ 851 Abs.1 ZPO, 399, 1. Fall BGB zu beachtenden – Interessen des Beschenkten.

2. Damit scheidet nach § 851 Abs.1 ZPO auch eine Pfändbarkeit des Anspruchs aus § 528 Abs.1 S.1 BGB durch sonstige Gläubiger des Schenkers aus. § 851 Abs.2 ZPO findet zu Ihren Gunsten keine Anwendung. Abzulehnen ist die Rechtsprechung des BGH, wonach es sich bei § 852 Abs.2 ZPO um eine den § 851 Abs.1 ZPO verdrängende Sonderregelung handelt.
3. Im Ergebnis ist damit eine Inanspruchnahme des Beschenkten aus § 528 BGB durch sonstige Gläubiger des Schenkers nicht möglich.

Dritter Teil
Zusammenfassung der Ergebnisse

1. § 528 BGB findet auf eine angemessene Ausstattung im Sinne des § 1624 Abs.1 BGB keine Anwendung. Die sog. Übermaßausstattung unterliegt dagegen gegebenenfalls einer Schenkungsrückforderung wegen Verarmung.
2. Auf sog. unbenannte Zuwendungen unter Ehegatten und Lebenspartnern bzw. Lebenspartnerinnen findet § 528 BGB nach ständiger Rechtsprechung des BGH keine Anwendung.
3. Auf Schenkungen zwischen diesen Personen ist § 528 BGB anwendbar, soweit nicht güterrechtliche Sonderbestimmungen eingreifen. Damit findet § 528 BGB uneingeschränkt auf Schenkungen unter Ehegatten sowie unter Lebenspartnern und Lebenspartnerinnen während des Bestehens der Lebensgemeinschaft Anwendung. Nach deren Beendigung ist § 528 BGB bei einer vormals bestehenden Gütertrennung sowie nach Aufhebung einer Gütergemeinschaft bei Schenkungen aus dem Vorbehaltsgut des einen Ehegatten/ Lebenspartners in das Vorbehaltsgut des anderen anwendbar. Im gesetzlichen Güterstand der Zugewinngemeinschaft ist die Anwendbarkeit des § 528 BGB durch die güterrechtlichen Bestimmungen über den Zugewinnausgleich ausgeschlossen. Es sprechen zudem beachtliche Gründe dafür, § 528 BGB im gleichen Umfang wie auf Schenkungen auch auf objektiv unentgeltliche unbenannte Zuwendungen zwischen den Beteiligten anzuwenden.
4. Pflicht- und Anstandsschenkungen unterliegen gemäß § 534 BGB keiner Schenkungsrückforderung wegen Verarmung.
5. § 528 BGB ist nicht anwendbar, wenn die Schenkung durch eine juristische Person erfolgt ist. Unschädlich ist es dagegen, wenn eine juristische Person den Schenkungsrückforderungsanspruch nach einem auf sie erfolgten Anspruchsübergang geltend macht.
6. § 528 BGB findet sowohl bei einer belohnenden Schenkung als auch bei einer Schenkung unter Auflage Anwendung. Bei letzterer schmälern die zur Vollziehung der Auflage erforderlichen bzw. aufgewendeten Mittel den Wert der Schenkung.
7. Bei einer gemischten Schenkung findet § 528 BGB auf den unentgeltlichen Teil des Rechtsgeschäfts Anwendung. Dabei schuldet der Beschenkte bei einer realen Unteilbarkeit des Zuwendungsgegenstandes unabhängig von dem Wertverhältnis des entgeltlichen und des unentgeltlichen Teils des Vertrages stets nur Wertersatz im Rahmen seiner bereicherungsrechtlichen Haftung. Er ist jedoch berechtigt, sich dieser Verpflichtung durch Herausgabe des unteilbaren Zuwendungsobjekts an den Schenker zu entledigen.

Macht der Beschenkte von dieser Möglichkeit Gebrauch, hat ihm der Schenker die erbrachte Gegenleistung zu erstatten. Dabei handelt es aber nicht um eine Zug um Zug zu erfüllende Verpflichtung. Vielmehr ist der Beschenkte mit der Herausgabe des Zuwendungsobjekts vorleistungspflichtig.

8. Die Vollziehung der Schenkung erfolgt in dem Augenblick, in dem § 519 Abs.1 BGB dem Schenker bei einer Verarmung keinen Schutz mehr bietet. Das ist der Fall, wenn der Schenker alle seinerseits erforderlichen Handlungen zur Erfüllung des Schenkungsvertrages vorgenommen hat.
9. § 528 Abs.1 S.1 BGB verlangt eine Unterhaltsbeeinträchtigung und nicht lediglich eine Unterhaltsgefährdung, wobei es aber ausreicht, dass der Schenker außerstande ist, entweder seinen eigenen angemessenen Unterhalt zu bestreiten oder seine gesetzlichen Unterhaltspflichten gegenüber den in der Vorschrift genannten Personen zu erfüllen. Der Zeitpunkt des Eintritts der Unterhaltsbeeinträchtigung ist irrelevant. Erforderlich ist allein, dass sie nach der Vollziehung der Schenkung (noch) vorliegt.
10. § 528 Abs.1 S.1 BGB verpflichtet den Beschenkten zur Herausgabe des Geschenks nach den Vorschriften über die Herausgabe einer ungerechtfertigten Bereicherung. Ist der Wert des Geschenks höher als der zu deckende Unterhaltsbedarf, schuldet der Beschenkte bei einem real teilbaren Geschenk nur Teilherausgabe und bei einem real unteilbaren Geschenk nur Teilwertersatz gemäß § 818 Abs.2 BGB in der zur Deckung des Unterhaltsbedarfs erforderlichen Höhe. Bei einem regelmäßig wiederkehrenden Bedarf schuldet er wiederkehrende Teilleistungen, gegebenenfalls als Teilwertersatz, in einer dem Unterhaltsbedarf entsprechenden Höhe, bis der Gesamtwert des Geschenks erreicht ist. Ist der Beschenkte lediglich zum Teilwertersatz verpflichtet, kann er sich durch Herausgabe des (ganzen) Geschenks von seiner Zahlungsverpflichtung aus § 818 Abs.2 BGB befreien. Ein Ausgleichsanspruch gegen den Schenker steht ihm in diesem Fall nicht zu.
11. Die Verpflichtungen des Beschenkten auf Herausgabe bzw. Teilherausgabe des Geschenks sowie auf Wertersatz bzw. Teilwertersatz entfallen bei einem Wegfall der Bereicherung gemäß § 818 Abs.3 BGB. Sofern die Entreicherung des Beschenkten aufgrund einer unentgeltlichen Zuwendung, sei es auch in Gestalt einer unbenannten Zuwendung unter Ehegatten oder Lebenspartnern bzw. Lebenspartnerinnen, erfolgt ist, findet § 822 BGB im Verhältnis zwischen dem verarmten Schenker und dem Dritten entsprechende Anwendung.
12. Im Falle einer verschärften bereicherungsrechtlichen Haftung gemäß §§ 818 Abs.4, 819 Abs.1 BGB bleibt dem Beschenkten eine Berufung auf § 818 Abs.3 BGB versagt. Hier haftet er vielmehr gemäß §§ 292 Abs.1, 989 BGB auf Schadensersatz, gemäß § 818 Abs.2 BGB auf Wertersatz und gemäß § 285 Abs.1 BGB auf Herausgabe eines etwaigen Veräußerungserlöses. Im Falle des

Schuldnerverzugs gilt nach (abzulehnender) Ansicht der Rechtsprechung nicht nur für den bösgläubigen, sondern auch für den verklagten Beschenkten die Zufallshaftung gemäß § 287 S.2 BGB.

13. Der Anspruch gemäß § 528 Abs.1 S.1 BGB ist nach § 529 Abs.1, 1. Fall BGB ausgeschlossen, wenn der Schenker seine Bedürftigkeit nach dem Vollzug der Schenkung vorsätzlich oder grob fahrlässig herbeigeführt hat und dies für den Beschenkten beim Vollzug der Schenkung nicht vorhersehbar war.
14. Nach § 529 Abs.1, 2. Fall BGB ist der Schenkungsrückforderungsanspruch ausgeschlossen, wenn zur Zeit des Eintritts der Bedürftigkeit des Schenkers seit der Leistung des geschenkten Gegenstandes zehn Jahre verstrichen sind. Die Zehnjahresfrist beginnt mit dem Erwerb des geschenkten Gegenstandes. Nach (abzulehnender) Ansicht der Rechtsprechung genügt es dagegen bei Grundstücksschenkungen für den Fristbeginn, dass der Beschenkte nach formgerechtem Abschluss des Schenkungsvertrages und Auflassung einen Antrag auf Eintragung der Rechtsänderung beim Grundbuchamt eingereicht hat. Der Vorbehalt eines lebenslangen Nutzungsrechts an einem verschenkten Grundstück zugunsten des Schenkers hindert den Fristbeginn gemäß § 529 Abs.1, 2. Fall BGB nicht.
15. Aufgrund der dilatorischen Einrede des § 529 Abs.2 BGB ist der Beschenkte berechtigt, die Erfüllung des Schenkungsrückforderungsanspruchs zu verweigern, solange und soweit er bei Berücksichtigung seiner sonstigen Verpflichtungen außerstande ist, das Geschenk herauszugeben, ohne dass sein standesgemäßer Unterhalt oder die Erfüllung der ihm kraft Gesetzes obliegenden Unterhaltspflichten gefährdet wird. Unter standesgemäßem Unterhalt ist der angemessene Unterhalt zu verstehen. Dieser bemisst sich bei einer eigenen Unterhaltsgefährdung des Beschenkten unabhängig von einem gegebenenfalls bestehenden gesetzlichen Unterhaltsrechtsverhältnis zum Schenker auf der Grundlage der §§ 1603 Abs.1, 1610 Abs.1 BGB – abweichend von der Rechtsprechung, die hier die Grundsätze des Elternunterhalts heranziehen will – in Anlehnung an die von der Rechtsprechung zur Unterhaltspflicht von Eltern gegenüber volljährigen Kindern entwickelten Grundsätze und Maßstäbe. Bei einer Gefährdung der Erfüllung der gesetzlichen Unterhaltspflichten des Beschenkten ist auf deren jeweiligen Inhalt abzustellen. Die zur Ermittlung der Unterhaltsgefährdung erforderliche Prognose bezieht sich auf die voraussichtliche Lebensdauer des Beschenkten, die seiner durchschnittlichen, anhand der gebräuchlichen Sterbetafeln zu ermittelnden Lebensdauer entspricht.
16. Unerheblich ist, wann und wodurch die Unterhaltsgefährdung entstanden ist, insbesondere steht ein Verschulden des Beschenkten der Anwendbarkeit des § 529 Abs.2 BGB nicht entgegen. Die Berufung auf § 529 Abs.2 BGB ist

aber rechtsmissbräuchlich, wenn der Beschenkte die bestehende Unterhaltsgefährdung durch ein mutwilliges Verhalten nach Erlangung seiner Kenntnis vom Notbedarf des Schenkers oder – in Ergänzung zur Rechtsprechung – nach Rechtshängigkeit des Schenkungsrückforderungsanspruchs herbeigeführt hat. Ein rechtsmissbräuchliches Handeln des Beschenkten schließt die Berufung auf § 529 Abs.2 BGB aber nicht schlechthin aus, sondern führt allein dazu, dass die mutwillig herbeigeführte Vermögensminderung bei der Prüfung der Leistungsfähigkeit des Beschenkten unberücksichtigt bleibt.

17. Der Rückforderungsanspruch des verarmten Schenkers verjährt bei der Schenkung eines Grundstücks unabhängig davon, ob er auf Naturalrückgabe oder (Teil-)Wertersatz gerichtet ist, nach den §§ 196, 200 S.1 BGB zehn Jahre nach seiner Entstehung. Im Übrigen bestimmt sich die Verjährung des Anspruchs nach den §§ 195, 199 Abs.1, Abs.4 BGB. Die Verjährung des Schenkungsrückforderungsanspruchs ist, unabhängig davon, ob er auf Naturalrückgabe, Wertersatz oder Rentenzahlung gerichtet ist, in entsprechender Anwendung des § 205 BGB gehemmt, solange der Beschenkte gemäß § 529 Abs.2 BGB berechtigt ist, die geschuldete Leistung zu verweigern.
18. Der Rückforderungsanspruch des verarmten Schenkers erlischt grundsätzlich mit dem Tod des Schenkers. Etwas anderes gilt, wenn sich der Beschenkte zum Zeitpunkt des Todes des Schenkers im Schuldnerverzug befand oder der Schenker den Anspruch in den Formen des § 852 ZPO geltend gemacht hat. In diesen Fällen geht der Anspruch gemäß § 1922 Abs.1 BGB auf den Erben des Schenkers über. Sofern der Beschenkte der Alleinerbe des Schenkers ist, erlischt der Anspruch durch Konfusion.
19. Anspruchsbeschränkende Vereinbarungen jedweder Art zwischen dem Schenker und dem Beschenktem sind unzulässig. Dementsprechend sind sowohl ein Verzicht auf den Rückforderungsanspruch des verarmten Schenkers, auch in Gestalt eines Vorausverzichts, als auch eine Verkürzung der Ausschlussfrist des § 529 Abs.1, 2. Fall BGB sowie Erleichterungen des Eintritts der Verjährung, insbesondere durch eine Verkürzung der Verjährungsfristen nach den §§ 195, 196 BGB wie auch Modifizierungen der bereicherungsrechtlichen Haftung zugunsten des Beschenkten unzulässig.
20. § 528 Abs.1 S.2 BGB gewährt dem Beschenkten eine Ersetzungsbefugnis. Er kann die nach § 528 Abs.1 S.1 BGB geschuldete Herausgabe des Geschenks durch Zahlung des für den Unterhalts erforderlichen Betrags abwenden. Für diese Ersetzungsbefugnis ist kein Raum, wenn der Schenkungsrückforderungsanspruch ohnehin auf eine Geldzahlung gerichtet ist. Nach Ausübung der Ersetzungsbefugnis schuldet der Beschenkte allein die Zahlung einer Geldrente gemäß §§ 528 Abs.1 S.3, 760 BGB. Diese Verpflichtung endet, wenn die Rentenzahlungen den Wert des Geschenks erreicht haben. Die Verwei-

sung des § 528 Abs.1 S.3 BGB auf § 1613 Abs.1 BGB gilt nur für die nach Ausübung der Ersetzungsbefugnis entstehenden Zahlungsverpflichtungen des Beschenkten.

21. Bei mehreren zeitlich nacheinander erfolgten Schenkungen haftet der früher Beschenkte gemäß § 528 Abs.2 BGB nur insoweit, als der später Beschenkte nicht verpflichtet ist. Nach einer im Vordringen begriffenen Ansicht genügt es aber bereits, dass der später Beschenkte zur Leistung außerstande ist. Bei mehreren gleichzeitig erfolgten Schenkungen finden die Regeln über die Gesamtschuld Anwendung. Danach haftet jeder der Beschenkten dem Schenker im Rahmen des Bereicherungsrechts nach dessen Wahl bis zur Obergrenze des ungedeckten Unterhaltsbedarfs. Im Innenverhältnis der Beschenkten untereinander findet gegebenenfalls ein Ausgleich entsprechend § 426 Abs.1 BGB statt. Die zeitliche Reihenfolge der Schenkungen richtet sich nach dem wirksamen Abschluss der Schenkungsverträge.
22. Nach dem Tode des Beschenkten richtet sich der Rückforderungsanspruch des verarmten Schenkers gegen dessen Erben. Dabei spielt es keine Rolle, ob die Bedürftigkeit des Schenkers bereits zum Zeitpunkt des Todes des Beschenkten bestand oder ob es erst nach dessen Tod zu einer Beeinträchtigung des Notbedarfs des Schenkers kommt.
23. Der Zugriff des Sozialhilfeträgers auf den Schenkungsrückforderungsanspruchs aus § 528 Abs.1 BGB zur Wiederherstellung des Nachrangs der Sozialhilfe erfolgt gemäß § 93 SGB XII durch Überleitungsanzeige an den Beschenkten. Dabei handelt es sich um einen (privatrechtsgestaltenden) Verwaltungsakt, der der Kontrolle der Widerspruchsbehörde und der Sozialgerichte unterliegt. Die Überleitungsanzeige kann sowohl vom Schenker als auch vom Beschenkten durch Widerspruch und Anfechtungsklage angefochten werden.
24. Vor Erlass der Überleitungsanzeige sind sowohl der Schenker als auch der Beschenkte vom Sozialhilfeträger gemäß § 24 SGB X anzuhören. Eine unterbliebene bzw. nicht ordnungsgemäß erfolgte Anhörung kann nach Maßgabe des § 41 Abs.1 Nr.3, Abs.2 SGB X nachgeholt werden, womit der seinerzeitige Verfahrensverstoß geheilt wird. Die Unbeachtlichkeit eines nicht geheilten Anhörungsmangels gemäß § 42 S.1 SGB X kommt dagegen nicht in Betracht (§ 42 S.2 SGB X).
25. Die schriftliche Überleitungsanzeige ist gemäß § 35 Abs.1 SGB X zu begründen. Bei einer fehlenden oder unzureichenden Begründung sind sowohl eine Heilung gemäß § 41 Abs.1 Nr.2, Abs.2 SGB X wie auch eine Folgenlosigkeit des (nicht geheilten) Begründungsmangels gemäß § 42 S.1 SGB X möglich.
26. Die Rechtmäßigkeit der Überleitungsanzeige setzt allein die Bewilligung von Sozialhilfe voraus. Die tatsächliche Leistungserbringung ist nicht erforder-

lich. Die Rechtmäßigkeit der Sozialhilfegewährung an den Schenker ist keine Rechtmäßigkeitsvoraussetzung für die Überleitungsanzeige.

27. Die Rechtmäßigkeit der Überleitungsanzeige setzt allein das mögliche Bestehen eines durchsetzbaren Schenkungsrückforderungsanspruchs des Hilfeempfängers gegen den Beschenkten im Bewilligungszeitraum voraus. Nur im Falle einer sog. Negativevidenz, das heißt, wenn es daran offensichtlich fehlt, ist die Überleitungsanzeige rechtswidrig.
28. § 93 Abs.1 S.3 SGB XII steht der Überleitung eines Schenkungsrückforderungsanspruchs nicht entgegen.
29. Der Sozialhilfeträger hat über die Überleitung des Schenkungsrückforderungsanspruchs nach pflichtgemäßem Ermessen zu entscheiden. Angesichts des Nachrangs der Sozialhilfe und des damit in Zusammenhang stehenden Gebots der wirtschaftlichen Verwendung öffentlicher Mittel ist die Überleitung des Schenkungsrückforderungsanspruchs aber der Regelfall. Der Sozialhilfeträger prüft daher im Rahmen seiner Ermessensausübung allein, ob aufgrund besonderer Umstände des Einzelfalles von der Anspruchsüberleitung insgesamt oder zum Teil abzusehen ist. Dabei sind neben allgemeinen sozialhilferechtlichen Grundsätzen und den sozialhilferechtlichen Belangen des hilfeempfangenden Schenkers auch Umstände zu berücksichtigen, die in der Person des Beschenkten liegen.
30. Die Überleitung des Anspruchs aus § 528 Abs.1 S.1 BGB ist auch noch nach dem Tod des Schenkers möglich (sog. postmortale Überleitung).
31. Mit wirksamer Überleitung und Hilfeerbringung rückt der Sozialhilfeträger gemäß § 93 Abs.2 SGB XII in die Rechtsstellung des Schenkers, im Falle einer postmortalen Überleitung in die durch den Erbfall erlangte Rechtsstellung seines Erben, ein. Damit ist der Sozialhilfeträger in der Lage, den übergeleiteten Schenkungsrückforderungsanspruch gegenüber dem Beschenkten geltend zu machen.
32. Der Erwerb des Schenkungsrückforderungsanspruchs durch den Sozialhilfeträger ist auch aufgrund einer Abtretung des Schenkers möglich, sofern sich der Sozialhilfeträger dadurch keine weitergehenden Erstattungsmöglichkeiten erschließt als sie im konkret durch § 93 SGB XII eröffnet sind.
33. In dem der Anspruchsüberleitung nachfolgenden Zivilprozess prüfen die Zivilgerichte nicht die Rechtmäßigkeit der Überleitungsanzeige. Diese Prüfung obliegt allein den Sozialgerichten bzw. im Widerspruchsverfahren der Widerspruchsbehörde. Die Zivilgerichte berücksichtigen allein die Nichtigkeit einer Überleitungsanzeige und weisen in einem solchen Fall die Klage des Sozialhilfeträgers ohne weiteres als unbegründet ab.
34. In dem Zivilprozess zwischen dem Sozialhilfeträger und dem Beschenktem ergeben sich, da sich die Wirkungen der Überleitung in dem Übergang des

Schenkungsrückforderungsanspruch auf den Träger der Sozialhilfe erschöpfen, keine Unterschiede zu einer Geltendmachung des Schenkungsrückforderungsanspruchs durch den Schenker selbst, insbesondere bleiben dem Beschenkten in entsprechender Anwendung des § 412 BGB nach § 404 BGB sämtliche Einwendungen und Einreden gegen den Schenkungsrückforderungsanspruch erhalten. Ein Sonderverjährungsrecht zugunsten des Sozialhilfeträgers ist abzulehnen.

35. Der Schenkungsrückforderungsanspruch erlischt nach der Inanspruchnahme von Sozialhilfe durch den Schenker nicht mit dessen Tod und zwar unabhängig davon, ob noch zu Lebzeiten des Schenkers eine Überleitung des Sozialhilfeträgers erfolgt ist.
36. Sollte es mit dem Tod des Schenkers zu einer Vereinigung von Forderung und Schuld in der Person des Beschenkten kommen, weil dieser der Alleinerbe des Schenkers ist, tritt nach einer Inanspruchnahme von Sozialhilfe auch kein Erlöschen des Schenkungsrückforderungsanspruchs durch Konfusion ein.
37. Die Anfechtung der Überleitungsanzeige durch Widerspruch bzw. Anfechtungsklage rechtfertigt keine Aussetzung des Zivilrechtstreits zwischen dem Sozialhilfeträger und dem Beschenkten nach § 148 ZPO. Der Zivilrechtsstreit ist jedoch im Falle einer sozialgerichtlichen Anordnung der aufschiebenden Wirkung von Widerspruch oder Anfechtungsklage gemäß § 86b Abs.1 S.1 Nr.2 SGG vom Zivilgericht nach § 148 ZPO auszusetzen. Darüber hinaus erscheint ist durchaus sachgerecht, den Zivilrechtstreit auch schon während eines schwebenden einstweiligen Rechtsschutzverfahrens nach § 86b Abs. 1 S.1 Nr.2 SGG auszusetzen.
38. Der Schenkungsrückforderungsanspruch kann von dem Schenker wirksam an einen ihm unterhaltssichernde Leistungen erbringenden privaten Dritten abgetreten werden. Weder § 399, 1. Fall BGB noch die §§ 400 BGB, 852 Abs.2 ZPO stehen einer solchen Abtretung entgegen. Nach einer wirksamen Abtretung des Rechts durch den Schenker erlischt der Anspruch nicht mit dessen Tod.
39. Eine postmortale Zession des Schenkungsrückforderungsanspruchs an einen fürsorgerisch handelnden privaten Dritten durch den Erben des Schenkers oder einen Nachlasspfleger ist, sofern keine Leistungsverzögerung des Beschenkten vorliegt, entgegen der Rechtsprechung des BGH, ohne eine lebzeitige Willensbekundung des Schenkers im Sinne des § 852 ZPO nicht möglich. Allein die Inanspruchnahme unterhaltssichernder Leistungen durch den Schenker ist weder eine solche Willensbekundung noch rechtfertigt sie den Fortfall der Pfändungsschranken des § 852 ZPO.

40. Im Falle einer lebzeitigen Geltendmachung des Schenkungsrückforderungsanspruchs durch den Schenker nach Maßgabe des § 852 ZPO sowie im Falle einer Leistungsverzögerung des Beschenkten kann eine Abtretung des Anspruchs aus § 528 Abs.1 S.1 BGB auch noch nach dem Tod des Schenkers durch dessen Erben oder einen Nachlasspfleger an einen fürsorgerisch handelnden privaten Dritten erfolgen, der dem Schenker zu dessen Lebzeiten unterhaltssichernde Leistungen erbracht hat, sofern der Schenkungsrückforderungsanspruch nicht mit dem Tod des Schenkers durch Konfusion erloschen ist.
41. Eine Pfändung des Schenkungsrückforderungsanspruchs durch private Dritte, die dem Schenker unterhaltssichernde Leistungen erbracht haben, ist nur unter Beachtung der Voraussetzungen des § 852 ZPO sowie im Falle eines Schuldnerverzugs des Beschenkten zulässig. Die Voraussetzungen des § 852 ZPO sind mit der bloßen Inanspruchnahme unterhaltssichernder Leistungen durch den Schenker nicht erfüllt.
42. Bei Vorliegen der Voraussetzungen des § 852 ZPO sowie im Falle einer Leistungsverzögerung des Beschenkten kann eine Pfändung auch noch nach dem Tod des Schenkers erfolgen, sofern der Schenkungsrückforderungsanspruch nicht durch Konfusion erloschen ist. Im Falle eines Anspruchserlöschens durch Konfusion ist eine Pfändung des Anspruchs aus § 528 Abs.1 S.1 BGB als Folge einer Beschränkung der Erbenhaftung möglich. Ist die Pfändung noch zu Lebzeiten des Schenkers unter Beachtung der Voraussetzungen des § 852 ZPO erfolgt, erlischt der Schenkungsrückforderungsanspruch nicht bei einer mit dem Tod des Schenkers eintretenden Konfusion.
43. Der Schenkungsrückforderungsanspruch kann auch schon vor Eintritt der Voraussetzungen des § 852 ZPO als ein in seiner zwangsweisen Verwertbarkeit aufschiebend bedingter Anspruch gepfändet werden. Treten die Voraussetzungen des § 852 ZPO bis zum Tod des Schenkers nicht ein, erlischt der Schenkungsrückforderungsanspruch und mit ihm das mit der Pfändung entstandene Pfändungspfandrecht.
44. Der Schenkungsrückforderungsanspruch kann vom dem Schenker zur Erfüllung seiner gesetzlichen Unterhaltspflichten an einen Unterhaltsgläubiger im Sinne des § 528 Abs.1 S.1 BGB abgetreten werden. Ein solchermaßen vom Schenker abgetretener Anspruch erlischt mit dessen Tod, sofern nicht über seinen Tod hinaus, nunmehr von seinem Erben zu erfüllende gesetzliche Unterhaltsansprüche für die Vergangenheit bestehen.
45. Sofern über den Tod des Schenkers hinaus, nunmehr von seinem Erben zu erfüllende Unterhaltsansprüche der in § 528 Abs.1 S.1 BGB genannten Unterhaltsgläubiger für die Vergangenheit bestehen, erlischt der Schenkungsrückforderungsanspruch auch dann nicht mit dem Tod des Schenkers, wenn es

an einer lebzeitigen Zession des Anspruchs durch den Schenker fehlt. Der Schenkungsrückforderungsanspruch geht in diesem Fall auf den Erben des Schenkers über, der ihn zur Erfüllung der nun gegen ihn gerichteten Unterhaltsansprüche an die in § 528 Abs.1 S.1 BGB genannten Unterhaltsgläubiger abtreten kann. Auf eine lebzeitig erfolgte Willensbekundung des Schenkers im Sinne des § 852 ZPO kommt es dabei nicht an.

46. Ist der Beschenkte zugleich der Alleinerbe des Schenkers erlischt der Schenkungsrückforderungsanspruch durch Konfusion. Kommt es zu einer Beschränkung der Erbenhaftung, finden zugunsten der gesetzlichen Unterhaltsgläubiger im Sinne des § 528 Abs.1 S.1 BGB und im Hinblick auf ihre auch über den Tod des Schenkers hinaus fortbestehenden Unterhaltsansprüche für die Vergangenheit die §§ 1976, 1991 Abs.2 BGB Anwendung.
47. Der Schenkungsrückforderungsanspruch unterliegt gemäß § 851 Abs.1 ZPO der Pfändung der in § 528 Abs.1 S.1 BGB genannten Unterhaltsgläubiger zur Durchsetzung ihrer Unterhaltsansprüche gegenüber dem Schenker oder dessen Erben. § 852 Abs.2 ZPO findet bei einer Pfändung durch die gesetzlichen Unterhaltsgläubiger des Schenkers keine Anwendung.
48. Eine Inanspruchnahme des Beschenkten gemäß § 528 Abs.1 S.1 BGB durch sonstige Gläubiger des Schenkers ist ausgeschlossen. Eine Abtretung des Schenkungsrückforderungsanspruchs an andere als Unterhaltsgläubiger im Sinne des § 528 Abs.1 S.1 BGB sowie dem Schenker unterhaltsichernde Leistungen erbringende Dritte unter Einschluss des Sozialhilfeträgers, ist aufgrund der Zweckgebundenheit des Rückforderungsanspruchs des verarmten Schenkers gemäß § 399, 1. Fall BGB ausgeschlossen.
49. Damit scheidet nach § 851 Abs.1 ZPO auch die Pfändbarkeit des Anspruchs aus § 528 Abs.1 S.1 BGB durch die sonstigen Gläubiger des Schenkers aus. § 851 Abs.2 ZPO findet zu Ihren Gunsten keine Anwendung. Abzulehnen ist die Rechtsprechung des BGH, wonach es sich bei § 852 Abs.2 ZPO um eine den § 851 Abs.1 ZPO verdrängende Sonderregelung handelt.

Kompendium

Wichtige Entscheidungen zur Rückforderung von Schenkungen wegen Verarmung

In diesem Kompendium sind in chronologischer Abfolge die wesentlichen höchstrichterlichen Entscheidungen sowie einige besonders bedeutsame Judikate der Instanzgerichte zur Rückforderung von Schenkungen wegen Verarmung unter Nennung der Fundstelle und einer kurzen Wiedergabe des wesentlichen Inhalts zusammengestellt. Die in Kursivdruck gehaltenen Klammern verweisen auf die Erörterung der jeweiligen Problematik in der vorliegenden Abhandlung.

Bei den höchstrichterlichen Entscheidungen ist jeweils die amtliche Entscheidungssammlung (BGHZ; RGZ; BVerwGE; BSGE) als Fundstelle genannt. Soweit die Entscheidung darin keine Aufnahme gefunden hat, wird, soweit möglich, auf die Fundstelle in der Neuen Juristischen Wochenschrift (NJW) verwiesen. Weitere Fundstellen lassen sich gegebenenfalls ohne große Mühe über eine Recherche, z.B. mittels juris, ermitteln.

RG SeuffA 85 Nr.124 (Urt. v. 2.2.1931 – VI 260/30): Keine Anwendbarkeit des § 528 BGB, sofern die Schenkung durch eine juristische Person erfolgt ist *(S. 33 f.)*. Bei Schenkungen durch eine natürliche Person ist die Geltendmachung des § 528 BGB durch eine juristische Person nach Erwerb des Schenkungsrückforderungsanspruchs aber möglich (**OLG Düsseldorf FamRZ 1984, 887, 888** (Urt. v. 24.5.1984 – 18 U 220 /83) *(S. 33 f.; 181)*.

OLG München HRR 1938 Nr. 1327 (Urt. v. 9.7.1938 – 4 U 169/38): Kein Anspruch auf Herausgabe eines Geschenks gemäß § 528 Abs.1 S.1 BGB, sofern das Geschenk keinen nennenswerten Veräußerungswert hat und daher für den Unterhalt des Schenkers nicht von Bedeutung ist *(S. 101)*.

BGH NJW 1981, 111 (Urt. v. 19.9.1980 – V ZR 78/79): Grundsatzentscheidung zu den Voraussetzungen einer Anstandsschenkung im Sinne des § 534 BGB *(S. 32 f.)*.

BGHZ 94, 141 (Urt. v. 29.3.1985 – V ZR 107/84): Grundsatzentscheidung zum Inhalt des Schenkungsrückforderungsanspruchs: Bei einem unteilbaren Schenkungsgegenstand, dessen Wert den ungedeckten Unterhaltsbedarf übersteigt, richtet sich der Anspruch von vornherein nach § 818 Abs.2 BGB auf Zahlung in Höhe des der Bedürftigkeit des Schenkers entsprechenden Wertteils des Geschenks *(S. 61 f.)*. Bei einem teilbaren Schenkungsgegenstand schuldet der Beschenkte eine entsprechende Teilherausgabe des Geschenks *(S. 58 f.)*. Für die Ersetzungsbefugnis nach § 528 Abs.1 S.2 BGB ist kein Raum, sofern sich der Anspruch aus § 528 Abs.1 S.1 BGB auf Geldzahlung (für einen abgeschlossenen Zeitraum der Vergangenheit) richtet *(S. 121)*.

BGHZ 96, 380 (Urt. v. 20.12.1985 – V ZR 66/85): Kein Erlöschen des Anspruchs aus § 528 Abs.1 S.1 BGB mit dem Tod des Schenkers nach vorheriger Anspruchsüberleitung auf den Sozialhilfeträger *(S. 181 ff.)*.

BGH NJW 1986, 1926 (Urt. v. 9.4.1986 – IVa ZR 125/84): Entscheidung zu den Voraussetzungen einer Pflichtschenkung im Sinne des § 534 BGB. Eine langjährige Pflege und Betreuung unter Angehörigen begründet grundsätzlich keine sittliche Pflicht des Betreuten zur Schenkung *(S. 31 f.)*. Der Aufwand für freiwillige Pflege- und Betreuungsleistungen kann dem Schenkungsrückforderungsanspruch grundsätzlich auch nicht über den Entreicherungseinwand gemäß § 818 Abs.3 BGB entgegengehalten werden (**BGHZ 137, 76** (Urt. v. 28.10.1997 - X ZR 157/96)) *(S. 65)*.

BGHZ 106, 354 (Urt. v. 3.2.1989 – V ZR 190/87): § 822 BGB findet auf den Schenkungsrückforderungsanspruch entsprechende Anwendung *(S. 131 ff.)*. Das gilt auch, wenn die unentgeltliche Weitergabe des Geschenks von dem (Erst-)Beschenkten an den Dritten in Gestalt einer unbenannten Zuwendung unter Ehegatten erfolgt (**BGHZ 142, 300** (Urt. v. 23.9.1999 - X ZR 114/96)) *(S. 132 f.)*.

BVerwGE 85, 136 (Urt. v. 10.5.1990 – 5 C 63/88): Grundsatzentscheidung zur Möglichkeit einer postmortalen Überleitung des Schenkungsrückforderungsanspruchs *(S. 172 f.)*. Die zu § 90 BSHG ergangene Entscheidung, dass die öffentlich-rechtliche Überleitung des Anspruchs aus § 528 Abs.1 S.1 BGB auch noch nach dem Tode des Schenkers erfolgen kann, ist auf § 93 SGB XII übertragbar. *(S. 147)*. Der Erfolg des Regresses hängt letztlich aber vom Fortbestand des Schenkungsrückforderungsanspruchs über den Tod des lebzeitig Sozialhilfe empfangenden Schenkers hinaus ab. Siehe dazu **BGH NJW 1995, 2287** (Urt. v. 14.6.1995 – IV ZR 212/94) *(S. 183 ff.)*.

BGH NJW 1991, 1824 (Urt. v. 13.2.1991 – IV ZR 108/90): Vorrang des Schenkungsrückforderungsanspruchs vor gesetzlichen Unterhaltsansprüchen des Schenkers *(S. 55 f.)*. Gesamtschuldnerische Haftung mehrerer gleichzeitig Beschenkter im Außenverhältnis zum Schenker *(S. 128 f.)*.

BGH NJW 1991, 2558 (Urt. v. 7.6.1991 – V ZR 214/89): Beim Tod des Beschenkten richtet sich der Schenkungsrückforderungsanspruch gegen dessen Erben. Das gilt auch, wenn die Bedürftigkeit des Schenkers erst nach dem Tod des Beschenkten eingetreten ist *(S. 130 f.)*.

BVerwG NJW 1992, 3313 (Urt. v. 4.6.1992 – 5 C 57/88): Auf die Frage der Rechtmäßigkeit der Sozialhilfegewährung kommt es für die Rechtmäßigkeit der Überleitungsanzeige des Sozialhilfeträgers nicht an. Eine Ausnahme davon kommt in Betracht, sofern anderenfalls die Belange des Drittverpflichteten in unzulässiger Weise verkürzt würden *(S. 156 ff.)*.

BVerwGE 90, 245 (Urt. v. 25.6.1992 – 5 C 37/88): Wichtige Entscheidung zur Bedeutung des § 93 Abs.1 S.3 SGB XII (seinerzeit § 90 Abs.1 S.3 BSHG) bei der Überleitung des Schenkungsrückforderungsanspruchs *(S. 164 ff.)*.

BGHZ 123, 264 (Beschl. v. 16.9.1993 – V ZR 246/92): Kein Erlöschen des Anspruchs aus § 528 Abs.1 S.1 BGB mit dem Tod des Schenkers, sofern ein privater Dritter für den Schenker eingetreten ist, weil der Beschenkte seinen Verpflichtungen gemäß § 528 Abs.1 BGB trotz Aufforderung nicht oder nur zögerlich nachgekommen ist *(S. 113 f.; 212 f.)*.

BGHZ 125, 283 (Urt. v. 11.3.1994 – V ZR 188/92): Nach Überleitung des Schenkungsrückforderungsanspruchs auf den Träger der Sozialhilfe kann sich der Beschenkte von einer Verpflichtung zur Leistung von Teilwertersatz gemäß § 818 Abs.2 BGB (jedenfalls) nicht mehr durch die

Rückgabe des Geschenks an den Schenker befreien (sondern nur noch durch Herausgabe an den wirklichen Anspruchsberechtigten, sofern nicht zu seinen Gunsten der entsprechend anwendbare 407 Abs.1 BGB eingreift) *(S. 179)*. Zur Bejahung einer solchen umgekehrten Ersetzungsbefugnis, siehe **BGH NJW 2010, 2655** (Urt. v. 17.12.2009 – Xa ZR 6/09) *(S. 62 f.)*.

BGHZ 127, 354 (Urt. v. 9.11.1994 – IV ZR 66/94): Der Schenkungsrückforderungsanspruch kann – außer an die Unterhaltsgläubiger im Sinne des § 528 Abs.1 S.1 BGB *(S. 220 ff.)* – auch an Dritte unter Einschluss des Sozialhilfeträgers abgetreten werden, soweit diese den Unterhalt des Schenkers sichergestellt haben und künftig sicherstellen werden *(S. 175 ff.; 199 ff.)*. Eine Zession an den Sozialhilfeträger ist aber unwirksam, sofern er sich dadurch weitergehende Erstattungsmöglichkeiten als im Falle einer Anspruchsüberleitung erschließen würde *(S. 175 f.)*. Nach einer wirksamen Abtretung an den oben genannten Personenkreis erlischt der Schenkungsrückforderungsanspruch nicht mit dem Tod des Schenkers *(S. 183; 207)*.

BGH NJW 1995, 2287 (Urt. v. 14.6.1995 – IV ZR 212/94): Kein Erlöschen des Anspruchs aus § 528 Abs.1 S.1 BGB mit dem Tod des Schenkers nach der Inanspruchnahme von Sozialhilfe (selbst wenn keine lebzeitige Anspruchsüberleitung erfolgt ist) (Fortführung von BGHZ 96, 380) *(S. 183 ff.)*. Kein Erlöschen des Schenkungsrückforderungsanspruchs durch Konfusion, sofern der Beschenkte zugleich der Alleinerbe des Schenkers ist *(S. 186 ff.)*.

BGH NJW 1996, 987 (Urt. v. 17.1.1996 – IV ZR 184/94): Bei einem regelmäßig wiederkehrenden Unterhaltsbedarf des Schenkers richtet sich der Anspruch aus § 528 Abs.1 S.1 BGB auf wiederkehrende Leistungen des Beschenkten in einer dem angemessenen Unterhaltsbedarf entsprechenden Höhe, bis der Wert des Schenkungsgegenstandes erschöpft ist (Fortführung von BGHZ 94, 141) *(S. 58 f.; 61 f.)*.

BGHZ 137, 76 (Urt. v. 28.10.1997 – X ZR 157/96): Zwischen mehreren gleichzeitig Beschenkten besteht hinsichtlich der Haftung aus § 528 Abs.1 BGB eine gesamtschuldnerartige Beziehung, so dass bei der Inanspruchnahme eines Beschenkten gegebenenfalls ein interner Ausgleich zwischen den Beschenkten entsprechend § 426 Abs.1 BGB stattfindet (Fortführung von BGH NJW 1991, 1824) *(S. 129 f.)*. Der Aufwand für freiwillige Pflege- und Betreuungsleistungen kann dem Schenkungsrückforderungsanspruch grundsätzlich nicht über den Entreicherungseinwand nach § 818 Abs.3 BGB entgegengehalten werden *(S. 65)*.

OLG Celle NJW-RR 1999, 197 (Beschl. v. 19.10.1998 – 4 W 227/98): Es besteht kein Anspruch auf Rückgewähr des Geschenks gemäß § 528 Abs.1 S.1 BGB, wenn der Schenker das Geschenk an einen (außerhalb des Schutzbereichs der Norm stehenden) Dritten weitergeben müsste *(S. 244/ Fn. 24)*.

BGHZ 142, 300 (Urt. v. 23.9.1999 – X ZR 114/96): § 822 BGB findet auf den Schenkungsrückforderungsanspruch auch dann entsprechende Anwendung, wenn die unentgeltliche Weitergabe des Geschenks von dem (Erst-)Beschenkten an den Dritten in Gestalt einer unbenannten Zuwendung unter Ehegatten erfolgt *(S. 132 f.)*. Zur Anwendbarkeit des § 822 BGB auf den Anspruch aus § 528 Abs.1 S.1 BGB, **BGHZ 106, 354** (Urt. v. 3.2.1989 – V ZR 190/87) *(S. 131 ff.)*.

BGHZ 143, 51 (Urt. v. 26.10.1999 – X ZR 69/97): Der Eintritt der Bedürftigkeit innerhalb der Zehnjahresfrist des § 529 Abs.1, 2. Fall BGB verlangt die Erschöpfung der finanziellen Mittel des

Schenkers. Nicht ausreichend ist, dass innerhalb der Zehnjahresfrist die Umstände eingetreten sind, aus denen sich im weiteren Verlauf die Erschöpfung der finanziellen Mittel des Schenkers ergibt *(S. 81 ff.)*.

BVerwGE 110, 5 (Urt. v. 28.10.1999 – 5 C 28/98): Grundsatzentscheidung zur zeitlichen Deckungsgleichheit im Sinne des § 93 Abs.1 S.1 SGB XII (seinerzeit § 90 Abs.1 S.1 BSHG). Übergeleitet werden können auch solche Ansprüche, die schon vor der Leistung der Sozialhilfe fällig geworden, aber im Zeitpunkt der Sozialhilfe noch nicht erfüllt sind *(S. 163)*.

BGH NJW 2000, 3488 (Urt. v. 11.7.2000 – X ZR 126/98): Im Rahmen des § 529 Abs.2 BGB sind zur Bemessung des standesgemäßen (= angemessenen) Unterhalts des Beschenkten grundsätzlich die jeweils einschlägigen familienrechtlichen Bestimmungen und die von der Rechtsprechung hierzu entwickelten Grundsätze heranzuziehen. Sofern zwischen Schenker und Beschenktem kein Unterhaltsrechtsverhältnis besteht, bestimmt sich die Leistungsfähigkeit des Beschenkten auf der Grundlage der §§ 1603 Abs.1, 1610 BGB nach den Grundsätzen und Maßstäben des Elternunterhalts, das heißt, dem Beschenkten ist im Rahmen des § 529 Abs.2 BGB so viel zu belassen, wie er als Unterhaltspflichtiger auch gegenüber seinen Eltern beanspruchen könnte *(S. 86 ff.)*.

BGH NJW 2001, 1207 (Urt. v. 19.12.2000 – X ZR 146/99): Für die Einrede des § 529 Abs.2 BGB ist es grundsätzlich unerheblich, wann und wodurch die eigene Bedürftigkeit des Beschenkten bzw. seines Erben entstanden ist. *(S. 94 f.)*. Die Berufung auf § 529 Abs.2 BGB ist aber rechtsmissbräuchlich, wenn der Beschenkte bzw. sein Erbe Kenntnis von dem Notbedarf des Schenkers hatte und gleichwohl die eigene Bedürftigkeit mutwillig herbeigeführt hat *(S. 95 ff.)*. Ein rechtsmissbräuchliches Verhalten des Beschenkten bzw. seines Erben schließt die Berufung auf § 529 Abs.2 BGB aber nicht schlechterdings aus, sondern führt allein dazu, dass das rechtsmissbräuchlich verminderte Vermögen bei der gemäß § 529 Abs.2 BGB anzustellenden Prognose zur Ermittlung der zukünftigen Leistungsfähigkeit des Beschenkten bzw. seines Erben als noch vorhanden angesehen wird *(S. 100 f.)*. Diese Prognose erstreckt sich auf die voraussichtlich verbleibende Lebensdauer des Beschenkten bzw. seines Erben, die es unter Heranziehung der gebräuchlichen Sterbetafeln zu ermitteln gilt *(S. 92 f.)*.

BGHZ 147, 288 (Urt. v. 25.4.2001 – X ZR 229/99): Kein Erlöschen des Anspruchs aus § 528 Abs.1 S.1 BGB mit dem Tod des Schenkers, sofern der Schenker durch die Inanspruchnahme unterhaltssichernder Leistungen Dritter zu erkennen gegeben hat, dass er ohne Rückforderung des Geschenks nicht in der Lage war, seinen notwendigen Unterhalt zu bestreiten *(S. 207 ff.)*.

BGH NJW 2003, 1384 (Urt. v. 5.11.2002 – X ZR 140/01): Der angemessene Unterhalt des Schenkers im Sinne des § 528 Abs.1 S.1 BGB richtet sich nicht zwingend nach seinem bisherigen individuellen Lebensstil, sondern entspricht dem Unterhalt, der objektiv seiner Lebensstellung nach der Schenkung angemessen ist *(S. 53 f.)*. § 529 Abs.1, 1. Fall BGB findet nur bei einer Herbeiführung der Bedürftigkeit durch den Schenker nach Vollzug der Schenkung und fehlender Vorhersehbarkeit der Bedürftigkeit durch den Beschenkten Anwendung *(S. 71 ff.)*.

BGHZ 155, 57 (Urt. v. 20.5.2003 – X ZR 246/02): Maßgeblich für das Vorliegen einer Unterhaltsbeeinträchtigung im Sinne des § 528 Abs.1 S.1 BGB ist bei einem Eintreten des Sozialhilfeträgers für den Schenker nicht dessen Einkommens- und Vermögenslage im Zeitpunkt der letzten mündlichen Verhandlung, sondern im Zeitpunkt der zur Bewilligung führenden Beantragung der Sozialhilfe *(S. 179/Fn. 186)*. Im Falle einer verschärften bereicherungsrechtlichen Haftung gemäß §§ 819 Abs.1, 818 Abs.4 BGB ist dem Beschenkten eine Berufung auf § 529 Abs.2 BGB versagt *(S. 97 ff.)*.

BGHZ 158, 63 (Urt. v. 10.2.2004 – X ZR 117/02): Ist die Verpflichtung des Beschenkten zum Wertersatz gemäß § 818 Abs.2 BGB nach § 818 Abs.3 BGB ausgeschlossen, weil er ein mit dem Geschenk erworbenes rechtsgeschäftliches Surrogat unentgeltlich einem Dritten zugewendet hat, so haftet der Dritte dem Schenker in entsprechender Anwendung des § 822 BGB (siehe dazu **BGHZ 106, 354**; Urt. v. 3.2.1989 – V ZR 190/87 *(S. 131 ff.)*) nicht auf Herausgabe des Surrogats, sondern allein auf Wertersatz. Der Dritte kann sich jedoch durch Herausgabe des Surrogats an den Schenker von der Verpflichtung zum Wertersatz befreien *(S. 133 f.)*.

BGH NJW 2005, 670 (Urt. v. 19.10.2004 – X ZR 2/03): Der Geltendmachung des Schenkungsrückforderungsanspruchs durch den Sozialhilfeträger steht es nach wirksamer Anspruchsüberleitung nicht entgegen, dass das Geschenk, wenn es beim Schenker verblieben wäre, zu dessen Schonvermögen gehört hätte *(S. 170)*.

BGH NJW 2005, 3638 (Urt. v. 6.9.2005 – X ZR 51/03): § 529 Abs.2 ist eine (dilatorische) Einrede, die den Schenkungsrückforderungsanspruch nicht ausschließt, sondern nur seine gegenwärtige Durchsetzung hindert *(S. 84)*.

BGHZ 169, 320 (Urt. v. 7.11.2006 – X ZR 184/04): Für den Schenkungsrückforderungsanspruch ist es unerheblich, ob der Notbedarf vor oder nach der Vollziehung der Schenkung eingetreten ist *(S. 57 f.)*. Der lediglich zeitweilige Ausschluss der Verwendung des Geschenks zur Unterhaltssicherung steht dem Anspruch aus § 528 Abs.1 BGB nicht entgegen, sofern das Geschenk als solches werthaltig ist *(S. 101)*. Der Schenkungsrückforderungsanspruch ist nur unter den Voraussetzungen des § 852 Abs.2 ZPO der Pfändung nicht unterworfen *(S. 245 ff.)*.

KG NJW-RR 2009, 1301 (Urt. v. 15.5.2009 – 7 U 222/08): Keine Anwendbarkeit des § 528 BGB auf unbenannte Zuwendungen unter Ehegatten *(S. 20 ff.)*. Sofern die unbenannte Zuwendung unter Ehegatten aber als unentgeltliche Zweitzuwendung im Rahmen des § 822 BGB erfolgt, steht dies der entsprechenden Anwendbarkeit des § 822 BGB auf den Schenkungsrückforderungsanspruch nicht entgegen (**BGHZ 142, 300** (Urt. v. 23.9.1999 – X ZR 114/96)) *(S. 132 f.)*. Zur Anwendbarkeit des § 822 BGB auf den Anspruchs aus § 528 Abs.1 S.1 BGB, **BGHZ 106, 354** (Urt. v. 3.2.1989 – V ZR 190/87) *(S. 131 ff.)*.

BGH NJW 2010, 2655 (Urt. v. 17.12.2009 – Xa ZR 6/09): Bejahung einer umgekehrten Ersetzungsbefugnis des Beschenkten: Der Beschenkte kann sich durch die Herausgabe des Geschenks von einem gegen ihn gerichteten Teilwertersatzanspruch aus § 818 Abs.2 BGB befreien *(S. 62 f.)*. Die befreiende Herausgabe des Geschenks muss jedoch an den richtigen Gläubiger erfolgen (siehe dazu **BGHZ 125, 283** (Urt. v. 11.3.1994 – V ZR 188/92)) *(S. 179)*.

BGH NJW 2011, 218 (Urt. v. 22.4.2010 – Xa ZR 73/07): Geltung der zehnjährigen Verjährungsfrist des § 196 BGB bei Grundstücksschenkungen, auch wenn sich der Schenkungsrückforderungsanspruch nur auf Teilwertersatz gemäß § 818 Abs.2 BGB richtet *(S. 103 ff.)*.

BGHZ 190, 281 (Urt. v. 19.7.2011 – X ZR 140/10): Grundsatzentscheidung zum Fristbeginn gemäß § 529 Abs.1, 2. Fall BGB bei Grundstücksschenkungen: Die Zehnjahresfrist beginnt mit der nach formgerechten Abschluss des Schenkungsvertrages und Auflassung erfolgenden Antragstellung des Beschenkten auf Eintragung der Rechtsänderung beim Grundbuchamt *(S. 74 ff.)*. Der Fristbeginn wird nicht dadurch gehindert, dass sich der Schenker an dem verschenkten Grundstück ein lebenslanges Nutzungsrecht vorbehält *(S. 79 ff.)*.

BGH NJW 2013, 530 (Urt. v. 28.11.2012 – XII ZR 19/10): Keine einschränkende Auslegung des § 852 ZPO bei der Pfändung (und Überweisung) des Schenkungsrückforderungsanspruchs durch einen gesetzlichen Unterhaltsgläubiger des Schenkers wegen seines Unterhaltsanspruchs *(S. 228 ff.)*.

Literaturverzeichnis

Atzler, Bernhard: Die jüngere Rechtsprechung der Verwaltungsgerichte im Sozialverwaltungsrecht, in: DVBl 2001, 703 ff.

Bader, Johann: Die Heilung von Verfahrens- und Formfehlern im verwaltungsgerichtlichen Verfahren, in: NVwZ 1998, 674 ff.

Bamberger, Heinz Georg / *Roth*, Herbert: Kommentar zum Bürgerlichen Gesetzbuch, Band 1, §§ 1 bis 610, Band 3, §§ 1297 bis 2385, 3. Aufl. 2012

Baumbach, Adolf / *Lauterbach*, Wolfgang / *Albers*, Jan / *Hartmann*, Peter: Zivilprozessordnung, 72. Aufl. 2014 (zitiert: B/L/A/H)

Baur, Jürgen F. / *Stürner*, Rolf: Sachenrecht, 18. Aufl. 2009

Baur, Fritz / *Stürner*, Rolf / *Bruns*, Alexander: Zwangsvollstreckungsrecht, 13. Aufl. 2006

Bengel, Manfred: Empfiehlt es sich, die rechtliche Ordnung finanzieller Solidarität zwischen Verwandten in den Bereichen des Unterhaltsrechts, des Pflichtteilsrechts, des Sozialhilferechts und des Sozialversicherungsrechts neu zu gestalten? Referat zum 64. Deutschen Juristentag 2002 in Berlin, Abt. A: Zivilrecht, in: MittBayNot 2003, 270 ff.

Berlit, Uwe / *Conradis*, Wolfgang / *Sartorius*, Ulrich: Existenzsicherungsrecht, SGB II / SGB XII / AsylbLG / Verfahrensrecht, Handbuch, 2. Aufl. 2013 (zitiert: BCS)

Bieritz-Harder, Renate / *Conradis*, Wolfgang / *Thie*, Stephan: Sozialgesetzbuch XII, Sozialhilfe, Lehr- und Praxiskommentar, 9. Aufl. 2012 (zitiert: LPK/SGB XII)

Brähler-Boyan, Christa / *Mann*, Horst: Zur Überleitung des Rückforderungsanspruchs des verarmten Schenkers auf den Sozialhilfeträger, in: NJW 1995, 1866 ff.

Brox, Hans: Allgemeines Schuldrecht, 27. Aufl. 2000

Brox, Hans / *Walker*, Wolf-Dietrich: Allgemeines Schuldrecht, 38. Aufl. 2014 (zitiert: Brox/Walker SchuldR)

dies.: Erbrecht, 25. Aufl. 2012 (zitiert: Brox/Walker ErbR)

dies.: Zwangsvollstreckungsrecht, 10. Aufl. 2014 (zitiert: Brox/Walker ZvR)

Brudermüller, Gerd: Elternunterhalt – Neue Entwicklungen in der Rechtsprechung des BGH, in: NJW 2004, 633 ff.

Burandt, Wolfgang / *Rojahn*, Dieter: Erbrecht, 2. Aufl. 2014

Conradis, Wolfgang: „Sozialhilferegress“: Kostenersatz durch den Erben, § 102 SGB XII, 35 SGB II, in: ZEV 2005, 379 ff.

Dellios, Georgios: Zur Präzisierung der Rechtsfindungsmethode bei „gemischten“ Verträgen, 1981

Dernburg, Heinrich: Das bürgerliche Recht des Deutschen Reiches und Preußens, Band 2.2 (Die Schuldverhältnisse), 3. Aufl. 1906

Dethloff, Nina: Familienrecht, 30. Aufl. 2012

Diering, Björn / *Timme*, Hinnerk / *Waschull*, Dirk: Sozialgesetzbuch X, Sozialverwaltungsverfahren und Sozialdatenschutz, Lehr- und Praxiskommentar, 3. Aufl. 2011 (zitiert: LPK/SGB X)

Draschka, Matthias: Zum Beginn der Zehnjahresfrist des § 2325 III Halbs. 1 BGB bei Grundstücksschenkungen unter Nießbrauchsvorbehalt, in: NJW 1993, 437 f.

Eberl-Borges, Christina / *Schüttlöffel*, Michael: Sozialstaat oder Verwandtensolidarität – Neuere Entwicklungen des Sozialhilferegresses bei der Unterhaltspflicht erwachsener Kinder und beim Behindertentestament, in: FamRZ 2006, 589 ff.

Ehinger, Uta: Elternunterhalt – Gesetzliche Voraussetzungen und Beschränkungen der Inanspruchnahme durch Rechtsprechung und Gesetzgebung, in: NJW 2008, 2465 ff.

Eichenhofer, Eberhard: Rückgriff des Sozialhilfeträgers aufgrund vorangegangener Vermögensverfügungen unter Lebenden oder von Todes wegen, in: NDV 1999, 82 ff. (Teil 1); 111 ff. (Teil 2)

ders.: Anmerkung zum Urteil des BGH vom 20.5.2003 – X ZR 246/02, BGHZ 155, 57 ff., in: LMK 2003, 161 f.

Enneccerus, Ludwig / *Lehmann*, Heinrich: Lehrbuch des Bürgerlichen Rechts, Zweiter Band, Recht der Schuldverhältnisse, 15. Bearbeitung 1958

Erman, Walter: Bürgerliches Gesetzbuch, Handkommentar, Band I (§§ 1 bis 758), Band II (§§ 759 bis 2385), 13. Aufl. 2011

Ernst, Wolfgang: Entgeltlichkeit – Eine Untersuchung am Beispiel des Tauschs, der gemischten Schenkung und anderer Verträge, in: Festschrift für Eduard Picker zum 70. Geburtstag, herausgegeben von Thomas Lobinger in Gemeinschaft mit Reinhard Richardi und Jan Wilhelm, 2010

Felix, Dagmar: Die Relativierung von Verfahrensrechten im Sozialverwaltungsverfahren – Kritische Anmerkungen zur Neufassung der §§ 41 und 42 SGB X, in: NZS 2001, 341 ff.

Fichtner, Otto / *Wenzel*, Gerd: Kommentar zum SGB XII – Sozialhilfe, Asylbewerberleistungsgesetz, 4. Aufl. 2009

Fikentscher, Wolfgang / *Heinemann*, Andreas: Schuldrecht, 10. Aufl. 2006

Frank, Johann: Anmerkung zum Urteil des BGH vom 17.1.1990 – XII ZR 1/89, BGH NJW-RR 1990, 386 ff. = MittBayNot 1990, 178 ff., in: MittBayNot 1990, 181 ff.

Franzen, Martin: Der Rückforderungsanspruch des verarmten Schenkers nach § 528 BGB zwischen Geschäftsgrundlagenlehre, Unterhalts- und Sozialhilferecht, in: FamRZ 1997, 528 ff.

Gaul, Hans Friedhelm / *Schilken*, Eberhard / *Becker-Eberhard*, Ekkehard: Zwangsvollstreckungsrecht, 12. Aufl. 2010

Gernhuber, Joachim: Die Erfüllung und ihre Surrogate, Handbuch der Schuldrechts, Band 3, 2. Aufl. 1994

ders.: Kurzkommentar zum Urteil des BGH vom 14.6.1995 – IV ZR 212/94, BGH NJW 1995, 2287 f., in: EWiR 1995, 749 f.

Gernhuber, Joachim / *Coester-Waltjen*, Dagmar: Familienrecht, 6. Aufl. 2010

Gitter, Wolfgang: Anmerkung zum Urteil des BGH vom 20.12.1985 – V ZR 66/85, BGHZ 96, 380 ff. = JR 1986, 411 f., in: JR 1986, 412

Grube, Christian / *Wahrendorf*, Volker: SGB XII, Sozialhilfe mit Asylbewerberleistungsgesetz, Kommentar, 5. Aufl. 2014

Gühlstorf, Torsten: Überleitung und zivilrechtliche Durchsetzung von Schenkungsrückforderungsansprüchen, in: ZfF 2006, 121 ff.

Gühlstorf, Torsten / *Ette*, Holger: Die Überleitung von Ansprüchen aus einem Wohnrecht – Die aktuelle Entscheidung des BGH –, in: ZfF 2007, 265 ff.

dies.: Die „Schenkung" eines mit einem Nießbrauch belasteten Grundstücks und seine Rückforderung durch den Sozialhilfeträger, in: ZfF 2008, 13 ff.

Günther, Dirk-Carsten: Umgehung des sozialhilferechtlichen Nachrangprinzips durch Schenkungen an nahe Verwandte, in: ZfSH/SGB 1994, 514 ff.

ders.: Schenkungen zu Lasten der Sozialhilfe, in: NZS, 1994, 66 ff.

Haarmann, Carl-Richard: Die Geltendmachung von Rückforderungsansprüchen aus § 528 BGB durch den Träger der Sozialhilfe nach dem Tode des Schenkers, in: FamRZ 1996, 522 ff.

Hahn, Carl / *Mugdan*, Bernhard: Die gesamten Materialien zu den Reichsjustizgesetzen, 8. Band, Berlin 1898
Handkommentar Bürgerliches Gesetzbuch: von Heinrich Dörner, Ina Ebert, Thomas Hoeren, Rainer Kemper, Ingo Saenger, Klaus Schreiber, Hans Schulte-Nölke, Reiner Schulze und Ansgar Staudinger, 8. Aufl. 2014 (zitiert: HK/BGB)
Handkommentar Zivilprozessordnung: von Ingo Saenger, 5. Aufl. 2013 (zitiert: HK/ZPO)
Hauck, Karl / *Noftz*, Wolfgang: Sozialgesetzbuch, Gesamtkommentar, SGB XII, Sozialhilfe, 2. Band, 2013
Heinle, Joachim: Zwanzig Jahre „unbenannte Zuwendung“, in: FamRZ 1992, 1256 ff.
Heinrichs, Helmut: Kurzkommentar zum Urteil des BGH vom 26.10.1999 – X ZR 67/97, BGHZ 143, 51 ff., in: EWiR 2000, 163 f.
Heiter, Norbert: Rückgewährhaftung mehrerer Beschenkter nach § 528 Abs.2, in: JR 1995, 313 ff.
Hesse, Werner: Zur Behandlung von Vermögensdispositionen, die Sozialhilfebedürftigkeit bewirken, in: ZfSH/SGB 1985, 549 ff.
Holzhauer, Heinz: Schuld- und güterrechtlicher Ausgleich von Zuwendungen unter Ehegatten – BGHZ 82, 227, in: JuS 1983, 830 ff.
Hörlbacher, Thomas: Die vertragliche Modifizierbarkeit des Rückforderungsanspruchs des Schenkers wegen Notbedarfs nach § 528 BGB, in: ZEV 1995, 202 ff.
Hußmann, Wolfram: „Sozialhilferegress“: Überleitung und Übergang von Ansprüchen nach der Reform des Sozialrechts durch „Hartz IV“, in: ZEV 2005, 54 ff.
Jaeger, Wolfgang: Zur rechtlichen Deutung ehebezogener (sog. unbenannter) Zuwendungen und zu ihrer Rückabwicklung nach Scheitern der Ehe, in: DNotZ 1991, 431 ff.
Jakob, Dominique: Die Ausstattung (§ 1624 BGB) – ein familienrechtliches Instrument moderner Vermögensgestaltung?, in: AcP 207 (2007), 198 ff.
Jakobs, Horst Heinrich / *Schubert*, Werner: Die Beratung des Bürgerlichen Gesetzbuchs, Recht der Schuldverhältnisse II (§§ 433 bis 651), 1980
Jauernig, Othmar: Bürgerliches Gesetzbuch, Kommentar, 15. Aufl. 2014
Jauernig, Othmar / *Berger*, Christian: Zwangsvollstreckungs- und Insolvenzrecht, 23. Aufl. 2010
Juris Praxiskommentar BGB: Gesamtherausgeber: Maximilian Herberger, Michael Martinek, Helmut Rüßmann, Stephan Weth, Band 2.2, Schuldrecht (Teil 2: §§ 433 bis 630), Hrsg.: Roland Michael Beckmann, 5. Aufl. 2010 (zitiert: juris/PK)
Juris Praxiskommentar SGB XII: Gesamtherausgeber: Rainer Schlegel, Thomas Voelzke, Sozialgesetzbuch Zwölftes Buch (SGB XII), Sozialhilfe / Asylbewerberleistungsgesetz (AsylbLG), Hrsg: Pablo Coseriu, Wolfgang Eicher, 1. Aufl. 2011 (zitiert: juris/PK SGB XII)
Karpen, Stefan: Die Bedeutung der Vorschriften des Sozialhilferechts für die notarielle Vertragsgestaltung, in: MittRhNotK 1988, 131 ff.
Keim, Christopher: Die Rückforderungshaftung mehrerer gleichzeitig Beschenkter wegen Verarmung des Schenkers, in: ZEV 1998, 375 ff.
Knöpfle, Franz: „Tatbestands“- und „Feststellungswirkung“ als Grundlage der Verbindlichkeit von gerichtlichen Entscheidungen und Verwaltungsakten, in: BayVbl. 1982, 225 ff.
Knütel, Rolf: § 822 BGB und die Schwächen unentgeltlichen Erwerbs, in: NJW 1989, 2504 ff.
ders.: Anmerkung zum Urteil des BGH vom 3.2.1989 – V ZR 190/87, BGHZ 106, 354 ff. = JR 1989, 377 f., in: JR 1989, 378 f.
Koch, Elisabeth: Die Bestandskraft von Schenkungen bei späterer Inanspruchnahme von Sozialhilfe, in: JR 1993, 313 ff.
Kollhosser, Helmut: Aktuelle Fragen der vorweggenommenen Erbfolge, in: AcP 194 (1994), 231 ff.

ders.: Ehebezogene Zuwendungen und Schenkungen unter Ehegatten, in: NJW 1994, 2313 ff.
ders.: Anmerkung zum Beschluss des BGH vom 16.9.1993 – V ZR 246/92, BGHZ 123, 264 ff. = ZEV 1994, 49 f., in: ZEV 1994, 50 f.
ders.: Anmerkung zum Urteil des BGH vom 9.11.1994 – IV ZR 66/94, BGHZ 127, 354 ff. = ZEV 1995, 35 f., in: ZEV 1995, 36 f.
ders.: Verfügbarkeit und Vererblichkeit des Rückforderungsanspruchs aus § 528 Abs. 1 Satz 1 BGB, in: ZEV 1995, 391 ff.
ders.: Kurzkommentar zum Urteil des BGH vom 28.10.1997 – X ZR 157/96, BGHZ 137, 76 ff., in: EWiR 1998, 105 f.
ders.: Anmerkung zum Urteil des BGH vom 26.10.1999 – X ZR 69/97, BGHZ 143, 51 ff. = LM § 529 BGB Nr.1, in: LM 2000, 1031
ders.: Der Rückforderungsanspruch des verarmten Schenkers aus § 528 Abs.1 S.1 BGB, in: ZEV 2001, 289 ff.
ders.: Anmerkung zum Urteil des BGH vom 5.11.2002 – X ZR 140/01 – BGH NJW 2003, 1384 ff. = ZEV 2003, 114 ff., in: ZEV 2003, 206 f.
Kollhosser, Helmut / *Jansen*, Christina: Konfusion, in: JA 1988, 305 ff.
Kopp, Fridtjof: Der Rückforderungsanspruch gegen den >>Zweitbeschenkten<< bei Verarmung des Schenkers (§§ 528 I, 822 BGB), in: JR 2012, 491 ff.
Krauß, Hans-Frieder: Der Rückforderungsanspruch wegen Verarmung des Schenkers im Kontext des Sozialhilferechts, in: ZEV 2001, 417 ff.
ders.: Sozialhilferegress bei Schenkung von Schonvermögen, in: MittBayNot 2005, 349 ff.
Kreikebohm, Ralf / *Spellbrink*, Wolfgang / *Waltermann*, Raimund: Kommentar zum Sozialrecht, 3. Aufl. 2013 (zitiert: KSW)
Kuchinke, Kurt: Der Pflichtteilsanspruch als Gegenstand des Gläubigerzugriffs, in: NJW 1994, 1769 ff.
Kuhlenbeck, Ludwig: Die Rechtsprechung des Reichsgerichts in Beziehung auf die wichtigsten Begriffe und Institute des Civilrechts, LV. Die Schenkung, in: JW 1902, 241 ff.
Lange, Herrmann: Verzugshaftung des Bereicherungsschuldners und des Besitzers, in: JZ 1964, 640 ff.
Lange, Heinrich / *Kuchinke*, Kurt: Erbrecht, 5. Aufl. 2001
Langenfeld, Gerrit: Anmerkung zum Beschluss des BGH vom 16.9.1993 – V ZR 246/92, BGHZ 123, 264 ff. = LM § 528 BGB Nr.7, in: LM 1994, 449 f.
Larenz, Karl: Lehrbuch des Schuldrechts, Band II, 1. Halbband, Besonderer Teil, 13. Aufl. 1986
Larenz, Karl / *Canaris*, Claus-Wilhelm: Lehrbuch des Schuldrechts, Band II, 2. Halbband, Besonderer Teil, 13. Aufl. 1994 (zitiert: Larenz/Canaris SchuldR)
dies.: Methodenlehre der Rechtswissenschaft, 3. Aufl. 1995 (zitiert: Larenz/Canaris Methodenlehre)
Leipold, Dieter: Erbrecht, 20. Aufl. 2014
Lieb, Manfred: Die Ehegattenmitarbeit im Spannungsfeld zwischen Rechtsgeschäft, Bereicherungsausgleich und gesetzlichem Güterstand, 1970
Looschelders, Dirk: Schuldrecht Besonderer Teil, 9. Aufl. 2014
Lorenz, Stephan: Anmerkung zum Urteil des BGH vom 10.2.2004 – X ZR 117/02 – BGHZ 158, 63 ff., in: LMK 2004, 98 f.
Löwer, Wolfgang: Prozessuale Probleme der Überleitungsanzeige nach § 90 BSHG, in: VR 1986, 361 ff.
Ludyga, Hannes: Schenkungsrückforderungsansprüche gemäß § 528 BGB bei Pflege durch den Zuwendungsempfänger und § 93 SGB XII, in: NZS 2012, 121 ff.

Mansel, Heinz-Peter: Die Neuregelung des Verjährungsrechts, in: NJW 2002, 89 ff.
Maydell, Bernd Baron von / *Breuer*, Joachim: Zum Übergang des Schadensersatzanspruchs auf den Sozialleistungsträger gemäß § 116 SGB X, in: NJW 1984, 23 ff.
Maydell, Bernd Baron von / *Ruland*, Franz / *Becker*, Ulrich: Sozialrechtshandbuch (SRH), 5. Aufl. 2012 (zit. SRH)
Medicus, Dieter: „Geld muß man haben", in: AcP 188 (1988), 489 ff.
ders.: Kurzkommentar zum Urteil des BGH vom 5.11.2002 – X ZR 140/01, BGH NJW 2003, 1384 ff., in: EWiR 2003, 253 f.
Medicus, Dieter / *Lorenz*, Stephan: Schuldrecht II, Besonderer Teil, 16. Aufl. 2012
Medicus, Dieter / *Petersen*, Jens: Bürgerliches Recht, 24. Aufl. 2013
Meisterernst, Bernd: Anmerkung zum Urteil des BGH vom 19.10.2004 – X ZR 2/03 – BGH NJW 2005, 670 f. = DNotZ 2005, 281 ff., in: DNotZ 2005, 283 ff.
Merle, Werner: Risiko und Schutz des Eigentümers bei Genehmigung der Verfügung eines Nichtberechtigten, in: AcP 183 (1983), 81 ff.
Mergler, Otto / *Zink*, Günther: Handbuch der Grundsicherung und Sozialhilfe, Teil II: Sozialgesetzbuch XII – Sozialhilfe und Asylbewerberleistungsgesetz, Band 2, Kommentar, 23. Lieferung, Stand: August 2013
Mester, Julia: Fristen im Zusammenhang mit der Realisierung von Schenkungsrückforderungsansprüchen nach § 528 BGB, in: ZfF 2003, 49 ff.
Michalski, Lutz: BGB – Erbrecht, 4. Aufl. 2010
Michalski, Lutz / *Radke*, Christoph: Anmerkung zum Urteil des BGH vom 11.7.2000 – X ZR 126/98, BGH NJW 2000, 3488 = LM § 529 BGB Nr.2, in: LM 2001, 214
Morhard, Thilo: „Unbenannte Zuwendungen" zwischen Ehegatten – Rechtsfolgen und Grenzen der Vertragsgestaltung, in: NJW 1987, 1734 ff.
Müller, Christian: Der Rückgriff gegen Angehörige von Sozialleistungsempfängern, 6. Aufl. 2012
Münchener Anwalts Handbuch Sozialrecht: Herausgegeben von Hermann Plagemann, 4. Aufl. 2013 (zitiert: MAH SozR)
Münchener Kommentar zum Bürgerlichen Gesetzbuch: Band 1, Allgemeiner Teil (§§ 1 bis 240), 6. Aufl. 2012; Band 2, Schuldrecht Allgemeiner Teil (§§ 241 bis 432), 6. Aufl. 2012; Band 3, Schuldrecht, Besonderer Teil, (§§ 433 bis 610), 6. Aufl. 2012 sowie 3. Aufl. 1995 und 2. Aufl. 1988; Band 5, Schuldrecht Besonderer Teil III (§§ 705 bis 853), 5. Aufl. 2009; Band 7, Familienrecht I (§§ 1297 bis 1588), 6. Aufl. 2013 sowie 3. Aufl. 1993; Band 8, Familienrecht II (§§ 1589 bis 1921), 6. Aufl. 2012; Band 9, Erbrecht (§§ 1922 bis 2385), 5. Aufl. 2010 (zitiert: MüKo)
Münchener Kommentar zur Zivilprozessordnung: Band 1, §§ 1 bis 354, 4. Aufl. 2013; Band 2, §§ 355 bis 1024, 4. Aufl. 2012 (zitiert: MüKo/ZPO)
Münder, Johannes: Die Überleitung von Ansprüchen in der Sozialhilfe – §§ 90 ff. BSHG, in: ZfSH/SGB 1985, 193 ff.; 248 ff.; 289 ff.
ders.: Verwaltungsrechtliche Aspekte der Überleitung von (Unterhalts-) Ansprüchen in der Sozialhilfe, in: NVwZ 1993, 1031 ff.
Mugdan, Bernhard: Die gesamten Materialien zum Bürgerlichen Gesetzbuch für das Deutsche Reich, II. Band, Recht der Schuldverhältnisse, 1899
Muscheler, Karlheinz: Familienrecht, 3. Aufl. 2013
Musielak, Hans-Joachim: ZPO, Kommentar, 11. Aufl. 2014
Neuner, Jörg: Anmerkung zum Urteil des BGH vom 25.4.2001 – X ZR 229/99 – BGHZ 147, 288 ff. = LM § 528 BGB Nr.15, in LM 2001, 1673 f.

Nörr, Knut Wolfgang / *Scheyhing*, Robert: Sukzessionen (Zession, Vertragsübernahme, Schuldübernahme, Schuldbeitritt), Handbuch des Schuldrechts, Band 2, 1983

Nörr, Knut Wolfgang / *Scheyhing*, Robert / *Pöggeler*, Wolfgang: Sukzessionen (Forderungszession, Vertragsübernahme, Schuldübernahme), Handbuch des Schuldrechts, Band 2, 2. Aufl. 1999

Nomos Kommentar BGB: Gesamtherausgeber: Barbara Dauner-Lieb, Thomas Heidel, Gerhard Ring, Schuldrecht, Band2/1: §§ 241 bis 610, Hrsg. von Barbara Dauner-Lieb und Werner Langen, 2. Aufl. 2012 (zitiert: NK/BGB)

Oertmann, Paul: Bürgerliches Gesetzbuch, Zweites Buch (Recht der Schuldverhältnisse), Zweite Abteilung (§§ 433 bis 656), 5. Aufl. 1929

Oestreicher, Ernst: SGB II / SGB XII, Grundsicherung für Arbeitsuchende und Sozialhilfe mit Asylbewerberleistungsrecht und Erstattungsrecht des SGB X, Kommentar, herausgegeben von Andreas Decker, Stand: April 2014

Palandt, Otto: Bürgerliches Gesetzbuch, 73. Aufl. 2014

Poelzig, Dörte: Die Dogmatik der unbenannten unentgeltlichen Zuwendungen im Zivilrecht, in: JZ 2012, 425 ff.

Probst, Martin: Anmerkung zum Urteil des BGH vom 14.6.1995 – IV ZR 212/94 – BGH NJW 1995, 2287 f. = JR 1996, 194 ff., in: JR 1996, 196 f.

Prütting, Hanns / *Wegen*, Gerhard / *Weinreich*, Gerd: BGB Kommentar, 9. Aufl. 2014 (zitiert: PWW)

Prütting, Hanns / *Gehrlein*, Markus: ZPO Kommentar, 6. Aufl. 2014

Putzo, Hans: Anmerkung zum Urteil des BGH vom 26.10.1999 – X ZR 69/97, BGHZ 143, 51 ff. = ZEV 2000, 111 ff., in: ZEV 2000, 113

Rauscher, Thomas: Familienrecht, 2. Aufl. 2008

Reinicke, Dietrich / *Tiedtke*, Klaus: Güterrechtlicher Ausgleich bei Zuwendungen eines Ehegatten an den anderen und Wegfall der Geschäftsgrundlage, in: WM 1982, 946 ff.

Renck, Ludwig: Die Anfechtung von Überleitungsanzeigen nach § 90 Bundessozialhilfegesetz, in: JZ 1965, 13 ff.

Reuter, Dieter / *Martinek*, Michael: Ungerechtfertigte Bereicherung, Handbuch des Schuldrechts, Band 4, 1983

RGRK: Kommentar zum Bürgerlichen Gesetzbuch mit besonderer Berücksichtigung der Rechtsprechung des Reichsgerichts und des Bundesgerichtshofs, herausgegeben von Reichsgerichtsräten und Bundesrichtern, 12. Aufl., Band 1 (§§ 1 bis 240), Stand: 1982; Band 2., 2. Teil (§§ 414 bis 610), Stand: 1978; Band 2, 6. Teil (§§ 832 bis 853), Stand: 1989

Rolfs, Christian / *Giesen*, Richard / *Kreikebohm*, Ralf / *Udsching*, Peter: Sozialrecht, SGB IV – Gemeinsame Vorschriften / SGB X – Sozialverwaltungsverfahren / SGG – Sozialgerichtsgesetz, Schwerpunktkommentar, 2007 (zitiert: RGKU)

Ruby, Gerhard: „Sozialhilferegress“: Der Anspruch auf Herausgabe der Schenkung bei Verarmung des Schenkers als sozialrechtlicher Überleitungsgegenstand, in: ZEV 2005, 102 ff.

Rundel, Sylvia: Rückforderung wegen Verarmung des Schenkers bei mehreren Beschenkten, in: MittBayNot 2003, 177 ff.

Sailer, Andreas: Die Ausstattung als Rechtsgrund von Überlassungsverträgen, in: NotBZ 2002, 81 ff.

Sandweg, Hans-Eberhard: Ehebedingte Zuwendungen und ihre Drittwirkung, in: NJW 1989, 1965 ff.

Schellhorn, Walter: Anmerkung zum Urteil des BGH vom 14.6.1995 – IV ZR 212/94, BGH NJW 1995, 2287 f., in: FuR 1995, 308
Schellhorn, Walter / *Schellhorn*, Helmut / *Hohm*, Karl-Heinz: SGB XII – Sozialhilfe, 18. Aufl. 2010 (zitiert: SSH)
Schenke, Wolf-Rüdiger: Verwaltungsprozessrecht, 13. Aufl. 2012
Schilken, Eberhard: Zur Bedeutung des § 822 BGB, in: JR 1989, 363 ff.
Schindler, Andreas: Fristablauf bei pflichtteilsergänzungsrechtlichen Schenkungen, in: ZEV 2005, 290 ff.
Schippers, Josef Christian: 10-Jahres-Frist und Nießbrauchsvorbehalt beim Rückforderungsanspruch des verarmten Schenkers (§§ 528, 529 BGB) – Kann eine zeitliche „Schwelle" sich zur „Hürde" wandeln? –, in: RNotZ, 2006, 42 ff.
Schmidt, Karsten: Anmerkung zum Urteil des BGH vom 28.10.1997 – X ZR 157/96, BGHZ 137, 76 ff., in: JuS 1998, 370 f.
Schneider, Reinhold / *Winkler*, Manfred: Die Schenkung und ihre Rückforderung bei Bedürftigkeit, in: ZfF 1986, 175 f.
Schotten, Günther: Die ehebedingte Zuwendung – ein überflüssiges Rechtsinstitut?, in: NJW 1990, 2841 ff.
Schulte, Bernd: Der Nachrang der Sozialhilfe gegenüber Möglichkeiten der Selbsthilfe und Leistungen von dritter Seite, in: NJW 1989, 1241 ff.
Schulze-Werner, Martin / *Bischoff*, Georg: Überleitungsanzeige und Unterhaltsanspruch, in: NJW 1986, 696 ff.
Schuschke, Winfried / *Walker*, Wolf-Dietrich: Vollstreckung und Vorläufiger Rechtsschutz, 5. Aufl. 2011
Schultz, Karlheinz: Aussetzung eines Rechtsstreits bei Anfechtung der Überleitungsanzeige? – Bemerkungen zu § 148 ZPO und § 90 Abs.3 BSHG, in: MDR 1983, 101 f.
Schwab, Dieter: Familienrecht, 21. Aufl. 2013
Schwarz, Günter Christian: Vermögensübertragung und Pflegefallrisiko, in: JZ 1997, 545 ff.
Sebbin, Sylvia: Schenkungsrückforderung bei Bedürftigkeit, in: ZfF 1989, 145 ff.
Seetzen, Uwe: Sozialhilfeleistung und Unterhaltsprozeß, in: NJW 1978, 1350 ff.
Seif, Ulrike: Ehebezogene Zuwendungen als Schenkungen unter Ehegatten, in: FamRZ 2000, 1193 ff.
Seiler, Hans Hermann: Anmerkung zum Urteil des BGH vom 28.10.1997 – X ZR 157/96, BGHZ 137, 76 ff. = BGH LM § 528 BGB Nr.13, in: LM 1998, 855 f.
ders.: Anmerkung zum Urteil des BGH vom 19.12.2000 – X ZR 146/99, BGH NJW 2001, 1207 ff. = BGH LM § 529 BGB Nr.3, in: LM 2001, 1860 f.
Seyfarth, Sebastian: Schenkungsrückforderung wegen Notbedarfs, 1998
Siber, Heinrich: Schuldrecht, Leipzig 1931
Skibbe, Manfred: Anmerkung zum Urteil des BGH vom 11.3.1994 – V ZR 188/92, BGHZ 125, 283 ff. = ZEV 1994, 254 f., in: ZEV 1994, 255 f.
Soergel, Hans Theodor: Kommentar zum Bürgerliches Gesetzbuch, Band 4/1 (§§ 516 bis 651), 12. Aufl. 1998; Band 21, Erbrecht 1, §§ 1922 bis 2063, 13. Aufl. 2002; Band 23, Erbrecht 3, §§ 2274 bis 2385, 13. Aufl. 2002
Staudinger, Julius von: Kommentar zum Bürgerlichen Gesetzbuch mit Einführungsgesetz und Nebengesetzen, Buch 1, Allgemeiner Teil, §§ 164 bis 240 (Allgemeiner Teil 5), Neubearbeitung 2004; Erstes Buch, Allgemeiner Teil, §§ 164 bis 240, Neubearbeitung 2001; Buch 2, Recht der Schuldverhältnisse, §§ 516 bis 534 (Schenkungsrecht), Neubearbeitung 2013 sowie Neubearbeitung 2005; Buch 2, Recht der Schuldverhältnisse, §§ 812 bis 822

(Ungerechtfertigte Bereicherung), Neubearbeitung 2007; Buch 4, Familienrecht, §§ 1363 bis 1563 (Eheliches Güterecht), Neubearbeitung 2007; Buch 4, Familienrecht, §§ 1616 bis 1625 (Kindesname, Eltern-Kind-Verhältnis), Neubearbeitung 2007; Buch 5, Erbrecht, Einleitung zum Erbrecht; §§ 1922 bis 1966 (Erbfolge), Neubearbeitung 2008; Buch 5, Erbrecht, §§ 2265 bis 2338 (Gemeinschaftliches Testament, Erbvertrag, Pflichtteil), Neubearbeitung 2006

Stein, Friedrich / *Jonas*, Martin: Kommentar zur Zivilprozessordnung, Band 3, §§ 128 bis 252, 22. Aufl. 2005; Band 8, §§ 828 bis 915h, 22. Aufl. 2004

Steiner, Udo: Verwaltungsverfahren und Grundrechte, in: NZS 2002, 113 ff.

Stöber, Kurt: Forderungspfändung, 16. Aufl. 2013

Thomas, Heinz / *Putzo*, Hans: Zivilprozessordnung, 34. Aufl. 2013

Vaupel, Christian: Der Sozialhilferegress in der notariellen Praxis, in: RNotZ 2009, 497 ff.

Vollkommer, Max: Kurzkommentar zum Beschluss des BGH vom 16.9.1993 – V ZR 246/92, BGHZ 123, 264 ff., in: EWiR 1994, 235 f.

ders.: Kurzkommentar zum Urteil des BGH vom 25.4.2001 – X ZR 229/99, BGHZ 147, 288 ff., in: EWiR 2002, 329 f.

Vollkommer, Max / *Schwaiger*, Lutz: Anmerkung zum Urteil des BGH vom 14.6.1995 – IV ZR 212/94, BGH NJW 1995, 2287 f. = JZ 1996, 632 f., in: JZ 1996, 633 ff.

Vollkommer, Max / *Weinland*, Dietlind: Kurzkommentar zum Urteil des BGH vom 3.2.1989 – V ZR 190/87, BGHZ 106, 354 ff., in: EWiR 1989, 459 f.

Wedemann, Frauke: Rückforderung wegen Verarmung des Schenkers versus Elternunterhalt, in: NJW 2011, 571 ff.

Wendl, Philipp / *Dose*, Hans-Joachim: Das Unterhaltsrecht in der familienrichterlichen Praxis, 8. Aufl. 2011

Werner, Olaf: Anmerkung zum Urteil des OLG Köln vom 28.3.2007 – 2 U 37/06, in: ZEV 2007, 492 f.

Wieczorek, Bernhard / *Schütze*, Rolf A.: Zivilprozessordnung und Nebengesetze, Großkommentar, Zweiter Band, §§ 128 bis 541, 1. Teilband, §§ 128 bis 252, 3. Aufl. 2007; Vierter Band, §§ 704 bis 915h, 2. Teilband, §§ 808 bis 915h, 3. Aufl. 1999

Wimmer-Leonhardt, Susanne: Anmerkung zum Urteil des BGH vom 7.11.2006 – X ZR 184/04, BGHZ 169, 320 ff. = ZEV 2007, 134 ff., in: ZEV 2007, 136 f.

Winkler, Bernd: Übersicht über fürsorgerische Entscheidungen der Verwaltungs- und Sozialgerichte, in: ZfF 1993, 136 ff.

Wüllenkemper, Dirk: Zur Abtretbarkeit des Rückforderungsanspruchs des verarmten Schenkers, in: JR 1988, 353 ff.

Wulfen, Matthias von / *Schütze*, Bernd: SGB X, Sozialverwaltungsverfahren und Sozialdatenschutz, 8. Aufl. 2014

Zeranski, Dirk: Der Rückforderungsanspruch des verarmten Schenkers – Überleitbarkeit, Abtretbarkeit, Verpfändbarkeit, Pfändbarkeit und Vererblichkeit des Rechts aus § 528 Absatz 1 Satz 1 BGB, 1998

ders.: Die postmortale Überleitung des Rückforderungsanspruchs des verarmten Schenkers durch den Sozialhilfeträger, in: NJW 1998, 2574 ff.

ders.: Zur Aussetzung des Zivilrechtsstreits aus übergeleitetem Recht bei Anfechtung der Überleitungsanzeige, in: FamRZ 1999, 824 ff.

ders.: Die „vertragliche Anerkennung“ im Sinne des § 852 ZPO, in: NotBZ 2001, 19 ff.

ders.: Eigentümer und Vorbehaltskäufer im Widerstreit um die Vorbehaltsware, in: AcP 203 (2003), 693 ff.

Ziekow, Jan: Von der Reanimation des Verfahrensrechts, in: NVwZ 2005, 263 ff.
Zimmermann, Walter: Zivilprozessordnung, 9. Aufl. 2011
Zöller, Richard: Zivilprozessordnung, 30. Aufl. 2014

Sachregister